주소 이야기

디어드라 마스크   연아람 옮김

○ 거리 이름에 담긴 부와 권력, 정체성에 대하여 ○

THE ADDRESS BOOK

주소 이야기

민음사

(그도 잘 알고 있겠지만)
이 책을 폴에게 바친다.

"(1933년) 3월 20일, 뤼베크에서
수많은 사람들이 이른바 보호 감호소라는 곳으로 끌려갔다.
얼마 지나지 않아 거리 이름들이 바뀌기 시작했다."
—빌리 브란트의 『좌파와 자유: 내가 걸어온 길
1930~1950』[1] 중에서

차례

주소는
왜 중요할까?

뉴욕, 웨스트버지니아 그리고 런던

지난 몇 년간 뉴욕 시의회에서 통과된 조례의 40퍼센트 이상이 도로명 변경에 관한 것이었다.[1] 여기서 잠시 생각해 보자. 시의회는 시 정부의 의결기관이다. 51명의 뉴욕 시의원들은 미국에서 가장 큰 학교제도와 시경을 감독하고, 지구상에서 인구밀도가 가장 높다는 뉴욕시의 토지 이용 문제를 결정한다. 뉴욕시의 예산은 웬만한 주보다 크고, 11개 주를 제외하면 인구도 여느 주보다 많다. 게다가 19세기부터 대부분의 뉴욕 거리에는 이름이나 숫자가 붙어 있는데, 그중에는 스타이베샌트(Stuyvesant)나 바우어리(Bowery)처럼 맨해튼이 네덜란드의 교역소에 불과했을 때에 지어진 도로명도 있다.[2]

아무리 그래도 그렇지. 지난 몇 년간 뉴욕 시의회에서 통과된 조례의 40퍼센트 이상이 도로명 변경에 관한 것이라니.

　뉴욕 시의회는 주로 기존 도로명 위에 유명인의 이름을 딴 거리 이름을 추가해 왔다. 뉴욕 시내를 걷다 보면 웨스트 103번 스트리트에서 '험프리 보가트 플레이스(Humphrey Bogart Place)'라는 표지판을 발견할 수 있다. 브로드웨이와 웨스트 65번 스트리트의 교차로에는 '레너드 번스타인 플레이스(Leonard Bernstein Place)', 웨스트 84번 스트리트에서는 '에드거 앨런 포 스트리트(Edgar Allan Poe Street)', 이스트 43번 스트리트에서는 '다비드 벤구리온 플레이스(David Ben-Gurion Place)'라는 표지판을 볼 수 있다. 최근 뉴욕 시의회는 스태튼섬 지역에 '우탕클랜 디스트릭트(Wu-Tang Clan District)', 브루클린 지역에 래퍼 노토리어스 비아이지(Notorious B.I.G)의 본명을 딴 '크리스토퍼 월리스 웨이(Christopher Wallace Way)', 퀸스 지역에 '라몬즈 웨이(Ramones Way)'라는 도로명을 승인했다.[3] 뉴욕 시의회가 새로 이름 붙인 도로명은 2018년 한 해에만 164개에 달한다.

　그러나 2007년에 급진적 흑인 인권 운동가 소니 카슨의 이름을 딴 도로명 개정안을 시의회가 받아들이지 않자 시위자들이 거리로 쏟아져 나왔다. 카슨은 흑인마약퇴치운동본부(Black Men's Movement Against Crack)라는 단체를 창설하고 경찰의 과잉 진압에 항의하는 시위를 조직했으며 역내 학교에 대한 지역사회 관리를 강력하게 요구했던 인물이었다. 그러나 폭력을 옹호하고 태연히 인종차별 사상을 지지한 인물이기도 했다. 한 아이티 출신 여성이 한국인 가게 주인에게 폭행을 당했다고 주장하자 카슨은 한국인들이 운영하는 모든 식료품점에 대한 보이콧운동을 조직했다. 보이콧운동에 동참한 사람들은 흑인들에게 "우리와 생김새가 다른 사람들"에게 돈을 쓰지 말 것을 촉구했다. 반유대주의자인지 묻는 질문에 카슨은 자신을 반백인주의자라고 칭하면서, 자신의 적을 어느 특정 부류의 사람들로 국한하지 말라고 답했다.[4] 2007년 당시 블룸버그 뉴욕 시장은 "뉴욕시에 소니 카슨과 같은 이의 이름을 딴 도로명이 있어서는 안 된다."[5]라며 개정을 반대했다.

카슨의 이름을 딴 도로명에 찬성하는 사람들은 브루클린이 소외되어 있었던 아주 오래전부터 지역사회 운동에 누구보다 열성적이었던 이가 바로 소니 카슨이라고 주장했다. 시의회 의원이자 전 블랙팬서 당원이었던 찰스 배런은 한국전쟁 참전 용사인 카슨이 폐쇄시킨 마약 밀매소가 뉴욕 경찰국의 단속으로 폐쇄된 밀매소보다 많다고 주장했다. 카슨의 지지자들은 카슨이 했던 가장 도발적인 발언으로 그의 삶을 재단하지 말라고 호소했다. 그러나 카슨은 아프리카계 미국인들 사이에서도 논쟁을 부르는 인물이었다. 흑인 뉴욕 시의원 리로이 콤리가 도로명 개정 투표에서 기권표를 던졌을 때, 배런 의원의 보좌관이었던 비올라 플러머는 "암살"[6]을 해서라도 콤리의 정치생명을 끊어 놓겠다는 의미의 발언을 하기도 했다.(플러머는 문자 그대로의 암살이 아니라 정치적 암살을 뜻한 것이었다고 주장한다.)

뉴욕 시의회가 카슨 도로명 개정안을 최종적으로 거부하자(미국 TV 드라마 「로 앤드 오더」의 배우 제리 오바크와 무용가 앨빈 에일리의 이름을 딴 도로명은 승인하면서), 수백 명의 브루클린 주민들이 베드포드-스타이베샌트로 몰려들었다. 그리고 게이츠 애비뉴에 '소니 아부바디카 카슨 애비뉴(Sonny Abubadika Carson Avenue)'라는 표지판을 직접 만들어 걸었다. 배런 의원은 뉴욕시가 오랫동안 노예 소유주이자 "소아성애자"인 토머스 제퍼슨과 같은 부도덕한 사람들을 기념해 왔다고 비판하면서, 성난 군중들을 향해 "역내 도로명 개정 운동을 활발히 벌여 이런 노예 소유주의 이름들을 없애 버리자."[7]라고 소리쳤다.

브롱크스에 사는 시어도어 미랄디는 《뉴욕 포스트》에 기고한 글에서 이렇게 물었다. "지역사회 지도자들은 왜 도로명 짓기에 열을 올릴까?"[8] 아주 좋은 지적이다. 우리는 왜 도로명에 이토록 집착하는가?

이 문제를 논의하기에 앞서 할 이야기가 하나 더 있다.

○

내가 처음부터 도로명 주소에 관해 책 한 권을 쓰려던 것은 아니었다. 난 그저 편지 한 통을 부치러 나갔을 뿐이다. 아일랜드 서부에 살던 나는 미국 노스캐롤라이나에 계신 아버지의 생신을 맞아 축하 카드를 보냈다. 내가 봉투에 우표를 붙여 보낸 카드는 나흘 만에 부모님 댁의 우편함에 도착했다. 문득 국제우편을 보내는 데 드는 비용이 너무 싼 게 아닌가 하는 의문이 들었다. 그리고 아일랜드와 미국이 어떻게 수익을 나눠 갖는지도 궁금해졌다. 우체국 안 창문도 없는 밀실 같은 곳에서 회계 직원이 동전을 하나하나 세어 가며 양국의 수익을 똑같이 나누기라도 하는 걸까?

이런 궁금증에 대한 해답을 찾던 중에 나는 만국우편연합(Universal Postal Union, UPU)이란 곳을 알게 되었다. 스위스 베른에 위치한 만국우편연합은 1874년에 설립된 세계에서 두 번째로 오래된 국제기구로 전 세계 우편제도를 조정하는 곳이다. 만국우편연합의 홈페이지를 살펴보던 나는 혼란스러워졌다. 그곳엔 인터넷 뱅킹, 불법 마약 우편감시 정책에 관한 놀라울 만큼 흥미롭고 자세한 논의는 물론, 세계 우편의 날, 세계 편지 쓰기 대회와 같은 가벼운 내용의 포스트가 뒤섞여 있었기 때문이었다.

만국우편연합에 국가들이 국제우편 취급에 상호 부과하는 금액을 결정하는 복잡한 시스템이 있다는 사실을 확인한 나는 우연히 '전 세계에 주소 붙여 주기, 모든 이에게 주소를

(Addressing the World, An Address for Everyone)'이라는 캠페인을 발견했다. 난 이때 처음으로 전 세계 대부분의 가구에 도로명 주소가 없다는 사실을 알게 되었다. 만국우편연합은 주소붙여 주기가 가장 비용이 적게 드는 빈곤 구제 방법이라고 주장하면서 주소가 신용거래, 투표권 행사를 용이하게 하고 세계 시장을 활성화시킨다고 설명했다. 이것이 단지 개발도상국의 문제는 아니었다. 나는 곧 일부 미국의 시골 지역에도 도로명 주소가 없다는 사실을 알게 되었다. 이후 미국 집에 잠시 들렀을 때 아버지 차를 빌려 웨스트버지니아로 직접 확인해 보러 가기로 했다.

우선 앨런 존스턴을 찾는 일부터 문제였다. 앨런은 친구의 친구로 카운티 정부에 도로명 주소를 지어 줄 것을 요청한 상태였다. 그가 사는 지역은 옛날부터 도로명이나 번지란 것이 없는 곳이었다. 다른 맥다월 카운티 주민들과 마찬가지로 앨런은 자기 앞으로 온 우편물을 우체국에서 수령했다. 그가 처음으로 컴퓨터를 주문하던 날, 전자제품 가게의 여자 점원이 주소를 물었다. "도로명이 필요해요. 살고 계신 곳이 있을 거 아니에요." 그녀는 전력회사에 전화를 걸어 그곳의 직원과 삼자통화를 한 다음에야 앨런이 사는 곳을 확인할 수 있었다. 택배 기사들이 그의 집을 찾는 날도 있었지만 못 찾는 날도 있었다.

택배 기사가 신입인 경우에는 앨런이 6킬로미터도 더 떨어진 웰치(인구 1715명)까지 차를 몰고 나가야 할 때도 많았다.

앨런이 알려 준 대로 길을 받아 적으니 반 페이지나 되었다. 그런데도 고속도로를 빠져나가 방향을 틀자마자 길을 잃고 말았다. 그리고 이내 웨스트버지니아 사람들은 세상 누구보다 적극적으로 길을 가르쳐 준다는 사실을 알게 되었다. 웃옷을 벗은 채 자기 집 잔디를 깎고 있던 한 남자는 찻길까지 황급히 뛰어나와 내게 지역 병원에서 좌회전을 하라고 알려 주었다. 그러나 나는 어쩌다 우회전을 해 버렸고 칡넝쿨이 무성하게 자라난 도로로 빠지고 말았다. 들어갈수록 길이 점점 좁아지는 듯해 다시 되돌아 나오다가 찜통 같은 날씨에 픽업트럭에 몸을 기대고 서 있는 남자를 발견하고 창문을 내렸다.

"프리미어라는 곳을 찾는데요." 내가 물었다. 프리미어는 앨런이 사는 곳으로 행정 구역에 편입되지 않은 아주 작은 마을이었다. 남자가 나를 쳐다보고는 검고 큰 우리 아버지 차를 눈으로 훑었다. "길을 잃으셨구먼." 정확히 알아보다니. 내가 가는 길을 물었으나 그는 고개를 저었다. "내가 데려다 드리리다. 절대 못 찾을 거요." 내가 한사코 만류하는데도 남자는 피우던 담배를 비벼 끄고 자기 차에 오르더니 앞서 달리며 큰 도로가 나올 때까지 1.5킬로미터 정도 길을 안내해 주었다. 그제야 앨런이 찾으라고 한 오래된 라디오 방송국이 보였다. 남자는 경적을 울리며 떠나갔고, 나는 그가 완전히 보이지 않을 때까지 손을 흔들며 인사했다.

이제 다 온 듯했다. 앨런이 '비 앤드 케이 트럭회사'를 지나쳐서는 안 된다고 했기에 나는 '비 앤드 케이 트럭회사'를 지나치자마자 차를 돌렸다. 시청에서 나온 인부 두 명이 길가에서 낙엽을 그러모으고 있길래 잠시 차를 세워 그들에게 내가 맞게 가고 있는지 물었다. "어느 비 앤드 케이 트럭회사를 말하는 거요?" 그들이 이마를 닦으며 말했다. "이 도로에 비 앤드 케이 트럭회사가 두 군데 있는데." 나는 그 말이 농담일 거라 생각했지만, 그들의 표정은 진지했다.

다음엔 길가에 서 있는 빨간 픽업트럭과 마주쳤다. 트럭 운전기사들이 쓰는 모자를 대충 눌러 쓴 나이 지긋한 목사가 운전석에 앉아 있었다. 그에게 찾고 있는 곳을 설명하다 혹시나 하는 마음에 앨런 존스턴을 만나러 가는 길이라고 했다. "아, 앨런." 그가 고개를 끄덕이며 말했다. "어디 사는지 알지." 잠시 말을 멈춘 그는 내게 길을 가르쳐 주려는 듯했다. 드디어 입을 연 그가 물었다. "우리 집이 어딘지 아슈?"

알 리가 있나요.

마침내 아무런 표지판도 없고 커브가 급한 모퉁이를 돌자 앨런 집으로 이어지는 자갈길이 나타났다. 나는 앨런 부부가 정비를 마쳐 놓은 하늘색 버스 옆에 차를 댔다. 앨런의 친구들은 그를 웨스트버지니아 지역 특산물인 커다란 비스킷 이름을 따 '캣헤드'라고 불렀다. 앨런은 지역 주민들이 골짜기라고 부르는 구불구불한 돌길로 이루어진 그 마을에서 행복한 삶을 살고 있었다. 깊은 산속에 위치한 그의 집은 따뜻한 느낌이 드는 튼튼한 목조 주택이었고, 벽에는 사진관에서 찍은 아내와 아이들 사진이 걸려 있었다. 앨런의 아버지는 근처 탄광에서 일하셨는데, 그의 가족은 그곳을 한 번도 떠난 적이 없다고 했다. 데님 멜빵바지 차림에 희끗희끗한 머리를 뒤로 넘겨 묶은 앨런은 이야기를 하는 내내 기타를 튕겼다.

그는 도로명이 반드시 필요하다고 했다. 그렇다면 염두에 둔 이름은 있을까?

"오래전, 제가 초등학교 다니던 시절에요. 이 마을에 스테이시라는 이름을 가진 애들이 많았어요. 그때부터 여기 사람들은 이곳을 '스테이시 홀로(Stacy Hollow)'라고 불렀죠."

웨스트버지니아주는 수십 년 동안 도로에 이름과 숫자를 부여하는 사업을 두고 씨름해 왔다. 1991년까지 웨스트버지니아에는 소도시를 제외하면 도로명 주소가 있는 곳이 거의 없었다. 그 무렵 주 정부가 통신회사 버라이즌의 요금 부당 인상을 적발했는데, 양측은 이례적으로 웨스트버지니아의 도로명 주소를 만드는 데 버라이즌이 1500만 달러를 지급하는 것으로 합의를 보았다.

오랜 세월 동안 사람들은 웨스트버지니아에서 독특한 방법으로 길을 찾아다녔다. 길을 알려 줄 때는 한두 마디로 끝나는 법이 없었다. '흰색 교회를 찾아. 석조 교회 있잖아. 벽돌로 지어진 것. 그다음엔 오래된 초등학교를 찾아. 그런 다음 오래된 우체국을 찾아. 그리고 낡은 봉제 공장이 보이면 모퉁이를 돌아. 그럼 큰 트럭이 보일 거야. 큰 벽화도 보이지. 타투 숍이 보이면 드라이브인 식당을 찾아. 소가 그려진 대형 쓰레기통이 보이면 그다음엔 밭 한복판에 서 있는 픽업트럭을 찾아.' 늘 이런 식이었다. 물론 웨스트버지니아 주민에게는 이런 길 안내가 필요하지 않았다. 골짜기와 다 마른 강바닥 사이로 난 흙길을 따라 누가 어디 사는지 다 알고 있었으니까.

그러나 긴급 구조대원들은 사람을 찾는 데 좀 더 정형화된 방법을 원했다. '눈을 감고 주소 없이 댁이 어딘지 설명해 보세요. 자, 다시 해 봅시다. 이번에는 뇌졸중을 일으켰다고 가정해 봅시다.' 하루는 웨스트버지니아 긴급 구조대원들이 앞마당에 닭이 있다는 집에 급히 출동했는데 막상 가 보니 앞마당에 닭이 있는 집이 한두 곳이 아니었다. 동네 사람들 중에는 현관 앞에 나와 앉아 손을 흔드는 사람들도 있었는데, 긴급 구조대원들은 그들이 그냥 인사를 하는 건지 응급차를 불러 세우려는 건지 분간할 수 없었다. 구릿빛 피부를 한 노스포크(인구 429명)

소방관 론 세리노는 마음이 다급한 신고자들에게 사이렌 소리를 잘 들으면서 길을 안내해 달라 한다고 했다. 전화로 이야기하며 숨바꼭질을 하듯 구불구불한 길을 따라 골짜기 마을을 찾아간다는 것이다. "불기운이 느껴지나요?"라고 말하는 상대편에게 그는 전화 너머로 이렇게 묻곤 했다. "사이렌 소리가 가까워지나요?"

웨스트버지니아의 시골 도로에는 대개 우체국이 부여한 지방 도로 번호가 있지만, 이 번호들은 어떤 지도에도 나와 있지 않다. 어느 긴급 구조대원의 말처럼 "그런 번호가 어디에 있는지 아무도 모른다."[9]

도로 하나에 이름을 붙이는 건 크게 어려운 일이 아니지만, 수천 개의 도로에 이름을 붙이는 건 차원이 다르다. 내가 만난 맥다월 카운티의 주소 책임자 닉 켈러는 유난히 목소리가 감미로운 사람이었다. 원래는 주소 사업을 위해 버몬트주의 하청 업체와 계약을 맺었으나, 사업은 실패로 돌아갔고 하청 업체는 실제 집들과 도통 연관 지을 수 없는 주소가 적힌 수백 개의 노란 종잇조각들만 남기고 떠났다.(주로 광산업에 종사하는 웨스트버지니아 주민들은 환경보호주의자들을 두려워해서 버몬트주 번호가 찍힌 전화를 잘 받지 않았을 거라고 했다.)

켈러는 카운티에 존재하는 수천 개의 도로에 직접 이름을 붙이는 일을 맡고 있었다. 아이디어를 얻기 위해 인터넷을 검색하여 다른 먼 지역의 도로명을 따오기도 하고 역사적 인물의 이름을 붙이기도 했다. 나무나 꽃 이름은 죄다 찾아 썼다. "주민들은 내가 지은 도로명을 두고두고 욕하겠죠." 켈러는 주문 제작한 도로명 표지판을 망치를 가지고 다니며 직접 달았다. 어릴 적 나무 패는 일을 오래 해서 익숙한 작업이었다.

모든 웨스트버지니아의 카운티는 도로명을 짓는 데 나름의 전략을 구축했다. 어떤 카운티는 적절한 이름을 찾기 위해 지역사를 연구하는 학구적 방법을 택했다. 찰스턴과 모건타운에서 빌린 전화번호부를 참고하기도 했다. 지도에 들어가기 좋은 짧은 이름을 궁리하던 어느 주소 담당자의 비서는 스크래블 게임 웹사이트도 샅샅이 뒤졌다고 했다. 재미있는 도로명도 생겨났다. 어떤 담당자는 남편과 사별한 "꽤 매력적인 여인"이 사는 거리의 이름이 어쩌다 보니 '쿠거(젊은 남자와 만나는 중년 여성을 가리키는 속어―옮긴이) 레인'이 되었다고 했다. 주소 담당자들이 우연히 길가에서 파티의 흔적을 발견하고는 도로명을 '비어캔(맥주캔) 홀로'라고 지은 경우도 있었다.

또 다른 주소 사업 담당자는 거리 이름을 생각해 내느라 도로 끝에 가만히 앉아 45분 동안 머리를 쥐어뜯은 적도 있다고 했다. 내가 "아기 이름 짓는 것과 비슷하죠?" 하고 묻자 그는 한숨을 쉬며 대답했다. "9개월이라는 시간이 없다는 점만 빼면요."

주민들의 참여가 없었던 것은 아니다. 롤리 카운티는 도로명에 주민들이 찬성해야 한다는 조건을 달았다. 색다른 이름을 선택한 카운티도 있었다. 어떤 마을은 누군가 '크런치 그래놀라(아침 식사용 시리얼 바) 로드'라는 도로명을 강력히 주장한 것이 분명했으며, 어떤 마을은 주민들이 부르던 '부거(코딱지, 눈곱) 홀로'라는 도로명을 고수하겠다고 싸웠다. 주민들끼리 합의를 보지 못하는 경우는 어땠을까? "그냥 '국화길'로 짓겠다고 협박합니다." 한 담당자가 짓궂은 미소를 지으며 말했다.(국화를 뜻하는 영어 단어 chrysanthemum은 미국인들이 철자를 맞히기 어려워하는 대표적인 단어 가운데 하나다. ―옮긴이)

자기 집 앞 도로명을 '스튜피드(멍청한) 웨이'라고 짓겠다는 주민도 있었다. 이유를 묻자 그녀는 당당하게 말했다. "도로 이름을 짓는다는 것 자체가 바보 같은 짓이니까요."

이 말 덕분에 나는 중요한 사실을 깨달았다. 많은 웨스트버지니아 사람들이 진심으로 주소를 원하지 않는다는 사실이었다. 새로운 도로명을 싫어하는 사람들도 있었다.(한 농부는 자기 집 도로명이 대공황 시절 자기 할아버지의 대출 신청을 거부한 은행가의 이름을 따왔다고 분노했다.[10]) 그러나 대개는 특정한 이름 때문이 아니라 도로명 자체에 대한 반감이었다. 도로명에 반대하는 사람들은 누가 어디 사는지 다 안다며 계속 투덜댔다. 구급차가 길을 못 찾는 바람에 서른세 살의 남성이 천식 발작으로 죽었을 때, 그의 어머니는 신문과의 인터뷰에서 "차를 세우고 아무한테나 우리 집이 어딘지 물어보기만 했어도 됐다."[11]라고 대답했다.(그녀는 외지인들에게 '쿠퍼스 야구장에서 왼쪽 첫 번째 도로, 산 쪽으로 급커브를 틀어 우회전'하라고 길을 알려 주곤 했다.)

하지만 켈러가 말했듯이 "새벽 3시에 사람을 분간하기는 쉽지 않은 일이다." 한밤중에 집을 잘못 찾은 긴급 구조대원은 눈앞에 총을 겨누는 집주인을 맞닥뜨릴 수도 있다.

한 소방대원은 일자리를 찾아 청년들이 떠나면서 점차 고령화되어 가는 맥다월 카운티에 사는 어르신들에게 주소 사업을 어떻게 설득했는지 설명해 주었다. "어떤 분들은 주소를 원치 않는다고 하세요. 그럼 제가 구급차가 필요할 땐 어떻게 하냐고 묻죠." 어르신들은 이렇게 대답했다고 한다. "구급차 필요 없어. 우리가 알아서 해."

한 주소 사업 담당자는 전당대회에 참석해서 "주소를 만드는 일은 겁쟁이 짓이 아닙니다."[12]라는 말까지 해야 했다. 웨스트버지니아의 도로명 사업 담당 공무원들은 사륜 오토바이를 타고 산탄총을 든 남자들을 맞닥뜨리기도 했고, 어느 시청 공무원은 뒷주머니에 큰 칼을 꽂은 남자를 만나기도 했다. "주소 같은 건 필요 없다는 거죠."[13]

내가 이야기를 나누어 본 사람들은 웨스트버지니아에 주

소가 없다는 사실이 농촌 지역의 후진성을 상징한다고 보았지만, 나는 생각이 달랐다. 맥다월 카운티는 미국에서 가장 가난한 카운티 중 하나이지만 유대감이 강한 공동체로 이웃은 물론 지역 역사에 대해서도 잘 알고 있었다. 그곳 주민들은 외부인들이 보지 못하는 것을 보았다. 예를 들어 바틀리(인구 224명)의 주민들은 20년 전 화재로 소실된 예전 바틀리 학교를 중심으로 길을 알려 주었다. 나는 내가 자란 동네를 찾아갈 때도 내비게이션을 사용하는데, 주소가 없었다면 우리가 다른 시각으로 공간을 바라보지 않았을까 하는 생각이 문득 들었다.

웨스트버지니아 주민들의 주소에 대한 두려움은 알고 보면 별나기는커녕 당연하고 합리적이었다. 주소는 긴급 구조에만 필요한 것이 아니다. 주소는 사람을 찾고 감시하고 세금을 부과하고 우편을 통해 딱히 필요하지 않은 물건을 팔기 위해서도 존재한다. 주소 사업에 의심의 눈초리를 보내는 웨스트버지니아 주민들은 자기 집 대문에 번호를 부착하는 정부에 저항하던 18세기 유럽인들과 놀라울 정도로 닮아 있었다.(이 이야기는 뒤에서 다시 다룰 것이다.)

그러나 앨런 존스턴을 포함한 많은 웨스트버지니아 주민들은 구글 지도에서 자기 집을 찾을 수 있으면 무엇이 좋은지 잘 알고 있었다. 문에 난 구멍을 통해 '쿵' 하고 유쾌한 소리를 내며 떨어지는 우편물을 결국 사랑하게 된 18세기 유럽인들처럼 말이다. 웨스트버지니아를 떠난 후 몇 주 뒤, 나는 앨런에게 전화를 걸었다. 그는 소방서에 전화를 해 소방대원에게 자기 집을 설명했더니 그가 지도에서 앨런의 새 주소를 찾아 주었다고 했다.

앨런은 이제 '스테이시 홀로 로드'에 산다.

○

자, 이제 정말 마지막 이야기다. 웨스트버지니아에 대한 글을 기고하고 얼마 되지 않았을 무렵, 나는 주민 대부분이 노동자 계층인 북런던 토트넘에서 집을 보러 다녔다. 남편과 런던에 막 이사를 온 참이었으나 예산 내에서 마음에 드는 집을 찾기가 쉽지 않았다. 토트넘은 카리브해 음식점, 코셔 식료품점, 할랄 정육점을 한 거리에서 찾아볼 수 있을 만큼 생기 있고 문화 다양성이 높은 지역이다. 주민의 약 78퍼센트가 소수민족인 이곳은 브루클린의 3퍼센트 크기밖에 안 되는 땅에 113개가 넘는 민족들이 빽빽하게 모여 산다.

토트넘은 바람 잘 날 없는 동네였다. 2011년 8월, 다섯 명이 죽고 잉글랜드 전역으로 확산된 폭동의 진원지가 토트넘이었다. 경찰이 한 29세 남성에게 총기를 발사한 것이 발단이었다. 카펫 가게, 슈퍼마켓, 가구점들이 불탔고 경찰은 약탈, 방화, 폭행을 이유로 4000명이 넘는 사람들을 체포했다.[14] 토트넘의 실업률과 범죄율은 여전히 높지만, 내가 그곳에 막 이사한 친구들을 찾아갔을 때 본 토트넘은 전 세계에서 온 젊은 가족들로 가득했다. 며칠 후, 나는 막 매물로 나온 방 두 개에 테라스가 있는 집을 보러 갔다.

도로는 깔끔했고, 이웃 사람들은 울타리를 다듬고 앞마당에 꽃을 심고 있었다. 도로 한쪽 끝에는 정감 가게 생긴 펍이 있었고, 다른 한쪽에는 정원 교실과 수영장을 갖춘 웅장한 외관의 공립학교가 있었다. 조그마한 놀이터가 딸린 잔디 공원, 테니스장, 플라타너스 나무가 우거진 가로수 길도 걸어서 5분 거리였다. 그 집은 영국에서, 어쩌면 유럽에서 가장 풍부한 문화 다양성을 자랑한다고 할 수 있는 지역 한가운데 있었다.

부동산 중개인 로린다의 안내로 들어가 보니 집은 스트립원목 마루와 퇴창, 방마다 있는 벽난로, 욕실까지 전화로 들은 것처럼 근사했다. 그녀는 이미 다른 사람들로부터 제안이 들어온 상태라며 빨리 결정을 내려야 한다고 나를 재촉했다.

정말 마음에 드는 집이었다. 하지만 신경에 거슬리는 문제가 하나 있었다. 과연 내가 도로명이 '블랙보이(흑인 소년) 레인'인 곳에 살 수 있을까?

어쩌다 '블랙보이 레인'이라는 이름이 붙었는지는 아무도 모른다. 영국에 흑인 이민자들이 가장 많이 쏟아져 들어온 시기는 제2차 세계대전 이후지만, 영국에는 훨씬 이전부터 흑인들이 살고 있었다. 셰익스피어의 작품에도 흑인 인물이 둘이나 등장하고, 엘리자베스 1세도 흑인 시종과 흑인 음악가들을 두고 있었다. 상류계급에서는 흑인 아이를 데리고 있는 것이 유행이었는데, 대개 그들은 태피스트리나 벽지, 푸들과 같이 장식용의 "인간 장신구"[15]에 지나지 않았다.

영국은 세계에서 노예무역이 가장 활발한 국가였지만, 영국이 밀거래한 아프리카인들 대부분은 영국에 오지 않았다.(영국령 아프리카인들은 종에 불과했고, 영국 법원은 잉글랜드의 "공기가 너무 맑아 노예가 들이마셔서는 안 된다."라고 생각했다.) 브리스틀이나 리버풀과 같은 항구에서 출발한 노예 무역선은 영국 제품을 가득 싣고 노예를 사기 위해 아프리카로 떠났다. 아프리카인 남녀를 빼곡히 싣고 다시 아메리카로 향한 배는 그곳에서 설탕, 담배, 럼주와 같은 신대륙 제품과 흑인들을 맞바꾼 후 유럽으로 돌아왔다. 일부 통계 자료에 따르면 영국이 이런 방식으로 실어 나른 흑인은 310만 명에 이른다.[16]

노예제 폐지 운동에 참여했던 사람 중에는 얼라우다 에퀴아노와 같이 과거에 노예였던 사람도 있었다. 1789년에 나이지리아에서 생포되어 온 자신의 이야기를 써 베스트셀러가 된 에퀴아노의 자서전은 아프리카인이 쓴 최초의 영국 출판물

중 하나다. 그러나 노예제 반대 운동에서 단연 가장 눈에 띄었던 지도자는 부유한 양모상의 아들이자 정치인인 윌리엄 윌버포스였다. 스스로 "강렬한 종교적 회심"이 자신을 반노예주의로 이끌었다고 고백한 윌버포스는 키가 165센티미터밖에 되지 않았지만, 다른 의미에서 매우 큰 사람이었다. 새뮤얼 존슨의 전기 작가인 제임스 보즈웰은 이렇게 적었다. "나는 한낱 작은 새우처럼 보이는 것이 테이블 위로 오르는 것을 보았다. 하지만 듣자 하니 그 새우는 자라고 또 자라서 거대한 고래가 되었다고 한다." 윌버포스는 18년 동안 노예무역 폐지 법안을 끈질기게 제출했다. 1807년에 마침내 그의 법안이 의회를 통과하자 하원 의원들은 기립 박수를 보냈다. 그로부터 26년 후 대영제국의 모든 노예를 해방하는 법이 의회를 통과했다는 소식도 들려왔다.

임종에 이르러 의식이 점차 흐려지고 있던 어느 날, 잠시 의식을 되찾은 윌버포스가 아들 헨리에게 말했다. "너무나 고통스럽구나." 헨리가 대답했다. "네, 그렇지만 아버지는 위대한 족적을 남기셨어요." 다시 윌버포스가 말했다. "감히 그렇게 자신 있게 말할 수는 없지만, 나도 그랬길 바란단다."[17]

그는 다음 날 세상을 떠났고 웨스트민스터 사원에 묻혔다.

나는 결국 블랙보이 레인에 있는 집을 포기했다. 유행에 뒤떨어진 부엌이 마음에 걸렸을 수도 있고, 중요한 결정을 할 준비가 되지 않았던 것일 수도 있고, 어쩌면 도로명 때문이었는지도 모르겠다. 나는 아프리카계 미국인이며, 내 조상은 노예 무역선 선창에 실려 왔던 사람들이다. '블랙보이 레인'이라는 도로명은 그리 멀지 않은 과거, 모든 흑인이 나이를 막론하고 '녀석(boy)'이라고 불리던 시절의 아메리카를 떠올리게 한다.(말 그대로 그리 멀지 않은 과거다. 2008년 켄터키 하원 의원 제프 데이비스는 미국의 핵무기와 관련하여 이런 발언을 했다. "저 녀석이 발사 명령을 내려서는 안 된다."[18] '저 녀석'은 버락 오바마를 두고 한 말이었다.)

그러나 '블랙보이 레인'이라는 이름은 노예무역과 아무 상관이 없고, 피부가 까무잡잡했던 찰스 2세의 애칭일 뿐이라고 주장하는 사람들도 있었다. 게다가 오래 산 주민들 중에 그 이름을 불쾌하게 여기는 사람도 별로 없어 보였다. 앞마당에서 나무를 손질하고 있던 어르신 한 분에게 그 이야기를 꺼내자 그는 웃으며 처음 만난 사람들이 대화를 시작할 때 자주 써먹는 단골 주제라고 했다.

어쨌거나 우리 부부는 결국 바로 아랫동네 해크니에 있는 아파트를 계약했다. 이 집 역시 그리 신식 부엌은 아니었지만 해크니도 북런던에서 문화 다양성이 높은 지역이고 근처에 나무가 많은 공원이 있어 마음에 들었다. 그러나 이번만큼은 도로명이 집을 계약하는 데 결정적으로 작용했음을 부인할 수 없다. 이곳의 도로명은 '윌버포스 로드'다.

내가 《애틀랜틱(*The Atlantic*)》에 웨스트버지니아에 대한 글[19]을 기고한 후, 사람들은 저마다 주소에 관한 자신의 경험담을 내게 전해 주기 시작했다. 정치적인 문제로 이름을 바꾸었다는 부다페스트의 거리 이야기, 코스타리카에서 주소 없이 길을 찾는 위험천만한 모험담, 도로명 개정을 위해 청원을 제출한 이야기 등등 다양했다. 나는 사람들이 왜 이리도 도로명에 관심을 갖는지, 앨런 존스턴이 '스테이시 홀로 로드'라는, 그에게 특별한 의미가 있는 도로명 주소를 얻게 됐을 때 내가 왜 그리도 기뻤는지 문득 궁금해졌다.

이러한 궁금증은 내가 이 책 서두에 던졌던 질문을 곱씹어 보게 한다. "지역사회 지도자들은 왜 도로명 짓기에 열을 올릴까?" 미랄디가 '소니 카슨 애비뉴'를 두고 한 질문이다. 내가 이 책을 쓴 이유는 그 대답을 찾기 위해서라고 생각한다. 나는 도로명이 정체성과 부에 관한 문제이며, '소니 카슨 애비뉴'의 경우처럼 인종 문제이기도 하다는 사실을 알게 되었다. 그러나 결국 이 모든 것은 대개 권력에 관한 문제다. 이름을 짓고, 역사를 만들고, 누가 중요하고 중요하지 않은지, 왜 중요한지를 결정하는 권력 말이다.

어떤 책들은 연필이나 이쑤시개와 같이 사소한 물건이 어떻게 세상을 바꾸었는지 이야기한다. 이 책은 그런 종류가 아니다. 그보다는 도로에 이름을 짓고 번호를 붙이는 계몽 사업이 어떻게 인간의 삶과 사회를 개혁한 혁명이 되었는지에 관한 복잡한 이야기다. 우리는 보통 도로명 주소를 순전히 기능적이고 행정적인 도구라고 여기지만, 도로명 주소는 권력이 어떻게 이동하고 어떻게 수 세기에 걸쳐 연장되어 왔는지에 관한 장대한 서사를 품고 있다.

나는 이러한 논의를 다양한 이야기를 통해 진행하려 한다. 마틴 루서 킹의 이름을 딴 거리 이야기, 고대 로마에서 길을 찾는 방법, 나치 유령이 떠도는 베를린 거리 이야기도 할 것이다. 이 책은 미국의 대호황 시대의 맨해튼부터 빅토리아 시대의 런던, 대혁명 시기의 파리로 독자들을 안내할 것이다. 그러나 무엇보다 주소가 의미하는 바를 이해하려면 먼저 주소가 없다는 것이 어떤 의미인지 알아야 한다.

자, 그럼 인도 콜카타의 빈민가 이야기로 시작해 보자.

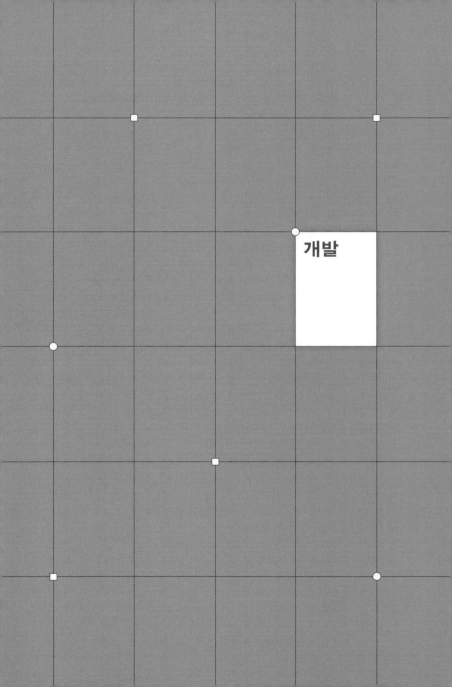

개발

1

콜카타

**주소는
빈민촌을
어떻게 바꾸는가?**

뜨거운 볕이 내리쬐는 콜카타(구칭 캘커타)의 향기로운 2월의 어느 날, 나는 사회복지사 수바시즈 나스와 함께 도시에서 가장 오래된 지역 중 하나인 칼리가트에 있는 바로다 은행을 향해 걷고 있었다. 우리는 솥에서 김이 모락모락 나는 차이 티와 찰무리(팽화미, 렌즈콩, 땅콩을 비롯해 무엇인지는 알 수 없지만 맛있는 여러 재료를 섞어 만든 간식이다.)를 팔고 있는 상인들을 이리저리 피해 걷느라 정신이 없었다. 길가에서 아침을 먹는 맨발의 릭샤 운전기사들 옆으로 출근길에 오른 사람들이 바쁘게 지나다녔다.

시원한 은행 안에 들어서자 수바시즈는 철제 의자에 앉아 차례를 기다리는 무리를 지나 곧장 부지점장에게로 갔다. 말끔한 흰색 사리를 차려입은 부지점장의 가르마에는 주홍색 진사 자국이 남아 있었다. 그녀가 미소를 지으며 콜카타의 대표적인 빈민촌 체틀라 주민들이 작성한 계좌 개설 신청서 한 묶음을 수바시즈에게 건넸다. 신청서는 모두 서명이 안 되었거나 어머니의 결혼 전 성(姓)이 빠져 있거나 해서 작성이 덜 된 것들이었다. 신청서는 내가 평소 은행 계좌를 개설할 때 작성했던 양식과 다를 바 없이 이름, 전화번호, 수입을 적는 칸이 있었고, 구석에는 추가로 지문과 여권용 사진 크기의 사진을 부착할 수 있는 공간이 있었다. 물론 주소를 적는 칸도 있었다.

수바시즈는 '주소 없는 이들에게 주소 만들어 주기 운동(Addressing the Unaddressed)'이라는 비정부기구의 프로젝트 매니저다. 이 기관의 유일한 사업은 콜카타를 시작으로 모든 인도 빈민촌에 도로명 주소를 만들어 주는 것이다. 가닥가닥 옅은 빛이 도는 담갈색 머리를 한 수바시즈는 30대로 그날따라 얇은 흰색 티셔츠에 짙은 색 고급 청바지를 입고 있어 사회복지사보다는 IT 기업가처럼 보였다. 그는 정신없이 복잡한 거리를 시원한 바람이 나오는 열기구를 타고 한가로이 떠다니는 사람처럼 언제나 침착하고 차분했다. 수바시즈는 부지점장에게 받은 계좌 신청서를 배낭에 집어넣으며 고맙다고 인사했다.

수바시즈가 일을 할 때 주로 다니는 곳은 재즈 클럽, 쇼핑몰, 인도제국 시절의 오랜 대저택들이 있는 콜카타의 부유한 지역이 아니다. 물론 '주소 없는 이들에게 주소 만들어 주기 운동'도 콜카타에 작지만 아주 깨끗한 사무실(현관에는 신발장이 놓여 있고 화장실은 서구식이며 최신 컴퓨터도 여러 대 있다.)을 두고 있다. 그러나 수바시즈의 일상은 주로 도시의 빈민촌에서 이루어진다. 그중 한 곳이 바로 우리가 향하고 있는 체틀라였다.

콜카타는 교통 체증이 너무 심각해 최근 정부가 도로에 마음을 진정시키는 음악을 트는 캠페인을 시작했는데,[1] 음악 소리가 너무 커서 에어컨을 튼 차 안에서도 다 들릴 정도였다. 내가 공항에서 들어오는 길에 세어 보니 도로 위를 오가는 교통수단은 말을 포함해 아홉 종류나 되었다. 모든 콜카타의 노란 택시 안에는 고난을 사라지게 해 준다는 힌두교의 신, 코끼리 머리를 한 가네샤 조각상이 계기판 위에서 이리저리 흔들거렸다. 몇 킬로미터나 떨어진 빈민촌에도 자주 간다는 수바시즈의 동료는 그냥 걸어서 다닐 때가 많다고 했다.

하지만 은행에서 체틀라까지 가는 길은 은행까지 걸어온 것보다 훨씬 멀었다. 우리는 일단 삼륜차 오토릭샤 툭툭을 잡아타고 비좁은 좌석에서 땀에 젖은 살을 서로 맞댄 채 앉아 가다가 다시 자전거 릭샤로 바꿔 탔다. 릭샤에서 내린 뒤 체틀라 입구까지는 걸어야 했다. 마을 어귀에 이르자 학교 교실에서 흘러나오는 아이들의 합창 소리가 들렸다.

체틀라는 운하와 철길 사이에 끼어 있는 오래된 빈민촌이었다. 도시학 교수이자 콜카타의 개발 문화지를 쓴 아나냐 로이는 운하에서 떠오른 부패한 동물 사체들 사이에서 아이들이

노는 체틀라의 현실을 이렇게 묘사했다. "나는 구역질을 하지 않으려고 젖 먹던 힘까지 쥐어짰다."[2] 하지만 난 어떤 면에서 체틀라가 숨 막히는 도시의 작은 해방구처럼 느껴졌다. 체틀라는 많은 사람들이 밀집해 살았지만(대부분의 콜카타 빈민촌에는 대략 40제곱미터, 다시 말해 맨해튼 아파트 평균 크기보다 10제곱미터 작은 땅에 열세 명이 산다.), 주민들이 대부분 지방 출신이라 그런지 이상하게 농촌 분위기가 났다. 수탉들이 시끄럽게 울고 암탉들이 먹이를 쪼아 댔다. 여인들은 밖에서 양파를 볶았고, 아이들은 기찻길에서 철로를 악기 삼아 놀다가 기차가 지나갈 때면 허둥지둥 자리를 피했다.

수바시즈와 내가 도착하자 주민들은 하던 일을 멈추고 수바시즈의 노트북 주변에 몰려들었다. 수바시즈와 그의 팀원들은 몇 주째 모든 체틀라 가구에 해당 가구의 GPS 위치를 나타내는 일련의 숫자와 문자로 이루어진 아홉 자리 GO코드를 지정해 주고 있었다. 아홉 자리나 되는 번호가 조금 부담스럽긴 하지만, 도로에 이름을 붙이는 일(구불구불하고 막다른 길이 많은 빈민촌에서는 무엇이 길인지 결정하는 것도 큰 문제다.)은 시간이 오래 걸리고 정치적으로 복잡한 문제였다. 당장은 이런 번호로도 충분했다. 각 가구의 GO코드는 파란색과 흰색이 섞인 표찰에 적혀 집 앞에 걸렸다. 그때까지 체틀라에서는 2300개가 넘는 가구가 GO코드를 지정받은 상태였는데, 이는 8000명에 달하는 사람들에게 정식 주소가 생겼다는 사실을 의미했다.

　　콜카타의 빈민가는 주소보다 시급한 것이 많아 보였다. 위생 설비, 깨끗한 물, 의료 서비스는커녕 장마철 호우를 피할 지붕도 없었다. 그러나 그들은 주소가 없어 빈민가를 벗어날 수 있는 기회조차 가질 수 없었다. 주소가 없으면 보통 은행 계좌를 개설할 수 없다. 은행 계좌가 없으면 저축을 할 수 없고 대출도 받을 수 없으며 연금도 받을 수 없다. 사채업자들과 금융 사기범들이 빈민가 사람들을 상대로 사기를 치는 바람에 일부 주민들이 평생 모은 돈을 날리고 자살한 충격적인 사건도 있었다. 주소가 생긴 체틀라 사람들은 이제 수바시즈와 그의 팀의 도움을 받아 바로다 은행에 계좌를 개설하고 처음으로 개인 직불 카드를 갖게 되었다.

　　무엇보다 중요한 사실은 주소가 신원을 증명하는 데 필수적이라는 점이다. 모든 인도 주민은 정부에서 발급하는 생체 인식 신원 증명서인 아다르 카드(Aadhaar card)를 소지해야 한다. 열두 자리 개인 고유 번호를 부과한 이 카드가 없으면 출산 지원, 연금, 진학 등과 같은 공공 서비스 혜택을 거의 받을 수 없다.(콜카타의 한 여성은 화재 사고로 지문을 잃었는데 지문이 없다는 이유로 카드 발급을 거부당해 소송을 제기했다.) 식비 지원도 받을 수 없다. 시민운동가들은 인도 전역에서 사람들이 굶어 죽는 이유가 아다르 카드가 없어서라고 말한다. 빈민촌 주민이라고 아다르 카드를 받을 수 없는 것은 아니지만 주소가 없기 때문에 카드 발급이 쉽지 않다. 정부는 주소 증명이 어려운 사람의 경우 "소개인"[3]을 통한 아다르 카드 발급을 허가하고 있지만, 소개인이 반드시 카드 소지자여야 한다는 한계가 있다. 인도 정부는 2015년을 기준으로 소개인을 통한 아다르 카드 발급 수가 전체의 0.03퍼센트밖에 되지 않는다고 밝혔다.

　수바시즈와 나는 작성이 덜 된 은행 양식의 주인들을 찾아 작성을 마무리 짓기 위해 미로같이 생긴 체틀라를 바쁘게 돌아다녔다. 낮잠에서 막 깬 듯한, 헐렁한 옷을 허리에 두른 채 서 있는 남자가 보였다. 수바시즈는 가방을 뒤져 잉크 패드를 꺼낸 뒤 남자의 손에서 지문을 떴다. 금색 코걸이를 하고 아기를 업은 여자는 수바시즈에게 왜 자기 남편이 아직도 계좌 정보를 받지 못했는지 물었다.('한 주 더 있어야 한대요.') 어떤 남자는 사구 게임을 하다 벌떡 일어서서는 수바시즈를 따라오면서 왜 자기 계좌가 정지되었는지 물었다.('처음 몇 달은 돈을 예치해 두어야지 안 그러면 계좌가 비활성화돼요.') 또 다른 남자는 자기 집 현관 앞에 서서 수바시즈에게 새로 만든 자기 계좌에 대해 꽤 까다로운 질문을 했다. 수바시즈가 한참을 고민해도 대답을 못 하자 남자가 웃으며 말했다. "우리는 당신이 모르는 게 없는 줄 알았는데."

○

300여 년 전, 동인도회사에서 일하던 조브 차노크는 자신이 캘커타라고 부르던 곳에 소도시를 세우기로 결정했다.(영국인인 차노크는 인도의 생활양식을 따른 독특한 남자였는데, 소문에 의하면 죽은 남편을 따라 화장용 장작더미에 몸을 던지려던 열다섯 살의 공주와 결혼했다.) 당시 캘커타는 말라리아가 창궐하는 늪지대를 따라 여러 마을이 모인 지역에 불과했으나, 후글리강에 맞닿은 항구가 아편이나 인디고, 목화를 수출하기에 완벽했던 터라 이내 영국령 인도제국의 수도가 되었다.

영국인들은 인도인들을 하인 같은 존재로 여겼다. 18세기 후반, 캘커타의 사법 행정 책임관으로 온 알렉산더 매크라비는 자신의 관사에 집사 하나를 포함하여 남자 하인 2명, 가내 하인 11명, 다리미질 담당자 1명(그것도 가족 1명당 1명), 가마꾼 8명을 요청했다.[4] 또 페온(Peon) 4명, 히르카라(Hircarah) 4명, 춥다르(Chubdar) 2명, 제마다르(Jemmadar) 2명도 필요하다고 했는데, 이들이 어떤 일을 했는지 나는 추측만 할 수 있을 뿐이다. 어쨌거나 매크라비는 영국인 넷이 사는 집에 총 110명의 하인을 거느리고 있었다.

영국인들은 캘커타를 블랙 타운과 화이트 타운으로 나누었다. 자신들이 사는 화이트 타운에는 유럽식 건축물을 짓고 런던을 꼭 닮은 도시를 설계했다. 화이트 타운에는 커다란 기둥이 줄지어 서 있는 성이나 그리스 사원 같은 주택들이 즐비했다. 그러나 블랙 타운에서는 그런 집을 찾아볼 수 없었다. 캘커타 인구는 200년 동안 50배 증가했는데 주택은 11배 증가하는 데 그쳤다.[5] 캘커타에서 빈민가가 폭증한 것은 어찌 보면 당연한 일이었다.

영국 총독부는 10년에 한 번씩 인도의 인구조사를 실시했다. 그리고 그때마다 인도인들의 집에 번호를 매겨 중복으로 계산되지 않게 하려고 애썼다. 그러나 캘커타 주택에 영구적인 번호를 부과하는 일은 거의 불가능했다. 무엇을 '집'이라고 부를지 합의가 안 된다는 사실이 문제였다. 영국에서 '가정'이라 함은 집 또는 독립된 가구의 방을 일컫는데 인도에서는 이 정의를 적용할 수 없었다. 한 방에 한 가족이 살면 방마다 각각 다른 번호를 부여하면 되었다. 그런데 두 가족이 돗자리를 사이에 두고 한 방에 함께 산다면? 인도 인구조사 담당자들은 정부 지침서를 보고 몹시 당황했고, 어떤 담당자는 "지침서가 무슨 뜻인지 모르겠어요. 어떻게 해야 되죠?"라고 호소하기도 했다.[6] 인도인들 집에 번호를 붙이는 사업은 그렇게 실패로 돌아갔다.

영국인들은 인도의 도시가 어떤 식으로 돌아가는지 이해하지 못했다. 어쩌면 알고 싶지 않았던 것일지도 모른다. 총독부의 '캘커타 도로 번호 지정 사업' 기록을 면밀히 분석한 리처드 해리스와 로버트 루이스에 따르면 영국인들에게 인도는 "단순히 이해하기 어려운 정도가 아니라 그야말로 미지의 세계였다."[7] 영국인들은 인도 사람들이 도시에서 어떻게 길을 찾아다니는지, 그들이 실제로 어떻게 사는지 알려고 하지 않았다.(물론 자신들이 자주 드나들던 사무실이나 호텔 같은 장소에 대해서는 이미 빠삭하게 꿰고 있었다.) 해리스와 루이스가 지적한 것처럼 영국인들은 현지 주민들과 섞여 살지 않고 자신들에게 충직한 현지 지도자들이 안내하는 대로 살았다. 주소가 신원을 파악할 수 있는 도구라고 한다면, 영국인들은 인도인들이 어떤 사람인지 전혀 관심이 없었던 것이다.

독립 후 캘커타라는 이름은 벵골어 발음에 맞게 콜카타로 바뀌었다. 도시 이름에 남겨진 식민지 유산을 청산한 만큼 이론상으로는 주소 만드는 일도 순조롭게 이루어졌을 법했다. 게다가 콜카타는 오랫동안 좌파 정치가 활발했던 도시였다. 하지만 인도 정부는 영국인들만큼이나 빈민가에 주소를 만들어 주는 일에 큰 관심이 없었다. 2000년대 초반에 아나냐 로이는 콜카타 개발청(Calcutta Metropolitan Development Authority)이 빈곤층에 식량을 지원하기 위해 콜카타에 거주하는 2만 가구를 대상으로 설문 조사를 진행했다는 사실을 알게 되었다. 정말 잘된 일이었다. 그러나 로이가 만난 담당 기관의 대표는 설문 조사에서 불법 거주지를 일부러 제외했다고 털어놓았다. "불법 거주자들까지 조사하면 그들이 적법하다는 잘못된 인식을 심어 줄 우려가 있습니다. 그들의 존재를 인정할 수는 없어요."[8]

영국인들은 이따금씩 빈민가를 밀어 버리곤 했다.[9] 도로를 내거나 영국인들이 쓸 토지를 더 확보하기 위해서였다. 그들은 강제 퇴거된 사람들의 복지 따위에는 별 관심이 없었지만 빈민촌을 완전히 없애 버릴 수 있다고 믿지는 않았다. 그러나 서벵골주 정부(2011년까지 민주적으로 선출된 공산당이 세계에서 가장 오랫동안 정권을 잡고 있었던 지역이다.)는 빈민가 없는 인도를 만들 수 있다고 믿었고, "골칫거리"[10]를 해결한다는 평계를 대며 합법적으로 빈민촌들을 없애 버렸다. 있어서도 안 되고 곧 사라질 빈민촌을 무엇 때문에 설문 조사에 포함시키겠는가? 정부는 빈민가 지역의 지도를 만들고 그 주민들에게 주소를 지정해 주는 일이 그들에게 거주를 허가하는 것과 다를 바 없다고 생각했다.

나는 콜카타에서 길거리 아이들 보호 사업을 하는 아일랜드 자선단체 '희망재단(Hope Foundation)'을 찾아 당시 대표였던 폴라미 데 사르카르를 만났다. 그녀의 책상 위에 산더미같이 쌓인 서류들이 일이 얼마나 많은지 말해 주는 듯했다. 직원이 정갈한 쟁반에 내온 따뜻하고 달콤한 커피를 마시며 둘러본 사무실은 시끌벅적했다. 인도 정부는 계속해서 빈민촌을 허물고 있었다. 하지만 폴라미는 그런 사실에 지쳤다는 듯 이렇게 말했다. "빈민가는 절대 사라지지 않아요."

그러나 주민 조사를 계기로 빈민가에 관심이 쏠리면서 그곳 주민들에게 필요한 것을 지원할 수 있는 기회가 열렸다. 폴라미는 재단이 '주소 없는 이들에게 주소 만들어 주기 운동'에서 만든 주소를 사용하여 인구조사를 진행했고 그 결과를 바탕으로 사업의 방향성을 잡았다고 했다. 일례로, 한 직원이 각 가정의 남자아이 수와 가계소득, 학교 중퇴율의 상관관계를 조사하여 아동노동 문제가 심각한 지역을 찾아냈다. 주소가 생긴 덕에 아이들이 진학할 때 반드시 필요한 출생증명서를 받기도 수월해졌다고 했다.

수바시즈와 나는 재단 사무실을 나와 희망 카페라는 곳에서 점심을 먹었다. 그곳은 빈민촌 주민들이 서비스업에서 일할 수 있도록 교육하는 식당이었다. 우리는 손으로 소스에 밥을 적셔 떠먹는 인도식 백반 탈리를 주문했다. 수바시즈는 정부가 가끔은 주소 만드는 사업을 썩 내켜 하지 않는 것 같다고 했다. "두 명의 아이 같은 거죠." 밥을 먹다 말고 그가 말했다. "잘 모르는 아이 하나와 호기심이 많은 아이가 하나 있어요. 호기심 많은 아이는 막 질문을 하는데 잘 모르는 아이는 그냥 알고 싶지 않은 거예요."

테레사 수녀가 남긴 유산은 콜카타에서 복잡한 이슈다. 테레사 수녀가 힌두교도로서의 삶보다 가톨릭 교인으로서의 죽음을 우선시했다고 비판하는 사람들이 많기 때문이다. 하지만 그녀가 콜카타를 전 세계에 절망의 도시로 각인시켜 놓은 것은 분명했다. 나는 콜카타의 빈곤을 설명할 적당한 말을 찾지 못했는데 다른 서양인들은 거침없이 "세상에서 가장 지독한 곳", "혐오 그 자체", "끔찍한 밤의 도시"라고 표현했다.[11] 마크 트웨인은 "놋쇠로 만든 문고리도 흐물흐물하게 만들어 버리는" 날씨의 도시라고 묘사했고, 윈스턴 처칠은 어머니에게 보내는 편지에 이렇게 적었다. "콜카타에 다녀왔다는 사실이 얼마나 다행인지 모릅니다. 아버지가 리스본에 다녀오시고 기뻐하셨던 것처럼 말이죠. 이제 그곳에 다시는 가지 않아도 될 테니까요."[12]

다행히도 이제는 활기 넘치는 콜카타의 매력을 알아본 여행객이 많아졌다.(나도 그중 하나다.) '기쁨의 도시'라는 콜카타의 애칭은 반어적 표현이 아니다. 내가 만나 본 콜카타 시민들은 모두 영화 학교, 토론이 오가는 카페, 활발한 정치, 명문 대학을 통해 얻은 열정적이고 지적인 콜카타의 명성을 자랑스럽게 생각했다. 수바시즈도 벵골 음악과 문학의 열렬한 팬이었다. 어느 날 아침엔 서정시집 『기탄잘리』를 쓴 라빈드라나트 타고르(1913년에 노벨문학상을 받았다.)의 목판화를 가져다주더니, 어느 날은 길을 따라 어수선하게 늘어선 북 마켓에 데려가 얇은 벵골 시집 번역본을 하나 골라 주었다.(한참 동안 밥 딜런의 가사에 관한 책을 뒤적거리던 그는 2000루피라고 적힌 가격표를 보더니 얼른 책을 내려놓았다.)

　콜카타는 빈민가마저도 지역마다 편차가 크다. 빈민가를 가리키는 '슬럼'이란 단어는 다양한 종류의 주거 형태를 통칭하는 용어다. 운하, 노변, 유휴지를 따라 생겨나는 슬럼은 대부분 불법이다. 이런 곳의 주민들은 무단 거주자로 남의 땅에 허가 없이 사는 것이다. 반면 '불량 주택군(bustee)'은 합법적 슬럼으로 다른 슬럼보다 주거 조건이 좋고 세입자들이 돈을 내고 땅을 빌려 쓴다.

　그렇다고 해도 슬럼은 대개 통풍이 잘 되지 않고 정수 시설, 화장실, 하수처리 시스템이 부족하다는 공통점이 있다. 인도 정부는 슬럼가의 집들이 "어깨를 맞대고 모여 있다."라고 표현한다. 나는 슬럼의 판잣집들이 무너지지 않게 문자 그대로 서로 기대어 있다는 것을 두 눈으로 직접 확인하고 나서야 그 말이 비유가 아니라 현실적인 묘사라는 사실을 깨달았다. 5000개가 넘는 빈민촌에 사는 약 300만 명의 콜카타 주민들은 그래도 형편이 나은 편이다. 적어도 그들에게는 집이라 부를 수 있는 곳이 있기 때문이다. 가장 불운한 이들은 노숙자들로 아이들도 부모 사이에 끼어 길거리에서 잠을 잔다. 릭샤는 사실상 불법이지만, 옷도 거의 걸치지 않은 남자들이 릭샤를 끌고 지저분한 거리를 맨발로 뛰어다니며 돈을 번다.

주거 환경이 상대적으로 나은 슬럼들도 있다. 체틀라처럼 도시에 가까운 슬럼은 대개 수백 년쯤 된 곳들이지만 콘크리트로 지은 집이고 양철 지붕에 바닥도 있다. 판차난탈라(계속 불러 보고 싶은 이름이다.)라는 마을에는 밝은 색 사리를 입은 스무 명가량의 10대 소녀들이 중심가로 보이는 거리 한가운데 앉아 힌두교 사원을 향해 신나게 노래를 부르고 있었다. 거리는 노점상에게 과일과 채소를 사는 사람들로 북적였다. 나는 이들의 삶의 질을 어떻게 평가해야 할지 알 수 없었다. 일례로 이곳엔 화장실이 없었다. 하지만 적어도 북적거리고 활기 넘치는 공동체가 있었고 안전하고 정겨운 분위기가 느껴졌다. 마을 병원에 화재(결국 88명의 사망자가 나왔다.)가 났을 때, 판차난탈라 주민들이 서둘러 달려가 인명 구조를 도왔다는 소식을 들었을 때도 그리 놀랍지 않았다. 병원 경비원들이 돌려보냈는데도 주민들은 대나무 사다리를 가져와 사리와 이불로 만든 밧줄을 묶어 창문으로 환자들을 구출시켰다고 한다.[13]

이후 수바시즈와 그의 동료 로미오는 나를 바가르로 데려갔다. 마을 입구에 고층 빌딩 높이의 쓰레기 더미가 보였다. 여인들과 아이들이 쓰레기 더미 위를 힘들게 기어 올라가 여기저기를 뒤적이며 돈이 될 물건을 찾고 있었고, 그 옆으로 트럭들이 줄지어 들어와 이미 산처럼 쌓인 쓰레기 더미에 쓰레기를 더 쏟아붓고 있었다. 먹이를 찾아 주둥이를 길바닥에 처박고 땅을 훑는 수퇘지들이 주민들의 또 다른 수입원이었다.(임시로 만든 정육점 천장에는 피가 뚝뚝 떨어지는 두툼한 돼지고기 덩어리들이 걸려 있었고 그 위로 파리 떼가 윙윙대며 몰려들었다.) 나는 쓰레기에서 나오는 화학물질 때문에 이따금씩 자연적으로 불이 붙는다는 새까만 호수에서 한 여자아이가 조심스럽게 몸을 씻는 것을 가만히 바라보았다. 그래도 바가르 주민들은 형편이 나은 거라고 수바시즈가 말했다. 적어도 쓰레기로 돈이라도 벌 수 있다는 것이 그 이유였다.

바가르에 도착한 수바시즈는 컴퓨터를 꺼낸 뒤 티셔츠로 얼굴을 문질러 닦았다. 매연으로 얼굴이 거무튀튀해진 탓에 티셔츠가 얼룩덜룩해졌다. 바가르 주민들은 이미 주소를 지정받았지만, 그동안 새롭게 지어진 임시 건물들의 주소를 알려 주기 위해 수바시즈 팀이 다시 방문한 것이었다. 슬럼은 항상 바뀌고 변한다. 집들은 허물어지고 다시 지어진다. 사람들은 시골에서 왔다가 시골로 돌아간다. 새로 온 사람들 중에는 베란다에 살면서 줄에 매어 둔 염소 옆에서 잠을 자는 가족도 있었다. 수바시즈와 로미오는 새 가구에 주소를 배정해 주고, 해당 건물과 자신들의 데이터를 계속 번갈아 보며 확인했다. 지난번에 다녀간 후로 많은 것이 변해 있었다. 머지않아 그들이 이곳에 다시 올 것이라는 확신이 들었다.

○

1980년대에 세계은행은 개발도상국의 경제성장을 가로막는 주요 원인인 불확실한 토지 소유 문제를 해결하는 데 총력을 기울이고 있었다. 개발도상국에는 토지 소유 현황을 정리한 중앙집권화된 데이터베이스가 없어서 사람들이 땅을 사고팔거나 토지를 담보로 신용거래를 하기가 어려웠다. 소유주를 모르면 토지세를 부과하기도 힘들다. 원칙적으로 말하면 모든 국가에는 토지대장, 즉 토지의 위치, 소유권, 가치들을 기록해놓은 공개 데이터베이스가 있어야 한다. 토지대장이 잘 갖춰지면 조세 징수와 토지 매매가 수월해진다. 또 땅을 구매하는 사람(과 국세청)은 자신이 그 땅의 유일한 소유주라는 사실을 분명히 할 수 있다.

그러나 세계은행의 토지대장 프로젝트는 번번이 실패로 돌아갔다. 저개발 국가에는 데이터베이스를 관리할 수 있는 자원이 없었기 때문이다. 공무원들이 토지 소유주의 적법한 권리를 박탈하거나 잘못된 정보를 입력하면 토지대장이 훼손될 위험도 있었다. 또 고액의 보수를 받는 세계은행 컨설턴트들이 간단한 토지대장이 아니라 최첨단의 전산화 시스템을 고안하는 바람에 운영도 너무 복잡하고 어려웠다. 끝날 기미가 보이지 않는 프로젝트에 수백만 달러가 투입됐지만 아무런 성과도 내지 못했다.

세계은행과 만국우편연합과 같은 국제기구들은 결국 좀 더 쉬운 방법을 찾아냈다. 개발도상국에는 토지대장만 없는 것이 아니었다. 도로명 주소도 없었다. 주소가 있으면 많은 나라의 도시들이 "처음부터 새롭게 시작"할 수 있었다.[14] 도로명 주소가 있으면 누가 어디 사는지 찾을 수 있고, 정보도 수집할 수 있으며, 인프라를 유지할 수 있고, 모든 사람이 사용할 수 있는 지도도 만들 수 있기 때문이었다.

전문가들은 각국 공무원들에게 주소 만드는 법을 집중적으로 교육하기 시작했다. 차드, 부르키나파소, 기니, 말리가 주소 만들기 사업의 첫 주자가 되었다. 세계은행 전문가들은 도로명 만들기에 관한 책을 발간하고 온라인 수업을 개발했으며 주소가 주는 이점을 홍보하는 보드게임 창작 공모전까지 후원했다.(세계은행 관료들이 회의실에 앉아 대회에 접수된 35개의 게임을 심사한 결과, '나는 표지판이 필요해(I need a sign)'와 '도시와 시민(Urbs and Civitas)'이라는 작품이 선정되었다.)

주소의 이점은 현실에서 거의 즉각적으로 드러났다. 먼저 도로명 덕분에 유권자 등록과 선거구 책정이 쉬워지면서 민주주의가 증진되었다. 둘째, 주소 없는 지역이 범죄의 온상이 되곤 했던 터라 도로명은 치안 강화에도 도움을 주었다.(다소 부정적인 점이 있다면 주소가 반체제 인사들을 찾는 데도 유용하다는 사실이다.) 셋째, 그동안 수도와 전기회사들은 요금을 징수하고 설비를 유지하기 위해 기업마다 나름의 시스템을 고안해 왔는데, 도로명 주소는 그런 업무를 훨씬 수월하게 해 주었다. 넷째, 각국 정부는 납세자들을 더 쉽게 찾고 세금을 더 쉽게 걷을 수 있게 되었다. 연구자들에 따르면 도로명과 소득 사이에는 긍정적인 상관관계가 있는데, 도로명 주소가 있는 지역은 그렇지 않은 지역보다 소득 불평등 수준이 더 낮은 것으로 나타났다.[15] 이 모든 것에 들어간 돈은 1인당 몇 푼에 불과했다.

아일랜드에 본부를 둔 '주소 없는 이들에게 주소 만들어 주기 운동'이 자신들의 사업을 매우 중요하게 여기는 이유도 바로 이 때문이다. 콜카타에 가기 몇 달 전 나는 비행기를 타고 8000킬로미터를 날아가 '주소 없는 이들에게 주소 만들어 주기 운동'의 카리스마 넘치는 공동 창립자 알렉스 피고트를 만났다. 우리는 더블린 근교에 있는 (카레 요리에 아일랜드 소다빵이 나오고 디저트로 애플 크럼블이 나오는) 태국 식당 비스름한 곳에서 만났다. 기품 있게 센 머리에 희끗희끗한 턱수염을 기른 알렉스는 세련되게 주름 잡힌 리넨 재킷을 입고 있었다. 1970년대에 아일랜드에서 크리스마스 시즌 집배원으로 일을 시작한 그는 1980년대에 우편 사업을 시작했다. 정확한 도로명 주소가 있어야 우편 사업이 가능했기 때문에 그는 이내 주소 분야의 전문가가 되었다.

알렉스는 한 모임에서 우연히 모린 포러스트라는 아일랜드 여성을 만났다. 그녀는 '희망 콜카타(Hope Kolkata)'라는 재단(나는 이곳도 곧 방문할 예정이었다.)의 설립자였는데, 재단이 일하고 있는 슬럼가의 인구조사를 도와줄 사람을 찾고 있다고 했다. 전문성이라고는 주소가 전부였던 알렉스는 그녀를 기꺼이 돕기로 했다.

일은 생각했던 것만큼 쉽지 않았다. 콜카타 빈민가의 집들은 대부분 기껏해야 알렉스와 내가 앉아 있던 식당 좌석 정도의 크기였기 때문에 방법을 조금 달리할 필요가 있었다. 그는 원래 주소를 적는 데 사용하던 플라스틱 표찰을 포기해야 했다. 문에서 표찰이 떨어지면 소들이 먹어 치울 거라고 주민들이 걱정했기 때문이다. 처음에 알렉스와 그의 동료들은 모든 가구에 새롭게 배정된 GO코드가 적힌 빈민촌 지도를 커다란 비닐 시트에 인쇄하여 사람들이 길을 찾을 때 이용하도록 했다. 하지만 지도들은 금방 사라져 버렸다. 주민들이 우기 동안 지붕 구멍을 틀어막는 데 지도를 가져다 썼기 때문이다. 그러나 알렉스와 그의 팀원들은 서서히 현지 사정에 맞는 시스템을 하나둘씩 개발해 나갔다.

어느 날, 나는 수바시즈의 팀원들과 함께 시크레인을 찾았다. 그곳은 콜카타 항구 근처에 조성된 빈민촌이었는데, 빠른 속도로 지나다니는 트럭 때문에 1년 내내 온종일 흙먼지가 일었다. 너무 좁아 두 사람이 나란히 서기도 힘든 골목길에서 수바시즈의 동료 하나가 한 손에 컴퓨터를 꺼내 들었다. 화면에는 동네 지도가 띄워져 있었다. 그가 지도에서 집 위치를 확인하고 그곳을 클릭하니 GO코드가 나타났다. 그가 번호를 불러 주자 다른 직원이 집 대문(언뜻 보아 한때 여자 화장실 입구였을 것으로 추정되는)에 반듯하게 받아 적었다. 다음번에 올 때 팔뚝 길이 정도 되는 파란색 정식 표찰을 문 위에 설치해 줄 예정이었다.(내가 콜카타를 떠난 뒤 얼마 후 '주소 없는 이들에게 주소 만들어 주기 운동'이 구글과 파트너십을 맺으면서 현재는 구글의 '플러스 코드' 주소 지정 시스템을 사용하고 있다.)

　　슬럼가의 다른 한쪽에서는 '주소 없는 이들에게 주소 만들어 주기 운동'의 인턴 두 명이 서양식 옷차림에 테니스화를 신고 인구조사를 하러 돌아다니고 있었다. 법대에 다니며 자원하여 활동 중인 이들은 콜카타에서 나고 자랐지만 중산층인지라 인턴 활동 전까지는 빈민촌에 한 번도 와 본 적이 없는 학생들이었다. 그들은 10대답게 시종일관 킥킥대면서도 당당하게 슬럼가를 돌아다녔다. 나이 지긋한 빈민촌 주민들도 그들이 하는 질문에 고분고분 답했다. 한 장짜리 인구조사 질문지에는 소유하고 있는 신분증은 무엇인지, 위생 시설은 있는지, 어디서 물을 얻는지 등과 같은 질문이 포함되어 있었다. 인턴들이 집집마다 다니며 조사를 하는 통에 일 나가기 전에 밖에서 낮잠을 자던 사람들이 깨는 일도 간혹 있었다.

풍성한 모양의 자주색 사리를 입은 한 여성이 손짓으로 수바시즈와 동료들을 불렀다. 그녀는 자기도 번호가 필요한데 어찌된 영문인지 그들이 자기 집을 빼먹었다고 했다. 따라가 봤더니 그녀의 집은 다른 판잣집들에 가려 잘 보이지 않는 곳에 있었다. 집은 큰 침대 하나와 가지런히 정리된 냄비 몇 개만 간신히 들어가는 크기였다. 두 사람이 침대 위에서, 한 사람이 침대 아래 흙바닥에서 자고 있었다. 있으나마나 한 지붕 때문에 비바람에 완전히 노출된 집이었다.

머리를 막 빗어 넘긴 듯한 남자아이 하나가 셔츠 단추를 채우면서 문가로 나왔다. 아이는 엄마를 대신하여 차분하게 질문에 대답했다. 그들은 신분증도 아다르 카드도 없었다. 우리가 만났던 다른 사람들처럼 아이도 핸드폰을 갖고 있었고 자기 번호를 수바시즈에게 천천히 또박또박 불러 주었다. 축 늘어진 사리 때문에 뒤늦게야 눈치챘지만 아이 어머니는 임신을 한 상태였다. 그녀는 한마디도 하지 않았으나 내게 잘 가라는 표시로 미소를 지으며 고개를 끄덕였다. 주소가 그녀에게 무엇을 해 줄 수 있을까? 그녀가 평생 은행에 예금이란 것을 할 수 있을까? 하지만 다른 것은 몰라도, 주소가 생기면 그녀의 가족이 소속감은 느낄 수 있지 않을까 하는 생각이 들었다.

소속감은 도로명 주소가 가진 비밀 병기라 할 수 있다. 세계은행은 주소가 사회의 일부라는 인식을 줌으로써 해당 지역 주민들에게 자신감을 심어 준다는 사실을 일찌감치 깨달았다. 슬럼 지역 주민들의 경우는 특히 그랬다. 한 전문가 집단은 도로명 주소에 관한 책을 저술하며 "시민은 도시 정글에서 길을 잃은 익명의 존재도, 오로지 그의 친척과 동료들만 아는 존재도 아니다. 시민은 확고히 정립된 정체성을 가진다."[16]라고 설명했다. 시민이라면 누구나 "각종 단체와 정부 기관들과 연락"할 수 있는 수단은 물론 동료 시민, 심지어 모르는 주민들과도 연락할 수 있는 수단을 가져야 한다. 바꾸어 말하면 주소가 없는 사람은 소통의 대상이 아는 사람으로만 한정된다. 중요한 점은 우리에게 가장 큰 도움이 되는 사람은 대개 잘 모르는 사람들이란 사실이다.

이러한 시민적 정체성은 말 그대로 사회의 경계에 사는 빈민촌 주민들에게 특히 중요한 의미를 갖는다. 따라서 누군가는 '주소 없는 이들에게 주소 만들어 주기 운동'과 같은 단체를 회의적으로 바라보기도 한다. 빈민촌들을 기존의 콜카타 주소 체계에 편입하는 대신, '주소 없는 이들에게 주소 만들어 주기 운동'이 새로운 종류의 슬럼 전용 주소를 배정해 주고 있기 때문이다. 혹자는 이들이 슬럼을 콜카타에 포함시키는 것이 아니라 오히려 반대의 일을 하고 있다고 주장하기도 한다.

나도 이러한 비판에 일견 동의한다. 기존의 콜카타 주소 체계가 슬럼과 슬럼이 아닌 세계를 통합시켜 공존할 수 있도록 했다면 더 바람직했을 것이다. 나는 슬럼가 주민들이 슬럼이 아닌 콜카타라는 도시에 소속감을 느꼈으면 한다. 그러나 내가 이 글을 쓰는 지금, 콜카타 시 정부는 슬럼을 도시 안으로 편입할 의지도, 능력도 없어 보인다. 그래도 당장은 그들에게 수바시즈가 있어 다행이다.

○

어느 날 밤 10시가 다 되었을 무렵, 수바시즈와 나는 노란 앰배서더 택시를 잡아타고 한참을 달려 깜깜한 도로 끝에 도착했다. 택시에서 내린 우리는 콜카타를 상징하는 청색과 백색의 가로등이 늘어선 콜리 시장 거리를 천천히 걸어 들어갔다. 상인들이 알록달록한 매트 위에 상품을 늘어놓고 있었다. 그렇게 많은 종류의 야채를 생전 처음 본 나는 마치 걸음마를 갓 시작한 아기처럼 각종 과일과 야채를 가리키며 수바시즈에게 그것들의 이름을 물었다. 어떤 상인들은 형형색색의 조명으로 상품들을 비추고 있었는데, 빨간 조명에는 토마토가 더 탐스럽게, 보라색 조명에는 가지가 더 선명하게 보였다. 모포 위의 물고기들은 나이 든 아주머니들이 꼬챙이로 찌를 때마다 펄떡거렸다.

그곳에서 우리는 살릴 다라를 만났다. 잘생긴 히피 스타일의 그는 짧은 아프로 머리를 하고 두꺼운 검은 테 안경을 쓰고 있었다. 그는 양손을 움켜잡은 그림 아래 '모어 댄 워즈(More Than Words)'라고 적힌 티셔츠를 입고 샌들을 신고 있었다. 원래 검안을 공부한 살릴은 대학생 시절에 농촌 마을에 파견되어 주민들의 안경을 맞춰 주는 일을 하게 되었다. 그리고 그곳에서 한 번도 본 적 없는 혹독한 빈곤을 목격했다. 단순 근시 환자들이 앞을 제대로 보지 못해 심한 화상을 입곤 했다. 주민들은 그에게 호박으로 사례를 했다. 집에 돌아온 그는 검안 공부를 그만두고 사회복지사가 되기 위한 교육을 받았다. 몇 년 후 살릴은 한 보육원의 대표가 되었고, 그곳의 아이들은 나이 차이도 얼마 나지 않는 그를 아빠라고 불렀다. 현재 살릴은 빈민촌 근처에 살면서 '희망 콜카타'에서 일하고 있다.

우리는 1.6킬로미터가량을 걸어 시멘트로 만든 한 불법 점거 가옥에 갔다. 수바시즈와 살릴이 지역구 의원에게 관할 지역 빈민가에 주소를 지정해 주어도 되는지 허락을 구하기 위해서였다. 주소 사업을 시작하면 어김없이 거쳐야 하는 첫 번째 단계였다.(그다음엔 주민들과의 만남을 조직하고 지역 원로들과 협의한 뒤 주민들에게 주소에 대해 설명한다.) 그러나 집 안에서는 의원이 지역 주민들과 이야기를 나누는 중이었다. 그녀는 종일 시내에서 일을 하고 돌아와 자신을 만나기 위해 줄지어 기다리고 있던 사람들의 요구 사항을 들으며 자신의 임무를 다하고 있었다. 별 한 점 없이 깜깜한 밤이었다. 우리는 주변에 몰려든 사람들이 떠드는 소리에 가만히 귀를 기울이며 밖에서 한 시간가량을 기다렸다. 속눈썹이 동그랗게 말려 올라간 여자아이 하나가 성큼성큼 걸어와서는 씩씩하게 내 손을 잡고 악수를 했다. 아기들은 여기저기서 울어 댔고, 저 멀리 시장에서는 잡상인들의 소리가 들렸으며, 사람들은 모두 서류 뭉치를 손에 꽉 쥐고 있었다.

마침내 들어오라는 허락이 떨어졌다. 안으로 들어가 우리가 앉은 의자에는 앞서 다녀간 사람들의 온기가 아직 남아 있었다. 의원은 소박한 사리 차림에 안경을 쓰고 있었고, 모자부터 신발까지 하얀색으로 빼입은 남자가 의원을 보좌하고 있었다. 지역 주민들이 끊임없이 쏟아져 들어오다 보니 작성하고 서명할 서류들이 정신이 아득해질 정도로 쌓여 있었다.

살릴이 빨간색 바인더를 들고 긴장한 얼굴로 서 있었다. 바인더 안에는 주소 사업을 승인한다는 콜카타의 다른 지역구 의원들의 허가서가 들어 있었다. 작고 네모난 안경 너머로 살릴을 심각하게 쳐다보던 의원이 몇 가지 질문을 했다. 대화가 시작된 지 몇 분 만에 그녀는 주소 사업을 승인하는 양식에 서명을 해 주었다.

갑자기 의원이 내게 할 말이 없냐고 물었다. 당황한 나는 자리에서 일어서며 도로명 주소에 대해 어떻게 생각하는지 물었다.(더 날카로운 질문을 준비하지 못한 자신을 책망하며 허벅지를 꼬집었다.) "그 지역에는 범죄자가 많아요." 그녀가 얼른 대답했다. "주소가 있으면 범죄자들을 잡을 수 있겠죠." 은행 계좌나 신분증에 대한 이야기는 한마디도 없었다.

밤 11시가 다 되어 갔다. 수바시즈는 내게 오토바이 한 대를 보여 주며 이걸 타고 나가자고 했다. 나는 거부했다. 녹음에 싸인 한적한 거리의 런던 아파트에서 놀고 있을 두 딸아이가 생각났기 때문이다. 둘째가 아직 한 살도 되지 않은 터라 수유 중이던 나는 그간 화장실(아무리 허름해도)이 보일 때마다 몰래 숨어들어 가 모유를 '짜서 버리고' 있었다.(내 유축기가 고장 났을 때, 수바시즈는 별일 아니라는 듯 약국에 나를 데려갔다. 약통, 요강, 붕대, 목발 같은 것이 빽빽하게 쌓여 있어 안경 낀 약사의 얼굴이 의료품들 사이로 간신히 보였다. 내가 콜카타에서는 아무 데서나 유축기를 찾기 어려울 테니 택시를 타고 멀리 있는 서양식 고급 쇼핑몰에 가야 한다고 오는 내내 우기다 들어간 약국이었다. 그러나 약사는 일말의 망설임도 없이 산처럼 쌓인 제품 더미 꼭대기에서 흠잡을 데 없는 유축기를 우아하게 꺼내 주었다. 내가 콜카타를 과소평가한 것은 이때가 처음이 아니었다.)

나는 헬멧도 없이 오토바이를 타고 싶지 않았다. 가족들에게 살아서 돌아가고 싶었으니까. 그러나 수바시즈가 이렇게 깊은 밤에는 택시도 안 잡히고 걷기에도 너무 늦었다며 고집을 부렸다. 헬멧도 쓰지 않은 채 꼼짝없이 오토바이에 올라타게 된 나는 말랬지만 단단한 체구의 두 남자 사이에 끼어 앉았다. 오토바이는 콜카타 도로 위의 차들이 빚어내는 어지러운 재즈 선율에 연주를 더하며 신나게 달려 나갔다.

드디어 택시를 탈 수 있는 장소에 도착했다. 우리는 택시를 타고 먼저 기차역으로 갔다. 수바시즈는 그곳에서 서둘러 밤 기차를 타고 아내와 어린 아들이 있는 집으로 돌아갔다. 하지만 수바시즈가 택시에서 내리자마자 나는 내가 호텔 주소를 기억하지 못한다는 사실을 깨달았다. 이럴까 봐 받아 두었던 호텔 명함도 갖고 있지 않았다.(알고 보니 호텔 방 열쇠도 없는 상태였다.) 쓸 수 있는 핸드폰도 없었다. 나는 하는 수 없이 택시에서 내려 가장 가까운 경찰서를 찾아가 도움을 청해 보기로 하고 6차선 도로를 건넜다.

경찰관들은 위장 무늬 군복을 입어 위압적으로 보였다. 다행히 깔끔한 베레모에 덥수룩한 콧수염을 한 경찰관 하나가 영어를 할 줄 알았다.(나는 그동안 수바시즈의 통역에 의지하고 있었다.) 내 여권을 확인한 그가 두꺼운 전화번호부를 휙휙 넘기더니 호텔 이름을 찾았다. 처음에 그는 어떤 식당을 지나 신발 가게에서 좌회전을 하라는 식의 지형지물을 중심으로 길을 설명해 주기 시작했다. 주의 깊게 듣고 있던 나는 투석 센터를 찾으라는 말에 완전히 겁을 먹었다. 절대 찾지 못할 거라는 것을 알았기 때문이다. 문득 콜카타 거리를 정처 없이 헤매며 '투석 센터'라고 쓰인 벵골어를 한없이 찾고 있을 내 모습이 그려졌다.

경찰관은 내가 딱해 보였는지 오토바이로 안내해 주겠다고 했다. 나는 하룻밤에 두 번이나 헬멧 없이 오토바이를 타게 생겼구나 하고 생각했지만 그보다 더한 일이 기다리고 있었다. 이미 덩치 큰 경찰관 두 명이 타 있는 오토바이에는 내가 앉을 자리가 없었다. 대신 난 오토바이에 탄 경찰관들을 따라 도로 옆에서 뛰어야 했고, 그들이 갈지자로 움직이며 앞서갈 때는 자전거 릭샤, 툭툭, 노란 택시를 이리저리 피하며 달려야 했다. 드디어 저 멀리 호텔이 보였다. 이미 숨이 턱까지 찼지만 조금 더 속도를 냈다. 그들을 다 따라잡았을 때 나는 감사의 뜻으로 그들에게 미친 듯이 손을 흔들었고, 친절한 호텔 직원들이 이 민망한 상황을 눈치채지 못하도록 조용히 들어갈 수 있기를 간절히 바랐다.

그러나 내 바람과 달리 경찰관들은 '붕' 하고 나를 앞질러 가 호텔 앞에 멈춰 선 뒤 도어맨에게 인사를 건넸다. 그들은 따발총 같은 벵골어로 내가 어쩌다 주소를 잃어버렸는지, 어쩌다 경찰서에 오게 되었는지, 어쩌다 오토바이를 따라 콜카타 도로를 뛰게 되었는지 같은 한심한 나의 상황을 상세히 전했다. 도어맨이 놀랍다는 얼굴로 나를 쳐다보고는 경찰관들과 다시 이야기를 나누었다. 그러다 갑자기 모두가 웃기 시작했고, 경찰관 중 한 명은 희미하게 새어 나오는 호텔 조명 아래서 무릎을 손으로 짚어 가며 허리가 끊어져라 깔깔댔다.

시무룩해진 나는 속으로 생각했다. **말도 안 돼! 콜카타에서 미아가 되다니!**

하지만 호텔 방에 돌아와 생각해 보니 내가 정말로 길을 잃었던 것은 아니었다. 엄연히 주소가 있는, 경찰서의 전화번호부에 나오는 호텔에 가던 중이었고, 경찰관에게 나의 신원을 증명할 수 있는 미국 여권이 있었다. 그러나 슬럼 지역 주민들은 그렇지 않았다.(슬럼에 사는 사람들은 여권조차 갖기 힘들다. 여권을 만드는 데도 주소가 필요하니까.) 주소가 없는 삶은 내가 콜카타에서 만난 사람들뿐만 아니라 전 세계 수십억의 빈민촌 주민들이 처한 현실이었다.

이 일은 내가 산처럼 쌓인 소각 쓰레기와 공존하는 빈민촌 바가르에 다녀온 직후에 벌어진 일이었다. 흙먼지 나는 바가르 거리를 걸으며 수바시즈는 내게 바가르의 가장 큰 문제는 도시의 다른 지역과 제대로 소통이 안 된다는 점이라고 말했다. 나는 그때 그의 말이 무슨 뜻인지 이해하지 못했고, 나중에 가서 '교통수단(transportation)'이라고 했어야 하는데 '소통(communication)'이라는 단어를 썼던 모양이라고 생각했다. 후글리강을 건너 바가르에 가려면 네 개의 각기 다른 교통수단

(그중에는 공항에서 볼 수 있는 옥외 차량 같은 것도 있었다.)을 이용해야 했기 때문이다. 매일같이 약 15만 명의 보행자(와 10만 대의 차량)가 건너는 강 위의 캔틸레버식 다리는 철제 접합부가 마모되고 있었다. 여러 이유가 있지만 많은 사람들이 다리 위에서 담배 구트카(gutka)를 씹다 뱉는 것도 문제였다.[17] 다행히 우리는 대부분 택시를 타고 다녔지만, 바가르에 갈 때는 택시 기사가 입구까지 가는 것을 거부해 차에서 내려 걸어야 했다.

수바시즈가 말한 '소통'이 어쩌면 적절한 단어였을지 모른다. 바가르는 콜카타의 다른 지역과 물리적으로 단절돼 있었지만, 바깥세상 역시 바가르와 단절돼 있었다. 덤프트럭 기사들 말고는 그 누구도 바가르 주민들의 삶을 본 적이 없었다. 나는 주소가 이 세상에 그들의 이야기를 전하는 수단이 되어 줄지도 모른다는 생각이 들었다.

2

아이티

주소가
전염병을
막을 수 있을까?

런던 위생 열대 의학 대학원(London School of Hygiene & Tropical Medicine) 교수인 폴 파인은 매 학기 역학 수업 첫날에 학생들에게 존 스노 이야기를 한다. 스노는 빅토리아 시대의 의사로, 전해지는 바에 따르면 이름(Snow)만큼이나 순수해서 고기와 술은 입에도 대지 않는 독신주의자였다고 한다. 저탄장 노동자의 아들로 태어난 스노는 순탄치 않은 유년 시절을 보냈으나, 그의 어머니가 상속받은 쥐꼬리만 한 재산을 털어 학비를 대어준 덕에 사립학교에 들어갔고 이후 뉴캐슬에서 어느 의사의 도제로 들어갔다. 그곳에서 몇 년간의 도제 생활을 마친 스노는 수백 킬로미터를 걸어서 런던에 도착한 후 의대에 입학했다.[1]

그는 곧 유명하고 신망받는 의사가 되었다. 치과에서 에테르를 활용하는 것을 처음 본 스노는 마취에 관심이 생겼고 영국 최초의 마취 전문의가 되었다. 그는 빅토리아 여왕이 여덟 번째 아이 레오폴드 왕자를 출산할 때 여왕의 주치의를 맡았는데, 빅토리아 여왕이 마취약으로 쓰인 클로로포름을 "더없이 편안하고 기분 좋은 진정제"[2]라고 찬양하면서 출산 때 진통제를 쓰는 것이 유행이 되기도 했다. 3년 뒤, 베아트리스 공주가 태어날 때도 스노는 여왕의 곁에서 출산을 도왔다.

그러나 스노는 너무나 다른 이중생활을 하고 있었다. 낮에는 버킹엄 궁에서 의사로 일했지만 밤에는 런던 거리와 슬럼가를 샅샅이 훑으며 도시 전역에 콜레라가 퍼진 경위를 조사했다. 콜레라는 더러우면서도 무서운 질병이었다. 아침에 멀쩡히 일어난 사람이 하루 만에 시체가 되기도 했다. 콜레라에 감염되면 처음에는 메스껍다가 곧 구토를 하고 설사를 하기 시작한다. 그렇게 체내에 있는 수분이 모두 빠져나가면 피가 점점 걸쭉해져 혈액 순환이 안 되고 장기가 멈추면서 피부색이 잿빛으로 변한다. 런던에서 콜레라가 유행했을 때 병원에서는 환자들을 일명 '콜레라 침대'에 눕혔다. '콜레라 침대'는 3분의 2가 되는 지점에 심상치 않은 구멍이 뚫린 간이침대였는데, 환자의 설사가 침대 밑에 놓인 양동이로 흘러가도록 특별히 설계한 것이었다. 의학 사학자인 리처드 바넷은 당시 상황을 "환자 두 명 중 한 명은 감염 후 하루, 심지어 반나절 만에 자기가 쏟아 낸 설사 위에서 죽어 갔다."라고 표현했다.[3]

인도에서 시작된 콜레라는 이후 중동과 러시아 지역으로

퍼졌으나 영국에는 1831년이 되어서야 처음 발병했다. 당시는 세균이나 미생물이 질병을 퍼뜨린다는 인식이 전혀 없었고, 부패로 발생하는 증기나 악취가 질병을 일으킨다는 '독기(毒氣) 이론'이 의학계를 지배하던 때였다.(그래서 '말라리아(malaria)'는 '나쁜 모기'가 아닌 '나쁜(mal) 공기(aria)'라는 의미다.) 다시 말해 악취는 질병의 징후일 뿐만 아니라 질병 그 자체였다.

뉴캐슬에서 수련의로 일하며 콜레라에 걸린 광부들을 치료해 본 경험이 있는 스노는 콜레라 증상이 호흡기가 아니라 소화기에서 시작된다는 사실을 알았다. 오염된 물을 마시거나 더러운 손으로 식사를 하는 행동을 통해 콜레라가 퍼졌을 것이라는 그의 추측은 정확했

존 스노

다.(콜레라균은 1854년 필리포 파치니라는 사람이 발견하였다. 그러나 그의 발견은 30년 동안 외면 받다가, 1884년 로버트 코흐가 독자적으로 유기체를 발견하고 나서야 인정받았다. 스노의 연구가 있고 한참이 지난 후의 일이었다.)

스노가 발견한 것은 정황적 증거였다. 콜레라 환자였던 이전 세입자의 침대 시트를 쓰고 콜레라에 걸린 사람의 사례가

그중 하나였다. 한쪽에 나란히 위치한 집들은 모두 감염이 되었는데, 주변의 집들은 무탈했던 경우도 단서가 되었다. 스노는 콜레라에 희생된 집들(오로지 그들만)이 식수로 쓰던 우물이 하수로 오염되었다는 사실을 알게 되었다. 썩은 내가 나는 우물을 두 눈으로 직접 확인한 그는 물속에서 "인간의 소화관을 통과했을 법한 까치밥나무 열매와 포도의 씨와 껍질, 각종 과일과 채소의 얇은 표피 조각과 같은 다양한 물질"을 발견했다.[4] 우물에서 채취한 샘플에서도 "변소 물" 냄새가 났다. 앨비언 테라스의 주민들은 자신들의 배설물이 섞인 물을 마시고 있었던 것이다.

스노는 콜레라로 쓰러진 이웃 주민들에 대해 의대에서도 배우지 못한 또 다른 사실도 알고 있었다. 작가 스티븐 존슨이 저서 『감염 도시(The Ghost Map)』에서 표현한 바와 같이, 스노는 "빈민층의 절망적인 삶과 죽음을 목격하고 눈이 휘둥그레져서 안전한 웨스트민스터나 켄싱턴으로 도망가 버리는" 그저 그런 공중보건의가 아니었다. 스노의 집은 콜레라 유행의 진원지였던 브로드 스트리트(Broad Street)에서 얼마 떨어지지 않은 곳에 있었다. 여왕의 의사였지만 어릴 적 가난하게 자란 그는 대부분 상류층 출신이었던 다른 의사들과 달리 질병이 빈곤 계층의 비위생적인 습관에서 기인한다고 생각하지 않았다. 이에 대해 존슨은 "가난한 이들이 유난히 많이 죽었던 이유는 그들의

비윤리적 생활양식 때문이 아니라 오염된 음식을 먹었기 때문이다."라고 설명했다.[5]

　　나는 스노의 광팬인 파인 교수를 런던에서 만났다. 런던 위생 열대 의학대학원은 과거 영국령 식민지의 질병을 치료할 의사들을 교육하기 위해 설립된 학교였다. 당시 영국의 식민부 장관이 밝힌 것처럼 "열대 지역을 백인들이 살 만한 환경으로" 만들기 위해서 설립되었지만,[6] 현재는 세계 최고 수준의 공중보건 전문 연구 대학이다. 이 학교에서 학생들을 가르치는 파인은 미국인이었다. 프린스턴 대학교를 자퇴하고 모로코에서 초기 평화봉사단으로 활동하다가 이후 다시 학교로 돌아가 학위를 마쳤다고 했다. 그는 색빌 스트리트(Sackville Street)에 위치한 스노의 옛집에서 몇 블록 떨어지지 않은 사무실에 앉아 내게 스노가 어떻게 역학(질병과 그 원인을 연구하는 학문)의 아버지가 되었는지 설명해 주었다. 스노와 같은 역학자들은 질병이 어디서 어떻게 왜 확산되었는지를 연구함으로써 공중보건 증진에 힘쓰는 '질병 수사관들'이다.

　　당시 의학계의 기득권 세력은 스노의 주장을 즉각적으로 부정했지만, 그는 콜레라가 오염된 물을 통해 퍼진다는 주장을 굽히지 않았다. 스노가 살았던 시대에는 분뇨를 대개 정화조에 저장했는데, 정화조라고 해 봤자 지하실 내지 옥외 저장 탱크에 불과했다. 설계상 액체가 새어 나오기 일쑤였고, 한참이 지나서야 분뇨 수거인들이 와서 고형 오물을 수거해 농장에 비료로 팔았다.(17세기의 일기 작가 새뮤얼 피프스는 이웃집 정화조에서 "엄청난 양의 똥"이 넘쳐흘러 자기 집 정화조까지 침범했다고 투덜대기도 했다.[7]) 템스강으로 직접 이어지는 하수관에 붙은 정화조도 있어서 런던의 주요 식수원인 템스강은 미처리 하수로 몸살을 앓았다.

소호는 특히 더러웠다. 한때는 런던에서 잘나가던 지역이었으나 부자들이 더러운 곳에서 멀리 떨어진 지역에 가정을 꾸리기를 원하면서 점차 소호 같은 동네를 떠나기 시작했다. 1850년대까지 소호는 슬럼가였다. 양복점, 빵집, 식료품점, 수녀원, 사창가가 마구 뒤섞여 있고 리처드 바넷의 말처럼 "카를 마르크스와 같은 망명한 반체제 인사들"로 바글거렸다.[8](스노와 동시대를 살았던 마르크스는 소호에서 그리 멀지 않은 곳에서 『자본론』을 썼다.) 들어가 살 수 있는 집이 별로 없었으므로 사람들은 한 침대에서 두세 명씩 번갈아 잠을 잤다. 가정 방문을 간 한 교구 사제가 어떻게 사람들이 이렇게 미어터지는 곳에서 살 수 있는지 묻자 그 집 여인이 대답했다. "귀하신 양반만 끼어드시지 않으면 별 불편함 없이 지냅니다."[9] 방 한가운데에는 '귀하신 양반'만 들어갈 수 있는 백묵으로 그려 놓은 원이 있었다.

상황이 이러했으므로 1854년에 소호에 콜레라가 발병하자 병은 매우 빠르게 확산되었다. 스노는 콜레라에 관한 그의 저서의 서두에서 이렇게 말했다. "이 나라에서 있었던 가장 심각한 콜레라 유행은 아마도 브로드 스트리트(골든 스퀘어)의 사례일 것이다."[10] 브로드 스트리트에서 일어난 콜레라 유행은 결국 600명이 넘는 사람들의 목숨을 앗아 갔다. 당시 스노는 이미 급수원과 콜레라의 상관관계를 조사하고 있었지만, 자기 집에서 얼마 떨어지지 않은 브로드 스트리트에서 콜레라가 발생하면서 연구에 더욱 박차를 가했다.

다행히도 당시 영국은 새로운 변혁이 이루어진 시기였다. 1837년에 호적 총국(General Register Office)이 설립되어 국민의 출생과 사망을 기록하기 시작한 것이다.[11] 본래 의회는 세대 간 상속 재산의 양도를 용이하게 하기 위해 이 제도를 만들었지만, 여기에는 의도하지 않았으나 훨씬 의미 있는 효과가 있었다. 출생과 사망을 기록하는 중앙 관청이 생김으로써 영국의 공중보건이 급격히 개선되는 계기가 된 것이다.

호적 총국에서 새로운 데이터 정리를 담당하고 있던 윌리엄 파는 의대를 나온 사람이었다. 성공한 의사가 되지는 못했지만 늘 학구적인 삶을 갈망하던 그는 인구 동태 통계(vital statistics)라는 새로운 의학 분야에 관한 연속 논문을 쓰기 시작했다. 1837년에 그는 호적 총국의 개요 편집자라는 본업과 상관없이 의사들에게 모든 사망자의 사망 원인을 상세하게 기록해 달라고 요청했다. 그는 영국 사람들이 어떻게 살고 죽는지에 몰두했고, 사망 원인과 직업에 대한 자료를 수집하면서 공중보건을 개선할 수 있는 행동 양식을 연구했다. 처음으로 런던에서 사람들이 어떻게 죽는지 분명해졌다. 파는 사람들이 어떻게 죽는지 모르면 왜 죽는지도 연구할 수 없다는 사실을 잘 알고 있었다. 그는 "병은 치료보다 예방이 더 쉽고, 예방의 첫 번째 단계는 병의 원인을 아는 것이다."라고 설명했다.[12]

이러한 상세한 통계가 가능했던 것은 도로명 주소 덕분이었다. 런던은 오랫동안 세심하게 지도를 제작해 왔지만 집마다 번지를 매긴 것은 꽤나 최근의 일이었다. 1765년에 영국 의회는 모든 가옥에 번호를 붙이고 숫자가 눈에 잘 띄도록 문에 써 둘 것을 명령했다. 덕분에 파가 일하고 있던 호적 총국은 누가 죽었는지는 물론 사망자가 어디서 발생했는지도 파악할 수 있었다. 사망자가 '어디서' 발생했는지는 공중보건에 있어 두말할 나위 없이 중요한 정보다. 이렇듯 주소를 통해 발병 지역의 위치를 정확하게 찾아낼 수 있게 되었다.

어느 화요일, 스노는 골든 스퀘어에서 발생한 콜레라로 죽은 사람들의 사망 확인서를 받으러 호적 총국에 갔다. 모든 사망 확인서에는 사망 날짜와 원인, 결정적으로 사망자의 주소가 나와 있었다. 그는 대부분의 사망자가 브로드 스트리트 근처에서 발생했다는 사실을 바로 알아보았다.

소호는 엿새 동안 주민의 4분의 3이 마을을 빠져나간 상
태였다. 사람들이 소호를 피해 달아나는 동안 스노는 집집마다
다니며 죽은 사람들이 물을 어디서 길어다 먹었는지 물었다.
브로드 스트리트에서 멀리 떨어진 지역에 사는 사망자들의 가
족은 소호의 펌프 물이 더 깨끗하다고 해서 일부러 찾아가 물
을 길어 왔다고 했다. 아이들 중에는 소호를 지나 학교에 가다
가 물을 떠먹고 죽은 안타까운 경우도 있었다. 자기가 물을 마
신지도 모른 채 죽은 사람들도 있었다. 인근 술집의 바텐더들
이 독주를 희석시키는 데 펌프에서 길어 온 물을 쓰고, 카페에
서도 셔벗 가루로 탄산음료를 만들어 파는 데 그 물을 사용했
기 때문이었다.

　　하지만 펌프 물이 콜레라로 오염되었다면, 왜 펌프 근처에
사는 사람들 모두가 콜레라에 걸리지 않았을까? 스노는 여기
에 대한 답도 찾아냈다. 폴란드 스트리트(Poland Street)에는 여
자들이 양털로 실을 지어 양말을 짜고 남자들이 양털을 소모기
로 빗는 일을 하는 구빈원이 있었다. 이 구빈원은 콜레라로 죽
어 나간 사람들의 집들 한복판에 자리하고 있었다. 그러나 이
구빈원에서 콜레라로 사망한 사람은 고작 다섯 명이었다. 이에
대해 스노는 다음과 같이 설명했다. "만약 이 구빈원의 치사율
이 주변 지역의 치사율과 같았다면, 사망자의 수가 100명은 족
히 넘었어야 했다."[13] 좀 더 면밀한 조사 끝에 스노는 구빈원에

독자적인 식수원이 있다는 것을 알게 되었다. 인근 양조장의 노동자들도 콜레라 유행을 피해 갈 수 있었는데, 양조장 사장 말에 따르면 그들 역시 식수원으로 쓰는 우물이 따로 있는 데다 물보다 맥주를 더 즐겨 마신다고 했다.

소호에서 먼 지역에도 사망자가 있었다. 스노는 한 의사로부터 콜레라로 쓰러진 형을 만나러 런던에서 약 100킬로미터 남쪽에 위치한 브라이턴에서 브로드 스트리트에 온 남자의 사연을 듣게 되었다.[14] 간발의 차로 늦어 형의 임종을 보지 못한 그는 브랜디와 함께 스테이크를 허겁지겁 먹고는 브로드 스트리트 펌프에서 떠 온 물로 입가심을 하고 도착한 지 20분 만에 떠났는데 이틀 뒤 죽었다고 했다. 이와 유사한 사례로 브로드 스트리트에서 몇 킬로미터나 떨어진 햄프스테드에서 콜레라로 사망한 수재나 엘리라는 과부 이야기도 있었다.[15] 그녀의 아들들 말로는 돌아가신 아버지가 운영하던 뇌관 공장이 브로드 스트리트에 있었는데 어머니가 유난히 그 동네 물을 좋아해 매일같이 집까지 물을 실어 날랐다고 했다. 그녀의 조카도 이즐링턴에서 숙모를 방문하러 왔다가 그 물을 먹고 얼마 지나지 않아 사망했다.

조사를 시작한 지 이틀 만인 목요일, 스노는 콜레라 유행 조사를 위해 꾸려진 특별 위원회의 회의에 참석하여 브로드 스트리트 식수원의 펌프 손잡이를 제거해 달라고 요청했다. 주민들은 못마땅해했다. 자기네 펌프 물이 좋다고 소문이 자자했기 때문이다. 하지만 결국 주민들도 펌프 손잡이를 없애는 데 동의했다. 이미 서서히 잦아들고 있었던 콜레라는 손잡이를 없애자마자 이내 종식되었다.

성공회 사제인 헨리 화이트헤드도 처음에는 스노의 주장을 믿지 않았다. 스물아홉의 점잖은 초임 신부 화이트헤드 역시 스노와 마찬가지로 소호 지역을 잘 알고 있는 사람이었다. 소호 거리를 돌아다니며 교구 신자들을 돌보는 것이 성직자인 그의 일상이었기 때문이다. 화이트헤드는 스노가 호들갑을 떠는 것이라 생각하고 직접 조사에 나섰다. 스노의 이론을 반박할 의도로 철저한 인터뷰를 진행하기 위해 같은 집을 여러 차례 방문하며 최대한 많은 정보를 수집했다.

그러나 충격적이게도 조사 결과는 오히려 스노의 가설이 사실임을 입증해 주었다.[16] 콜레라 유행 초기에 사망한 56명 중 두 명을 제외한 모든 사람이 브로드 스트리트의 펌프 물을 마셨다는 사실이 드러났기 때문이다. 청결한 가정이 그렇지 않은 가정보다 피해가 더 심한 경우도 있는 것으로 보아 위생 문제는 아닌 듯했다. 노년층의 피해가 더 적다는 사실이 놀라웠는데, 물을 길어다 줄 사람이 없어서일 것이라는 추측이 가능했다. 이론상 하수 시설이 가까워 악취에 더 많이 노출되었을 것 같은 1층 주민들이 고층 주민들보다 콜레라에 더 많이 걸린 것도 아니었다.

　조사가 끝나갈 즈음 화이트헤드는 그동안 자신이 간과해
온 한 사례에 주목했다. "브로드 스트리트 40번지, 9월 2일, 생
후 5개월 여아, 사망 나흘 전 설사 시작 후 탈진."[17] 사망 확인서
는 사망 원인을 콜레라라고 기재하지 않았지만, 아이의 사망일
은 콜레라 유행이 시작되기 얼마 전이었다. 그리고 집은 펌프
바로 옆이었다.

　특별 위원회에 보고서를 제출하기로 예정된 바로 그날, 화
이트헤드는 회의에 가지 않고 프랜시스라는 아기의 엄마 세라
루이스를 만나러 브로드 스트리트 40번지를 찾아갔다. 그녀는
콜레라로 딸과 경찰이었던 남편을 모두 잃은 상태였다. 어린
프랜시스가 앓고 있던 당시 그녀는 프랜시스의 기저귀 빤 물
을 가지고 나가 집 앞에 있는 정화조에 버렸다고 했다. 조호제
패트 요크라는 비범한 이름의 검사관이 펌프 밑을 파 보았더니
정화조에서 나온 오수가 펌프 물로 새어 들어가고 있었다. 이
후 화이트헤드는 다음과 같이 보고서를 마무리 지었다. "조심
스럽게 말하자면 유감스럽게도 콜레라 유행의 시작과 확산은
브로드 스트리트의 펌프 물과 관련되어 있었다."[18] 브로드 스
트리트 콜레라 유행의 원인이자 첫 번째 환자는 바로 아기였던
것이다.

존 스노 이야기를 끝마친 파인 교수는 스노의 저서『콜레라의 전파 방식에 대하여』(스노는 200파운드를 들여 이 책을 발간했지만 판매량은 56권에 그쳤다.[19])를 꺼내더니 책 중간쯤에서 테이프로 수선한 오래된 지도 하나를 조심스럽게 펼쳐 보았다. 브로드 스트리트의 콜레라 확산을 기록한 지도였다. 본래 다른 목적으로 개발된 지도였으나 스노가 자기 나름의 용도에 맞게 사용하면서 사망자가 발생한 지역을 검은 실선으로 세심하게 표시해 둔 것이었다. 검은 실선 대부분이 체스 판의 말처럼 펌프 주변을 둘러싸고 있었다. 펌프가 콜레라 유행의 진원지였다는 사실을 너무나 확연하게 보여 주는 증거였다.

"우리는 지도를 통해 데이터를 정리합니다." 캐나다 온타리오주에서 만난 질병 지도 제작의 세계적 전문가 톰 코흐가 말했다. "지도에서 아이디어를 얻고 설득력 있는 이론으로 풀어내죠." 코흐는 중세 시대부터 현대 암 발병 지도에 이르기까지 지도 제작 역사에 관한 책들을 집필해 왔다. 그중에는 연구자들이 어떻게 공간 역학을 사용하여 캐나다에서 발생한 살모넬라 식중독의 진원지(한 빵집의 커스터드 크림빵)를 밝혀냈는지 설명한 책도 있다.[20] "그렇다고 지도가 만능은 아닙니다. 지도는 일련의 개별 사건들이 일어난 위치를 확인하고 분류하여 그 분류에 관한 이론을 만드는 데 쓰는 도구일 뿐입니다. 데이터가 더 많으면 더 정확할 수 있고요."

코흐에 따르면 질병 연구에 지도를 사용한 사람은 스노가 처음이 아니었다.[21] 훗날 천연두 백신을 아메리카에 들여오는 데 일조한 밸런타인 시먼이라는 의사가 1795년에 뉴욕시에서 발생한 황열병 사례 전체를 지도 위에 표시한 적이 있었다. 이후 그는 지도에서 쓰레기 매립지들의 위치를 확인하고 둘 사이에 연관 관계가 있다는 결론을 내렸다.(안타깝지만 지도로는 황열병이 모기에 의해 전염된다는 사실을 알 수 없었다.) 영국 글래스고의 한 정신병원에서는 입원 환자들이 소일거리로 1832년 인플루엔자 유행 사태를 지도로 만들었다. 그러나 엄밀히 말해 당대 최대 공중보건 문제 해결에 골몰하고 있던 전문가들의 전염병 지도 제작을 자극한 것은 최초의 세계 전염병이라고 할 수 있는 콜레라였다. 1831년에 영국의 유명 의학 잡지 《랜싯(Lancet)》은 인간의 이동과 콜레라 발병 지역을 붉은 선으로 연결하여 여러 대륙의 콜레라 유행을 보여 주는 '콜레라 전파 경로 지도'를 게재했다. 이전까지 콜레라로 죽은 사람들의 사망 진단서들은 콜레라를 열다섯 가지의 각기 다른 질병으로 기록해 왔다. 콜레라를 단일 질병으

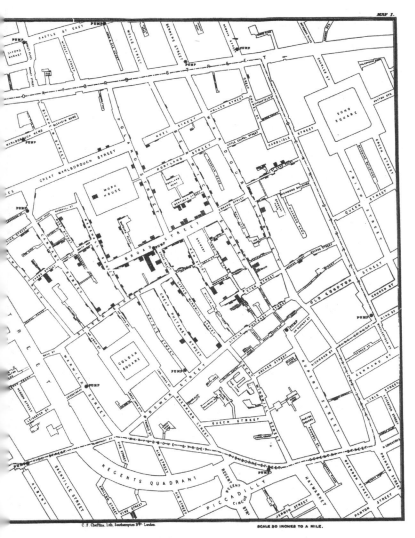

존 스노가 그린 브로드 스트리트 펌프 인근의 콜레라 발병 지도

로 표기한 것은 《랜싯》의 지도가 처음이었다.[22]

　　역학자인 파인 교수도 수십 년간 아프리카에서 한센병을 추적하는 등 전염병 지도 제작에 크게 일조해 왔다. 그는 반들반들하게 생긴 붉은색 서류함에서 말라위를 찍은 대형 항공사진을 꺼내 테이블 위에 넓게 폈다. 도로명 주소도, 제대로 된 지도도 없는 곳에서 마을을 돌아다닐 때 의지할 수 있는 거라고는 그런 항공사진뿐이었다. 그에게 주소와 공중보건 사이에 상관관계가 있다는 나의 생각이 맞는지 물었다. "두말할 필요도 없습니다." 지도를 조심스럽게 말아 접으며 그가 말했다. 내 생각에는 전혀 특별할 것이 없었다. 역학자들에게 위치 추적과 전염병은 따로 떼어서 생각할 수 없는 문제였기 때문이다.

　　신청서(당연히 이름과 주소를 기입해야 하는)를 작성하고 15파운드를 냈더니 파인 교수가 나를 '존 스노 협회'에 정식으로 등록시켜 주었다. 그러면서 회원에게만 증정된다는 스노의 엄숙한 얼굴이 그려진 세련된 머그컵을 내주었다. 또 회원들만 안다는 스노 협회 악수법(자세히 말할 수는 없지만 펌프질을 연상시키는 동작이 있다고만 해 두자.)도 가르쳐 주었다. 우리는 사무실을 나와 소호로 향했다. 느릿느릿한 걸음으로 한참을 걸어 도착한 곳은 '존 스노 펍'이었다. 과거 브로드 스트리트 펌프가 있던 곳 바로 옆이었다.(브로드 스트리트의 현재 이름은 '브로드윅 스트리트(Broadwick Street)'이다.) 이 펍을 방문하는 것이 스노 협회 가입의 마지막 관문이었다.

여러 칵테일 바와 부티크 숍을 한가롭게 지나 도착한 그곳은 마치 런던의 노동자들이 모두 술을 마시러 몰려온 듯 많은 사람들로 붐볐다.(소호는 이제 슬럼가가 아니다. 한때 성 산업의 중심지였던 적도 있었지만, 이제는 스트립 바보다 채식 식당이나 부티크 호텔을 더 쉽게 찾을 수 있는 곳이 되었다.) 사무실에서 해방되어 이미 흥건하게 취한 사람들은 넥타이를 풀어헤치고 소매를 걷어 올린 모습이었다. 입고 있던 얇은 카디건을 돌돌 말아 가방에 쑤셔 넣는 사람도 있었다. 펍 안이 이미 발 디딜 틈도 없이 꽉 차서 할 수 없이 밖에 자리를 잡은 사람들은 길바닥 위에서 담배를 피우며 맥주를 벌컥벌컥 들이켰다. 파인 교수와 나는 사람들 사이를 비집고 나가 문제의 펌프가 있었던 자리에 쪼그려 앉았다. 그리고 그곳을 진지하게 살펴보았다. 세라 루이스의 아기 프랜시스가 죽은 곳이 겨우 몇 발자국 옆이었다.

펍 안으로 들어온 우리는 위층으로 올라가 존 스노와 그의 일생에 관한 전시를 볼 수 있는 아담한 부스를 찾았다. 파인 교수가 바 뒤에 숨겨 두었던 '존 스노 협회' 방명록을 꺼내 왔다. 이곳에 성지순례를 온 사람들 대부분은 역학자였으나(어느 의사는 "우리를 위한 성지가 있다니요!"라고 적었다.) 일부 「왕좌의 게임」 팬들이 달라도 너무 다른 존 스노(미국 HBO 채널의 인기 드라마 시리즈 「왕좌의 게임」의 주인공 이름—옮긴이)에게 진심 어린 애정을 전하고 있었다.

아무래도 상관없었다. 파인 교수도 나도 '우리 존 스노'에 대해 떠드느라 정신이 없었으니까. 파인 교수는 "스노는 사건을 이틀 만에 해결했어요. 단 이틀 만에!"라고 말하며 소시지와 으깬 감자를 마구 입속에 집어넣었다. "요즘도 그렇게 빨리는 못할걸요." 재치 넘치는 농담이라도 던진 듯 자랑스레 포크를 휘두르며 그가 말했다. 하지만 파인 교수의 말은 절대 농담이 아니었다.

○

존 스노가 브로드 스트리트 펌프 사건을 해결한 지 150년도 더 지난 2010년 어느 날, '국경없는의사회'의 물류 담당자인 이반 게이턴은 아이티의 한 수녀로부터 전화 한 통을 받았다. 아이티 대지진이 발생하고 몇 달이 채 안 되었을 때였다. "얼마나 어마어마한 지진이었는지 많이들 잊었죠." 이반이 말했다. 당시 아이티에서는 고작 35초간 지속된 지진으로 히로시마와 드레스덴에 떨어진 폭탄으로 죽은 사람을 합친 것보다 더 많은 사람들이 목숨을 잃었다. 플로리다 해안에서 불과 1200킬로미터 떨어진 곳이었다.

이반의 연락처를 어찌 알았는지는 알 길이 없었으나, 수녀

는 자기 마을에 너무나 많은 사람들이 죽어 간다며 도와 달라
고 했다. 이반이 급하게 아이티로 출발했으나 수녀가 있는 곳
이 정확히 어디인지 도통 알 수 없다는 게 문제였다. 함께 간 간
호사들이 조잡하게 생긴 지도 하나를 보며 길을 안내했다. 그
래도 보이는 곳마다 멈춰 서서 사람들에게 위치를 확인해야 했
다. '이게 여기인가요?' '이곳에 수녀님이 계신가요?' 그렇게 물
어물어 도착한 곳은 도로가 아닌 바다 앞이었다. 이반이 말했
다. "젠장, 고깃배를 빌려야겠어요." 배를 타고 가다 보니 제대
로 찾아온 것 같았다. 저 멀리 수백 명의 사람들이 숲속을 기어
나와 죽어 가는 것이 보였다. 콜레라가 아이티를 덮친 것이다.

     어렸을 때 이반은 모험을 좋아하는 소년이었다. 하지만 해
적이 되기엔 너무 늦었고, 화성에 가기엔 너무 어렸으며, 영웅
처럼 싸우다 죽을 전쟁터도 없었다. 대신 그는 고국인 캐나다
에서 대규모 나무 심기 사업을 조직했다. 그러다가 마침내 '국
경없는의사회'에 물류 담당으로 입사했고, 의사들이 하지 못하
는 병원 짓기, 주택 정비, 병원 운영 같은 일에 자신이 꽤 소질
이 있다는 사실을 알게 되었다. 하지만 그는 언제나 자신을 프
랑스어를 할 줄 아는 서스캐처원(캐나다 서부의 주 — 옮긴이) 촌
놈으로 여겼다. 그러나 아이티에 온 이반의 상황은 달랐다. 그
는 이제 '국경없는의사회' 역사상 가장 규모가 큰 인도적 활동
의 물류 지원 책임자가 된 것이다.

아이티에서 콜레라는 빠르게 퍼져 나갔다. 콜레라는 수인성 전염병이지만 더러운 손이나 침대 시트, 하수로 오염된 식수를 통해 번지기도 한다. 2010년 아이티의 공중위생은 1854년의 소호와 크게 다르지 않았다. 사람들은 들판에서 용변을 해결하는 경우가 많았다. 형편이 나은 사람들은 집에 정화조가 있었는데, '바야쿠'라고 불리는 사람들이 이따금씩 와서 배설물을 퍼 갔다.[23] 위에서 양동이를 들고 기다렸다 한 사람씩 구멍 안으로 들어가 퍼낸 배설물은 그냥 강이나 공터에 버려지기 일쑤였다.

이반과 그의 팀 의사, 간호사들은 그날 만난 콜레라 환자들 대부분을 치료할 수 있었다.(오늘날 잘 알려진 것처럼 콜레라 치료법은 간단하다. 대부분 수액 보충으로 해결 가능하며 항생제가 투여되는 경우도 있다.) "좋았어. 해냈어!"라고 생각한 것도 잠시, 이반은 곧 그런 전화를 매주 받기 시작했다.

문제는 환자들이 어디 사는지 알 수가 없다는 점이었다. 지진 발생 이전에도 아이티에서는 제대로 된 지도를 구하기가 어려웠다. 아이티만 그런 것이 아니다. 오늘날 지도가 완성되지 않은 지역은 전 세계 70퍼센트에 달한다. 그중에는 인구가 백만이 넘는 도시도 많다. 그런 지역이 우연찮게도 지구상에서 가장 가난한 지역이라는 사실은 그리 놀랄 일이 아니다. 브라질에서 얼마나 많은 사람들이 뱀에 물리느냐는 질문에 과학자

마우리시우 로샤 에 시우바는 한 건도 없다고 대답하면서 이렇게 덧붙였다. "뱀이 있는 곳에는 통계가 없고, 통계가 있는 곳엔 뱀이 없습니다."[24] 전염병이 발생하는 곳은 지도도 없는 경우가 많다.

의사들이 으레 그렇듯, '국경없는의사회'도 치료했던 환자들의 예후를 파악하려고 애썼다. 그래서 환자가 새로 오면 내원 양식을 작성하도록 했다. 환자들은 이름과 생년월일을 쓰고 '출신지 또는 주소'라고 적힌 칸도 적어 넣었는데, 이반의 표현을 빌리면 "무작위 음절의 배합"에 가까웠다. 이를테면 "망고나무에서 한 블록 아래"와 같은 식이었다. "전혀 도움이 안 되는 거죠."

그래서 이반은 구글에 연락해 직원들을 파견해 줄 수 있는지 물었다. 구글 직원들은 브루클린 전자 상가에서 GPS 장비를 가방 한가득 사 가지고 아이티에 왔다. 구글 팀이 현장 지도를 제작하는 사이에 다른 직원 한 명이 이반에게 대략적인 지도를 만들어 주며, 지역별로 발생 건수가 많은 지역은 커다란 점, 적은 지역은 작은 점으로 표기해 환자 현황을 입력할 수 있도록 해 주었다.

이반의 임무는 개별 환자 기록들과 동네 이름을 통합하여 사람과 사람 사이의 콜레라 확산을 막는 것이었다. 그러나 그는 환자 치료를 지원했을 뿐 콜레라의 발원지를 찾아 나서지는

않았다. 콜레라 유행의 원인을 찾는 일은 르노 피아루의 몫이었다.[25]

르노 피아루 박사는 파리 소르본 대학교의 기생충학 교수다. 소아과 의사이기도 한 그는 과거 자녀 셋을 프랑스에 남겨두고 고마(지금의 콩고민주공화국)로 가서, 전쟁을 피해 르완다에서 피난을 왔지만 콜레라로 부모를 잃은 2500명의 아이들을 치료한 적이 있었다. 이후 그는 수년간 전 세계를 돌아다니며 아프리카 국가의 전염병을 연구하고 치료해 왔다. 아이티에 콜레라가 발생하자 아이티 정부는 피아루 박사에게 역학조사를 요청했다. 유능한 역학자가 그러하듯 피아루 박사도 발병의 진원지부터 찾기 시작했다. 제보자들은 하나같이 의외의 범인을 지목했는데, 그것은 바로 유엔군이었다.

일명 '미누스타(MINUSTAH)'라고 불리는 유엔 아이티 안정화 지원단은 과거에도 대통령 자리에서 쫓겨난 적이 있는 장베르트랑 아리스티드가 2004년에 축출된 후 아이티의 평화 유지를 위한 조치로 출범한 평화 유지군이었다. 지진이 발생하기 몇 달 전, 젊은 아이티 남성이 아이티 북쪽의 한 유엔 지원단 기지 안에서 나무에 목을 매단 채 숨져 있는 것이 발견됐다. 자살이라는 발표가 있었지만 현지 주민들은 믿지 않았다. 나중에 입증된 것도 있지만 당시 아이티에는 수십 개국에서 온 유엔군에 관한 갖가지 소문이 돌고 있었다. 이런 소문 중에는 유엔 군이 여성은 물론 어린 남자, 여자아이들을 음식이나 핸드폰을 사 주겠다고 유인해 강간했다는 이야기도 있었다. 강간 용의자 들은 처벌을 받는 대신 고국으로 보내져 자국에서 수사와 재판 을 받는 경우가 많았다.

그런 이유로 처음 콜레라 발병이 보고되었을 때 유엔군이 헬리콥터로 흑색 화약 같은 것을 뿌려 강을 오염시켰다는 소문 이 무성했다. 허무맹랑한 이야기였지만 미르발레(Mirebalais) 근처의 유엔 기지에 문제가 있다는 의혹은 결코 허황된 소문이 아니었다. 그곳에 주둔하고 있던 유엔군은 네팔군이었는데, 네 팔은 그 무렵 콜레라가 창궐해 있었다. 유엔은 해당 기지의 하 수처리 방법을 구체적으로 설명하면서 기지에서 콜레라가 시 작되었다는 주장을 즉각적으로 부인했다.

콜레라 환자들이 어디에 사는지를 표시한 대략의 지도는 국제기구들이 작성하고 있었다. 피아루 박사는 아이티 전역의 콜레라 발병 사례를 보여 주는 지도를 제작하여 지원을 받고자 하는 기관 곧 아이티 정부, 세계보건기구(WHO), 쿠바 대사관, 여러 NGO와 회의를 할 때 사용하였다. 그러나 스노와 화이 트헤드가 그랬던 것처럼 피아루 박사 역시 현장 조사에 큰 비 중을 두었다. 그는 아이티 역학자들과 함께 네팔군 기지에 직 접 가 보기로 했다. 기지에 도착한 그는 아이티 역학자들이 밖에서 현지 주민들과 이야기를 나누는 동안 차에서 내리지 않고 기다렸다. 주민들이 유엔군에 대해 마음 편히 이야기할 수 있도록 하려는 배려였다. 네팔군 캠프가 위치한 메유(Meille)의 주민들은 유엔군 기지의 하수관에서 새어 나온 오수가 수십만 명의 식수원인 아르티보니트강 지류에 흘러들어 갔다고 주장했다.

마침 AP 통신의 조너선 카츠라는 기자가 이를 뒷받침하는 결정적인 증거를 발견했다. 앞서 유엔은 보도 자료를 통해 네팔군 기지에 일곱 개의 정화 탱크가 있고 한 사설 업체가 주기적으로 청소하고 있다고 주장한 상태였다.[26] 그러나 카츠가 기지를 찾은 날, 현지 주민들은 정화 탱크로 그를 데려가 지독한 악취의 현장을 직접 보여 주었다. 기지 안쪽으로 이어진 PVC관은 깨져 있었고 관에서 새어 나온 새까만 오수가 강으로 흘러가고 있었다.

한 농부가 카츠의 어깨를 손가락으로 톡톡 치더니 길 건너편에 있는 자기 집으로 데려갔다. 시멘트로 지어진 농부의 집 주변에는 웅덩이가 여러 개 보였는데 모두 "어마어마한 양의 배설물"이 가득 들어차 있었다. 유엔군이 "똥(kaka)"을[27] 버리고 가는 곳이라고 했다. 트럭들이 정화조에서 퍼낸 배설물들을 언덕 꼭대기로 실어다가 거기서 웅덩이로 쏟아부어 버리는 것이었다.

피아루 박사는 콜레라 발병의 초기 사례가 보고되었던 지역을 방문한 후 네팔군 기지가 발병의 진원지일 가능성이 높다는 것을 깨달았다. 나뭇가지 하나를 강물에 떨어뜨려 유속을 확인해 보니 콜레라가 굉장한 속도로 하류 쪽으로 퍼져 나간 듯했다. 그의 예상은 틀리지 않았다. 이후 피아루 박사는 보고서를 통해 엄청난 양의 대변 찌꺼기가 강물에 침출되어 있었다고 밝혔다.

"정말, 정말 놀라운 사실은 너무나 많은 사람들이 진원지를 찾는 일은 시급하지 않다고 말하는 거였어요." 프랑스어가 진하게 묻어나는 억양으로 피아루 박사가 말했다. 세계보건기구 대변인은 언론에 자신들이 "사람들을 치료하고 콜레라를 통제하고 환자들을 살리는 일"[28]에 집중하고 있다고 설명했다. 미국 질병통제예방센터(CDC)에서 나온 한 역학자는《뉴욕 타임스》와의 인터뷰에서 진원지를 찾는 데 너무 골몰하면 "자원을 효율적으로 사용"할 수 없다고 말하기도 했다.[29] 피아루 박사는 아직도 콜레라가 창궐하고 있는 예멘에서도 진원지 확인이 중요하지 않다는 소리는 들어 본 적이 없다고 했다. "이상했죠. 뭔가 잘못된 것이 분명했어요."

유엔군 참모를 제외하고는 어느 누구도 네팔군 기지에서 검사 샘플을 채취할 수 없었다. 어느 날 유엔군 브리핑 자리에 참석한 피아루 박사는 유엔군이 사용하는 지도에 이상한 점이 있음을 발견했다. 콜레라 발병의 초기 사례들이 메유가 아닌 네팔군 기지에서 멀리 떨어진 강 하류 지점에서 발생한 것처럼 표기해 두었기 때문이었다. 네팔군 기지 인근에서 발생한 발병 사례를 아예 누락시킨 지도도 있었다. 사실을 오도하는 지도였다.

한편 피아루 박사는 아이티에서 자신도 모르는 새 독기 이론을 상대하고 있었다. 당시 아이티에 콜레라가 어떻게 발생했는지에 대해서는 두 가지 가설이 존재했다. 피아루 박사는 가장 확실해 보이는 가설을 택했다. 아이티 외부에서 유입됐다는 이론이었다. 그러나 일부 역학자들은 다른 주장을 펼쳤다. 아이티 주변의 강과 바다에 콜레라균이 이미 잠복해 있었는데 지진이 일으킨 초자연적인 힘 때문에 깨어나 대유행으로 번졌다는 이론이었다. 하지만 콜레라는 아이티에서 한 세기 넘게 모습을 드러낸 적이 없었다. 또 아이티 콜레라균종은 아시아에서 발견된 콜레라균종과 매우 유사했다.[30] 더구나 초기 사례가 발생한 미르발레 지역은 지진 진원지에서 100킬로미터나 떨어져 있었다. 지진이 휴면 중이던 콜레라균을 깨웠다면 콜레라 유행은 미르발레에서 시작되지 않았을 것이다.

아이티에서 이미 실추될 만큼 실추된 유엔의 명성을 더 훼손하는 것은 아닐까 하고 두려웠던 많은 역학자들은 입을 다물었다. 피아루 박사는 연구 결과를 발표하는 데 애를 먹었다. 의

학지 《랜싯》은 아무런 설명도 없이 보고서 게재를 거부하면서, "아이티를 강타한 콜레라, 책임 공방은 무의미하다."라는 제목의 편집 기사를 실었다.[31] 《신종 감염병 저널》이라는 의학지가 마침내 그의 보고서를 받아 주었으나 정확성 검증을 이유로 유례없이 검토 위원 다섯 명의 검토(평소에는 두세 명)를 받아야 했다. 2016년에야 비로소 유엔은 마지못해 잘못을 시인했다.[32] 아이티에서 첫 콜레라 사망자가 나온 지 6년도 더 지난 시점이었다. 유전자 검사 결과, 아이티에서 발견된 콜레라는 남아시아에서 발견된 콜레라와 같은 종이었다는 사실이 확인되었다.[33] 아이티를 잔혹하게 휩쓸고 간 콜레라는 마지막 사례 진단 날짜 2019년 2월 4일이 되어서야 종식되었다. 피아루 박사와 아이티 보건부, 유니세프, NGO로 구성된 콜레라 대응팀은 무려 8년이 넘는 세월 동안 콜레라와 싸워야 했다. 이후 피아루는 또 다른 전염병과 싸우기 위해 아이티를 떠났다.

  1874년에 헨리 화이트헤드는 아내와 두 딸을 데리고 런던의 거친 동네를 떠나 조용한 시골 마을에 정착하기로 결심했다. 많은 친구들이 환송회를 열어 그에게 작별 선물을 해 주었다. 특별한 저녁 식사를 마친 화이트헤드는 그 자리에서 런던 빈민가 사목구 사제로 20년을 재직한 소회를 풀어놓았다. 그러다 콜레라 유행 당시 조사를 나갔던 기억을 떠올리면서, 친구가 된 존 스노가 자신에게 "콜레라 창궐이 옛날이야기가 되는 날이 올 걸세. 콜레라가 어떻게 퍼지는지 알면 그 병을 영원히 종식시킬 수 있어."라고 말한 이야기를 들려주었다.[34] 이 말만 놓고 본다면, 아이티의 콜레라 사태는 스노가 콜레라에 관해 잘못 안 부분이 있었다는 사실을 증명했다고 할 수 있다.[35]

　존 스노는 생전에 업적을 크게 인정받지 못했다. 의사들은 그의 철저하고 치밀한 연구를 받아들이지 않았다. 궁극적으로 런던의 콜레라 유행을 끝낸 것은 스노의 연구가 아니라, 아이러니하게도 악취가 곧 질병이라고 믿었던 사람들이 악취를 더 이상 견디지 못했기 때문이었다. 이후 런던에는 정교한 하수 시스템이 도입되었고 템스강이 정화되면서 콜레라는 종식되었다. 1858년에 스노가 45세의 나이로 죽었을 때《랜싯》은 "유명 의사인 스노 박사가 지난 16일 정오에 색빌 스트리트 자택에서 뇌졸중으로 사망했다. 그는 클로로포름을 비롯한 마취제 연구로 학계에서 인정받았다."라고만 썼다. 콜레라에 대한 이야기는 한마디도 하지 않았다. 그러나 스노의 지도는 오늘날까지도 여러 역학 교재에 남아 있다. 처음에는 의학계에서 외면받았던 피아루 박사도 2017년 레지옹 도뇌르 훈장을 수여받으며 새로운 운명을 맞았다.

　이반 게이턴은 아이티를 떠난 이후에도 사람들의 생명을 구하는 일에 지도를 활용했다. 아프리카에 에볼라가 발병했을 때 시에라리온에서 일하고 있던 그는 지역에 대해 거의 아무것도 모르는 상태에서 팀원들을 오토바이에 태워 각 마을에 보냈다. 에볼라를 추적하는 일은 매우 괴롭고 고된 작업이었다. "당돌한 주장일지 모르지만, 난 정말 그렇게 생각해요." 이반이 확신에 찬 목소리로 말했다. "시에라리온이나 라이베리아에 지명사전이 있었다면 에볼라를 확실히 막을 수 있었을 거예요." 난 이제 그의 말이 사실이라고 믿는다.

이반은 영국 적십자와 미국 적십자, '인도주의 오픈스트리트맵(Humanitarian OpenStreetMap)'이라는 자선단체와 연대하여 '잃어버린 지도(Missing Maps)'라는 프로젝트를 창설했다. '잃어버린 지도' 프로젝트에 자원한 전 세계 활동가들은 각자의 집에서 위성사진을 보면서 지도가 없는 지역의 도로와 건물들을 추적하여 기록한다. "기부뿐만 아니라 직접 돕겠다는 사람들이 많아요. 어린아이들을 위해 양말을 떠 주겠다는 제의도 많고요. 하지만 제가 말리죠. 양말을 만들어 아이들에게 배포하는 일은 비용 대비 효과가 그리 크지 않거든요. 하지만 우리 단체에서는 사람들이 진짜 현장 업무에 실제로 참여할 수 있어요. 엄청난 일이죠."[36]

자원봉사자들이 도로와 건물을 그려 넣은 대략의 지도가 완성되면, 해당 지역의 현지 주민들과 활동가들이 종이와 연필을 들고 나가 대개 오토바이를 타고 돌아다니며 도로 이름을 기록하고 지도가 맞게 그려졌는지 확인한다. 현지인들에게 도로명과 지역 이름이 정확히 무엇인지 직접 묻기도 한다. 이런 작업 절차가 체계적으로 마련되면서 '잃어버린 지도'는 다른 전염병 위기가 닥칠 때까지 가만히 기다리는 대신 선제적으로 지도 제작에 나섰다.

나는 런던 집 근처에서 열리는 '잃어버린 지도' 파티에 가 보기로 했다. 파티 장소는 런던에서 대표적인 빅토리아풍 건축물로 꼽히는 왕립지리학회 본부였다. 본래 연회장인 것으로 보이는 행사장 안에는 지도 제작에 참여하는 자원봉사자들이 테이블 이곳저곳에 둘러앉아 이야기를 나누고 있었다. '잃어버린 지도'는 전 세계 다양한 지역에서 모임을 주최하고 있었는데, 런던 모임도 그중 하나였고 해마다 열릴 계획이라고 했다.

내가 앉은 테이블에는 핀란드에서 온 개발 경제학자와 크로아티아에서 온 지도 전문가가 있었다. 학위를 막 끝낸 영국인 대학원생(발랄하게 자신을 무직자라고 소개한)도 함께 앉았는데 부모님을 통해 이 행사를 알게 되었다고 했다. 다른 테이블에도 연령과 국적이 가지각색인 자원봉사자들이 마구 뒤섞여 앉아 있었다.(파티 참가비가 무료여서 예약은 정원을 초과한 상태였다.) 정해진 시간이 되자 모든 사람들이 자기 앞에 놓인 노트북을 열었다.

내 노트북 화면에는 5제곱킬로미터를 기준으로 모눈을 그린 니제르의 위성사진이 떠 있었다. 지시 사항은 간단했다. 한쪽 모퉁이부터 도로, 건물, 길 등을 하나하나 찾아 나가는 것이었다. 건물들은 보통 그림자가 져 있거나 지붕 끝이 보였다. 도로를 따라 마우스로 화면 위에 선을 그렸다. 집처럼 보이는 것에는 모두 동그라미를 쳤다. 작업은 어렵지 않았지만 고도의 집중력을 요하는 일이었다. 생애 첫 스마트폰을 구입했던 날 이후로 그런 집중력을 발휘해 보기는 처음이었다. 경험 많은 활동가들이 다가와 궁금한 것은 없냐고 물었다. "이게 나무예요, 집이에요?" 가늘게 뜬 눈으로 화면을 노려보며 내가 물었다. "이건 도로인가요, 강인가요?"

쉬는 시간이 되자 왕립지리학회에서 루콜라 피자와 엘더베리꽃 주스를 나누어 주었다. 그날 처음 만난 사람들은 삼삼오오 둘러앉아 수다를 떨었다. 천장이 높은 거대한 연회장 안은 축제 분위기로 가득했다. 진정 지도 제작 '파티'라 할 수 있었다.

하지만 마우스를 꼼지락대며 니제르 시골 마을의 도로를 한참 따라가던 나는 어느새 기분이 우울해졌다. 이곳에는 누가 살까? 이곳 사람들은 무슨 일을 할까? 지금은 저녁 식사 중일까? 아니면 밭을 갈고 있을까? 오늘 내가 그랬던 것처럼 아픈 아이를 돌보며 하루를 보냈을까?

그러나 무엇보다 어떤 전염병이 발생하여 이반과 그의 동료들이 이곳에 가게 될까, 앞으로 또 어떤 비극적 참사가 그들을 기다리고 있을까 하는 생각에 이내 마음이 무거워졌다.

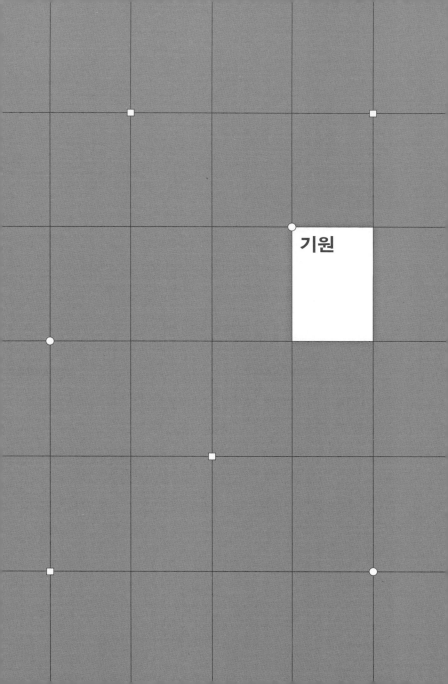

기원

3

로마

고대 로마인들은
어떻게
길을 찾아다녔을까?

고대 로마는 인류에게 많은 유산을 남겼다. 송수로, 화장실, 온돌, 매끈한 콘크리트 도로가 대표적인 예다. 그러나 고대 로마에도 없는 것이 있었으니, 바로 도로명 주소다. 로마 외곽의 주요 간선도로는 아피아 가도(Via Appia, 기원전 312년에 군수물자 수송을 위해 건설된 고대 로마 최초의 도로 중 하나로 정치가 아피우스 클라우디우스 카이쿠스가 만들었다. ─ 옮긴이)처럼 도로를 건설한 사람의 이름을 따서 명명하는 경우가 많았다.[1] 비쿠스 운구엔타리우스(Vicus Unguentarius, 향수 거리), 비쿠스 프루멘타리우스(Vicus Frumentarius, 곡물 거리) 그리고 내가 제일 좋아하는 비쿠스 소브리우스(Vicus Sobrius, 취하지 않은 거리라는 뜻으로 아폴로에게 바치는 우유가 흘러내렸다고 한다.)처럼 이름이 있는 도로도 있었지만,[2] 고전학자들은 100킬로미터에 달하는 고대 로마의 도로와 거리에 대부분 이름이 없었던 것으로 추정한다.

그러나 고대 로마인들이 길을 가르쳐 주는 방식은 웨스트 버지니아 사람들과 신기하리만큼 유사했다. 어느 노예의 목에 걸린 목줄에는 소유주의 집이 "플로라 사원 근처에 있는 이발소"라고 적혀 있었는데, 공문서는 그 이발소의 위치를 "주노 루치나 사원 골목에서부터 마투타 사원까지 뻗은 도로와 야누스의 아치에서 포르타 스텔라티나 마차역까지 이어지는 경사로가 만나는 지점"이라고 설명했고, 법률 문서는 "두 개의 아치를 잇는 광장과 연결되는 도로"라고 기록했다.[3] 이와 관련하여 고대 도시를 연구했던 로저 링 교수는 "반드시 이름이 있어야 하는 도로는 바로 이런 곳이다."라고 했다.[4]

고대 로마에 도로명이나 거리 이름은 존재하지 않았지만 길을 가리키는 명칭은 다양했다. 영어에도 애비뉴(avenue), 블러바드(boulevard), 웨이(way), 레인(lane) 등 길을 가리키는 단어는 많지만, 난 이들의 차이점이 정확히 무엇인지 잘 모른다. 평범한 미국 도시에서 로드(road)와 스트리트(street)는 뚜렷하게 구분되지 않는다. 그러나 어휘가 굉장히 풍부한 라틴어는 도로를 의미하는 단어들이 훨씬 세부적으로 나뉜다.[5] 예컨대 폰스(pons)라는 단어는 물 위를 오가는 길, 즉 다리를 의미했다. 물론 다리를 도로라고 하기엔 무리가 있지만 고고학자 앨런 카이저는 다리가 구걸, 낚시, 종교 예식과 같은 행위가 자주 이루어지던 장소였다고 설명한다. 포럼(forum)은 재판, 선거, 정치

운동, 금융 활동, 거리 공연 등에 적합한 광장을 의미했다. 계단과 다음 계단의 사이를 뜻하는 그라두스(gradus)는 처형당한 범죄자의 시체를 전시해 두는 장소였고, 안지포르툼(angiportum)은 보통 집 뒷문과 인접해 있는 뒷골목으로, 카이저에 따르면 아기를 유기하거나 살인을 하기에 딱 좋은 곳이었다.

매춘부들은 대개 '거리(viae)'에서 활동했으나, 나이가 들고 급이 낮은 매춘부들은 뒷골목에서도 찾을 수 있었다. 카이저는 선정적인 시로 유명했던 시인 카툴루스가 자신의 애인이 요즘 뒷골목에서 논다고 한 말은 "그녀가 단순한 매춘부가 아니라 늙고 닳아빠진 매춘부처럼 행동한다는 의미였을 것"이라고 설명했다.[6] '간통(fornication)'이라는 단어가 '아치(arch)'를 뜻하는 라틴어 fornix에서 유래한 것도 결코 우연이 아니다. 이처럼 도로나 거리마다 이름이 따로 붙지는 않았지만, '거리'와 '포럼'을 구분하는 것은 꽤 유용한 일이었다.

고대 로마는 지방 도시들이 격자 체계로 형성된 것으로 잘 알려져 있지만, 클레어 홀레란에 따르면 골목, 샛길, 도로 등 크고 작은 거리들이 복잡하게 얽혀 있는 로마가 훨씬 유기적이었고, 어떤 거리는 폭이 매우 좁아서 양쪽에 사는 사람들끼리 손이 닿을 정도였다.[7] 상류층은 거대한 저택에 살았으나, 대부분의 로마인들은 들어가서 간신히 잠만 잘 수 있는 정도 크기의 공동주택에 살았다. 화재 위험 때문에 실내에서 요리를 하면

태형에 처해질 수 있었으므로 서민들은 대개 노점상 같은 곳에서 밥을 사 먹었다. 평범한 사람들에게 거리는 부엌이자 거실이고 사무실이었다.[8] 거리에서 볼일을 보거나 쓰레기를 버리는 일도 허다했다. 고대 로마에는 주거 지구와 상업 지구도 거의 구분이 없었다. 상점, 집, 공원, 수공업 공장 등이 모두 한데 모여 있어 언제나 시끌벅적했다.

따라서 로마인들에게 도로의 가장 중요한 기능은 이동이 아니었다.(마차 운행이 금지된 일부 도로의 경우는 아예 이동의 방편이 될 수도 없었다.) 그렇기는 해도 로마의 인구가 가장 절정에 이르렀을 때는 거의 100만 명이나 되었고 대부분의 사람들이 도심 반경 3킬로미터 안에 모여 살았기 때문에[9] 로마인들은 어떤 방법으로든 자신의 위치를 파악하며 길을 찾아다녀야 했다. 그 방법은 무엇이었을까?

1952년 9월, MIT의 도시공학과 교수인 케빈 린치는 연구비를 지원받아 유럽으로 떠났다. 그의 연구 주제는 '무엇이 도시를 매력적으로 만드는가?'였다. 피렌체에 도착한 그는 거리를 정처 없이 거닐면서 도시의 풍경을 세심하게 살폈다. 그리고 직접 휘갈겨 그린 지도 위에 피렌체를 매력적인 도시로 만드는 것이 무엇인지 메모해 나갔다. 시내 어디에서도 보이는 두오모 성당, 크고 작은 광장들, 도시를 둘러싼 야트막한 산들,

도시를 가르는 아르노강이 눈에 들어왔다. 혼잡하기는 했지만 피렌체에는 특색 있는 건물과 도로, 지도 없이도 위치를 쉽게 파악하게 해 주는 독특한 지형지물들이 많았다. 분명하고 알기 쉬운 느낌이 들어서인지 편안하게 느껴졌다. 린치 교수의 표현을 빌리면 피렌체는 "소박하고 필연적으로 느껴지는 매력이 있었고, 단지 도시를 바라보고 거리를 이리저리 걷는 것만으로 기분이 좋아지고 편안하며 만족스러웠다."[10]

린치는 피렌체와 같은 도시를 '심상성이 높다(imageable)'고 표현했다. 저서 『도시의 심상(The Image of the City)』에서 그는 심상성이 높은 도시가 "눈과 귀를 사로잡고 자극하는 것이 많아 보기에 좋고 특색이 강하며 특별하게 보인다."라고 설명했다.[11] 심상성이 높은 도시에서는 진짜 길을 잃는 경우가 거의 없다. 동화 「헨젤과 그레텔」을 생각해 보면 된다. 남매가 남겨진 외딴 숲은 나무가 모두 똑같이 생긴 탓에 땅에 흘려 놓은 빵 부스러기가 사라지자 두 남매는 완전히 길을 잃는다. 만약 나무의 모양과 색깔이 모두 달랐다면, 가는 길에 굽이굽이 흐르는 시내나 누군가 피우고 간 모닥불, 비버들이 만들어 놓은 댐이라도 있었다면 돌아가는 길을 표시하기 위해 빵 부스러기를 흘려 둘 일도 없었을 뿐만 아니라 그런 지형지물을 이용해 길을 찾아 나올 수 있었을 것이다. 그러나 특색도 없이 촘촘하게 서 있는 나무들은 그리 인상에 남지 않아 기억할 수 없었으므로 두 남

매는 길을 잃고 만다. 린치에 따르면 말에서 풍기는 불안과 공
포의 감정으로 보건대 길을 잃는다는 것은 "인간의 안정감이나
행복과 밀접하게 연관되어 있다는 사실을 알 수 있다."[12]

그러나 모든 도시가 피렌체 같을 수는 없는 법이다. 린치
는 평범한 사람들이 자기가 사는 도시를 어떻게 생각하는지 알
아보기 위해 보스턴, 저지시티, 로스앤젤레스에서 연구에 참여
할 지원자들을 모집했다. 연구원들은 각 도시의 주민들을 만나
도시의 특색이 무엇인지 묻고 도시의 '심상 지도'를 그려 달라
고 부탁했다. 보스턴에서 연구에 지원한 참가자들과 함께 도시
를 탐색한 린치는 이후 자신의 저서에 이렇게 썼다. "우리는 스
물일곱 명의 참가자들과 함께 버클리 스트리트(Berkeley Street)
와 보일스턴 스트리트(Boylston Street)의 교차 지점에 서 있었
다. 참가자 무리에는 남자와 여자, 노인과 젊은이는 물론 그곳
에 처음 와 본 사람과 그곳을 수년간 지나다닌 사람들이 섞여
있었다." 린치는 그들에게 도시 구석구석을 돌아다니며 어떤
소리와 냄새가 나는지 표현해 줄 것을 요청하면서 "보고 느낀
것을 기분이 내키는 대로 이야기해" 달라고 부탁했다.[13]

참가자들이 그린 보스턴 지도는 매우 훌륭했다. 계획적으
로 건축된 비컨 힐(보스턴의 부촌 지역 — 옮긴이)의 고급스러운
건물들, 주 의사당의 금색 돔, 길게 이어진 찰스강, 보스턴 공원
(the Common)의 너른 잔디 그리고 식민 시대와 현대 건축물들

BOSTON IN 1772.

From a map of The Town of Boston, in New England, by Capt. John Bonner.

THE FAINTER LINES SHOW STREETS OF 1880.

1772년 보스턴의 도로 구조

이 조화롭게 어우러진 모습이 굉장히 인상적인 지도였다. 린치의 표현을 빌리면 "보스턴은 지구마다 특색이 다르면서도 도심 대부분의 지역은 주변 환경의 일반적인 특징으로 위치를 쉽게 파악할 수 있는 도시"였다.[14] 물론 보스턴에서도 두 지점 사이를 모두 직선 경로로 표시할 수 있는 것은 아니다.(1860년에 랠프 월도 에머슨은 "사람들은 보스턴을 소가 설계했다고들 말하지만 이보다 더 엉망인 곳도 많다."라고 쓴 바 있다.[15] 하지만 보스턴은 적어도 한 지역에서 다른 지역으로 이동하는 방법이 합리적인 편이라 할 수 있다.

반면 저지시티의 경우 도시 자체가 너무나 따분해서 강 건너로 보이는 뉴욕의 압도적인 스카이라인을 제외하면 참가자들이 지도 위에 딱히 그릴 것이 없었다.

참가자들에게 자신이 사는 도시의 특별한 점을 묻자, 보스턴 사람들은 신이 나서 대답을 쏟아 낸 반면 저지시티 주민들 대부분은 대답하는 데 애를 먹었다. 어떤 사람은 "이게 바로 이곳 주민으로서 가장 안타까운 점이에요. 멀리서 저지시티에 온 손님들에게 '여기 꼭 가 봐야 해. 정말 예뻐.'라고 할 만한 곳이 하나도 없어요."라고 한탄했다.[16] 로스앤젤레스 사람들은 자신들의 도시를 '광활하다', '넓다', '뒤죽박죽이다', '중심부가 없다'고 묘사했다.[17] 어떤 로스앤젤레스 주민은 "어떤 곳을 한참을 갔는데 막상 가 보면 그곳에 아무것도 없는, 그런 느낌이라고나 할까요."라고 표현하기도 했다.

이 연구를 통해 린치가 얻고자 한 것은 도시를 묘사하는 새로운 어휘였다. 궁극적으로 그는 하나의 도시에 대한 관찰자의 심상을 구성하는 다섯 가지 요소로 도로(path), 접합점(node), 경계(edge), 지형지물(landmark), 지구(district)를 추려 냈다. 다시 말해서 도시를 돌아다닐 때 사람들은 도로(다양한 종류의 길), 접합점(교차로), 경계(강 또는 철로), 지형지물(타코 가게, 멀리 보이는 산), 지구(소호, 시내)를 재료로 '심상 지도'를 그린다는 뜻이다. 린치는 그의 저서에서 "아직도 풀리지 않은 수수께끼가 남아 있지만, 인간이 어떤 불가사의한 '직감'을 통해 길을 찾을 가능성은 희박하다. 그보다는 외부 환경에 존재하는 확실한 감각 단서를 지속적으로 사용하고 조직하여 길을 찾는다고 말하는 것이 옳다."라고 주장했다.[18]

고전학자들은 린치가 추려 낸 어휘를 사용하여 고대 로마를 설명해 왔다. 다른 도시와 마찬가지로 로마 역시 오랜 세월을 거치며 크게 변화하였으나 성벽, 아치, 교차로, 광장, 분수대, 경기장, 언덕, 강과 같은 도로, 접합점, 경계, 지형지물은 오랫동안 변함없이 유지되었다. 지구마다 특색도 뚜렷했다.[19] 고대 로마의 모든 마을에는 한가운데에 교차로 겸 수호신을 모시는 사원이 있었고, 경찰서와 소방서, 지역 발전 회관 같은 곳도 있었다.[20] 로마인들은 자기 마을에 대한 사랑이 대단했는데, 죽을 때 관에 마을 이름을 새기는 사람들이 있을 정도였다.

로마에는 가치중립적인 것이 없었다. 모든 것에 의미가 부여되었다. 고전학자인 다이앤 파브로는 "고대 로마의 예술 후원자들은 모든 건축물을 특정한 기능을 수행하는 것뿐 아니라 의도한 의미를 전달하는 데 사용함으로써 투자에 대한 최대한

의 보상을 받으려 했다. 건축물은 권력 강화, 정치적 투쟁, 국가 미화를 위한 도구였다."라고 설명했다.[21] 이는 고대 세계의 다른 지역에서도 마찬가지였다. 고대의 작가 아킬레우스 타티오스는 알렉산드리아를 거닐며 느낀 주체할 수 없는 감정을 다음과 같이 묘사했다. "그렇게 나는 도시 구석구석을 탐색하고 다녔다. 결국 더 멋진 것을 끊임없이 갈구하는 내 눈이 피곤에 지쳐 외쳤다. '아, 나의 두 눈아. 우리는 패배하고 말았구나.'"[22]

○

그러나 로마가 '심상'만 높았던 것은 아니다. 린치의 표현을 빌리면 로마는 '공감각적'인 도시였다. 로마의 삶은 말 그대로 오감을 자극했다. 고대 유적지에 가 보면 주위가 고요하고 건물들도 너무 새하얗게 닦아 놓아서 조각상들이 한때 화려한 색의 옷을 입고 있었고[23] 거리는 수많은 사람들로 흘러넘쳤다는 사실을 망각하기 쉽다. 화산재에 묻혀 있었던 고대 도시 폼페이를 방문했을 때 나는 마치 묘지 위를 걸을 때처럼 주변이 고요해지는 느낌을 종종 받았다. 물론 어떤 의미에선 맞는 말이었다. 하지만 폼페이도 감정과 욕망, 후회를 품은 사람들로 북적거리던 시절이 있었다. 우리는 무덤 속에 누워 있는 자에게도 삶이 있었다는 사실을 자주 잊는다. 비록 지금 우리 눈에 보이는 것은 죽음뿐이지만 말이다.

　　로마는 활기 넘치는 도시이기도 했다. 거리에는 악사들, 공으로 묘기를 부리고 칼을 삼키는 곡예사들, 계단에 그려진 놀이판에서 주사위를 굴리는 도박꾼들, 벤치에서 쉬고 있는 노인들, 시장에서 물건을 파는 잡상인들로 시끌벅적했다. 그뿐만이 아니다. 먹을 것을 찾아 쓰레기를 뒤지는 돼지들, 도축장에 끌려가는 염소들, 야생도 아니고 사람들에게 길들여지지도 않은 개들 등등 수많은 동물이 뒤섞여 살았다.

　　로마에서는 후각을 사용해 길을 찾을 수 있었다. 로마 거리 곳곳에서는 악취가 심하게 났는데 인도에 버려진 배설물 냄새, 분수대에서 풍기는 오줌 냄새, 씻지 않은 몸에서 나는 퀴퀴한 냄새, 해산물 시장, 도로 위에서 썩고 있는 동물의 대변과 사체, 내장 등 종류도 가지각색이었다. 물론 기분 좋은 냄새도 있었다. 동물의 지방을 꽃잎과 약초 속에 담가 만든 향수, 갓 구운 따끈따끈한 빵 냄새, 향을 태운 연기, 고기 굽는 냄새가 코를 즐겁게 했다. 몸에 막 바른 향유 냄새를 따라가면 공중목욕탕이 나오기도 했다.[24]

　　청각을 이용해 길을 찾는 것도 가능했다. 로마의 거리는 그야말로 온갖 소리의 향연장이었다. 물건을 파는 노점상들 소리, 검투사 놀이를 하는 아이들 소리, 노닥거리는 연인들 소리, 타닥타닥 장작 타는 소리, 철컹철컹 대장간 소리, 노비들이 주인을 태운 가마를 들고 군중 사이를 비집고 빠져나가는 소리, 복술가들이 점을 치는 소리가[25] 도시 곳곳에서 길잡이 역할을 해 주었다. 왁자지껄한 도시의 소음을 피할 수 있는 곳은 거의 없었다. 심지어 집에서도 들렸으니까. 스토아철학을 대표하는 철학자 세네카는 겨드랑이 털을 뽑는 손님이 비명을 지른다든 가 하는 것처럼 자기 집 위층의 공중목욕탕에서 들리는 소음에 대한 글을 쓰기도 했다.[26] (풍자시인 유베날리스는 당시 로마에 대해 "로마에서 부자 말고 과연 누가 잠을 잘 수 있을까?"라고 불평했다.[27]) 고전학자 엘리너 베츠는 고대 로마의 공감각 지도를 상상하며 다음과 같이 말했다. "해가 작열하는 여름 오후, 노름하는 사람 들 소리(말하는 소리, 주사위 굴리는 소리, 말 옮기는 소리), 클로아 카 막시마(Cloaca Maxima, 인류 최초의 하수도 시스템 — 옮긴이)에 서 풍기는 고약한 악취, 땀에서 느껴지는 짠맛, 벌레들의 윙윙 거리는 소리는 나그네가 바실리카 율리아(Basilica Iulia, 카이사 르가 건축한 것으로 로마 공화정의 가장 큰 법원이 있던 곳 — 옮긴이) 의 모퉁이를 돌아 비쿠스 투스쿠스(Vicus Tuscus, 로마 상업의 중 심지 — 옮긴이)로 향하고 있음을 가르쳐 준다."[28]

고대 로마인들은 아마도 공감각만을 사용하여 길을 찾아 다녔을 것이다. 린치 교수의 이론을 고대 로마를 해석하는 데 적용한 고고학자 시몬 말름베리는 "지도를 사용한다는 것은 로마인들에게 상상조차 할 수 없는 일이었다. 구할 수도 없었을뿐더러 사용하는 법도 몰랐을 테니까. 로마인들의 '심상 지도'는 자신이 어릴 적 살았던 지역만을 담은 것이었다."라고 설명했다.[29]

그렇다면 '심상 지도'란 정확히 무엇일까? '심상 지도'를 사용하는 인간의 뇌에서는 어떤 일이 일어날까? 1970년대에 과학자 존 오키프는 우연히 자신의 뇌 안에 묻혀 있던(심지어 찾고 있지도 않았던) 지도들을 발견했다. 그는 뇌가 어떻게 기억을 조직하고 형성하는지를 연구하고 있었는데, 당시는 뇌의 기억 작용에 대해 밝혀진 것이 그리 많지 않은 때였다. 런던 블룸즈버리에 있는 오키프의 연구실 지근거리에서 뇌의 '인지 지도'를 연구하는 신경과학자 케이트 제프리는 이런 질문을 던졌다. "기억을 불러내는 경우처럼 뇌 속에서 재현 기능이 활성화될 때 뉴런은 어떤 일을 할까요? 인간의 뇌는 살덩어리와 피로 이루어져 있지만, 우리의 기억은 마치 영화처럼 생생하고 실감나게 재생됩니다. 사고나 기억이 뇌 속에서 영화를 재생시키는 것이 아니라는 점은 분명한데, 그렇다면 이런 일은 어떻게 가능하고 뇌의 어떤 부분에서 일어나는 걸까요?"[30] 그녀는 이 질문에 대한 답이 신경과학자들에게는 찾으려고 해도 찾을 수 없는 '성배'와 같다고 설명했다.

과학자들은 오랫동안 해마 모양의 뇌 조직인 해마가 기억을 관장한다고 생각해 왔다.(인간의 뇌에는 두 개의 해마가 존재한다.) 1957년에 신경외과 의사 윌리엄 비처 스코빌과 심리학자 브렌다 밀너가 미국 코네티컷주 하트퍼드 병원의 간질 환자였던 HM이라는 사람의 사례를 연구한 논문을 발표했다.[31] 스코빌은 심한 간질 발작을 앓고 있던 HM의 해마 일부와 다른 뇌 조직을 함께 제거하는 실험적인 수술을 감행했다. 수술 후 발작은 멈췄으나 HM은 심각한 기억상실증에 걸렸다. 어린 시절은 기억하지만 수술 이후의 사건은 아무것도 기억하지 못하게 된 것이다. 이후 HM의 삶은 하루하루가 과거와 전혀 연결되지 않는, "매일 다른 꿈에서 깨어나는"[32] 삶이 되었다. 스코빌과 밀너는 손상된 해마가 HM의 기억상실증의 원인일 것이라고 결론지었다.

오키프는 해마에 있는 단일 신경세포의 활동을 기록하여 스코빌과 밀너의 가정을 검증해 보기로 했다. 오키프와 그의 제자 조너선 도스트롭스키는 쥐의 뇌에 전극을 심은 뒤, 정상적인 쥐가 돌아다니는 일반적인 모습을 관찰하며 쥐의 해마에서 발생하는 신경세포의 전기 신호에 주목했다. 이 실험에서 두 사람은 쥐가 특정 장소에 가면 일부 신경세포(그들은 이를 '위치 세포(place neuron)'라고 명명했다.)만 활성화된다는 사실을 발견했다. 오키프가 발견한 이 '위치 세포'는 인간의 뇌에서도 발견된다.

다른 신경과학자들 역시 이정표 없이도 길을 찾을 수 있게 해 주는 유사한 종류의 뇌세포를 찾아냈다. 제임스 랭크는 쥐의 머리가 특정 방향을 향해 있을 때만 활성화되는 일부 세포가 있다는 것을 증명하며 '방향 탐지 세포'를 발견했다. 마이브리트 모세르와 에드바르 모세르(노르웨이 신경과학자 부부로 2014년 오키프와 함께 노벨 생리·의학상을 공동 수상했다.)는 뇌 안에 위치 좌표를 생성하는 '격자 세포'를 발견했다. 인간 내부에는 자체적인 내비게이션 시스템이 있었던 것이다.

UCLA의 신경물리학 교수인 마얀크 메타는 이메일을 통해 그의 연구팀이 50만 달러를 들여 만든 가상현실 환경에 쥐를 투입하여 진행한 실험을 내게 설명해 주었다. 실험은 이러했다. 쥐에게 턱시도처럼 생긴 작은 조끼를 입힌 뒤 현실 세계에서 그리고 그와 똑같은 가상 세계(비시각적인 정보는 행동과 무관한)에서 길을 찾게 해 보았다. 쥐는 두 환경에서 모두 문제없이 길을 찾았으나, 놀랍게도 장애물 없는 가상현실 세계에서 길을 찾을 때는 해마 신경세포의 약 60퍼센트가 비활성화되었다. 그뿐만 아니라 가상현실 세계에서 활성화되었던 나머지 40퍼센트의 신경세포도 '완전히 무작위로' 점화되는 것처럼 보였고, 공간에 대한 쥐의 심상 지도도 사라졌다.

그렇다면 시끄럽고 냄새나고 활기 넘치고 주소도 없는 시대를 살았던 고대 로마인들이 현대인보다 더 뇌를 많이 사용했던 것일까? 그건 알 수 없다. 하지만 인간의 해마가 새로운 디지털 기술로 손상되고 있는 것만은 확실하다. 신경과학자 엘리너 매과이어는 런던의 택시 기사들을 대상으로 해마를 연구하는 실험을 진행했는데, 일명 '지식'이라고 부르는 런던의 2만 5000개 도로 배치를 외워야 하는 택시 기사들의 해마가 더 활발하게 활성화된다는 사실을 발견했다. 또 GPS를 사용하는 현대인들에게는 그 반대의 현상이 일어나고 있을 가능성이 있다는 연구 결과도 있었다. 이를테면 사람들이 자기가 왔던 길을 되돌아갈 때 GPS에 의존하면 뇌 안에 내재된 내비게이션을 전혀 사용하지 않는다는 것이다.[33] 매과이어와 함께 연구를 진행한 휴고 스파이어는 "뇌를 근육이라고 생각하면, 런던의 도로 지도를 익히는 것 같은 특정 행위는 보디빌딩과 같은 셈이죠. 연구 결과를 통해 분명히 알 수 있는 사실은 GPS에 의존하면 뇌의 이 부분을 단련시키지 못한다는 거예요."라고 설명했다.[34]

길을 찾는 일이 단순히 어떤 목적지에 이르는 것뿐이라면, 해마를 쓰지 않는다고 크게 문제될 것은 없을 것이다. GPS는 사라지지 않을 테니까 말이다. 하지만 해마는 단순한 GPS가 아니다. 인간이 기억을 해마에 저장한다는 것을 최초로 증명하고자 했던 오키프가 옳았음을 뒷받침하는 증거는 점점 더 많아지고 있다. 이와 관련하여 케이트 제프리는 "어쨌거나 자연은 지도가 삶의 경험을 조직하는 유용한 방법이라는 사실을 오래

전에 깨쳤다."라고 평했다.[35] 장소와 기억은 매우 밀접한 연관
성을 지닌다. 로맨틱 코미디 영화 속 한 장면을 떠올려 보면 이
해하기 쉽다. 연인을 잃고 슬픔에 젖은 여인이 죽은 연인과 함
께했던 장소에 가서 추억에 젖는다. '저 가게에서 스파게티를
먹었는데.' '저 소파에서 칵테일을 쏟았지.' '저 벤치에서 내 드
레스가 찢어졌지.' 이와 관련하여 니콜라스 카는 저서 『유리 감
옥』에서 "우리가 '나 자신을 찾는다.'라는 말에 얼굴을 찡그리
기도 하지만, 얼마나 부질없고 진부한지와는 별개로 그 비유적
표현은 '나는 누구인가'에 대한 문제가 '나는 어디에 있는가'라
는 문제와 복잡하게 얽혀 있다는 인간의 뿌리 깊은 관념을 보
여 준다."라고 말한다.[36]

　고대 로마인들은 이러한 기억과 장소의 연관성을 현대 과
학자들이 연구하기 오래전부터 알고 있었다. 로마의 정치가 키
케로는 연설의 기술을 논의한 저서 『연설가에 대하여』에서 '장
소 기억법'에 대해 설명했다. 이 기술은 연설을 암기할 때 자신
이 익숙한 건물 안을 걷는다고 상상하고 연설을 잘게 쪼개 각
기 다른 장소와 연계하여 외우는 방법이다. 예를 들어 연설문
의 첫 문장은 외투를 걸어 두는 옷걸이에, 유년 시절 이야기는
복도에 있는 벽장과 연관 짓는 것이다. 다이앤 파브로에 따르
면 "연설문을 기억해 내기 위해 연설가는 이미 머릿속에 만들
어진 상상의 장소를 걸으면서 정보가 연계된 심상을 '읽어 내

기'만 하면 되었다."[37] 로마의 상류 계층은 모두 수사학을 통해 이런 교육(파브로는 이를 가리켜 "물리적 환경을 읽는 특별 훈련"이라고 불렀다.[38])을 받았을 것으로 추정된다. '위치 세포'가 발견되기 수천 년 전에 이미 고대 로마인들은 시각적 특성이 강한 공간과 기억은 밀접한 관련이 있다는 사실을 직감적으로 알았던 듯하다.

린치 교수는 심상이 높은 도시를 설계하는 일은 매우 어렵다고 인정하면서, 위대한 도시는 설계되는 것이 아니라 타고나거나 아이처럼 키워야 하는 것이라고 말했다. 린치 교수의 표현을 빌리면 "아름다우면서도 즐거운 도시 환경은 불가능하다고 할 만큼 흔치 않다."[39] 미국에는 높은 심상을 가졌다고 할 만한 도시가 거의 없다. 미국인들은 "환경이 일상의 즐거움이자 변함없는 삶의 버팀목이며 의미 있고 다채로운 세계의 연장선이 된다는 사실을 잘 모른다."[40]

고대 로마는 혼돈의 세계였지만, 그 혼돈은 로마인들에게 익숙한 것이었다. 정신없고 더러운 로마에 대해 투덜거리던 작가도 있었지만, 로마인들은 그 혼돈마저도 사랑했다. 물론 도로명 없는 웨스트버지니아에서 내가 맞닥뜨린 문제를 고대 로마의 서민들은 겪지 않았다는 뜻은 아니다. 도시의 심상 지도를 명확하게 그릴 수 있다는 것과 누군가를 쉽고 정확하게 찾을 수 있는 것은 다른 문제이니까. 로마의 희극 작가 테렌티우스는 지금으로 따지면 제리 사인펠드(1990년대에 크게 유행한 미국 NBC 시트콤 「사인펠드」의 주인공이자 작가 — 옮긴이) 같은 작가였는데 일상의 부조리를 예리하게 관찰한 것으로 유명하다. 그의 소극 「형제들」에는 두 남자가 길을 묻고 답하는 장면이 나온다.[41]

— 이 아래쪽에 있는 시장으로 들어가는 입구를 아십니까?

— 물론입니다.

— 그 길을 따라 쭉 가시면 정면에 언덕이 보일 겁니다. 언덕을 올라가시면 끝에 사원이 하나 있습니다. 바로 그 옆에 골목길이 하나 있어요.

— 어떤 길이죠?

— 커다란 무화과나무가 있는 길이에요.

— 잘 아는 길입니다.

— 그 길을 따라가세요.

— 그 길은 막다른 골목일 텐데요.

— 아, 맞아요! 제가 바보같이 착각을 했네요. 자, 시장으로 들어가는 입구부터 다시 시작합시다. 훨씬 간단한 길이 있어요. 길을 잃을 일도 없을 겁니다. 크라티누스의 집을 아십니까?

―압니다.

―그 집을 지나 좌회전을 하세요. 그 길을 따라 직진
을 하시면 디아나 신전이 보이는데 거기에서 우회전
을 하세요. 성문 근방에 가시면 분수가 있는데 그 옆
에 빵집이 하나 있어요. 건너편에 있는 목공소가 찾으
시는 바로 그곳입니다.[42]

강력한 한 방은 없는 장면이지만 관객은 웃음을 터뜨리고
만다. 너무나 사실적이기 때문이다. 무화과나무, 사원, 언덕, 성
문, 신전, 빵집, 목공소라니, 얼마나 매력적인가! 고대 로마야말
로 린치 교수도 마음에 쏙 들어할 만한 도시다.

4

런던

거리 이름은
어떻게
만들어졌을까?

고고학자 나이절 베이커는 프리랜서로 일하면서 영국 미들랜드 지역의 버밍엄 대학교에서 학생들을 가르치기도 한다. 역사적 건축물을 감정하고 발굴 사업을 조직하며 세번강에서 고고학 카누 투어를 진행하는 것이 요즘 그의 일상이다. 그러나 1980년대 후반까지만 해도 그는 버밍엄 대학교의 교직원 바에서 가장 많은 시간을 보냈다. "대부분의 교직원들은 꼭대기 층에 있는 구내식당에서 제대로 된 점심 식사를 했어요. 그런데 개중에는 맥주 한 잔에 샌드위치로 한 끼를 때우는 무리가 있었죠." 맥주와 샌드위치는 바에서만 먹을 수 있었다. "조금은 허름한 바였어요. 1970년대에 유행했던 밝은 연두색 페인트칠이 벗겨진 실내장식에, 진중한 교수들은 눈살을 찌푸릴 만한 종류의 싸구려 술집이었죠."

베이커는 영국의 중세 마을과 교회에 관한 연구를 하기 위해 신입 연구원으로 버밍엄 대학교에 들어왔다. 학교에 들어오자마자 그는 역사학자인 리처드 홀트와 친구가 되었다. 홀트도 허름한 교직원 바의 유쾌한 분위기를 좋아했다. "한번은 홀트의 컴퓨터 화면에 깔려 있는 파일들을 그의 어깨 너머로 봤는데 '저승사자'라는 폴더가 있는 거예요. 엄청나게 호기심을 자극하더군요." 베이커에 따르면 그 폴더는 전염병, 공기 오염, 끔찍한 사고와 같이 요즘 말로 표현하자면 '무시무시한 역사 이야기'라고 할 수 있는 정보들을 모아 둔 것이었다. 베이커와 홀트는 취향과 기질이 매우 비슷했다.

어느 날, 그들은 맥주를 마시며 베이커의 고향 슈루즈베리에 대해 이야기를 나누기 시작했다. 슈루즈베리는 15~16세기 튜더 왕조 시대의 건축물이 많이 남아 있는 잉글랜드 서쪽 지방의 중세 마을로, 미국인 관광객들이 흔히 고풍스럽다고 말하는 자갈이 깔린 도로와 목조 건물이 특징인 소도시다.(이야깃거리가 많아 프리랜서로 일하는 고고학자에겐 돈벌이가 되는 도시이기도 하다.) 홀트가 마을 중심가에 있는 그로프 레인(Grope Lane)에 대한 이야기를 했는데, 베이커는 그로프 레인이 예전에는 '그로프컨트 레인(Gropecunt Lane, grope는 '몸을 더듬다', '몸을 만지다'는 뜻이고, cunt는 '여성의 성기', '성적 대상으로서의 여성'을 의미한다. — 옮긴이)'이었다는 사실을 알고 깜짝 놀랐다. 더 놀라운 사실은 잉글랜드에 '그로프컨트 레인'이라는 거리가 한두 곳이 아니었다는 점이었다.

거리 이름은 딱히 베이커의 관심 분야가 아니었다.("정말로
전 그로프컨트 레인의 역사에 대해서만 어설프게 아는 정도예요.") 그
러나 그 이후 일과 연구를 하는 중에도 그로프컨트 레인에 대
한 생각을 떨쳐 버릴 수가 없었던 그는 이내 홀트와 함께 고지
도와 지도책을 샅샅이 뒤지며 한때 '그로프컨트'였던 영국 거
리들(Gropekunt나 Gropekunte처럼 철자가 약간 다른 이름도 포함해
서)을 찾기 시작했다. 최종적으로 두 사람이 찾은 거리는 열두
개가 넘었다.[1]

초창기의 거리 이름은 실용적이었다. 중세 시대부터 서
서히 생겨난 잉글랜드의 거리 이름은 처음엔 근처 나무나 강,
길 끝에 있는 농장, 모퉁이에 있는 여관의 이름을 딴 것들이었
다. 어떤 거리 이름은 그로프컨트 레인처럼 거리에서 벌어지
는 일 때문에 지어진 경우도 있었고, 푸줏간(butcher), 대장간
(blacksmith), 시장(produce market)과 같이 그 거리에서 볼 수 있
는 것으로 붙여진 이름도 있었다. 어떤 거리 이름은 그 길이 어
디로 이어지는지 알려 주기도 했다. 런던으로 통하는 런던 로
드(London Road)가 대표적이다. 거리 이름은 사람들이 오랫동
안 사용하고 표지판이 세워진 후에야 공식 명칭이 되었다. 잉
글랜드에 여전히 '처치(교회) 스트리트', '밀(방앗간) 레인, '스테
이션(기차역) 로드'처럼 따분한 거리 이름들이 흔한 것도 그다

지 놀랄 일은 아니다.

그렇다 해도 되는 대로 거리 이름을 짓던 선조들 덕분에 영국에는 듣기만 해도 즐거워지는 거리 이름들이 생겨났다. 영국의 크고 작은 도시의 거리 이름을 읽고 있으면 시간 여행을 하는 듯한 근사한 기분이 든다. 런던의 '허니(꿀) 레인', '브레드(빵) 스트리트', '포울트리(가금류) 스트리트' 같은 거리 이름들은 과거 그곳에 시장이 있었음을 짐작게 한다.[2] 피시 스트리트 힐(Fish Street Hill)은 과거 손님들로 북적거리는 수산 시장이 있던 자리인데, 반대쪽에 있는 올드 피시 스트리트와 혼동하지 않기 위해 예전에는 '뉴 피시 마켓'이라고 불렸다. 1666년 런던 대화재가 시작되었던 푸딩 레인(Pudding Lane)은 아마도 달콤한 디저트가 아니라 동물 내장으로 만든 요리(offal pudding)에서 따왔을 것이다.[3]

모르는 마을에 온 사람들은 철물점('프라잉팬(프라이팬) 앨리')이나 잡화점('해버데셔(잡화 가게) 스트리트')을 거리 이름으로 찾기도 했다. 전해지는 이야기에 따르면, 아멘 코너(Amen Corner)는 사제들이 세인트폴 대성당 주변을 돌며 예배 의식을 치를 때 그 지점에서 주의 기도가 끝나면서 '아멘'이라고 말한다 해서 붙여진 이름이라고 한다.[4] 중세 시대의 용맹한 역사가 남아 있는 이름도 있다. 런던 도심에 있는 '나이트라이더(기사) 스트리트'는 창 시합에 나가는 기사들이 지나다니던 길이었고,[5] '버드케이지(새장) 워크'는 왕실 동물원이 있었던 자리였으며, '아틸러리(포병대) 레인'은 왕의 병사들이 활쏘기와 사격을 연습하던 곳이었다.[6](특별한 일이 일어났던 거리가 아니면, 이름에도 그 특성이 그대로 드러났다. 일례로 요크에 있는 윕마웁마 게이트(Whip-Ma-Whop-Ma-Gate)의 이름은 '이도 저도 아니다'란 뜻이다.) 내가 사는 아파트에서 한 블록 반 거리에 있는 세븐 시스터스 로드(Seven Sisters Road)에는 현재 전당포, 신문 가판대, 치킨집들이 여기저기 흩어져 있는데, 가느다랗게 실눈을 뜨고 보면 원을 그리며 서 있는, 지금은 없어진 느릅나무 일곱 그루가 보이는 것 같다. '세븐 시스터스'라는 예쁜 거리 이름은 여기서 유래했다.

그렇게 그로프컨트 레인의 역사를 연구하던 중 베이커와 홀트는 중세 시대 영국의 매춘에 대한 통념을 완전히 뒤엎는 사실을 발견했다. 이론상으로 매춘은 성곽 밖에서 이루어지는 것이 정상이었다. 1310년에 런던은 공식적으로 매춘부들을 도시 외곽으로 추방한 상태였다. 그러나 과거 그로프컨트 레인이란 거리가 많았다는 사실은 영국 매춘의 역사를 정면으로 반박하고 있었다. 놀랍게도 베이커와 홀트는 '그로프컨트 레인' 거리들이 변두리가 아니라 도시 한복판, 그것도 도시에서 가장 큰 시장 근처에 있었다는 사실을 알아냈다. 영국의 역사학자인 데릭 킨이 그랬던 것처럼 영국식으로 표현하면 "가게에서는

성관계로 이어지는 은밀한 만남에 응하거나 강제하는 일이 일
상적으로 이루어졌다."[7]

그로프컨트 레인이라는 이름은 묘사하는 기능뿐만 아니
라 정보 제공의 기능도 했다. 타지에서 온 사람들도 그 마을에
있는 그로프컨트 레인을 찾는 일이 많았기 때문이다. 시장이
있는 마을에는 타지에서 온 촌부와 농부들이, 항구가 있는 마
을에는 뱃사람들이, 주교좌 교회가 있는 마을에는 사제들이 그
곳을 찾았다. 그러니 '그로프컨트 레인'들이 마을 한복판에 있
는 것도 당연했다. 그로프컨트라는 거리가 엄연히 존재하는데
길을 안내해 줄 사람이 왜 필요하겠는가?

영국에는 초등학생이 봐도 알 만한 저속한 도로명이 적지
않다. 점잖다고 알려진 민족치고는 영국인들이 쓰는 비속어의
양은 실로 방대하다. 2016년에 '오프컴(Ofcom)'이라고도 불리
는 영국의 커뮤니케이션청(라디오나 TV 방송의 저속한 언어 사용
을 규제하는 정부 기관)이 영국인들이 생각하는 가장 외설스러
운 단어를 조사한 적이 있는데,[8] 그 결과를 보고 나는 영국 영
어와 미국 영어가 완전히 별개의 언어라는 사실을 깨달았다.
결과에 포함된 어휘 대부분이 나로서는 왜 외설스러운지 이해
할 수 없었기 때문이다.[9] 수위가 약한 git(불쾌하거나 화나게 하는
남자를 모욕적으로 이르는 말—옮긴이)과 수위가 조금 더 세다는
bint(여자, 아가씨란 뜻의 비속어—옮긴이), munter(못생긴 사람이

라는 뜻의 비속어—옮긴이)란 단어도 생소했을 뿐만 아니라, 왜 그 두 단어가 tits(사전적 의미는 '젖꼭지'이며 비속어로 성적 대상으로서의 여자를 가리킨다.—옮긴이) 수준의 저속한 단어인지도 이해할 수 없었다. 그렇지만 단체 여행을 온 관광객들이 군이 길을 돌아가면서까지 왜 '크랙넛츠(등신, 머저리) 레인', '세인트 그레고리 백(성 그레고리의 궁둥이) 앨리', '슬럿츠홀(매춘부의 성기) 로드', '코크셧 레인(cock은 '음경', shut은 '차단'이란 뜻이지만, 본래 cockshut은 영국 방언으로 '해 질 녘'이란 뜻이다.—옮긴이)'의 표지판 앞에서 사진을 찍는지 알 것 같았다. 옥스퍼드에 사는 한 주민은 집 주소 때문에 가장 난감한 경우가 업무로 알게 된 사람들을 만날 때라고 털어놓았다. 그가 사는 거리는 '크로치(사타구니) 크레센트'였다.[10]

그러나 그로프컨트 레인과는 달리 영국의 저속한 거리 이름들은 대개 의도치 않은 결과물이다. 저속한 지역 이름의 백과사전과도 같은 롭 베일리와 에드 허스트의 저서 『음란한 영국(*Rude Britain*)』에 따르면,[11] '버트홀(똥구멍) 로드'의 이름은 빗물 받는 통(water butt)에서 유래된 것이고, '부티(엉덩이) 레인'은 제화회사인 바이킹 부티(Viking booty)나 부티 가(家)에서 따온 이름이라고 한다. '이스트 브레스트(동쪽 가슴) 스트리트'는 언덕을 가리키는 단어에서 유래되었고, '백사이드(엉덩이) 레인'은 마을의 뒷길이라고 해서 붙여진 이름이며, '어퍼

송 스트리트(upper는 위쪽, thong은 끈 팬티를 의미한다. ─옮긴이)'
는 길고 좁은 모양 때문에 붙여진 이름이다. '리틀 부시 레인
(bushy는 '덥수룩하다'란 의미지만 비속어로 털이 많이 난 성기라는 뜻
도 있다. ─옮긴이)'은 덤불 근처의 울타리를 뜻하는 고대 영어에
서 유래된 이름이고, '컴로든 코트(cum은 비속어로 정액을 뜻하며,
loden은 '가득하다'라는 뜻의 laden과 발음이 유사하다. ─옮긴이)'는
물을 담고 있는 웅덩이라는 의미의 게일어(스코틀랜드와 아일랜
드 일부 지역에서 사용되는 켈트어 ─옮긴이)에서 왔다. 그렇다면
'애스 하우스 레인(ass는 엉덩이의 비속어 ─옮긴이)'은? 여러분의
상상에 맡기겠다.

그러나 진부한 데다 자주 중복되기까지 하는 거리 이름은
시 정부에게 단순히 웃고 넘어갈 문제가 아니라 골칫거리였다.
1800년에 런던은 세계 역사상 가장 큰 도시였다.[12] 시티 오브
런던(City of London, 런던의 33개 자치구 중 하나로 런던의 역사적
중심이며 현재는 금융가의 중심이다. 지리적으로도 런던의 가장 중심
부에 위치한다. ─옮긴이)은 로마식 성벽을 경계로 면적이 2.5제
곱킬로미터밖에 되지 않는 작은 행정 구역이지만, 소박하고 평
화로웠던 주변 지역들을 지저분하고 혼돈스러운 중심부에 지
속적으로 편입시키면서 그레이터 런던(Greater London, 런던 권
역 전체)을 탄생시켰다. 1840년대에만 총합 320킬로미터가 넘
는 거리들이 그레이터 런던으로 편입되었다.[13]

런던은 오랫동안 거리 이름을 지정할 중앙 기구가 없어서 사립 업체에 일을 맡겼으나 이들의 상상력은 형편없었다. 19세기 런던을 연구하는 주디스 플랜더스의 설명에 따르면, "1853년에 런던에는 앨버트 스트리트가 25개, 빅토리아 스트리트가 25개, 킹 스트리트가 37개, 퀸 스트리트가 27개, 프린세스 스트리트가 22개, 듀크 스트리트가 17개, 요크 스트리트가 34개, 글로스터 스트리트가 23개나 있었다. 이마저도 비슷한 이름, 즉 이름 뒤에 스트리트가 아니라 다른 단어(플레이스, 로드, 스퀘어, 코트, 앨리, 뮤)가 붙은 것은 제외한 것이다."[14]

그로부터 몇 년 후 1869년에 영국의 유명 잡지 《스펙테이터》는 독자들에게 이런 질문을 던졌다. "모든 건축업자들은 자기 아내, 아들, 딸의 이름을 따다 거리 이름을 짓는단 말인가?[15] 그렇다면 메리라는 부인이 있는 건설업자는 35명, 메리 앤이란 딸을 둔 건설업자는 13명이나 되나 보다. 런던에는 에밀리라는 거리가 7개, 에마는 4개, 엘렌은 7개, 엘리자가 10개, 엘리자베스가 58개(그중 '엘리자베스 플레이스'는 23개에 달한다.), 제인이 13개, 앤이 53개, 찰스가 64개, 에드워드가 37개, 제임스가 47개(이것도 이름 뒤가 스트리트로 끝나는 거리만 센 것이고, '제임스 플레이스'는 27개가 더 있다.), 프레드릭이 24개, 헨리가 36개에 이른다." 다른 거리 이름들은 우리가 5분 안에 떠올릴 수 있는 온갖 과일과 꽃 이름에서 따온 것이었다. 그러나 그중에서도 가장 한심한 이름은 '뉴 스트리트'였는데, 같은 이름의 거리가 자그마치 52개나 되었다.

'그로프컨트 레인' 거리는 이제 영국에 더 이상 존재하지 않는다. 고상한 (척하기 좋아하는) 빅토리아 시대 사람들이 품위가 떨어지는 거리 이름을 모두 없애 버렸기 때문이다. 그러나 강둑에 똥이 그득그득 쌓여 있고 국회의사당에서는 고약한 냄새를 가리기 위해 커튼에 라임즙을 뿌려 대던 빅토리아 시대에는 고상한 거리 이름도 그리 어울리지 않았다. 풍자 잡지인《펀치》도 '존', '피터', '웰링턴'과 같은 거리 이름에 넌더리가 난다면서 이렇게 비꼬았다. "거리에 어울리는 이름을 지어야 한다. 그 거리에 찾아든 역병이나 다양한 골칫거리들로 거리 이름을 짓는 것은 어떨까?"[16] 그러면서 '오픈수어(하수관) 스트리트', '걸리홀(하수도 구멍) 코트', '슬러터하우스(도축장) 빌딩스', '그레이브야드(공동묘지) 크레센트', '티푸스 테라스', '스칼라틴(성홍열) 렌츠', '컨섭션(폐결핵의 옛말) 앨리', '스크로풀라(결핵성 임파선염) 레인'과 같은 이름을 추천하며 "지저분하고 더러운 런던에서 하수 시설과 급수 시설이 제대로 작동될 때까지, 공동묘지들이 폐쇄되고 공기 오염이 사라지고 주거 지역에서 역병이 사라질 때까지" 이런 이름들을 반드시 고수하자고 주장했다.

○

중복되는 거리 이름은 우정국에게 말 그대로 재앙과 다름 없었다. 문맹률은 높고 기술력은 낮았던 당시로서는 우편이 가장 중요한 통신 수단이었다. 영국 우편제도 도입 초기에는 보내는 사람이 아니라 받는 사람이 우편요금을 지불했는데, 비용 자체도 서민들에게는 꽤 큰돈이었다. 요금은 거리와 편지에 쓰인 종이의 양을 기준으로 책정되었다. 부자들조차 종이를 아끼기 위해 한 페이지에 한 번은 가로로, 한 번은 세로로 편지를 쓸 정도였다.(제인 오스틴도 이런 겹쳐 쓰기의 달인이었다.) 그래서 가난한 사람들은 편지를 써서 인편에 전하거나 입에서 입으로 소식을 전하는 경우가 많았다.

이런 시대에 해결사처럼 등장한 사람이 있었으니 바로 롤런드 힐이다. 그는 다소 별난 집안 출신의 별난 사람이었다. 교사였던 힐은 자신의 가문을 도와 학생들이 스스로를 규율하고 동네 경기장에서 크리켓과 축구를 하며(당시에는 흔치 않은 일이었다.) 체벌이 없는 진보적 학교를 세웠다.[17] 작가 던컨 캠벨스미스에 따르면 힐은 40대에 들어서면서 자신을 실패자라고 생각했다.[18] 그는 어릴 적 케임브리지 대학교에 진학하길 원했지만 그럴 돈이 없었고, 빈곤과 범죄를 퇴치하겠다는 열망에도 불구하고 화려한 공직 생활에 대한 그의 꿈은 점점 희미해져

갔다. 힐은 독창적인 인쇄기를 포함해 직접 개발한 발명품과 시제품을 꽤 보유했지만 나이가 꽉 찼음에도 여전히 가족이 운영하는 학교의 교장을 맡고 있을 뿐이었다. 캠벨스미스의 표현을 빌리면 힐은 자신이 "천직이 따로 있지만 그것이 무엇인지 아직 찾지 못한 사람"이라고 믿었다.[19]

그러다 힐은 우연히 우편제도 개혁을 시작하게 되었다. 그는 어릴 적 집배원이 대문을 두드릴 때마다 부모님이 몹시 당황했고, 우편요금을 마련하기 위해 자신도 어머니가 모아 온 낡은 헝겊 조각을 팔러 나가야 했던 사실을 떠올렸다.[20] 1837년에 그는『우체국 개혁의 중요성과 실효성』이라는 제목의 소책자를 작성하여 배포하고 재무 장관에게도 전달했다. 그는 우편

롤런드 힐

요금이 너무 비싼 이유가 우편물 배달과 요금 징수에 노동력이 너무 많이 들기 때문이라고 생각했다. 집배원이 편지를 전달할 사람을 만날 때까지 한 집을 여러 번 방문해야 했기 때문이다.

힐은 어마어마한 양의 우정국 문서를 분석한 뒤 우편제도에 사기와 부패가 만연해 있

다는 사실을 발견했다. 국회의원들은 우편물을 무료로 보낼 수 있는 데다가, 부자들도 쉽게 공짜로 편지를 보낼 수 있었고 심지어 그 기회를 남용하고 있었다. 가난한 사람들 역시 나름의 방법으로 우편제도를 농락했는데, 겉봉투에 암호와 같은 기호를 그려 넣어 받는 사람이 집배원 손에 들려 있는 편지를 슬쩍 보고도 내용을 이해하여 요금 내기를 거부하곤 했다.(나도 어렸을 때 비슷한 방법을 써 본 적이 있다. 공중전화에서 수신자 요금 부담 전화를 걸면 '삐' 소리에 이름을 말해야 했는데, 동전을 안 넣으려고 '삐' 소리에 "나 데리러 와!" 하고 소리를 지르고 끊곤 했다.) 그렇지만 가난한 사람들은 대부분 편지를 아예 쓰지 않았다.

힐이 제안한 방법은 현대인의 관점에서는 너무나 빤해 보이는 간단한 것이었다. 국내에서 배달되는 모든 우편물에 적정 수준의 정액 요금을 매기고 보내는 사람이 요금을 부담하자는 것이었다. 1680년에도 윌리엄 도크라라는 상인이 이 정액 요금제를 런던에서 도입하여 실행한 적이 있었다.[21] 이 제도로 런던 시내에서는 사람들이 단돈 1페니에 편지를 보낼 수 있었으나, 당시 우편 서비스를 독점하고 있던 정부가 이를 위협으로 여기고 영국 중앙 우체국에 흡수시켜 버렸다. 그로부터 약 150년이 지난 후 힐이 전국의 우편배달 비용을 거리와 상관없이 1페니로 통일하자고 다시 제안한 것이다.

오랜 세월 교사로 살아온 힐은 중앙 우체국이 "문명을 강력하게 추동하는 새로운 핵심 주체"[22]가 되어야 한다고 요구하면서 저렴한 우편요금이 지닌 윤리적이고 교육적인 이점을 설파했다. 변호사이자 사회운동가였던 윌리엄 헨리 애셔스트는 1838년에 힐의 제안을 옹호하는 글을 쓰면서 먼 곳에 나가 일을 해야 하는 가난한 집 아이들에게 우편요금은 "유배 선고"나 다름없다고 평했다.[23] 그러면서 "정부에 6펜스를 내지 않으면 부모가 아이들에게 편지를 쓸 수 없게 하는 법이 통과된다면 그 사악한 법이 가져올 결과는 너무나 명백해서 그러한 강제 징수의 형태로는 24시간 내에 세금의 종말이 닥칠 것이다."라고 주장했다.[24]

경제적 관점에서 시작된 우편제도 개혁은 곧 정치적 문제가 되었다. 그렇다면 값싼 우편요금 덕분에 영국이 프랑스와 미국을 휩쓴 혁명의 바람을 피할 수 있었던 것일까? 영국의 우편제도 개혁 과정에 대한 저서를 펴낸 캐서린 골든에 따르면 우편제도를 개혁한 이들은 "사소한 진보적 조치가 '지배자와 피지배자' 사이의 정치적 갈등을 해소하여 반란을 억제함으로써 혁명이 영국을 비껴갈 수 있었다."라고 생각했다.[25] 영국인들은 강연, 인쇄물, 광고(그중 하나는 찰스 디킨스의 인기작 『니콜라스 니클비』에 실리기도 했다.[26]) 등의 수단을 총동원하여, 많은 사람들이 나라를 거덜 낼 거라 믿었던 우편요금 정액제를 도입할 것을 완강하게 버티는 의회에 강력하게 요구했다.

그렇게 해서 1840년에 1페니 우편요금제가 전국적으로 시행되었고, 얼마 지나지 않아 힐이 우표를 발명했다. 1페니 우편제가 시행되던 첫날, 너무 많은 사람들이 편지를 부치러 오는 바람에 중앙 우체국에 경찰력이 투입되는 진풍경이 벌어지기도 했다.[27] 1842년에 여행 작가 새뮤얼 라잉은 "돈을 벌기 위해 먼 타지로 떠난 아이를 둔 모든 영국 어머니들이 밤마다 이 고마운 제도에 감사해하며 잠자리에 든다."라고 적었다.[28]

한편 힐의 1페니 우편제가 시혜적인 제도라는 사람들의 예상과는 달리 영국 국고에는 돈이 쏟아져 들어왔다. 영국우정공사는 이내 세계에서 가장 크고 효율적인 관료 조직이 되었다. 런던 시내에서 친구에게 저녁 식사에 초대하는 편지를 보내면 쇠고기 한 덩어리는 더 준비할 수 있을 만큼 넉넉한 시간을 두고 회신을 받을 수 있었다. 1844년에는 여행 안내서마다 우편배달에 소요되는 시간을 알려 주는 안내문이 실리기도 했다.

시내 우편배달 시간[29]

전날 밤 8시까지 접수된 우편물 — 1회 차 배송

아침 8시까지 접수된 우편물 — 2회 차 배송

아침 10시까지 접수된 우편물 — 3회 차 배송

오후 12시까지 접수된 우편물 — 4회 차 배송

오후 2시까지 접수된 우편물 — 5회 차 배송

오후 4시까지 접수된 우편물 — 6회 차 배송

오후 6시까지 접수된 우편물 — 7회 차 배송

기타 지역 우편배달 시간

전날 저녁 6시까지 접수된 우편물 — 1회 차 배송

아침 8시까지 접수된 우편물 — 2회 차 배송

오후 12시까지 접수된 우편물 — 3회 차 배송

오후 2시까지 접수된 우편물 — 4회 차 배송

1900년대 초반까지 런던 일부 지역에서는 우편물이 하루에 열두 차례나 배달되었다.

그러나 아무리 좋은 우편제도라 해도 효율적인 주소 체계 없이는 소용이 없었다. 중복되는 거리 이름, 허술하기 짝이 없는 지번 제도, 주소가 어떻게 생겼는지도 모르는 서민들 때문에 집배원의 업무는 더욱 고단해졌다. 1884년에 제임스 윌슨 하이드는 우편배달부로 일한 25년을 "인생에서 가장 행복했던 시간"[30]으로 꼽으면서, 우정국에서 일하면서 보았던 편지 중에 가장 터무니없었던 주소를 몇 가지 소개했다. "'뉴 포러스트' 근처 '우드' 옆에 있는 작은 집에 사는 사랑하는 수 고모님"[31]이라고 쓴 주소도 있었고, "두 아이를 돌보는 안경 쓴 어린 소녀에게"[32]라고 쓴 주소도 있었다. 그중에서도 가장 재미있는 주소는 이것이다.

> 에든버러
> 캐논게이트 위쪽 골목길 아래
> 나의 동생 진(목제 의족을 하고 있음)에게[33]

주소를 도통 알아볼 수 없는 편지는 일명 사첩실(死牒室, Dead Letter Office)로 보내졌다. 그곳에서 '깜깜이 집배원'(해독이 불가한 '깜깜이' 주소를 처리한다 해서 붙여진 이름인 듯하다.)이라고 불리는 우체국 직원들이 발신인의 의도를 파악했다. '깜깜이 집배원'들은 정확한 주소를 알아내기 위해 구석구석 지도를 살피고 전국에 있는 농장 이름을 샅샅이 훑었다. 한 가지 유용한 방법은 어린아이가 읽는 법을 배울 때처럼 주소를 크게 소리 내어 읽어 보는 것이었다.('아울 오닐(Owl O'Neil)' 씨에게 발송된 편지의 실제 수신인은 '롤런드 힐(Rowland Hill)'이었다.[34]) 오늘날에도 북아일랜드의 벨파스트에서는 300명이 넘는 우체국 직원들이 어마어마한 크기의 창고(비행기 격납고 크기[35])에서 알아볼 수 없는 주소를 해독한다.[36]

때로는 번뜩이는 재치로 사첩실 직원들과 일종의 게임을 즐기는 사람들도 있었다. 빅토리아 여왕의 개인 비서인 헨리

폰손비 경은 이튼 학교에 재학 중인 아들들에게 편지를 보낼 때 복잡한 그림 안에 주소를 숨겨 두었다. 그의 5대 손녀인 예술가 해리엇 러셀은 글래스고에서 자신을 포함해 130명의 친구들에게 편지를 보내면서 조리법, 직접 그린 만화, 색맹 검사표, 시력 검사표, 점을 연결하는 퍼즐 등에 주소를 숨겨 두는 장난을 따라했다.[37] 십자말풀이를 해결해야 주소를 알 수 있는 경우도 있었고 수수께끼의 정답을 맞혀야 하는 경우도 있었다. 수신인에게 무사히 당도한 한 편지에는 "글래스고 우체국에서 수수께끼 해결"이라는 메모가 남겨져 있었다. 러셀이 보낸 130통의 편지 중에 무려 120통이 그녀가 의도한 주소로 정확히 배달되었다.

미국 우정국에서도 주소가 불명확한 우편물들을 사첩실에서 관리한다. 1825년에 생긴 미국 우정국의 사첩실은 탄생 직후부터 매년 약 700만 건을 처리했다.[38] 처음에는 주로 은퇴한 성직자들이 사첩실 업무를 보았는데, 배달되지 않은 우편물에서 간혹 돈이 발견되어 신뢰할 수 있는 사람이 필요했기 때문이다. 뛰어난 분석력으로 주소 해독에 더 능하다고 여겨졌던 여성들도 사첩실 직원으로 많이 고용되었다.[39]

그중에서도 사첩실 업무에 가장 탁월한 능력을 보인 사람은 하루에 1000여 개의 주소를 해독했다고 하는 패티 라일 콜린스였다.[40] 콜린스는 부유한 가정에서 태어나 많은 곳을 여행하며 살았으나, 남편이 죽은 뒤로는 어린아이들과 늙은 홀어머니를 홀로 부양해야 했다. 사첩실은 그녀에게 완벽한 직장이었다.[41] 그녀는 미국의 우체국과 도시를 훤히 꿰고 있었을 뿐만 아니라 각 도시의 거리, 회사, 대학, 벌목장, 탄광촌을 비롯한 다른 사설 기관도 모르는 곳이 없었다. 심지어 영어가 아닌 다른 언어 특유의 필기체에도 익숙하여 불명확하게 쓰인 주소를 누구보다 쉽게 해독했다.

이 일에 콜린스만큼 적격인 사람은 없었다. 베스 러브조이에 따르면, 어느 날 콜린스가 겉봉투에 '스톡에 사는 이저벨 마버리에게'라고 쓰인 편지를 매사추세츠주의 스톡브리지로 발송했다. 그 지역에 마버리란 성(姓)이 흔하다는 사실을 알고 있었기 때문이다.[42] 주소에 '섬(the Island)'이라고만 쓰인 편지는 웨스트버지니아로 보냈는데, 웨스트버지니아주 일부 지역이 '섬'이라고 불린다는 사실을 그녀가 잘 알고 있었기 때문이었다.[43] 《레이디스 홈 저널》 1893년 호에는 콜린스가 '이스트 메릴랜드 스트리트 3133번지'라고 적힌 편지를 인디애나폴리스로 보냈다는 이야기가 실렸다. "'메릴랜드'라는 거리는 어느 도시에나 있지만, 3133만큼 높은 번지수가 존재하는 곳은 인디애나폴리스가 유일하다는 것이 그 이유였다."[44] 그녀는 '뉴욕주, 제리 레스큐 블록(Jerry Rescue Block)'이라고 쓰인 편지도 정확하게 시러큐스(미국 뉴욕주 중부에 있는 도시 — 옮긴이)로 보냈

는데, 1851년에 그곳에서 자칭 제리라는 이름의 탈주 노예가
구출된 역사적 사건이 있었다는 사실을 알고 있었기 때문이다.

그러나 주소 불명 편지를 골라내고 정확한 주소를 찾는 일
은 사실 많은 노동력을 요구했다. 모든 사람들이 표준화된 주
소를 사용하면 일이 훨씬 수월해질 터였다. 그런 이유에서 영
국에서는 롤런드 힐이 "런던의 주소 명명법을 개선하면 우편
서비스가 획기적으로 개선될 것"이라고 강력하게 주장했다.[45]
'런던공사위원회(Metropolitan Board of Works, 런던 카운티 의회
의 전신이다.)'는 런던이 이미 성곽 너머까지 확장되었음을 깨닫
고 광역 런던 지역의 도로명을 정비하는 작업에 착수했다.

도로명 정비 사업을 반기는 사람은 아무도 없었다. 1869년
에 시사 잡지 《스펙테이터》는 "집 앞 도로명이 갑자기 바뀌고
나면 대부분의 인간이 얼마나 아둔한지 깨달을 것이다. 번지
조정은 말할 것도 없고 집 앞 도로명까지 바뀌면 사람들은 잠
시 넋이 나갈 것이다. 집배원들은 다시 어린아이가 되고, 상인
들은 물건을 잘못된 주소로 배달하며, 오랜만에 찾아온다는 사
촌들은 집을 못 찾겠다고 아우성을 칠 것이다."라고 썼다.[46]

도시계획 책임자는 도로명 정비 사업이 "누군가를 이유
없이 해치려"[47] 하는 것이 아님을 설명하며 런던 전 지역의 주
민들을 안심시켜야 했다. 주민들의 저항에도 불구하고 1871년
까지 4800개의 도로명이 바뀌었고 10만 가구의 번지수가 수정

되었다. 어떤 사람들은 당시 사회주의자들이 장악하고 있던 런던 카운티 의회가 '킹 스트리트'와 같은 거리 이름을 없애면서 "평등주의를 실현하는 기쁨"을[48] 누리고 있다고 비난했다. 도로명 정비 사업이 20세기까지 이어지면서 런던 카운티 의회는 제2차 세계대전의 전운이 짙게 드리울 때까지 거리 이름을 정리하는 데 매진했다.

　그러나 독일의 공습 직전까지 도로명을 바꾼 일은[49] 결국 바보 같은 짓이었다. 1940년에 시작되어 8개월 만에 40만 명 이상의 사망자를 낸 독일의 런던 대공습 때문에 도로명 개정이 가져온 혼란이 아니더라도 길을 찾는 일이 거의 불가능해졌다. 영국인들은 폭격을 피하기 위해 집에 불을 켜지 않았다. 가로등도 밝히지 않았고, 차들도 차폭등을 최대한 희미하게 켰으며, 창문은 암막 커튼과 누런 종이로 죄다 가려 버렸다.[50](영국 정부는 보행자들에게 사고를 피하려면 하얀 손수건을 가지고 다니라고 했지만, 어차피 차에 치어 죽는 사람이 수천 명이었다.)

　새로운 도로명은 오히려 혼란을 더 키웠다. 도로명 표지판을 모두 떼고 독일이 침략할 것에 대비해 서적상들이 런던 지도를 불태웠기 때문이다.(누구도 외부인에게 길을 알려 주려고 하지 않았다. 진 크로슬리라는 영국 여성은 자신의 전쟁 회고록에서 "누군가 길을 물으면 사람들은 나라를 위해 길을 잘못 가르쳐 주어야 하나 고민하곤 했다."라고 썼다.[51]) 결국 전쟁이 끝난 후 도로명을 완전히 새롭게 재정비해야 했다. 독일의 폭격으로 런던 거리 대부분이 파괴되면서 거리 이름도 지도에서 사라졌다.

도로명과 번지를 정비한 후에도 우편물을 효율적으로 배달하기에는 부족함이 있었다. 그래서 1857년에 롤런드 힐은 런던을 여덟 개의 구역으로 나누고 각 구역에 코드를 부여했다.(후에 우정국 감독관 앤서니 트롤럽의 제안으로 두 개가 취소되었다.[52]) 미국에서는 필라델피아의 우체국 직원이었던 로버트 문이 우편번호(zip code)를 만들었다.(Zip은 zoning improvement plan(구획 정비 개선 계획)의 약자다.) 문이 상사에게 우편번호를 처음 제안한 때는 1944년이었는데, 자그마치 20년 동안 로비를 벌인 끝에야 그의 아이디어가 수용되었다고 한다.[53] 펜던트에 'Mrs. Zip'이라는 글씨가 새겨진 목걸이를 하고 다녔던 문의 아내는 신문과의 인터뷰에서 그토록 오랜 세월이 걸린 이유가 순전히 남편이 공화당원이었고 문의 상사들은 민주당원이었기 때문이라고 주장했다.[54]

우정국은 우편번호 사용을 장려하기 위해 '미스터 우편번호'라는 이름의 만화 캐릭터를 만들어 공익 광고를 벌였다. 포크 밴드 '스윙잉 식스(Swinging Six)'가 부른 우편번호 홍보 노래도 전국적으로 방송되었다. 노래는 이렇게 시작했다. "우편번호! 우편번호! 안녕하세요, 여러분! 잠시만 저희 이야기를 들어 주세요. 여러분 모두에게 드릴 말씀이 있답니다. 우편 서비스에 관한 이야기인데요."[55]

오늘날 우편번호를 통해 우편 서비스를 보다 정확하고 효율적으로 개선하면서 절약되는 예산은 1년에 90억 달러에 이르는 것으로 추산된다.[56] 이에 일조한 스윙잉 식스에게 수익 배당금이라도 나누어 주어야 하지 않을까?

미스터 우편번호(Mr. Zip)

○

이러한 현대식 행정 편의적 주소 제도 때문에 우리가 거리에 대한 유용한 정보를 제공받지 못하게 된 것은 아닐까? 이제 우리는 더 이상 도로명을 '쇼핑 스트리트', '스쿨 스트리트'라고 짓지 않는다.(그래도 난 최근 스코틀랜드에서 코스트코와 이케아가 있는 거리 이름을 '코스트케아 웨이(Costkea Way)'라고 지었다는 기사[57]를 보고 내심 반가웠다.) 웨스트버지니아에 갔을 때 튜더스 비스킷 월드(패스트푸드 체인점—옮긴이)에서 햄치즈 샌드위치를 주문하다가 우연히 만난 여자는 한숨을 쉬며 내게 말했다.

"제가 사는 곳 이름은 그레이프바인(포도나무) 애비뉴인데 포도나무는 한 그루도 찾아볼 수 없어요."

물론 정식 도로명이 그 도로와 영 어울리지 않는다면 다른 이름으로 부를 수 있다. 평소 사용하는 이름이 출생증명서의 이름과 다른 사람들처럼 말이다. 샌프란시스코의 차이나타운 거리들은 대부분 현지인들이 지은 도로명이 따로 있었다.[58] 웬트워스 플레이스는 1940년대에 염장 생선을 지붕에 잔뜩 널어 말리고 파는 가게들이 많아 맛있는 냄새가 가득했던 터라 현지 주민들이 '미덕과 조화의 거리(Street of Virtue and Harmony)'라고 불렀다. 다세대주택이 밀집해 있던 웨이벌리 플레이스는 '15센트'라고 불렀다. 이발, 귀 청소, 머리를 땋는 데 드는 비용이 15센트였단다. 베킷 스트리트는 '통역사 존의 거리(Street of Plain Language John)'라고 불렀다. 1943년의 어느 신문 기사에 따르면, 광둥어를 유창하게 구사해서 일명 '통역사'로 통하는 존이라는 미국인이 있었다. 그는 매일같이 베킷 스트리트에 죽치고 앉아 고급 창부들과 어울렸는데, 통역이 필요해서 찾다 보면 그의 집보다는 베킷 스트리트에서 찾는 게 빨라 그렇게 불렀다고 한다.

이런 이야기는 소설에나 나올 법하지만, 비공식적으로 도로명을 바꾸어 부르는 일은 요즘도 없지 않다. 몇 년간 중국에서 거주하다 뉴욕에 돌아온 에런 라이스는 중국어를 계속 연습하기 위해 노년의 중국인 이민자들이 사는 건물로 이사를 했다. 그런데 이내 이웃 주민들이 이야기하는 도로 이름들이 매우 생소하다는 사실을 깨달았다. 그들은 장의사들이 많은 멀베리 스트리트를 '망자의 거리'라고 불렀고, 디비전 스트리트는 '모자 장수 거리', 러트거스 스트리트는 '쓰레기 거리'라고 불렀으며, 미국 독립전쟁에 참전한 폴란드 군인의 이름을 딴 코지어스코 브리지는 어찌된 영문인지 '일본인 다리'라고 불렀다. 출신 지역이 제각각인 중국 이민자들은 고향과 사투리에 따라 같은 거리도 자기 나름의 이름으로 모두 다르게 불렀다.[59]

　　그러나 정식 도로명도 우리가 생각했던 것보다 더 많은 정보를 준다. 스페인과 영국의 도로명을 연구한 경제학자 대니얼 오토페랄리아스는 스페인에서 종교와 관련된 도로명이 많은 지역에 사는 사람들이 실제로도 신앙심이 더 깊다는 사실을 발견했다.[60] 영국에서는 '교회(church)' 또는 '예배당(chapel)'이라는 단어가 들어간 도로명이 많은 지역에 사는 사람일수록 자신을 기독교인이라고 생각하는 경향이 높았고,[61] 스코틀랜드에서는 '런던 로드'나 '로열 스트리트'와 같은 이름의 거리에 사는 사람들이 스코틀랜드인으로서의 정체성이 더 약하다는 사실도 알아냈다.

　　이에 대한 인과관계는 명확히 알 수 없다. 깊은 신앙심 때문에 교회 근처에 살고 싶어서 처치 스트리트에 사는 것일 수도 있고, 처치 스트리트에 살다 보니 신앙심이 깊어진 것일 수도 있다. 도로명은 인간이 짓지만, 인간도 도로명에 따라 변할수 있다. 그런 의미에서, (당연한 이야기지만) '그로프컨트 레인'이 사라져서 참 다행이다.

도로명에도 유행이 있다. 미국에서는 오랫동안 자연과관련된 거리 이름이 유행이었다.(폴란드도 마찬가지였는데, 영어의 Forest, Field, Sunny, Short, Garden에 해당하는 단어가 들어간 도로명이 가장 많았다.[62]) 최근 벨기에에서는 시민들이 도로명을 직접 지은 일이 있었는데 전통 음식의 이름을 따 '퀴베르동(Cuberdon, 원뿔 모양의 벨기에 전통 캔디)가', '스페퀼로스(Speculoos, 쿠키)가', '시콩(Chicon, 치즈와 치커리를 넣고 만든 요리)가'라고 지었다. 현대에 들어오면서 영국에는 다양한 문화를 반영한 도로명이 많이 생겨났다.(이슬람 사원을 뜻하는 카르마웨이(Karma Way)나 마스지드 레인(Masjid Lane)이 대표적이다.[63]) "미래에는 여성의 이름을 딴 도로명이 유행할 것"이라고 말한학자도 있다. 실제로 프랑스의 페미니스트 단체인 '오제 르 페미니즘(Osez le Féminisme)'은 파리 전역에 새로운 (비공식) 도로명을 짓는 캠페인을 펼치고 있다.('니나 시몬 거리(Quai de Nina Simone)'도 그중 하나다.) 파리 시내에 여성의 이름을 딴 도로명은 전체의 2.6퍼센트밖에 되지 않는다.[64]

반면 런던은 과거를 상기시키는 이름을 적극적으로 활용한다. 나는 한때 거칠기로 유명했던 한 런던 동부 지역에 새로 생긴 최신식 아파트에 사는 친구를 찾아간 적이 있었는데 '부트메이커스 코트(Bootmakers Court)'라고 적힌 아파트 주소에 놀라 잠시 멈칫했다. 구두장이의 길이라고? 고가의 카본 자전거를 끌고 나오는 화이트칼라 계층의 젊은 아파트 주민들 중에 신발 공장에서 일할 만한 사람은 전혀 없어 보였다.

영국인이자 지리학자인 도린 매시도 과거 노동자 계층 주거지였다가 최근 급격하게 고급 주택지가 된 도크랜즈에서 비슷한 현상을 발견했다. 그녀는 "외부의 시선을 의식하는 오랜 주민들에게 도로명은 노동자 계급 동네였던 시절, 곧 선술집, 축구, 고된 노동, 지역 공동체에 대한 향수를 불러일으키는 데 사용된다. 오늘날에도 옛 이름을 쓰거나 창고를 개조해 만든 아파트의 이름을 심사숙고하여 짓는 일 역시 똑같이 낭만화되었지만 형태는 다른 과거의 기억을 되살리려는 노력의 일환이다."라고 설명했다.[65] '부트메이커스 코트' 아파트는 과거 런던 동부의 노동자 계급이 절대 살 수 없는, 방 한 칸짜리가 40만 파운드인 고가의 아파트이지만, 그곳에 사는 런던 부자들은 그 이름 덕분에 어느 곳보다 낭만적인 동네에 산다는 기분을 만끽한다. 비록 과거에는 결코 살고 싶어 하지 않았을 지역이지만 말이다.

심지어 지금은 사라진 '그로프컨트 레인'에 대한 향수도 존재한다. 2012년에 의회에 익명으로 제출된 청원은 '그로프컨트 레인'의 복원을 요구하며 "우리의 사멸한 문화유산을 부활시키는 것이야말로 훌륭한 애국 행위"라고 주장했다.(의회는 즉각 청원을 거부했는데, 우스꽝스럽게도 도로명에 대한 권한은 지방정부에 있다는 게 그 이유였다.) 물론 모든 사람들이 교양 없는 거리 이름을 보존하고 싶어 하는 것은 아니다. 2009년에 도로명 개정 운동을 벌였던 버트홀 로드의 주민들은 이제 '아처스 웨이(Archers Way)'라는 새 주소를 갖게 되었다.

2018년에 영국 웨스트미들랜드 지역의 롤리 레지스에서 사업체를 운영하는 한 주민은 이웃들에게 도로명을 개정하자는 내용의 전단지를 돌리면서 도로명을 바꾸면 집값이 6만 파운드(약 9000만 원)는 올라갈 거라고 주장했다. 그곳의 도로명은 '벨 엔드(Bell End)'였는데, 내게는 꽤 생소하지만 영국에서는 아주 저급한 비속어였다. 경쾌한 발음의 '벨'과 진중하고 묵직한 느낌의 '엔드'가 합쳐져 내게는 우아하게 들렸지만 영국에서는 음경의 끝부분을 의미하는 말이었다. 지역 당국에 제출된 진정서에는 벨 엔드 거리에 사는 아이들이 도로명 때문에 심한 놀림을 받아 왔다고 적혀 있었다.

린다 조지는 벨 엔드 도로명 개정 계획에 크게 분노했다. 온 가족이 그곳 출신이고 그 근처에 있는, 성경 외의 책을 읽는 것을 금지하는 엄격한 침례교회에 다니기도 했던 그녀는 아이들이 놀림을 받는 문제의 원인은 괴롭히는 아이들이지 거리 이름이 아니라고 했다. 그녀는 직접 벨 엔드 도로명 개정에 반대하는 청원을 내기로 했고, 놀랍게도 며칠 만에 5000명가량의 주민들이 그녀가 제출한 청원에 서명을 했다.

　벨 엔드 거리가 있는 롤리 레지스는 과거 왕의 사냥터로 쓰였던 지역으로, 땅속 깊은 곳에 있는 석탄층 때문에 '블랙컨트리(Black Country)'라고 불리기도 한다.[66] 작은 마을로 시작해 산업도시가 된 이곳은 서민들이 못을 만드느라 집 뒷마당에 화장실 대신 작은 대장간을 짓는 동네였다.(손이 작고 손가락이 날렵한 아이들이 특히 못 만드는 일에 적격이었다.) 영국은 롤리 레지스의 거대한 채석장에서 캔 돌로 전국에 도로를 만들었다. 그러나 마거릿 대처가 탄광들을 폐쇄하여 광산업이 몰락하면서 롤리 레지스에는 수많은 일자리가 사라졌다. 오래된 건물들은 대부분 보수되는 게 아니라 철거되었고, 도로는 넓어졌으며, 따분한 생김새의 현대식 주택단지들이 생겨났다. 어릴 적 린다가 알고 있던 롤리 레지스의 모습은 더 이상 온데간데없었다.

　나는 린다에게 왜 그토록 많은 사람들이 '벨 엔드'를 지키려는 청원에 동참했다고 생각하는지 물었다. 그녀가 한숨지으며 대답했다. "상식 있는 사람들의 마지막 몸부림이었던 셈이죠." '벨 엔드'라는 이름은 단순한 도로명이 아니라 자랑스럽고 찬란했던 과거 그리고 (적어도 건축학적 측면에서 보면) 지금보다 낭만이 넘쳤던 시절과의 연결고리였다.

알고 보니 '벨 엔드'라는 이름은 롤리 레지스의 중세 역사에서 유래한 것이었다. 지방의회가 '벨 엔드'가 롤리 레지스의 어느 탄광에서 따온 이름이라고 주장한 데 이어, 1919년에 태어난 한 주민도 손녀의 페이스북 계정을 통해 또 다른 증거를 제시했다. 도로 끝에 존 왕의 별장이 있었는데 문에 종 모양의 노크용 고리쇠가 달려 있어서 길 이름이 '벨 엔드'가 되었다는 설명이었다. 존 왕이라면, 마그나 카르타(Magna Carta, 1215년에 존 왕이 서명한 국민의 정치적·법적 권리 확인서로 영국 입헌제의 기초가 되었다. ─ 옮긴이)의 주인공으로 내가 린다를 만나기 800년도 더 전인 1199년에 왕위에 오른 인물이 아닌가?

린다가 말했다. "건물은 사라져도 이름은 영원히 남죠."

5
빈

**주소는
권력이다**

눈 내리는 2월의 어느 날 아침, 나는 빈에서 안톤 탄트너를 만났다. 도심에 위치한 총리 관저 근처에서 만난 탄트너는 40대로 부피가 큰 스키 점퍼를 입고 회색 목도리를 두르고 있었다. 동그란 얼굴에 볼이 빨갛고 검정 모자를 귀까지 눌러 쓰고 있어 마치 프란스 할스(네덜란드 미술의 황금기를 이끈 화가로 초상화를 많이 그렸다.—옮긴이)의 그림에서 막 튀어나온 소년 같았다. 삭막한 건물들이 들어선 광장 모퉁이에서 살을 에는 듯한 세찬 바람이 들이쳤다. 때마침 마리아 테레지아 탄생 300주년을 맞이한 빈은 도시 전체가 온통 강인해 보이는 은발 여제의 포스터로 뒤덮여 있었다.

탄트너는 번지(가옥 번호)의 역사에 관한 한 세계 제일의 전문가였다. 빈 대학교의 역사학자인 그는 번지를 연구하며 60명을 대상으로 하는 번지 역사 투어를 운영한다. 최근에는 번지에 관한 사진전도 기획했다.[1] 내가 탄트너를 처음 알게 된 것은 간결한 제목에 길이도 짧은 그의 저서 『가옥 번호(*House Numbers*)』를 읽고 난 후였다. 처음에 난 그가 주소에서 가장 특별할 것 없어 보이는 요소에 지나치게 천착한다고 생각했다.

하지만 그는 나의 생각을 완전히 바꾸어 놓았다. 그는 책에서 "대대적인 번지 매기기 사업은 18세기의 독특한 특징이다. 빈정거리려는 것이 아니라 번지의 탄생은 계몽 시대에 있었던, 체제와 계급에 집착했던 18세기에 일어난 가장 의미 있는 혁신 중 하나라 할 수 있다."라고 주장했다.[2] 번지는 길을 찾거나 우편물을 수취하는 데 유용하라고 발명된 것이 아니라(물론 이 두 가지 기능을 훌륭히 발휘하지만) 세금을 매기고 범죄자를 찾아 투옥하고 치안을 유지하는 데 도움이 되도록 고안된 것이었다. 다시 말해 번지의 존재 이유는 사람들이 쉽게 길을 찾을 수 있도록 하기 위해서가 아니라 국가가 쉽게 사람들을 찾을 수 있도록 하기 위해서였다.

탄트너는 저서에서 번지의 탄생이 역사의 전개 과정에서 생겨난 부수적 결과물이 아니라 오히려 중요한 역사적 사건이라고 설명했다. 그에 따르면 그 사건은 빈에서 시작되었다.

1740년 역사상 가장 춥고 비가 많이 왔던 10월, 신성로마 제국의 황제 카를 6세가 사냥을 다녀온 직후 병이 들어 죽었다.[3] 아마도 독버섯을 먹은 듯했다. 스물세 살의 장녀 마리아 테레지아가 갑작스럽게 왕위를 이어받아 합스부르크가의 군주가 되었다. 아들이 생길지도 모른다는 기대를 버리지 않았던 부모 때문에 테레지아가 받은 교육이라고는 무도와 음악 같은 '궁정 예절'뿐이었다. 1746년에 합스부르크가에 파견되었던 프로이센의 특사는 그녀를 풍성하고 옅은 금발에 얼굴이 둥글고 "휘지도 위로 솟지도 않은" 작은 코를 가졌으며 입이 크고 목이 예쁜 여인이라고 묘사했다. 그의 표현에 따르면, 그녀는 당시 출산으로 몸매가 망가진 상태였지만 "팔과 손은 굉장히 아름다웠다."[4] 마리아 테레지아는 19년간 열여섯 명의 아이를 출산했다.

테레지아의 삶은 순탄치 않았다. 오스트리아, 헝가리, 크로아티아, 보헤미아(지금의 체코 서부 — 옮긴이), 트란실바니아(지금의 루마니아 중부와 서북부 지방 — 옮긴이), 이탈리아 일부 지역이 뒤섞인 영토에 빚까지 물려받은 그녀는 경쟁자들을 물리치느라 수년간 전쟁을 치러야 했다. 남편 프란츠 1세가 아들 결혼식 도중 갑자기 쓰러져 죽자 테레지아는 그의 수의를 직접 짓고 자신의 머리를 잘랐으며 방을 모두 검은색으로 칠했다.[5] 또 천연두로 자식 셋을 잃었는데, 그중 하나는 나폴리 왕자와 결혼하기 위해 빈을 떠날 예정이었던 열여섯 살 난 딸 마리아 요제파였다. 다른 딸 마리아 엘리자베트는 얼굴에 천연두 자국이 남아 결혼은 꿈조차 꿀 수 없었다.(마리아 테레지아는 딸 열한 명의 이름을 모두 '마리아'라고 지었다. 조지 포먼(미국의 유명 프로 복서로 아들 다섯 명의 이름을 모두 '조지'라고 지었다. ─ 옮긴이)처럼.) 테레지아는 혼인을 외교와 동일시했기 때문에 왕가 입장에서 보면 가장 외모가 수려했던 딸 마리아 엘리자베트도 차라리 죽는 편이 나았다.

1763년에 테레지아와 아들 요제프 2세가 함께 다스리던 오스트리아는 유럽의 모든 왕국이 참여한 7년전쟁에서 패배했다. 이번만큼은 왕가들 사이에 복잡하게 얽힌 혼인 관계도 제국을 끈끈하게 이어 주지 못했다. 테레지아는 숙적이었던 프로이센의 프리드리히 2세로부터 비옥한 슐레지엔 땅(지금의 폴란드 지역)을 되찾기 위해 애썼으나 지칠 대로 지친 오스트리아 군대가 빈손으로 돌아오자 절망에 빠졌다. 언젠가 그녀는 자신이 하루가 멀다 하고 임신하지만 않았더라도 전쟁터에 직접 나가 싸웠을 거라고 말하기도 했다. 그녀는 프로이센과 전쟁을 치르는 동안에만 여덟 명의 아이를 낳았다.

테레지아는 더 많은 병력이 필요했다. 당시 여전히 봉건제 사회였던 합스부르크 왕국에서는 경작지에 나가 일할 농노들을 선택하고 지배하던 봉건 지주들이 징집을 담당하고 있었다. 그들이 가장 힘세고 성실한 농노들은 숨겨 두고 나머지를 전쟁터로 내보낸 것은 어찌 보면 당연했다. 이론상 테레지아의 왕

국에는 젊고 건장한 남자들이 넘쳐났지만, 그들을 찾아낼 방도
가 없으니 아무런 소용이 없었다.

　막내딸 마리 앙투아네트가 베르사유에서 결혼식을 올린
1770년에 마리아 테레지아는 왕국에서 전쟁에 적합한 남자들
을 모두 파악하라는 '병사 징집'을 명령했다. 하지만 이내 또 다
른 문제에 봉착했다. 인구가
과밀한 마을에서 사람들을
헤아릴 수 있는 방법이 없
었기 때문이다. 더구나 가구
를 구분할 수 있는 방법도
없었다.

　그러던 테레지아에게
좋은 생각이 떠올랐다. 집
집마다 번호를 매기는 것이
었다. 모든 가구에 번호를

마리아 테레지아

부여하고 그곳의 거주자 명단을 작성하면, 어느 가구든 신원을
확인할 수 있고 전투 가능한 연령대의 남자 구성원들을 찾아
낼 수 있었다. 1770년 3월에 테레지아의 왕명을 받은 1700명
의 군인과 관리들이 전국으로 흩어졌다. 직업 화가들이 마을마
다 파견되어 모든 담벼락에 짙은 검은색 유화 물감으로 번호를
그려 넣었다. 필경사들은 사전에 준비된 양식을 들고 나가 남

자들을 모두 찾아 기록하면서 전투 가능 여부를 확인했다. 한 겨울에도 싸구려 잉크가 번지도록 비를 맞아 가며 이 마을 저 마을을 걸어서 그들이 최종적으로 찾아낸 '병사'는 700만 명이 넘었다. 총 가구 수는 110만 399가구였다. 예산이 초과되고 시간이 다 되었을 무렵 각지에 파견되었던 관리들이 빈으로 보낸 명부가 너무 많아 궁전에는 보관할 공간이 부족할 정도였다.

안톤과 나는 마리아 테레지아 시대에 만들어진 가옥 번호를 찾아보기 위해 눈이 오는 빈 거리로 나섰다. 우리는 먼저 징집용으로 매겨진 번호의 원형(하얀 바탕에 가늘고 우아한 모양의 숫자)을 찾아보기로 했다. 허리를 숙여 건물 아치 밑으로 들어가기도 하고, 목을 쭉 빼고 웅장한 석조 건물을 살피기도 하고, 좁다란 골목길에 몸을 구겨 넣기도 하면서 도시 곳곳에 새겨진 오랜 번호들을 찾아다녔다. 빈에서 태어난 탄트너는 바닥이 꽁꽁 얼고 구불구불한 골목길과 도로를 긴 다리로 성큼성큼 걸어 다녔다. 마네킹으로 발 디딜 틈 하나 없는 양장점에 들러 쾌활해 보이는 재단사에게서 그의 어머니가 맡긴 옷을 찾을 때만 빼고 말이다.

우리는 거리 악사들의 아코디언 소리에 맞춰 진열창에 모피 코트와 진주 목걸이들이 가득 찬 상점들이 즐비한 넓은 대로로 향했다. 고급 제화점 앞에 이르자 장갑을 끼지 않아 추위로 불그스레해진 손으로 탄트너가 하얀색 건물 정면 위에 쓰여진 빨간 숫자를 가리켰다. 당시 테레지아의 명령은 꽤 구체적이어서 빈은 빨간색, 다른 지역은 검은색으로 번지를 적도록 지시했다. 숫자도 반드시 로마 숫자(i, ii, iii)가 아닌 아라비아 숫자(1, 2, 3)로 적어야 했는데, 유대인을 몹시 싫어한 테레지아는 유대인 가구만 로마 숫자로 표기하게 했다.

마리아 테레지아는 또 모든 번지의 숫자 앞에 번호(Number)를 의미하는 No.를 표기(예를 들면, No. 1, No. 2처럼)하도록 했다. 이는 건물마다 새겨진 건축 연도와 가옥 번호를 구별하기 위해서였을 것이다. 빈에는 요즘도 완공된 해를 표기하는 건물이 많다. 그런데 탄트너의 동료 하나가 빙긋 웃으며 더 그럴듯한 추측을 내놓았다. "우리가 사람을 부를 때 이름만 부르지 않고 '누구누구 씨'라고 하잖아요. No.도 '~씨' 같은 호칭인 거죠. 번호에도 예의를 갖춰야 하니까요."

탄트너는 합스부르크 왕국이 번지를 도입한 유일한 국가도 아니고 심지어 처음도 아니었다고 했다.[6] 파리, 베를린, 런던, 뉴욕 같은 세계 각지의 대도시는 물론 작은 농촌 마을에서도 독자적으로 그리고 일제히 모든 집에 번호를 매기기 시작했다. 프랑스도 오스트리아 못지않게 일찌감치 번지를 매기기 시작한 나라였다. 16세기에 파리시 관리들은 노트르담 다리 위에 있는 가옥 68채가 시 소유임을 표시하기 위해 집 위에 번호를 매겼고, 1768년에 루이 15세는 민간인 집에 묵는 병사들을 조사하고 기록하기 위해 집들의 번호를 매겼다. 1779년에 마랭 크린펠트라는 출판업자는 가로등과 주택에 번호를 매겨 도로 한쪽 끝에서 시작해 올라갔다가 반대쪽 아래에서 끝나는 형식으로 자신만의 파리 인명록을 만들었다.

런던도 번지의 역사가 일찍 시작된 편이었다. 거리 이름과 번지가 탄생하기 이전부터 상인들은 상점 문 위에 어떤 가게인지 알리는 간판을 걸었다. 문자 하나 없이 만든 간판은 모두 자기 나름의 언어를 사용했는데, 약방에는 용을, 식료품 가게에는 막대설탕을 그려 넣는 식이었다.[7](주인이 바뀐 가게는 간판 그림이 더 난해해지기도 했다. 관을 파는 제임스 올라브스네 간판은 관 세 개와 막대설탕 하나가 그려져 있었는데, 이전 가게가 식료품점이었기 때문이었다.) 대개 철제 세공으로 무게가 많이 나갔던 간판들은 바람이 불면 '끼끼' 소리를 내며 삐거덕거렸다. 1718년에 간판이 건물 아래로 떨어지면서 재수 없게 그 밑을 지나던 사람 넷이 죽는 일이 있었다. 간판이 필요했던 상점들의 이런 문제를 번지가 해결해 주었다. 런던에 번지가 새롭게 등장하고 거기에 도로명까지 도입되면서 하인들에게는 과거와는 완전히 다른 능력이 요구되었다.[8] 주인의 분부에 따라 전갈을 전하려면 이제 문자를 읽고 숫자를 셀 줄 알아야 했다.

그러나 번지가 정착되는 데는 상당한 시간이 걸렸다. 근대 우편제도의 창시자라 할 수 있는 (4장에서 만났던) 롤런드 힐의 저서에는 다음과 같은 이야기가 나온다. "어느 길 한가운데에 이르자 문 위에 황동으로 만든 95라는 번호판이 달린 집이 눈에 들어왔다. 그런데 양옆의 집 번호는 각각 14와 16이었다. 내가 95번 집에서 나온 여인에게 왜 14번과 16번 사이에 95번이 끼어 있냐고 묻자, 전에 살던 집의 번호라고 했다. 아주 좋은 황동으로 만든 번호판이라 지금 집에도 잘 어울릴 것 같아서 가져왔다는 것이다."[9]

미국에서는 영국인들이 혁명주의자들을 추적하기 위해 처음으로 맨해튼 지역의 건물에 번호를 매기기 시작했다. 매디슨 애비뉴(Madison Avenue)에서 어린아이들이 나무딸기를 따던[10] 1845년에 맨해튼 지역의 건물 번호는 어느 시의 인명록이 묘사한 것처럼 "언제나 그렇듯 지독한 혼란 그 자체"[11]였다. 뉴욕은 1838년이 되어서야 번지가 정비되었으며 그전까지는 행정상 5번 애비뉴(Fifth Avenue)를 중심으로 동과 서로 나뉘어 있었다. 1838년 이후에도 대부분의 상점들은 건물 번호를 좀처럼 드러내려 하지 않았다. 1954년에 한《뉴욕 타임스》기자가 어느 극장 앞을 지키는 도어맨에게 일하고 있는 건물의 번지를 아는지 물었다. "몰라요. 난 그냥 일만 해서요." 기자가 일한 지 얼마나 되었냐고 묻자 그가 대답했다. "15년이요."[12]

마크 트웨인은 19세기 후반의 베를린에 관한 거의 모든 것을 사랑했다. 그는 베를린을 '유럽의 시카고'라고 불렀고 "세계에서 가장 관리가 잘 되는 도시"[13]라고 생각했다. 베를린의 경찰은 친절했고, 전선은 공중에 덜렁덜렁 매달려 있는 게 아니라 땅 밑으로 가설되었으며, 거리도 뉴욕처럼 '기도와 설교'로 정화하는 것이 아니라 말 그대로 쓸고 닦아 깨끗했기 때문이다. 하지만 번지를 매기는 시스템은 정말 최악이었다. 마크 트웨인은 이렇게 후술했다. "인류 태초 이래 그런 혼돈은 없었다. 처음에는 바보 멍청이가 한 게 아닐까 생각했지만 방식이 너무나 다양했다. 바보 멍청이의 작품이라고 하기에는 혼란을 야기하고 불경스러움을 퍼뜨리는 방법이 너무도 다채로웠다." 베를린의 번지는 그야말로 중구난방이었다. "서너 집에 같은 번호를 쓰는 경우가 허다했고, 어떤 때는 한 집에만 번호를 매기고 나머지 집들의 번지는 알아서 추측하라는 식이었다."

　베를린만 그렇게 엉망이었던 것은 아니다. 빈도 초기에는 새 건물이 생길 때마다 지역에 상관없이 사용 가능한 번호 중 가장 작은 숫자를 부여했다. 그래서 새집이 지어지면 1521이라는 번호가 이를테면 12번 옆에도 (말도 안 되게) 지정될 수 있었다. 번지도 한 구역 안에서 지정되는 시스템이라 사람을 찾으려면 번거롭게 거리 이름, 번지수, 구역까지 알아야 했다.(베네치아는 지금도 비슷한 시스템으로 운영되는데, 도시 전체를 구역(sestieri)으로 나눈 뒤 한 구역 안에서 번호를 무작위로 배정한다. 물론 베네치아는 어떤 흠이 있어도 용서할 수 있는 도시다.) 체코의 경우에는 가옥마다 두 개의 번호가 지정되어 있는데, 하나는 주소용이고 다른 하나는 행정용이다. 피렌체는 주거용 번지와 상업용 번지가 따로 있다.

그렇다면 번지를 매기기에 가장 좋은 방법은 무엇일까? 그 답은 필라델피아에서 찾을 수 있다. 도로 한쪽은 홀수 번호, 반대쪽은 짝수 번호로 매기는 것이다. 이 시스템은 필라델피아가 인구조사를 실시한 1790년에 조지 워싱턴의 고문이었던 클레멘트 비들이 고안했다. 한쪽에는 홀수, 다른 한쪽에는 짝수로 번호를 매겨서 해당 거리에 번지가 몇 번까지 있는지 쉽게 알 수 있었다. 필라델피아의 이 시스템은 19세기에 더욱 합리적인 방법으로 수정되어 블록마다 앞자리가 동일한 백 단위 숫자를 사용했다. 예컨대 한 블록이 100~199의 숫자를 사용하면, 옆 블록은 200~299의 숫자를 사용하는 식이었다. 현대 도시계획가들도 번지가 있다는 사실을 인지하지 못할 만큼 합리적인 방법으로 번지를 매기기 위해 고심한다.

그건 그렇고 수천 년을 번지 없이 잘 살아온 인류에게 왜 갑자기 번지가 그토록 중요해진 것일까?

○

1990년대에 예일 대학교 교수인 제임스 스콧은 '국가는 왜 떠돌아다니는 사람들을 싫어하는가?'라는 난제에 관해 책을 쓰고 있었다. 유목민, 집시(코카서스 인종에 속하는 소수 유랑민족. 그러나 용어에 담긴 경멸적 의미 때문에 국제사회는 '로마(Roma)'라는 이름을 권장한다. ─옮긴이), 아일랜드 유랑민(아일랜드에 기원을 둔 유목인들로 주로 아일랜드, 영국, 미국에 퍼져 있다. ─옮긴이), 베두인족(시리아, 북아프리카 등지의 사막에 사는 아랍계 유목민 ─옮긴이), 부랑자, 노숙자, 탈출한 노예와 같은 사람들은 "국가에 늘 골칫거리"였다.[14] 아무리 정착시키려고 해도 정착시킬 수 없었기 때문이다. 하지만 책을 쓰면 쓸수록 스콧은 '국가는 왜 떠돌아다니는 사람들을 싫어하는가?'가 아니라 '국가는 애초에 어떻게 사람들을 정착시켰는가?'를 이야기해야 한다는 것을 깨달았다.

　　스콧에 따르면, "근대 이전의 국가는 다소 무지한 측면이 많았다. 자국의 신민, 부, 토지 소유, 소출, 위치, 정체성에 대해 거의 아는 바가 없었다."[15] 마리아 테레지아가 합스부르크 왕국을 다스리던 18세기의 유럽 국가는 "거의 착즙 기계와 다름없었다."[16] 군주들은 자국 백성들의 고혈을 짜내는 데 점점 더 도가 터 갔다. 그러나 "그들의 절대왕권에는 상당한 모순이 존재"했다.[17] 군주들의 권력이 지역 단위에는 거의 닿지 않았기 때문이다. 다시 말해 스콧의 표현을 빌리면 군주들은 백성들의 삶에 더 깊게 침투하는 일은 시도조차 할 수 없었다. 점점 커져

가는 자신들의 야심을 온전히 실현하려면 군주들은 더 큰 오만함과 함께 과업에 걸맞은 국가 기구가 필요했고 자신의 왕국을 속속들이 알고 있어야 했다.

그러나 사회를 속속들이 알기 위해서는 일단 그 안에 사는 사람들을 찾아내야 했다. 국가는 "신원을 확인할 수 있는 시민이 필요했다. 시민들은 기록할 수 있는 이름과 주소가 있어야 했고 토지대장에 등록되어야 했다."[18] 근대 초기 유럽에 국가가 탄생하는 과정에는 '식별 가능한' 사회가 필수적이었다. 국가가 무슨 일을 하려면 스스로를 잘 알고 있어야 했기 때문이다. 스콧은 "이렇게 식별 가능한 사회가 되어 가는 과정에서 국가가 급진적으로 변화했다."라고 설명했다.

예를 들어 대부분의 유럽인들은 14세기까지 고정적으로 쓰는 성(姓)이 없었다.(반면 중국의 진(秦) 왕조는 기원전 4세기부터 "과세, 노역, 징집을 목적으로" 성을 사용했다.[19]) 스콧이 그의 저서에서 설명했듯이 유럽인들은 이름만 있었고 필요한 경우에만 이름 뒤에 직업(Miller(방앗간 주인), Baker(제빵사), Smith(대장장이))이나 사는 곳(Hill(언덕), Brook(개울)), 아버지나 혈족의 이름(Johnson(존의 아들), Richardson(리처드의 아들))을 붙였다.

그러나 이런 이름들이 체계적으로 후대에 전승되지는 않았기 때문에 이름만으로 사람을 찾는 것은 불가능했다. 일례로 1700년대에 영국은 남자 열 명 중 아홉 명이 '존', '에드워드',

'윌리엄', '헨리', '찰스', '제임스', '리처드', '로버트'였다.[20] 상황이 이러하니 경찰이나 세금 징수원들에게 이름은 큰 의미가 없었다. 동네 주민들은 '윌리엄의 아들 헨리'가 어디 사는지 알았지만, 외부인에게는 말해 주지 않으면 그만이었다. 이런 이유로 군주들은 고정적인 성을 사용할 것을 명령했는데, 이는 곧 국가의 지배력이 확대된다는 또 다른 징표였다.

이처럼 집집마다 번호를 매기는 일은 거대한 근대국가 사업의 일환이었다. 이제는 독자들도 모두 알다시피 로마인들은 도로명이나 번지 없이도 길을 찾는 데 아무런 문제가 없었다. 하지만 로마의 권력자들에게 주소 체계가 필요 없었던 이유는 근대국가들처럼 사람을 특정해서 찾을 강력한 이유가 없었기 때문일 것이다. 우선 고대 로마는 분권화되어 있었기 때문에 지역 통치자들이 자신이 알아야 할 사람들을 이미 잘 알고 있었다. 더 근본적인 이유는 근대국가와는 달리 나라가 국민들의 일상에 개입할 일(예를 들면 공립학교라든지)이 없었다는 것이다.

중세 유럽 국가들도 자국민들을 정확하게 찾아낼 수 있는 방법이 없기는 마찬가지였다. 다음은 오랫동안 마르세유의 공증 문서를 연구한 역사학자 대니얼 로드 스마일이[21] 찾아낸 1407년 기록의 일부로, 범죄를 저질러 벌금형을 받은 사람들의 신원을 기록한 것이다.

> 타락한 부인, 이사벨라
>
> 모직물상 시모네
>
> 시모네의 부인, 아르헨티나
>
> 피카르델로
>
> 마르세유 빵집 주인, 요한 르 뷔스

그러나 500년이 지난 1907년에 해당 기록은 이런 식으로 달라졌다.

> 아그네스 셀레린 조세핀 세르니
>
> 32세, 교사, 로크푀유(오드) 출생
>
> 마르세유 생질가(街) 10번지 거주
>
> 조셉 루이 카스텔로티
>
> 18세, 선원, 바스티아(코르시카) 출생
>
> 마르세유 피기에 드 카시스가 8번지 거주
>
> 베르테 잔느 알빈 조세핀 페롱
>
> 28세, 마르세유(부슈뒤론) 출생
>
> 마르세유 프라도가 68번지 거주

스마일은 『상상의 지도(*Imaginary Cartographies*)』에서 "1407년
에는 어떤 양식도 존재하지 않았다. 요한 르 뷔스가 빵집 주인
이라는 사실이 밝혀진 것은 분명 요한이 정보를 기록하는 관
리에게 우연히 그 사실을 말했기 때문이었을 것이다. 하지만
1907년에는 이름, 나이, 직업, 출생지, 주소(거주지)를 기입하는
사전에 인쇄된 양식이 존재했다."라고 설명한다.[22] 15세기의
마르세유도 공증 문서에 사람들의 신원을 기록하는 나름의 방
법을 고안한 것이었다. 스마일은 "주소를 신원 확인의 도구로
사용하는 행위는 근대성의 요건이다."라고 결론지었다.[23]

근대국가는 국가 형성 이전에 자국이 어떤 사회인지, 자국
민들은 어떤 이들인지 정확히 파악해야 했다. 번지가 탄생하기
이전의 세계는 집들이 어두컴컴하고 덧문이 닫혀 있어 밖에서
아무것도 볼 수 없는 데다가 길을 찾기도 어려웠기 때문에 누
가 어디에 사는지 알 수 없었다. 우리는 책에서 글을 읽어 내려
가듯 도시에서 도로명과 건물 번호를 찾아 읽는다. 주소가 있
기 전까지 국가는 자국민에 대해 까막눈과 다름없었으나 번지
가 생기면서 그들이 누구인지 제대로 알게 되었다. 그렇다면
국가가 드디어 자국민의 정체를 알게 된 이후에 어떤 일이 벌
어졌을까?

18세기 파리 경찰인 자크 프랑수아 기요테는 경찰들의

유토피아를 그린 책을 한 권 썼다.[24] 고급 제본에 삽화도 풍부하게 실린 저서 『프랑스 경찰 개혁에 관하여(*Mémoire sur la réformation de la police de France*)』에서 기요테는 파리 시민들을 감시하는 급진적인 방법을 소개했다. 남녀, 어린아이 가릴 것 없이 모든 시민에 대한 세부 정보를 수집하여 만든 파일을 둘레가 90센티미터가 넘는 바퀴 모양의 회전식 수납장에 보관한다는 내용이었다. 이 수납장은 자료 보관뿐만 아니라 공무원들이 자료를 바로 찾아 쓸 수 있도록 고안된 장치였다.[25] (철학자 그레구아르 샤마유의 말처럼 거대한 '롤로렉스(회전식 파일 정리기 — 옮긴이)'를 상상하면 된다.) 페달을 밟아 작동시키는 이 '페이퍼홀더 (Paperholder)'는 강당 크기의 방에 모든 파리 시민의 개인 정보를 보관할 수 있었다.[26] 말 그대로 빅 데이터였던 셈이다.

그러나 이것을 실제로 구현하기 위해서는 파리를 완전히 새롭게 바라볼 필요가 있었다. 당시 파리는 인구가 많고 대부분의 사람들이 구불구불한 골목의 빈민촌에 빽빽하게 몰려 살았다. 그렇다면 개인 파일에 번호를 매기지 않고 거대한 롤로렉스를 어떻게 작동시킬 수 있을까? 기요테가 제안한 방법은 파리를 여러 지역으로 나눈 뒤 숫자를 매기고 중복되는 도로명을 모두 없앤 뒤 도로명이 한눈에 들어오도록 석판에 새겨 두는 것이었다. 그리고는 모든 거리, 집, 계단, 층, 아파트, 심지어 말에도 번호를 매기자고 제안했다.

이 자체로는 그렇게 급진적인 제안이 아닌 것처럼 보이지만, 기요테는 여기서 한발 더 나아갔다. 건축사를 연구하는 체사레 비리냐니에 따르면 기요테는 구역마다 특수직 경찰관을 한 명씩 두고 시민들의 "일거수일투족"을 좇아 기록할 것도 제안했다. 담당 경찰관이 시민의 나이, 계급, 직업, 소재, 파리 외

기요테가 고안한 수납장

지역으로의 여행 여부, 월세 등을 일일이 파악하여 페이퍼홀더에 정보를 '업로드'한다. 이런 방법을 통해 페달만 몇 번 밟으면 언제든 시민들의 정보를 꺼내 볼 수 있게 된 경찰들은 일반 시민들을 그들의 이웃보다 더 잘 알게 될 것이며, 교회나 병원도 더 이상 사람들을 숨기지 못할 것이다. 기요테는 "이제 탄생부터 죽음의 순간까지 한 사람의 모든 것을 알게 될 것이다."라고 주장했다.[27]

기요테의 생애가 어떠했는지는 알려진 바가 별로 없다. 그가 경찰이었다는 것, 이따금 파리 시민들의 행적을 뒤쫓는 일을 했다는 사실만 알려졌을 뿐이다. 특기할 만한 점이 있다면 기요테가 소유한 건물에 그 유명한 『백과전서(*Encyclopédie*)』를

펴낸 드니 디드로가 세 들어 살았다는 사실이다. 『백과전서』는 계몽주의의 꽃으로, 세상의 모든 지식을 한데 모아 정리하고자 한 책이었다. 기요테가 디드로를 알고 친분을 쌓게 된 일은 우연일 수도, 우연이 아닐 수도 있다. 대단한 야심의 소유자였던 기요테는 전 세계 문제들을 해결하겠다며 열정적으로 계획을 내놓곤 했으나 그 방법은 매우 터무니없는 것이 많았다.(그는 하루에 3만 6000명이 건널 수 있는 배다리를 설계하는 대회에서 입상한 전력도 있었다.) 볼테르는 이 두 사람을 가리켜 "괜한 일만 벌이는" 아마추어라고 부르면서 실현 가능성 없는 일로 세상을 개혁하겠다고 나선다며 비웃었다.

그렇지만 번지의 탄생은 기요테 같은 계몽주의자들에게는 자연스러운 수순이었다. 모든 가옥에 번호를 매기는 일은 합리성과 평등이라는 계몽사상의 원칙을 한층 증진시켰다. 도시에서는 길도 사람도 쉽게 찾을 수 있게 되었다. 세금 징수도, 범죄자 색출도 쉬워졌다. 소작농이든 귀족이든 계급의 구분 없이 모든 집은 똑같은 방식으로 번호가 매겨졌다. 어둠에서 '이성의 빛'으로 나아가고자 했던 계몽주의는 국가가 '모든' 자국민들을 제대로 알아야 한다고 믿었다.

기요테의 책은 반짝 주목받는 듯했으나 오래가지 못했고 그가 내놓은 제안 역시 실현되지 않았다. 왕이 그의 책을 보긴 했는지도 알 수 없다. 하지만 그의 제안은 눈부신 업적으로 남았다. 단지 독특해서가 아니라, 이내 아주 당연한 것으로 받아들여졌기 때문이다. 그의 책이 많은 사람에게 읽히지는 않았으나 복잡한 도로명 주소는 오늘날 전 세계에서 찾아볼 수 있다. 기요테는 스스로를 발명가라고 생각했지만, 사실 예언가였던 셈이다. 좋든 싫든 국민들이 어디 사는지에도 관심을 두는 새로운 정부가 탄생할 것을 예측했으니 말이다.

○

아주 많은 사람들이 새로운 번지 제도에 반대했다면 놀라운 일일까? 역사학자 마르코 치키니에 따르면, 18세기 후반에 제네바시 당국이 모든 것에 번호를 매기기 시작했다.[28] 처음에는 사람(무슨 영문인지는 몰라도 특히 나무꾼들)에 번호를 매기더니 다음엔 마차, 나중에는 말에도 번호를 매겼다. 한 차례 시민 봉기가 있고 난 후 시 당국은 질서 유지라는 명목으로 두 명의 직업 화가를 파견하여 담에는 거리 이름을, 집에는 번지를 써넣었다.

그랬더니 제네바 시민들이 하룻밤 새 150개나 되는 번지를 지워 버리는 일이 발생했다.[29] 번지를 훼손하는 자들을 잡기 위해 밤마다 병사들이 순찰을 돌았지만 아무런 소용이 없었다. 시 당국은 다시 화가들을 보내 번호를 그려 넣었다. 이 일로 재판까지 받게 된 사람들 중에는 번호를 지우면 안 되는지 몰랐다고 (멋쩍은 듯) 변명하는 사람들도 있었다. 제네바만 그런 것이 아니었다. 유럽 전역에서 번지들이 배설물로 더럽혀지거나 쇠막대기로 난도질당했고, 담당 관리들이 두드려 맞거나 물벼락을 맞고 마을에서 쫓겨나는 일이 비일비재했다. 심지어 관리가 살해되는 일도 있었다.[30]

미국에서는 많은 사람들이 집집마다 번지를 매기러 다니는 도시 명부 담당 공무원들을 무서워했다. 지리학자 루번 로즈레드우드에 따르면, 미국 남북전쟁 이전에 남부 사람들은 도시 명부가 "북부가 벌이는 계략"일지도 모른다고 생각했기 때문에 "인쇄업자든 누구든 도시 명부 출간에 북부인들은 일절 관여하지 않았다."라는 사실을 분명히 밝혀야만 했다.[31] 경계의 눈초리를 보내기는 북부 사람들도 마찬가지여서 도시 명부를 들고 다니는 사람은 징집 관리로 의심받아 문전 박대를 당하기 일쑤였다.

번호를 매기는 것은 본질적으로 인간을 비인간화하는 작업이다. 번지가 막 도입되었을 때 많은 사람들은 집에 번호가 매겨짐으로써 자신의 존엄성을 부정당했다고 느꼈다. 치키니는 그의 저서에서 제네바에 사는 한 61세 여인이 자신의 번지를 훼손한 일로 재판을 받은 이야기를 자세히 소개했다. 그녀는 법정에서 자기 집 담벼락에 도로명이 새겨진 것으로 충분하다면서 당국이 "집에 번호까지 매긴다면 그것은 심문하는 것과 다름없다."[32]라고 주장했다고 한다. 오스트리아를 방문 중이던 스위스의 한 회고록 작가는 "집집마다 쓰여 있는 번호를 보고 충격을 받았는데, 개인을 손아귀에 넣고자 하는 군주의 힘을 상징하는 것처럼 보였기 때문이다."[33]

안톤 탄트너는 한참 설명을 하다 말고 우스꽝스럽게 자기 가슴을 힘차게 내리치면서 "나는 숫자가 아니다! 나는 자유인이다!"라고 외쳤다. 1960년대에 영국에서 유명했던 수사 드라마 「수감자(The Prisoner)」에 나오는 대사라고 했다. 잠시 말을 멈추었던 그가 다시 입을 열었다. "아이언 메이든(영국의 헤비메탈 밴드—옮긴이)의 노래 가사이기도 해요."

번지를 지워 버리는 일은 힘없는 자들이 곧 인간성을 되찾는 일이었다. 남자들이 징집을 피하기 위해 이를 몽땅 뽑아 버리고 엄지를 잘라 버렸던 것처럼 자신들이 가진 유일한 힘을 행사하고자 한 것이다. 탄트너가 설명한 것처럼 스스로에게 가하는 폭력, 집을 훼손하는 행위는 "주소를 강요하는 국가 권력에 맞서 싸우는 그들에게 남은 유일한 수단이었다."[34] 국가가 집에 번호를 매기지 못하면, 징집을 하지 못하면, 찾지 못하면, 국가가 그들을 지배할 수 없을 테니까. 그렇게 그들은 진정한 자유인이 되길 바랐다.

이것은 결코 터무니없는 우려가 아니었다. 자신을 "정제

되지 않은 마르크스주의자"라고 표현한 제임스 스콧은 이제는 고전이 된 그의 저서『국가처럼 보기』에서 근대국가에 매우 회의적인 견해를 피력했다.[35](그는 1000쪽에 달하는 E. P. 톰슨의『영국 노동계급의 형성』을 읽을 때 앉았던 의자를 아직도 기억한다.[36]) 스콧은 '식별 가능한' 나라를 만들려는 정부가 국민을 돕기는커녕 국민들의 기대를 저버렸다고 주장했다. 도시계획가들은 제인 제이콥스가『미국 대도시의 죽음과 삶』을 통해 찬양해 마지않았던 도심의 거리들이 지닌 활력 넘치는 불규칙성을 도시를 정비한다는 명목으로 일소해 버렸다. 일례로, 19세기 파리에서는 넓은 도로를 반듯하게 정비하기 위해 빈민촌들을 밀어 버리면서 수만 명의 노동계급 주민들이 집을 잃고 쫓겨났다.[37] 탄자니아에서는 정부가 수백만 명의 시민들을 말끔하게 조성된 마을에 강제로 정착시키려다 의도치 않게 어마어마한 규모의 농경지를 훼손하기도 했다.[38]

　　스콧은 성(姓)을 사용하도록 요구하는 일처럼 겉으로는 무해해 보이는 정부의 계획들도 악의적인 결과를 가져올 수 있다고 설명했다. 미국의 연방 정부 관리들은 성(性) 중립적이고 유동적인 아메리카 원주민들의 작명 관행(스콧에 따르면 '곰 다섯 마리'라는 이름은 곰 한 마리를 더 잡으면 '곰 여섯 마리'로 바뀌기도 했다.)을 공개적으로 멸시하면서 원대한 '문명화 사업'의 일환으로 원주민들에게 개명을 강요했다.[39] 프로이센은 1812년에 유대인들에게 시민권을 주는 대가로 고정된 성(姓)을 써야 한다는 조건을 달았다. 1833년에 공포된 칙령은 이미 귀화한 이들을 포함한 모든 유대인에게 정부가 만든 목록(루벤스타인, 번스타인 등등)에서 성을 골라 쓸 것을 의무화했다. 그러나 1845년에 유대인들이 쓸 수 있는 성이 법에 의해 극소수로 한정되고 이름도 바꿀 수 없게 되었는데, 이 때문에 훗날 나치가 유대인들을 아주 쉽게 가려낼 수 있었다. 역사학자 디츠 베링에 따르면 "1812년에 유대인들에게 합법적 게토의 문이 형식적이나마 열렸지만(완전히 개방된 것도 아니었다.) 그들은 '이름'이라는 또 다른 게토에 수감되어야만 했다."[40]

다음 단계는 당연히 도로에 이름을 붙이는 일이었다. 스콧은 이렇게 설명했다. "국가 형성의 진행 과정을 점검하려면 무엇보다 사회를 구성하는 모든 것, 즉 지역, 도로, 사람, 특히 건물과 토지 등을 구분하고 이름을 짓는 새로운 시스템이 얼마나 정교하게 작동되는지 확인해야 한다."[41] 코네티컷주에 있는 스콧의 집 근처에는 이름이 두 개인 도로가 하나 있었다. 길포드에서는 그 도로가 더럼으로 이어진다고 해서 '더럼 로드'라고 불렀고, 더럼에 사는 사람들은 그 도로가 길포드로 이어진다고 해서 '길포드 로드'라고 불렀다. 두 마을 주민들에게는 각각 유용한 이름이지만 정부로서는 큰 문제가 아닐 수 없다. 제국주의의 권력자들이 무엇보다 먼저 자신들이 이해할 수 있는 방법으로 도로명을 다시 만든 이유도 바로 이 때문이었다.

스콧은 더욱 식별 가능한 사회를 만들려는 정부의 계획에 현지 주민들의 지혜가 반영되지 않는다고 자주 개탄했다. 물론 좀 더 식별하기 쉬운 사회를 만들려는 정부의 시도는 대개 좋은 의도에서 출발한다.(스콧도 이 점은 인정한다.) 파리의 경찰이었던 기요테는 경찰을 단순한 법 집행자로만 보지 않았다. 오히려 그는 사람들이 너무 법에만 매몰되어 있고 범죄 예방을 위한 선행에는 관심이 없다는 사실을 매우 아쉬워했다. 기요테가 그린 유토피아 파리에서 경찰은 도로 청소와 가로등을 감독하고, 주택의 창문과 발코니의 안전성을 확인하며, 마차들을 점검하고, 전문가와 함께 모든 가구를 1년에 한 번씩 방문하여 손볼 곳을 봐 주는 일을 담당했다. 비리냐니의 설명에 따르면, 기요테가 제안한 계획에는 유모 고용 관행을 더 위생적으로 개선하거나 파리 주택들의 지붕 모양(지붕에 고인 물이 거리로 그대로 쏟아져 내렸다.)을 개조하는 방법이 포함되어 있었다.(기요테의 아이디어는 구약성서의 모세가 제시한 지붕 난간에서 착안한 것이었다.) 이런 공공복지를 위한 제안은 프랑스 경찰에 의해 이미 적극적으로 수용되었고, 도시 전반에 대한 경찰의 관리는 점차 확대되고 있었다. 감시(어느 평론가의 말처럼 '크레페'만큼이나 프랑스를 대표하는 단어다.[42])의 허상에 빠진 프랑스인들은 과거 어느 때보다 강력한 통제력을 가진 경찰이 자신들의 안녕을 보장해 주기를 바랐다.

마리아 테레지아가 살던 시대도 마찬가지였다. 사람들은 번지가 가져다주는 여러 가지 이점을 깨닫자마자 경계를 풀었다. 우선 우편물을 받기 시작했다. 모차르트는 빈 안에서만 무려 열두 개의 주소로 우편물을 수취했다. 길을 더욱 쉽게 찾을 수 있다는 점 외에도 번지가 주는 유용함은 많았다. 탄트너에 따르면 1771년 겨울, 빈에 잃어버린 개를 찾는 전단지가 하나 붙었다. "견종 볼로네즈, 흰색 수컷, 눈이 파랗고(한쪽 눈이 색이 더 연함) 코가 작은 것이 특징. 작은 입마개를 쓰고 있음." 그리고 전단지 밑에는 잃어버린 강아지를 간절히 기다리는 개 주인의 주소가 쓰여 있었다. "보그너가 222번지."**43**

비가 추적추적 내리던 따스한 5월의 어느 날, 나는 기요테가 쓴 책의 원본을 직접 보기 위해 기차와 버스를 타고 워데스던 매너(Waddesdon Manor)로 향했다. 영국 버킹엄셔의 오랜 시골 마을 외곽에 위치한 워데스던 매너는 주변과 이질감이 느껴지는 웅장한 프랑스식 저택이다. 워데스던 매너는 1889년에 퍼디낸드 로스차일드 남작이 주말 별장으로 지은 것으로, 지금까지 방대한 양의 프랑스 가구와 영국 초상화들을 소장하고 있다. 영국 최초로 전기를 사용했던 저택으로도 알려져 있는데, 소문에 의하면 빅토리아 여왕이 이곳을 방문했을 때 10분 동안이나 불을 켰다 껐다 하며 신기해했다고 한다. 빅토리아 여왕의 아들이자 훗날 여왕의 뒤를 이어 왕이 된 에드워드 7세는 퍼디낸드 남작의 친구이자 저택의 단골손님이었다.

저택의 소장품을 관리하고 안내하는 레이철 제이콥스가 과거 부엌으로 쓰였던 공간의 뒤쪽 계단으로 나를 데리고 갔다. 그곳에는 한때 로스차일드가의 호화로운 주말 파티에 참석한 독신자들이 묵었던 '스위트룸'들이 있었고 그 가운데 서재가 하나 있었다. 바닥부터 천장까지 벽을 가득 덮은 책장, 페르시아 카펫, 초록색 가죽 체스터필드 소파 때문인지 영국 신사의 아늑한 은신처 같은 느낌을 주었다. 나는 레이철과 함께 기요테의 책을 한 장 한 장(당시로서는 가장 고급 종이였던 제지용 넝마로 만들어 두께가 꽤 두꺼웠다.) 꼼꼼히 살펴보았다. 가브리엘 생토뱅이 담채화로 그려 넣은 삽화는 선명하고 정밀했다. 기요테의 책에는 경찰들이 작성하게 될 세부 양식의 견본과 페이퍼홀더를 구체적으로 구현한 예상도가 포함되어 있었으며, 가발을 쓰고 긴 양말을 신은 서기들이 페이퍼홀더를 작동시키는 그림이 첨부되어 있었다. 무시무시하게 생겼을 거라는 예상과는 달리 페이퍼홀더는 꽤 기품 있어 보였고 심지어 정교해 보이기까지 했다.

레이철을 따라 저택 이곳저곳을 구경한 뒤 우리는 '아침방'으로 향했다. 평소 기요테의 책을 보관하는 그 방은 과거 주말 파티 손님들의 휴게 공간인 것처럼 보였으나, 방을 장식하고 있는 게인즈버러의 진지한 초상화, 빳빳한 양단 소파, 금박 벽지가 한가로이 쉬기에는 다소 부담스러운 느낌을 주었다. 나는 어느 귀족(찰스 황태자일 수도 있고) 한 사람이 이 방에서 태평히 놀다가 무심코 책장에서 기요테의 책을 빼 드는 상상을 해 보았다. 그는 과연 그 책을 읽었을까?

문득 프랑스에 태어나 빈에서 학교를 다니고 난데없이 영국의 시골 한복판에 어마어마한 프랑스식 저택을 지은 퍼디낸드 남작에 대해 호기심이 일었다. 그의 자서전에는 로스차일드라는 성이 프랑크푸르트의 유대인 게토에서 시작되었으며, 그의 증조할아버지가 아들 다섯을 유럽 각지에 보내 세계적인 금융 왕국을 건설했다는 이야기가 나온다. "나의 선조들은 당시 프랑크푸르트 집 문 위에 걸려 있던 붉은 방패(독일어로 'Rothschild')를 따다 성을 만들었다. 그 방패는 번지가 없던 시절, 유대인들 대부분이 성이 없던 시절에 간판처럼 걸려 있던 것이었다. 1819년에 오스트리아 황제로부터 작위를 수여받으면서 우리 가문은 붉은 방패를 가문의 문장으로 채택했다."[44] 로스차일드 가문에게 작위를 수여한 것은 마리아 테레지아의 손자인 프란츠 2세였다.

빈에서 번지 역사 투어를 한창 돌던 중에 탄트너가 몸을 녹이자며 나를 프로이트의 단골 가게였던 코르브 카페에 데려갔다. 그곳에서 탄트너는 번지 사업이 합스부르크 왕국의 신민들의 삶에 예상치 못한 영향을 미쳤다고 했다. 어머니 마리아 테레지아와 함께 왕국을 다스리던 요제프 2세는 당시 계몽사상에 크게 감화되어 있었다. 그는 번지를 배정하러 다니는 장교들에게 만나는 백성들과 대화를 나누어 보라고 신신당부했다. 드넓은 왕국 영토를 대부분 걸어서 다녀야 했던 장교들은 백성들이 어떻게 살고 있는지 왕에게 성실히 보고했다. 특히 교육이 부족하고 영양이나 위생 상태도 형편없으며 지주의 모진 학대에 시달리는 백성들의 현실을 왕에게 낱낱이 전했다.

커피를 마시던 탄트너는 장교들이 그런 현실을 왕에게 보고한 덕분에 농노제 폐지, 무상교육 실시와 같은 요제프 2세의 핵심적 국가 개혁이 가능했을 것이라고 했다. 합스부르크 왕국은 자국민에게 단순히 번호만 지정한 것이 아니라 그들의 이야기에도 귀를 기울였던 것이다.

6

필라델피아

**미국에는 왜
숫자로 된
도로명이 많을까?**

맨해튼이 '매나하타(Mannahatta)'라고 불리던 시절, 그곳은 흑곰, 가로줄무늬방울뱀, 퓨마, 흰꼬리사슴이 모여 사는 숲이 울창한 섬이었다.[1] 1748년에 한 동물학자가 저술한 책에 따르면, 개골개골 울어 대는 청개구리 소리가 너무 커서 '사람 말소리가 안 들릴 정도'였다. 강에는 장어가 넘쳐났고, 바다에는 돌고래들이 춤을 추었으며, 밤나무와 튤립나무가 우거진 숲 위에는 철새들이 찾아와 재잘거렸다. 지금의 타임스 스퀘어 자리에는 비버들이 뛰어노는 참꽃단풍나무 소택지가 있었다.[2] 생태학자 에릭 샌더슨에 따르면 맨해튼의 식물종은 한때 요세미티보다 다양했고, 서식하는 새의 종류도 그레이트스모키마운틴스 공원보다 많았으며, 생물군 수도 옐로스톤 공원보다 많았다.[3] 샌더슨은 "맑은 하늘에 해가 뜨겁게 내리쬐던" 어느 날 헨리 허드슨이 무히아쿠눅강(Muhheakunnuk River, 지금의 허드슨강)을 따

라 맨해튼에 도착한 1609년 이전의 뉴욕을 오랫동안 연구해
온 학자다.

　　샌더슨이 제작한 '윌리키아 프로젝트(윌리키아(Welikia)는
과거 맨해튼에 거주했던 아메리칸 원주민의 언어 레나페(Lenape) 말
로 '나의 그리운 고향'이란 뜻이다.)'는 유럽인들이 도착하기 이전
뉴욕의 모습을 보여 주는 자연사 웹사이트이다.[4] 내가 전에 살
던 이스트 빌리지 집 주소를 입력하면 지금은 다세대주택과 작
은 식당들이 늘어선 동네의 옛 모습을 볼 수 있다. 윌리키아에
따르면 내가 살았던 그곳은 한때 서어나무, 아메리카담쟁이덩
굴, 둥근잎청미래덩굴, 가막살나무, 미국풍나무, 주걱개망초(너
무나 신비로운 이름이라 괜히 찾아봤다 평범한 식물인 걸 알면 실망할
까 봐 찾아보지 않기로 했다.)로 뒤덮이고 줄무늬새매와 쇠박새가
머리 위를 날아다니던 곳이었다. 지금과 많이 다르지 않은 점
이 하나 있다면 이스트 9번 스트리트에서 가장 흔히 발견되는
여섯 종의 동물이 모두 설치류라는 사실이었다.

　　'매나하타'는 이내 '맨해튼'이 되었다. 18세기에 이르자 맨
해튼 다운타운의 인구는 무섭게 치솟았다. 제임스 머레이라
는 사람은 고향 아일랜드의 장로교 목사에게 편지를 보내며
"그곳에 있는 딱한 이들에게 전해 주시오. 신께서 이곳에 그들
을 위한 해방의 문을 열어 주셨다고."라고 썼다.[5] 1790년부터
1800년까지 뉴욕의 인구는 10년 만에 두 배로 뛰었다. 거리는

사람들로 넘쳐났다. 토지 대부분이 사유지였던 탓에 도로가 인구 팽창을 따라잡지 못했기 때문이다. 맨해튼의 시가 정비는 뚜렷한 계획도 없이 런던처럼 난잡하게 이루어졌다. 도시 경관을 정비하려면 토지 소유주들의 동의가 필요했지만 뉴욕시 관리들은 이들을 좀처럼 설득하지 못했다.

그리하여 정부는 1807년에 변호사 존 러더퍼드, 측량사 시메온 디윗, 정치인 거버니어 모리스를 시가 정비 사업 담당자로 임명했다. 정비 사업의 '최고 책임자'가 된 이들이 4년간의 연구 끝에 내놓은 계획안은 아주 단순했다.[6] 가로로 난 도로 155개를 세로로 뻗은 도로 11개와 직각으로 교차시켜 격자무늬(grid) 형태로 정리하는 것이었다. 이미 오래전부터 나 있던 길을 따라 정비된 맨해튼 남쪽과 브로드웨이(Broadway, 네덜란드어로 '대로변(Brede Weg)'이라는 뜻)는 제외되었다.

모리스는 세 명의 '최고 책임자들' 중에 가장 흥미로운 이력을 보유한 사람이었다. 미국 건국의 아버지(미국 헌법 서문의 첫 문장 "We the People(우리 국민은)"이 바로 그의 손끝에서 나왔다.)이기도 한 모리스는 한쪽 종아리를 절단했는데 유부녀 애인의 집 창문에서 뛰어내려 다친 것이라는 소문이 있었다.(실제로는 마차 사고로 다리를 잃었다고 한다. 하지만 그의 일기에는 그의 성향을 잘 보여 주는 또 다른 사건이 나오는데, 프랑스 공사로 파리에 살던 시절 루브르 박물관에 간 그가 "문이 두 개나 있고 창문도 있어 사람들에

게 금방이라도 들킬 법한 곳에서 유부녀 애인을 무릎에 앉히고 보란 듯
이 사랑을 나누었다."라고 적혀 있다.[7] 그는 일기에 자신의 건강 상
태(나쁜 때가 많았다.)와 정보 수집 작업에 대해서는 상세하게 기
록했지만, 뉴욕의 도시 경관 혁신에 참여한 일에 대해서는 거
의 이야기하지 않았다.[8] 하지만 흐린 날씨에 쌀쌀한 바람까지
불던 어느 날, 모리스는 시가 정비 최종안을 승인하고 일기에
"맨해튼 구획 정비 사업을 성공적으로 마침. 러더퍼드와 식사
를 하며 설계안을 시행하기로 결정함. 통풍 때문에 몸이 좋지
않음."이라고 적었다.[9]

세 명의 최고 책임자들은 실용성을 이유로 격자무늬식 구
획 정비를 채택했음을 밝히면서 다음과 같이 설명했다. "도시
의 핵심적 목적은 인간의 거주임을 명심하면서, 양면이 반듯하
고 직각을 이룬 집들이 만드는 데 가장 비용이 적게 들고 살기
에도 가장 편리하다는 점을 염두에 두었다." 파리의 노트르담
성당과 뉴욕의 엠파이어스테이트 빌딩을 직접 그려 보면 이들
의 말에 고개를 끄덕일 것이다.

그러나 안타깝게도 맨해튼은 설계안을 쉽게 구현할 수 있
는 지리적 환경이 아니었다. 최고 책임자들의 보고서는 비버
댐(비버가 코요테나 곰 등의 포식자로부터 자신을 보호하기 위해 나뭇
조각, 흙, 돌 등으로 서식지에 만드는 댐—옮긴이)이나 오래된 하천
에 대해서도 언급하지 않았고, 레나페 말로 '매나하타'의 의미

가 '언덕이 많은 섬'이라는 사실도 이야기하지 않았다. 한마디로 섬의 지형을 전혀 고려하지 않았던 것이다. 수십 킬로미터나 되는 강줄기, 모래 해변, 수백 개의 언덕, 수십 개의 연못은 간단히 무시되었다. 지금의 첼시 전 지역을 소유하고 있던 클레멘트 무어는 자신의 소유지인 9번 애비뉴를 정확히 관통하는 최고 책임자들의 계획안에 반기를 들며 그들을 "로마의 일곱 개의 언덕(고대 로마의 발상지—옮긴이)도 밀어 버릴 사람들"이라고 비난했다.[10]

　반대한 사람은 무어만이 아니었다. 시인 에드거 앨런 포 또한 고급주택가에 위치한 그의 (빌린) 농가에서 새로운 도시 계획안에 대해 (언제나 그렇듯) 우울한 글을 남겼다. "아름다운 이곳은 이제 최후를 맞이할 것이다. 30년 후면 장엄한 절벽들이 모두 깎여 부두가 되고 적갈색 사암으로 만든 우스꽝스러운 외관의 건물들이 거리를 가득 메우면서 섬 전체가 망가질 것이다."[11] 그때만 해도 맨해튼 땅 대부분은 여전히 농지였다.(독립전쟁 당시 조지 워싱턴은 42번 스트리트와 5번 애비뉴 사이에서 벌어진 영국군과의 전투에 뛰어들기 위해 군대를 이끌고 옥수수밭을 헤쳐 나가야 했다.[12]) 또 최고 책임자들의 계획안에는 녹지가 거의 포함되어 있지 않았는데, 이유인즉슨 "맨해튼 섬은 커다란 내해로 둘러싸여 있어" 신선한 공기를 위한 공원이 그리 많이 필요하지 않다는 것이었다. 절대적으로 땅이 부족했기에 조금도 허

투루 쓸 수 없다는 심산이었을 것이다.(센트럴파크는 1850년대에
이르러서야 도시계획에 추가되었다.)

스물네 살의 존 란델이 구획 정리 사업의 측량사로 고용되
었다.[13] 그는 하루가 멀다 하고 무단 침입죄로 체포되었고(최고
책임자들이 부재중일 때 전임 뉴욕 시장이 그를 보석금으로 빼내 준 적
도 있었다.), 그가 박아 놓은 말뚝을 화가 난 주민들이 뽑아 버리
는 일도 허다했다. 나무가 무성한 곳은 도끼로 베어 가며 측량
을 했고, 개들도 물리쳐야 했으며, 사람들이 자기네 땅에서 나
가라며 배추와 아티초크를 던져 대는 통에 도망치듯 빠져나온
적도 있었다.[14] 웨스트 빌리지에 사는 한 농부는 란델을 고소하
기에 이르렀는데, 그가 "비트 5000뿌리, 감자 5000두둑, 당근
5000뿌리, 패랭이꽃 묘목 500포기, 화살나무 2만 그루와 그 밖
의 식물"은 물론 많은 사람들이 탐내던 튤립 500송이까지 모든
농작물을 망쳐 놓았다고 주장했다.[15] 그러나 계몽주의자였던
란델은 자신의 사상에 따라 도시 경관을 바꿀 수 있다고 굳게
믿었다.[16]

그런데 감자밭 하나 망치지 않고 세계에서 가장 위대한 도
시를 만드는 일이 과연 가능할까? 뉴욕은 어마어마한 도시로
변모하던 중이었다. 한 뉴욕 시민은 "논밭이 도로나 부지로 탈
바꿈하고, 투박한 절벽이 웅대한 저택이 되며, 소를 키우던 목
초지에 건물 숲이 들어서는 도시의 탄생 과정을 직접 목도하고

싶은 사람은 누구나 이곳에 만족할 것이다."라고 말하기도 했다.[17] 만족으로 그치지 않은 사람도 많았다. 란델의 업무를 방해했던 사람들 중에는 몇 년 뒤 "시가 정비로 부자가 된 사람들도 많았다."[18] 직각에다 일정한 크기의 격자형으로 도시가 정비되면서 토지를 사고파는 일도 쉬워졌다. 경제학자 트레버 오그레이디에 따르면 격자무늬식 정비 사업으로 1835년부터 1845년까지 땅값이 20퍼센트가량 상승한 것으로 나타났다.[19]

　뉴욕 주민들에게는 이런 잠재적 경제성만으로도 정비 사업의 충분한 사유가 되었다. 역사학자 폴린 마이어에 따르면, 뉴욕은 네덜란드 서인도회사의 교역지로서 오로지 돈을 벌 목적으로 세워진 곳이었다. 사실 네덜란드 이주자들은 영국 청교도들과는 달리 자신들의 고향 땅을 좋아했다. 그들이 전 세계 이민자들에게 뉴욕으로 이주할 것을 적극 장려한 이유는 정작 자신들은 그럴 생각이 전혀 없었기 때문이다.[20] 초기 뉴욕 주민들은 부를 축적하는 데 혈안이 되어 있었다. 1713년에 존 샤프라는 목사는 "뉴욕은 무역을 하기에 최적의 지역에 위치해 있고 사람들은 장사에만 관심이 있어서 자식들에게 쓰기와 셈법 이외에는 가르치지 않는다."라고 기록하면서, 다른 과목들은 "그들이 원하지도 않고 극구 거부하는데도 강제로 교육시켜야 한다."라고 한탄했다.[21]

　뉴욕을 잘생긴 킹카에 비유한다면, 라이벌 도시였던 보스

턴은 한마디로 공붓벌레 샌님이었다. 영국 청교도들은 보스턴
에 도착한 지 불과 몇 년 만에 하버드 대학교를 설립했다. 반면
뉴욕은 보스턴보다 앞서 이주민들의 정착이 시작되었음에도
불구하고 인쇄소가 들어서는 데만 70년이 걸렸다. 보스턴 사람
이었던 존 애덤스(미국 독립혁명 지도자 중 한 사람으로 제2대 대통
령을 지냈다.—옮긴이)는 화려한 뉴욕을 동경했다. 마이어의 생
생한 표현을 빌리면, 뉴욕을 방문 중이던 애덤스가 집으로 편
지를 보냈는데 숙소에서 차려 준 아침 식탁을 두고 "값비싸 보
이는 접시와 은으로 된 커다란 커피 주전자와 찻주전자, 최고
급 재질의 식탁용 냅킨이 놓여 있다."라고 애정을 담아 묘사했
다.[22] 그러나 그는 뉴욕 사람들을 좋아하지는 않았다. "목소리
가 크고 말이 빠르며(그것도 아주 많이), 내게 뭘 물었다가도 내
가 세 마디도 하기 전에 끼어들어 또 혼자 재잘댄다."라고 하면
서 불평했다. 그래도 애덤스의 고향 보스턴이 여전히 구불구불
한 도로를 고수한 데 반해, 뉴욕은 획기적인 격자무늬식 구획
정리로 보스턴을 이내 앞질러 나갈 참이었다.

　격자무늬식 시가 정비를 계획한 후 최고 책임자들은 또
한 번 이례적인 결정을 내렸다. 도로에 이름 대신 번호를 붙이
기로 한 것이다. 가로로 난 도로('스트리트'로 명명)에는 1번부터
155번까지의 숫자를, 세로로 뻗은 도로('애비뉴'라고 명명)에는
1번부터 12번까지의 숫자를 붙였다. 맨해튼 남부에 동쪽으로

솟은 일부 지역(내가 살던 이스트 빌리지 아파트 근처이다.)의 세로로 난 도로에는 숫자 대신 A, B, C, D가 붙었는데, 훗날 이 지역의 별명이 '알파벳 시티'가 된 연유도 이 때문이다.

도로를 번호로 구분하는 일은 독특하게 미국에만 있는 현상이다. 오늘날 인구가 백만이 넘는 모든 미국 도시에는 번호가 붙은 도로가 있다.[23] (이름이 알파벳으로 된 도로도 대부분 있다.) '2번 스트리트'가 미국에서 가장 흔한 도로명이고(일부 지역에서는 '1번 스트리트' 대신 '메인 스트리트'를 쓰기도 한다.), 가장 흔한 도로명의 70퍼센트가 숫자로 된 도로명이다.

반면 지리학자 야니 부올테나호에 따르면 유럽에는 숫자로 된 도로명이 거의 없다. 지금은 스페인 제2공화국 시절이라고 불리는 1931년에 마드리드에서는 도로명 개정 중에 야기되는 갈등을 최소화하기 위해 숫자를 사용하자는 의견이 제기되었으나, "기념하고자 하는 인물의 이름을 따 도시나 마을의 이름을 짓는 스페인 전통"에 부합하지 않는다며 시의회가 단칼에 거부했다.[24] 지금도 유럽에는 도로명을 지을 때 숫자 사용을 인정하지 않는 곳이 많고,[25] 부올테나호가 지적했듯이 에스토니아에서는 심지어 불법이다.[26]

뉴욕의 최고 책임자들은 농지를 깎고 강을 메워 만든 도로에 이름 대신 번호를 붙였다. 그렇다면 대부분의 유럽 도시들은 왜 이것에 반대했을까?

○

1668년에 영국에서 스물네 살 윌리엄 펜이라는 사람이 런던탑에 투옥되었다. 당시 영국에서 사실상 불법으로 규정돼 있던, 퀘이커란 이름으로 더 유명한 '종교 친우회(Religious Society of Friends)'에 입교한 그는 퀘이커교도가 된 직후 『흔들리는 주춧돌(*The Sandy Foundation Shaken*)』이라는 책을 썼는데, 그 책에서 그리스도의 신성성에 이의를 제기했다는 것이 죄목이었다. 사방이 높은 성벽으로 둘러싸인 그곳에서 펜은 홀로 수감 생활을 했다.(런던탑에 12년 넘게 갇혀 있었던 월터 롤리 경은 아내와 같이 지내는 것이 허용되었다.) 비좁고 갑갑한 방에서 펜이 만난 사람은 아버지와 주교 한 명뿐이었으며, 두 사람은 펜의 마음을 돌리기 위해 부단히 노력했다. 그러나 펜은 훗날 쓴 책에서 이렇게 회고했다. "감옥에 가두는 것으로 나를 설득하려는 생각은 크나큰 오산이었다. 누구의 생각이 잘못되었든 강압적으로 남의 종교를 바꾸려는 사람은 절대 옳다고 할 수 없다." 펜은 입교를 취소하기는커녕 감옥에서 자신의 머릿속에 있는 수십 명의 작가들을 인용하며 『고난 없이 영광은 없다(*No Cross, No Crown*)』라는 퀘이커교도들의 고전을 저술했다.[27] 런던탑의 간수장은 "나는 진심으로 펜 선생님 당신이 안쓰럽습니다. 세상이 모든 것을 허락한 영리하신 신사분께서, 재산도 많으신 분께서 도대체 무슨 이유로 그토록 어리석은 자들과 어울리며 자신을 곤경에 빠뜨리십니까?"라며 안타까워했다.[28]

일리 있는 말이었다. 펜이 퀘이커교로 개종한 것은 좀처럼 이해하기 어려운 일이었다. 펜의 아버지는 부유하고 사회에서 존경받는 해군 제독이자 망명 갔던 찰스 2세를 직접 데려와 기사 작위까지 받은 사람이었다. 그런데 그의 어린 아들이 신분제를 거부하는 퀘이커교로 전향한 것이다.(처음에 스스로를 '빛의 아이들'이라 불렀던 그들은 자신들을 '퀘이커(Quakers, 떠는 사람들)'라고 바꿔 부르기 시작했다. 본래 퀘이커교도들을 비방하던 사람들이 예배 때 몸을 떠는 그들을 보고 조롱조로 붙인 별명을 긍정적으로 받아들였기 때문이다.) 퀘이커교도들은 하느님이 모든 사람에게 개별적으로 나타난다고 믿었기에 사제나 왕과 같은 중재자가 필요 없다고 주장했다. 그들은 옷차림도 수수하고 검소해야 한다고 믿었고(윌리엄 펜은 천연두를 앓은 뒤 머리카락이 나지 않아 가발을 썼기 때문에 이것만큼은 공공연히 거역할 수밖에 없었다.), 17세기에 친한 사이에서만 쓰던 대명사 'thou(you의 고어, 주격)'와 'thee(thou의 목적격)'를 왕을 포함한 모든 사람에게 사용했다.

17세기 영국의 퀘이커교도들은 신념을 지키기 위해 위험을 무릅써야 했다. 펜이 더 젊었을 때 왕과 함께하는 자리에서 모자 벗기를 거부한 적이 있었다.[29] 왕이 직접 모자를 벗으며

"이런 자리에서는 한 번에 한 사람만 모자를 쓰는 것이 관례"라고 하며 눈치껏 알려 주었으나, 그는 왕의 행동을 이해하고도 모자 벗기를 끝까지 거부했다.

펜은 런던탑에서 7개월하고 12일을 외롭게 보내다 석방됐지만,[30] 얼마 지나지 않아 또 감옥에 갇혔다. 아일랜드에서 아버지 소유의 땅을 관리하던 그는 그레이스처치 스트리트(Gracechurch Street)에 있던 퀘이커의 회합 장소가 경찰에 의해 폐쇄된 것을 알고 런던에 돌아와 거리 설교를 하기 시작했다. 펜과 동료 퀘이커교도인 윌리엄 미드 주변으로 400~500명의 사람들이 몰려들었고, 그들을 잡으러 나간 경찰관과 순찰대원들은 두 사람 근처에는 가 보지도 못하고 "정강이만 걸어차이고 말았다."[31] 하지만 펜과 미드는 결국 체포되었다.

두 사람의 재판에서 판사가 배심원단에 유죄를 선고할 것을 명령했으나 배심원들은 이를 거부했다. 그러자 판사는 배심원 전원을 감옥에 잠시 가두면서 그들에게 "고기도, 마실 것도, 담배도 주지 말라"고 명령했다.[32] 배심원단이 네 번째 무죄 평결을 내리던 날, 판사는 판사석을 떠나면서 끝내 퀘이커교도들에 대한 혐오감을 숨기지 않고 그들을 "불온하고 무자비한 인간들"이라고 불렀다. 그러면서 "스페인 사람들이 왜 그리도 엄중하고 치밀하게 종교재판을 했는지 이제야 이해할 것 같다."라고 말하며 "영국도 그런 종교재판이 있기 전까지는 평안

할 날이 없을 것이다."라고 개탄했다.[33] 그러나 결국 판사는 배심원단의 평결을 수용했고, 이 판례는 훗날 피고인에게 불리한 증거와 상관없이 배심원이 독립적으로 판단할 수 있다는 권리의 근거가 되었다.

펜이 법정에서 모자를 벗지 않았다는 이유로 부과된 추가 벌금만 냈더라도 그는 금방 석방되었을 것이다.[34] (펜은 평생 모자 때문에 곤란한 일을 많이 겪었다.) 아버지가 병으로 쓰러졌는데도 펜은 소신을 지킨다며 벌금 내기를 거부했고 오히려 절대로 자기 대신 벌금을 내지 말아 달라고 아버지에게 신신당부했다. 그러나 결국 펜은 벌금을 내고 풀려나 집으로 돌아왔고, 그의 아버지는 그가 돌아온 지 9일 만에 세상을 떠났다.

펜의 아버지는 그가 퀘이커교도로 전향했을 때 매질까지 하며 반대했으나 아들의 열정을 수년간 지켜보며 마음이 누그러져 나중에는 아들에게 이렇게 말할 정도였다. "세상의 어떤 유혹에도 양심을 저버리는 일이 없도록 하여라." 펜은 토지와 재산은 물론 아버지가 왕에게 빌려준 빚 1만 6000파운드까지 유산으로 받았다. 그는 왕에게 빚을 독촉하는 대신(찰스왕이 파산해서 어차피 받지도 못했을 것이다.) 아메리카 식민지의 땅으로 변제를 대신할 것을 제안했다. 두 사람 모두에게 이익인 거래였다.[35] 빚도 탕감하는 데다 눈엣가시인 펜이 퀘이커교도들을 다 데리고 떠나겠다고 하니 왕으로서는 이보다 더 좋을 수 없

었다. 약 11만 6500제곱킬로미터(참고로 대한민국의 면적이 10만
제곱킬로미터를 약간 넘는다. ─옮긴이) 크기의 아메리카 땅을 하
사받으면서 펜은 영국에서 왕 다음으로 가장 넓은 토지를 소유
한 지주가 되었다. 그렇게 그는 서른여섯 살에 완전히 새로운
삶을 시작했다.

과거 그는 옥스퍼드를 "지독히 사악하고 방탕한 곳"[36]이
라고 불러 '이단적 관점'을 지녔다는 이유로 학교에서 쫓겨나
아버지에게 호되게 야단을 맞았다. 이후 유럽 전역으로 여행을
떠난 그는 때로는 덜컹거리는 마차 뒷자리에 앉아 하루를 꼬박
이동하는 데 보내기도 하고, 다양한 언어로 설교도 했으며, 감
옥에 갇힌 퀘이커교도들을 보석금으로 풀어 주거나 파산에 이
른 사람들을 구제해 주기도 했다.[37] 또 복잡하게 얽힌 종교 교
리에 관한 책도 여러 권 집필했고 감옥에도 여섯 번이나 투옥
되었다 풀려났다. 그러나 영국에 있는 퀘이커교도들을 더 이상
보호하려고 애쓰지는 않았다. 영국에서 아예 탈출시킬 계획이
었기 때문이다. 한때 개종한 아들을 내쫓기도 했던 그의 아버
지도 유언장에서 퀘이커교도들의 구원을 약속해 주었다.

펜은 그의 '거룩한 실험'을 아메리카 땅에서 실현하기 시
작했다. 그는 왕에게 하사받은 숲이 울창한 식민지 땅을 라틴
어로 숲을 뜻하는 '실베이니아(Syvania)'라고 명명하려 했으
나, 찰스왕이 이에 반대하며 그의 아버지를 기리는 뜻에서 반

드시 이름에 '펜'을 붙여야 한다고 고집했다. 펜실베이니아 (Pennsyvania)를 대표하는 도시가 된 곳은 그리스어로 형제애를 뜻하는 필라델피아였다. 펜은 아내와 사별하고 네 명의 아이들과 함께 머나먼 식민지 땅으로 이주한 퀘이커교도 토머스 홈을 측량 책임자로 임명했다.[38] 1682년에 펜은 홈에게 필라델피아의 구획 정리를 지시하면서 특별히 격자무늬식으로 할 것을 주문하고 "강부터 반대쪽 경계에 이르는 곳까지 거리 모양이 일정하도록 도시 모양을 정비하라"고 명령했다.[39] 펜은 도로가 직각으로 교차하며 기하학적 패턴을 이루고 그 결과 직사각형 블록을 형성하는 도시 형태를 상상하면서 "가옥은 반드시 줄지어 나란히 짓거나, 최대한 열에 맞추어 지을 것"을 요구했다.[40] 이때만 해도 맨해튼은 아직 작은 시골 마을에 불과했으며, 맨해튼에서 격자형 시가 정비가 이루어진 것은 그로부터 100년 후의 일이었다.

펜은 자신이 세운 정착지에는 원하는 이름을 붙이지 못했어도 거리 이름은 마음대로 지을 수 있었다. 홈은 일부 도로에 사람들(자신을 포함해)의 이름을 따 도로명을 짓고 싶어 했으나, 펜이 겸손하지 못한 행위라며 반대했다. 펜은 퀘이커교 관습에서 착안한 대안을 제시했다.[41] 퀘이커교도들은 이교도 출신이었기 때문에 그레고리력(1582년에 로마 교황 그레고리우스 13세가 만든 태양력 ─옮긴이)의 달 이름을 거의 사용하지 않았

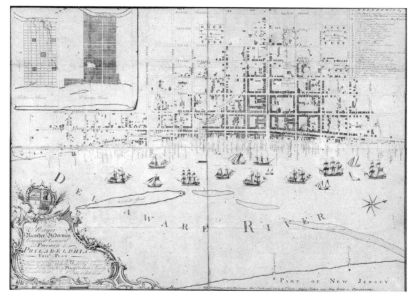

초기 필라델피아 지도

다. 이를테면 'January(1월)', 'February(2월)'를 'First Month(첫 달)', 'Second Month(둘째 달)'라고 불렀다.(라틴 숫자를 따 명명된 'September(9월)'부터 'December(12월)'는 그대로 사용했다.) 요일 이름도 마찬가지여서, 'Sunday School(주일 학교)'은 'First Day School(첫째 날 학교)'이라고 불렀다. 펜은 이런 방법에 기반하여 숫자로 된 도로명을 지으라고 지시했다. 그리하여 북에서 남으로 뻗은 도로는 순서대로 '2번 스트리트', '3번 스트리트', '4번 스트리트'가 되었고, 그 외 도로에도 격자형 구조에 상응하는 숫자 도로명이 만들어졌다.

미국 최초의 도시계획가이기도 한 윌리엄 펜은 이처럼 숫자 도로명도 최초로 도입한 주인공이었다. 또 가로로 난 거리에는 "이 땅에서 저절로 자라는 것"의 이름을 따 도로명을 지었는데, 이때부터 미국에는 '체리 스트리트', '체스트넛(밤) 스트리트'와 같은 나무 이름으로 된 도로명이 우후죽순으로 생겨났다. 홈이 자기 이름을 붙이고 싶어 했던 거리는 '멀베리(오디) 스트리트'가 되었다.[42]

그러나 최초로 격자형 도시 구조를 발명한 사람은 펜이 아니다. 대학에서 도시계획을 가르치는 피터 마르쿠제에 따르면, 고대 로마 군사들이 진지를 구축할 때 방벽과 요새로 사방이 막힌 폐쇄형 격자 구조를 사용하곤 했다고 한다.[43] (마르쿠제는 '격자(grid)'라는 말을 싫어했다. 중세 시대에 화형 당하는 순교자들을 불 위에 묶어 두는 고문 기구 'gridiron'에서 유래한 단어였기 때문이다.) 파키스탄의 옛 수도인 모헨조다로와 고대 그리스의 도시 국가 밀레토스에도 격자형 구획이 존재했다. 아메리카 대륙의 스페인 정착지뿐만 아니라 아프리카의 프랑스 점령지에도 사용된 격자형 체계는 "정복 국가에 만들기 쉽고 멀리서도 식민지를 수월하게 관리할 수 있도록 해 주는 균일한 도시 구조였다." 이러한 격자형 구조를 북아메리카에서 (폭압의 도구와는 거리가 먼) 도시계획의 방법으로 대중화한 것이 바로 펜이었다.

그로부터 약 100년이 지난 1784년, 독립선언문 초고 작성을 마친 토머스 제퍼슨은 해결이 요원해 보이는 또 다른 문제에 봉착했다. 정식으로 미국 영토가 된 서쪽의 미개발 지역을 어떻게 할 것인가 하는 문제였다. 새로운 정부는 땅만 많았지 현금이 없었다. 땅을 팔아서 현금을 확보하려면 일단 땅을 측량한 뒤 작은 필지로 잘게 나누는 일이 필요했다. 그래야만 멀리서 땅을 보지 않고도 쉽게 설명하고 사고팔 수 있었기 때문이다. 이를 위해 제퍼슨도 격자형 도시 정비를 계획했고, 서쪽의 새로운 평야, 호수, 산, 사막을 모두 동일한 방법으로 도면화하기로 했다.(물론 서쪽 지역이 실제로 새로운 땅이었던 것은 아니다. 미국 정부는 19세기까지 격자형 도시 정비에 방해되는 아메리카 원주민들을 모두 몰아냈다.) 제퍼슨의 아이디어에 착안한 1785년 공유지 조례는 측량사들에게 남북으로 직선을 그은 뒤 그 위에 다시 직각으로 선을 그어 각 지역을 36제곱마일(약 93제곱킬로미터) 크기의 타운십(township, 북미 지역에서 카운티(country)보다 작은 행정 구역 단위―옮긴이)으로 쪼갤 것을 지시했다. 모든 부지에는 번호가 매겨졌고, 신속하고 효율적인 작업을 위해 도로에도 대부분 번호가 매겨졌다.

역사학자 버넌 카르스텐센은 저서에서 측량사들이 온 나라를 거침없이 누비며 수백만 에이커에 이르는 땅을 "굴곡진 지표면 위에서" 어떻게든 정확한 정사각형 모양의 구획으로 나누었다고 설명했다.[44] 어떤 측량사들은 부지런하고 성실하게 일했지만, 어떤 측량사들은 일이 서툴거나 도구가 마땅치 않아서 또는 술에 취해서 선을 비뚤비뚤 그렸다. 마차 한 바퀴의 거리를 실로 잰 후 마차 위에서 편히 쉬면서 전진하는 마차의 바퀴 회전 수를 세어 측량하는 측량사도 있었다고 한다. 그러나 구획 정리는 대체적으로 깔끔하게 이루어졌고, 도로도 대부분 정확하게 직각으로 교차했다. 카르스텐센에 따르면 "대초원, 구릉지, 산지, 늪지대, 사막, 심지어 야트막한 호수까지도 온 땅에 직선이 그어졌다. 마치 질서 있는 군집 생활을 하는 벌이나 개미처럼 미국인들은 일단 직사각형 형태로 토지를 측량하기로 마음을 굳힌 뒤로는 어떤 장애물에도 굴하지 않고 계획을 밀고 나갔다."[45] 그리고 마침내 미국 대륙 공유지의 약 69퍼센트를 격자형 방식으로 측량하기에 이르렀다.

맨해튼이 그랬던 것처럼 서부 지역도 격자형으로 토지를 정비하고 나자 도박용 칩을 주고받듯이 땅을 쉽게 매매할 수 있게 되었다. 그러나 토지측량의 역사를 상세히 연구한 카르스텐센은 격자무늬식 토지 정비에 더욱 고원한 목적이 있었음을 지적했다. "반듯한 직사각형 형태의 측량 방법이 19세기 동안 치안 유지에 크게 기여했다는 사실은 아무도 모를 것이다."[46] "정신 사나운 퀼트"처럼 토지가 나뉜 테네시주나 켄터키주 같은 곳에서는 땅의 경계를 두고 시작된 다툼이 살인으로 이어지

거나 몇 대에 걸친 갈등으로 번지기도 했다. 그러나 격자형으
로 정리된 땅은 원한이나 복수의 이유가 될 일이 없었다. "깔끔
하게 정리된 측량선 덕분에 다양한 언어를 쓰는 사람들이 영토
를 평화롭게 분배할 수 있었다. '담을 잘 쌓으면 이웃들과 사이
가 좋다.'라고 말한 로버트 프로스트가 이걸 보았다면 '측량선
을 매끈하게 그으면 이민자들이 평화롭게 정착할 수 있다.'라
고 말했을 것이다."

격자의 크기와 형태는 도시마다 다르다. 격자 블록이 직사
각형 모양인 곳(맨해튼)도 있고, 정사각형 모양인 곳(휴스턴)도
있으며, 블록 크기가 꽤 큰 곳(솔트레이크시티의 블록은 200제곱미
터인데, 한 구획이 도시 경작에 적당한 크기여야 한다는 모르몬교 창시
자의 의견이 반영된 것이다.)도 있고, 다소 작은 곳(오리건주의 포틀
랜드는 60제곱미터밖에 되지 않는다.)도 있다. 구획으로 잘게 나뉜
땅과 숫자로 된 도로명 때문에 미국은 질서 정연하고 실용적인
'신세계'라는 인상을 주었다. 격자형 도시 구조로 길 찾기도 쉬
웠기 때문에 쏟아져 들어오는 이민자들에게는 더욱 반가운 땅
이었다. 처량 맞은 관광객처럼 거리에서 지도만 멍하니 바라보
며 우두커니 서 있을 일이 없었기 때문에 사람들은 뉴욕을 편
안하게 느꼈고 서슴없이 스스로를 '뉴욕 사람'이라고 불렀다.

유럽 국가들은 도시 경관을 격자형으로 재조성하기가 쉽
지 않았다. 반듯한 구획 정리에 대한 미국의 강박을 상세히 기

록해 온 마이클 길모어는 저서에서 독일인 이민자 볼프강 랑게비슈 이야기를 소개했다.[47] 파일럿이었던 랑게비슈는 하늘에서 "치밀하게 짜인 격자 모양의 땅"을 내려다보며 "그 모습이 마치 미국이란 나라의 기본 원칙을 보여 주는 모눈종이처럼 보였다."라고 고백했다. 방벽, 성곽, 국교를 떠받드는 대성당은 어디에도 보이지 않았다. 랑게비슈는 하늘에서 내려다본 미국 땅이 구세계의 정반대이자 "사회계약 사상을 도식화"한 모습이었다고 표현하면서, 격자형 도시 체계는 "자주적 인간을 위한 설계"라고 평했다.

랑게비슈의 예찬은 급진적이고 독립적인 사상으로 새 정착지에서 유럽 전통을 철저히 거부해 온 펜에게 합당한 찬사로 보이기도 한다. 펜이 격자형 도시 설계를 영국인들에게서 배워 왔다는 사실이 더욱 아이러니하게 느껴지는 이유다.

○

1666년 9월 2일 밤, 잠자리에 든 위대한 일기 작가 새뮤얼 피프스와 그의 아내를 하인 제인이 찾아와 깨웠다. 마을에 큰 불이 번지고 있다고 했다. 다시 잠에 들었다 깬 피프스는 밖으로 나가 런던탑으로 향했다. 탑 위에서 본 당시 상황을 그는 이렇게 묘사했다. "다리 끝에 있는 집들이 모두 불길에 휩싸여 있었고 다리 양쪽에서 모두 어마어마한 불이 타오르고 있었다.
비둘기들이 창과 발코니 주변을 푸드덕대며 맴돌다가 날개에
불이 붙어 땅으로 추락했다."**48** 푸딩 레인에 있는 빵 가게에서
시작된 화재는 런던 전역을 집어삼켰고 결국 도시의 약 6분의
5를 잿더미로 만들었다.

해군성 장관이었던 피프스는 윌리엄 펜의 아버지 펜 제독
의 동료이자 이웃이었다.(런던 대화재 이튿날 밤, 피프스와 펜 제독

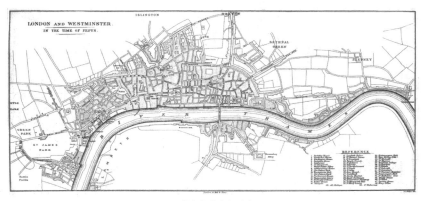

대화재 이전의 런던

은 자신들이 갖고 있던 와인과 피프스의 '파르메산 치즈'를 화재로 잃
을까 봐 정원에 나와 함께 구덩이를 파고 그것들을 땅에 묻었다.) 하지
만 피프스는 평소 펜 제독을 그리 좋아하지 않았던 것 같다. 화
재 발생 불과 몇 달 전인 1666년 4월 5일, 피프스는 일기에 "사
무실에 갔더니 기만적이고 무례해서 사람을 화나게 만드는 재

주가 있는 펜 제독이 있었다."라고 적었다.(피프스는 그의 아들 윌리엄 펜도 잘 알고 있었고 일기에 쓴 적도 있었다. 일례로, 1667년 12월에는 제독의 아들이 아일랜드에서 "퀘이커인가 뭔가 매우 음침한 것이 되어" 돌아왔다고 적었다.)

피프스와 펜의 집은 화마를 피했으나 불길이 잦아들 무

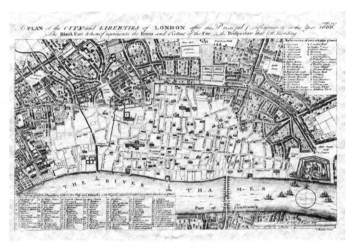

대화재 이후의 런던

렵 이미 런던은 거의 폐허가 되어 있었다. 교회 87곳, 가옥 1만 3000채, 도로 400여 개가 전소되었고, 런던의 상징과도 같은 세인트폴 대성당과 (한때 아들 윌리엄 펜이 수감되기도 했던) 뉴게이트 교도소, 유럽에서 가장 큰 공중화장실도 소실되었다.[49] 화재로 집을 잃고 졸지에 이재민이 된 수천 명의 사람들은 공원에서 노숙을 해야 했다.

찰스 2세는 런던을 전보다 훨씬 더 아름다운 도시로 재건하겠다고 선언했다. 많은 건축가들이 앞다투어 설계안을 제출했는데, 대부분 격자형 구조를 어느 정도 포함하고 있었다. 과학 분야 전반에 다재다능했던 로버트 훅(망원경을 제작하고 진화론, 빛의 파동설, 중력의 역제곱 법칙을 제시했다.)이 런던 재건 사업의 측량 감독을 맡았다. 훅은 뉴욕의 구조와 크게 다르지 않은 단순한 형태의 격자 구조를 제안했다. 지도 제작자 리처드 뉴코트는 격자형 블록마다 가운데 정사각형 모양의 공터를 만들고 그 안에 교회를 세우자고 제안했고, 훗날 세인트폴 대성당을 포함하여 화재로 소실되었던 교회 52곳을 재건한 크리스토퍼 렌은 런던에도 다른 유럽 도시처럼 길게 뻗은 도로와 커다란 광장을 설치하자고 제안했다. 하지만 그의 설계안에도 어김없이 격자형 구조가 일부 포함되어 있었다.

해군 대령 밸런타인 나이트(술집에 불을 내려다가 불을 끄는 여주인에게 총을 쏜 무뢰한이기도 했다.[50])도 꽤 단순한 격자형 구조로 이루어진 설계안을 제출했다. 그의 설계안에는 특이하게도 운하를 만들고 운하를 이용하는 시민들에게 통행료를 부과한다는 계획이 포함되어 있었다. 참신한 발상이었으나 왕이 재난을 이용해 돈을 벌려 한다는 소문이 나면서 런던 시민들이 분개했고 나이트는 결국 투옥되었다.

　　그러나 런던은 늙어도 너무 늙은 개였다. 사람들은 자신이 기억하고 있던 런던 모습 그대로 신속하게 재건되기만을 바랐다. 옛날 도시 도면으로 임시 건물 공사가 이미 진행되고 있었다. 가로 경관을 새로 조성하려면 새 도로에 토지를 이양하는 지주들에게 보상을 해 주어야 하는데 그럴 돈도 없었다. 일부 도로가 넓어지거나 반듯해지고 새로운 건물이 벽돌이나 석재로 지어진다는 점을 제외하면, 재건될 런던의 모습은 화재 이전과 크게 다르지 않았다.

　　런던 대화재 이후 재건 설계안 전시회를 맡았던 큐레이터 찰스 하인드는 《가디언》과의 인터뷰에서 단순하고 실용적인 렌의 설계도에 크게 감탄했다고 고백했다. "하지만 솔직히 그의 계획안이 채택되지 않아 기쁩니다. 그 정도 규모의 도시 설계를 구현한다는 것이 본질적으로 영국식 사고에 맞지 않아요. 그보다 전 수백 년 동안 뒤죽박죽 들쭉날쭉 변화해 온 런던의 지금 모습이 더 좋습니다."[51] 그러나 식민지 시대 유럽 이민자들에게 아메리카만큼은 무엇이든 실현 가능한 곳이었다.

　　윌리엄 펜은 런던 재건을 위해 제출된 설계안에 대한 이야기를 분명 들었을 것이고, 피프스가 그랬듯이 화재의 참상도 직접 보았으며, 불이 걷잡을 수 없이 번진 이유가 집들이 다닥다닥 붙어 있고 도시 구조가 난잡하기 때문이라는 점도 잘 알고 있었다. 필라델피아가 런던의 과오를 반복하는 일은 없어야 했으므로 격자형 구조를 택한 펜의 결정은 당연한 것이었다.

평론가들은 격자형 도시를 파리의 아름다운 대로나 런던의 구불구불한 골목길이 주는 매력에 비교하며 흉측하고 개성도 없다고 비난했다. 하지만 격자형 구조는 애초에 심미성 추구를 목적으로 한 것이 아니었다. 제라드 쾨펠은 맨해튼의 격자형 체계 형성 과정을 차례로 정리한 저서에서 1900년대에 뉴욕을 더욱 아름답게 만드는 방법에 대해 시민 다섯 명을 인터뷰한 《뉴욕 헤럴드》 기사를 소개했다. 사람들은 보통 나무를 더 많이 심거나 분수대를 설치하자고 제안했다. 하지만 덴마크 출신의 닐스 그론은 "내가 이곳에 오기 전에도, 정착한 이후로도 뉴욕이 아름답다고 생각해 본 적은 한 번도 없다."라고 말하면서, 뉴욕에 기대하는 것은 힘과 웅장함이지 아름다움이 아니라고 했다.[52] 여기에 더해 뉴욕의 민주주의 정신을 생각하면 뉴욕은 결코 아름다워질 수 없는 도시였다. 그는 "파리를 매력적으로 만드는 것은 사유재산과 개인의 자유가 무시되거나 무시되었던 곳에서만 존재한다. 폭도나 왕이 지배하는 곳, 그래서 부자의 재산권이든 가난한 이들의 권리든 어느 한쪽의 권리가 짓밟히는 곳에서만 파리처럼 아름다운 도시가 탄생할 수 있다."라고 말했다. 맨해튼은 역동적이고 근사하며, 케빈 린치의 용어로 표현하자면 "심상성"이 높지만 전통적 의미로 아름답지는 않다. 전통적 의미의 아름다움을 실현하려면 권력의 집중이 필요하다. 미국인들이 목숨 걸고 싸우며 거부했던 바로 그 권력의 집중 말이다.

펜도 아마 인정할 것이다. 최고 수준의 합리성을 바탕으로 도시를 세울 수 있었던 것은 유럽이 아니기 때문에 가능했다는 사실을. 게다가 영국, 네덜란드, 독일 각지를 돌면서 소책자를 만들어 배포하며 널리 알리고자 했던 그의 '거룩한 실험'에 수천 명의 미국인들이 몰려들었다. 리처드 던의 표현을 빌리면 1682년에서 1683년 사이에만 배 50척을 가득 메운 이민자들이 델라웨어강을 따라 필라델피아로 들어왔다.[53] 필라델피아는 퀘이커교도뿐만 아니라 다른 종교를 믿는 사람들도 적극적으로 포용했다. 1750년에 독일인 이민자 고틀리프 미텔베르거가 기록한 바에 따르면 당시 펜실베이니아에는 "루터파, 칼뱅파, 천주교, 메노파(또는 재세례파), 모라비아 형제단, 경건주의자, 제칠일 안식일 침례교, 던커파, 장로교, 복음주의, 프리메이슨, 분리파, 무신론자, 유대인, 이슬람교도, 토속신앙인, 흑인, 인디언"이 모두 모여 살았다. 또 "세례를 받지 않았고 받을 생각도 없는 사람들도 수백 명이나 되었다."[54]

펜은 펜실베이니아 정착 초기에 관용적인 미국식 민주주의를 실시하면서 "어떤 정부든 국민에게 열려 있고(어떤 체제든 간에) 법치주의에 근간하며 법의 당사자는 국민"임을 인정했다.[55](안타깝게도 '국민'에 노예와 여성은 포함되지 않았다. 펜 역시 노예 소유주였기 때문이다. 퀘이커교는 1770년대에 이르러서야 공식적으로 노예제를 반대했고, 이후로는 미국에서 가장 강력하게 노예제 폐지를 주장했다.) 전해지는 바에 따르면 펜은 특히 레니 레나페족과의 영토 협상 과정에서 원주민들을 합리적이고 공정하게 대우했으며, 평화를 중시하는 퀘이커교답게 필라델피아 주변에 침입에 대비한 방벽을 쌓지 않았다. 그는 원주민 부족장들에게 보내는 친서에 이렇게 썼다. "저는 이 나라 사람들이 여러분에게 보인 지나친 가혹함과 불의에 대해 잘 알고 있습니다. 하지만 저는 그런 부류의 사람이 아니며, 제가 그런 부류가 아니라는 사실은 제 고향 땅에도 잘 알려져 있습니다." 그러면서 편지를 이렇게 끝맺었다. "당신의 다정한 친구로부터."

　　미국에서 행복하게 살 일만 남은 듯했으나 펜은 여러 가지 문제와 사건에 휘말려 영국에 돌아갈 수밖에 없었다. 아들의 부채 문제를 해결해야 했고, 식민지에 대한 프랑스의 협박 사건도 조사해야 했으며, 자신에게 사기를 치고 도망간 재무 관리인을 찾아야 했기 때문이다. 다른 선지자들과 마찬가지로 펜역시 삶의 마지막은 처량했다.[56] 돈은 한 푼도 없었고 몸은 쇠약했으며 짜증을 많이 냈다.(그럴 만도 했다.) 심지어 빚을 갚기 위해 펜실베이니아를 왕에게 다시 팔려다 실패하기도 했다.

　　하지만 펜의 사상은 토머스 제퍼슨에게 큰 영향을 미쳤다. 제퍼슨은 펜을 "세상이 낳은 가장 위대한 입법자이고, 고대와 근대 역사를 통틀어 평화, 이성, 권리라는 순수하고 고결한 원칙 안에서 정부의 기틀을 마련한 최초의 사람"이라며 칭송했다.[57] 1776년에 제퍼슨은 필라델피아에 집을 하나 빌렸다. 침실 바로 옆 작은 서재에서 자신이 직접 디자인한 휴대용 책상에 앉아 독립선언문의 초안을 작성했다. 이후 그 집은 철거되었으나, 1975년에 필라델피아 도심 근처인 바로 그 자리에 재건축되면서 '독립선언의 집(Declaration House)'이란 이름으로 새롭게 태어났다.

그곳의 주소는 필라델피아 7번 스트리트다.

7
한국과 일본

도로명 주소와
번지 주소의
차이

"이 도시는 도로에 이름이 없다."[1] 프랑스의 비평가 롤랑 바르트가 도쿄에서 지내던 시절에 쓴 글이다. 1966년 봄, 바르트는 일본에서 열리는 "내러티브 구조 분석"을[2] 주제로 한 강연 행사에 초대받았다. 사실 강연은 도쿄에 가기 위한 핑계에 불과했다. 당시 50대였던 바르트는 프랑스에서는 이미 유명 인사였다. 비평 이론가가 유명해질 수 있는 나라는 세계에서 프랑스가 유일할 것이다. 한 평론가의 말처럼 바르트가 일본에 간 이유는 "프랑스인이라는 막중한 부담감에서 잠시라도 해방되고 싶었기" 때문이다.[3]

바르트는 파리와 너무나 다른 도쿄를 보고 적잖이 충격을 받았다. "말이 통하지 않는 나라에서, 그것도 겁도 없이 관광 명소가 아닌 지역에 사는 일은 세상에서 가장 무모한 모험이다. 내가 『로빈슨 크루소』를 다시 쓸 수 있다면, 주인공을 외딴 섬이 아니라 인구 1200만 명에 말 한마디 알아듣지 못하는 도시에 떨어뜨려 놓겠다. 그럼 완벽한 현대판 디포 소설이 될 것이다."[4]

　　로빈슨 크루소가 되든, 낯선 외국 도시에서 길을 잃든 내게는 상상만 해도 끔찍한 일이다. 하지만 바르트는 모든 것에서 의미를 찾는 기호학자였다.(주변 사람들로부터 어떤 일에 너무 많은 의미를 둔다는 핀잔을 들은 적이 있다면 여러분 역시 기호학자가 될 수 있다.) 모든 것이 매우 다른 일본 같은 곳에서 그는 자신의 고착된 시각과 사고에서 해방되었다. 애덤 샤츠는 《뉴욕 리뷰 오브 북스》에 기고한 글에서 "자신이 모르는 언어가 내는 살랑거리는 소리만큼 바르트를 기분 좋게 하는 것은 없었다. 마침내 언어가 '의미'와 자신이 '고착성'이라고 부른 '지시적 속성'에서 해방되어 순수한 소리가 되었기 때문이다."[5] 프랑스로 돌아간 바르트는 일본을 무척이나 그리워했다. 몇 년 뒤 펴낸 『기호의 제국』이란 책에서 그는 도쿄 거리를 이리저리 헤매고 다녔던 경험담을 소개하기도 했다.

　　바르트가 일본을 다녀간 지 50여 년이 지난 오늘날에도 도쿄를 방문하는 서양 관광객들은 도로에 이름이 없다는 사실에 가장 난감해한다.(주요 도로 몇 곳만 이름이 있다.) 도쿄는 도로에 이름을 붙이지 않는 대신 블록에 번호를 매긴다. 도로는 블록과 블록 사이의 공간에 불과하다.[6] 건물에도 대부분 번호를 매기지만 위치가 아니라 지어진 순서에 따라 번호를 매긴다.

도로명이 없어서 길 찾기가 힘든 것은 일본 사람들도 마찬가지다. 도쿄에는 길을 찾는 사람들을 도와주는 '고방'이 있다. 고방은 해당 지역을 잘 아는 경찰관들이 상세 지도와 두꺼운 전화번호부를 이용하여 길을 묻는 사람을 도와주는 파출소를 말한다. 팩스가 대부분의 나라에서 자취를 감춘 이후로도 오랫동안 일본에서 살아남은 것은 지도를 보낼 일이 많았기 때문이다. 바르트도 택시 기사에게 빨간 공중전화 박스에 차를 세워 달라고 한 뒤 자신을 초대한 사람에게 전화를 걸어 찾아가는 방법을 묻곤 했다고 저서에서 고백한 바 있다. 스마트폰 지도가 탄생하면서 도쿄 시내를 다니는 일에는 그야말로 일대 변혁이 일었다.

그러나 일본에 머물던 바르트가 가장 좋아했던 것 중 하나는 손으로 그린 지도였다. 그는 "누군가 무언가를 쓰고 있는 모습을 바라보는 일은 항상 즐겁고, 그림 그리는 모습을 바라보는 일은 더욱 즐겁다. 사람들이 내게 그림을 그려 가며 길을 알려 줄 때마다 연필을 뒤집어 잘못 그린 도로와 고가다리를 연필 끝에 달려 있는 지우개로 정성스레 지우는 모습이 참 인상적이다."라고 말하기도 했다.[7]

하버드 대학교에서 일본 역사를 가르치는 데이비드 하월은 이메일을 통해 내게 일본은 이제껏 단 한 번도 도로에 이름을 붙인 적이 없다고 설명해 주었다. 17세기에 일본의 도시는 장방형 블록인 초(町)로 구역을 나누었는데, 각 초에 땅을 소유한 사람들이 해당 구역을 통치했다. 초는 도시 행정과 지리의 기본 단위가 되었고, 여러 초가 하나로 묶여 같은 이름으로 불리는 경우가 많았다. 모든 초에는 대개 그 지역을 처음 오는 사람들이 길을 물을 때 찾아가는 가게가 한 군데씩 있었다. 사무라이들은 넓은 구획에 담을 두른 주택지에 살아서 아무에게나 물어보거나, 돌려 보는 지도 하나로도 쉽게 찾을 수 있었다.

하월에 따르면 "일본 사람들은 대지나 건물의 식별 체계를 바꿀 필요성을 못 느꼈다. 예상컨대 블록이 워낙 작아 무엇이든 쉽게 찾을 수 있었기 때문이다." 시간이 지나면서 구획에 번호가 매겨졌고, 블록은 더 작은 블록으로 쪼개졌다. 일본인들은 이런 체계를 바꿀 이유가 전혀 없어 보였다.

이런 역사적 배경을 듣고 나니 왜 일본에 도로명이 없는지 이해가 갔다. 하지만 나는 일본인들이 애초에 왜 블록을 구역 정리 방법으로 유용하다고 여겼는지 여전히 궁금했다. 도시계획을 전공하고 지금은 일본에 거주하는 배리 셸턴 교수는 독특하게도 그 문제에 대한 단서를 유년 시절의 기억에서 찾았다. 세계대전이 끝난 후 영국의 작은 도시 노팅엄에서 자란 셸턴은 학교에서 알파벳을 배울 때 선생님이 준 유선지 위에다 글자를 연습했던 사실을 떠올렸다. 학생들은 유선지의 반듯한 선을 따라 가지런히 글자를 써야 했고, 때론 "위아래에 별도의 선이 있어 소문자의 제일 윗부분과 끝부분을 잘 맞추어 써야 했다."[8] 나도 어렸을 때 미국에서 똑같은 방법으로 쓰는 법을 배웠고, 지금 다섯 살인 내 아이도 그렇게 배운다.

그러나 셸턴은 그의 일본인 아내 에미코가 글자 쓰는 법을 어떻게 배웠는지 듣고 깜짝 놀랐다. 아내가 학교에서 썼던 용지는 셸턴이나 내가 보던 것과는 완전히 다른 용지였다. 일본어에는 세 종류의 문자가 있지만, 문어에서는 대부분 한자에서 빌려 온 문자인 간지(일본어 한자)를 사용한다. 간지는 하나의 문자가 하나의 뜻을 갖는 표어문자다. 문자의 모양에 의미가 담겨 있는 경우도 있긴 하지만, 소리를 알 수 없기 때문에 대부분의 간지는 그냥 암기해야 한다.

게다가 간지는 선 위에 쓰지 않는다. 에미코 말로는 일본 학생들은 유선지가 아니라 수십 개의 정사각형이 그려진 용지 위에 쓰는 연습을 한다고 했다.('겐코요시(原稿用紙)'라고 불리는 이 용지는 지금도 일본 학교에서 사용된다.) 각각의 간지 글자는 독립적으로 기능하고 의미도 지닌다. 글자를 나란히 적고 왼쪽에서 오른쪽으로 읽어야 단어가 되고 의미가 통하는 영어와는 대조적이다.(영어 단어는 또 띄어쓰기도 적절하게 해 주어야 한다. 이를테면 'redone(새로 꾸민)'은 'red one(빨간 것)'과 완전히 다른 의미다.) 영어는 심지어 대문자로만 된 글을 읽는 것도 피곤한데, 위에서 아래로 쓰여 있으면 잠깐 읽는 것도 괴로워진다. 그러나 일본어는 어떻게 쓰여도 쉽게 읽을 수 있다. 바르트가 지적한 것처럼 "깃펜은 한 방향으로만 휘갈겨 쓸 수 있는"데 반해, 일본인들이 사용하는 붓은 원하는 방향으로 자유롭게 움직일 수 있다는 게 아마도 그 이유일 것이다.

도시계획가인 셸턴은 이러한 문자 체계의 차이를 서양인과 일본인이 도시를 바라보는 시각과 연관 지어 생각하기 시작했다. 셸턴의 분석에 따르면, 영어를 배운 사람들은 선을 보는 교육을 받았다. 그래서 서양인들은 도로(선)에 집착하고 도로에 이름을 붙이는 관행을 고집해 왔다. 이와 달리 일본에서는 어느 평론가의 말처럼 "도시계획에서 도로의 중요성이 현저하게 낮기 때문에 어떤 이름이 부여하는 명성을 도로가 담아낼 수 없다."[9] 셸턴은 일본인들이 오히려 지역, 즉 블록에 더 주목한다고 보았다.

훗날 셸턴은 역작 『일본의 도시에서 배우다(*Learning from the Japanese City*)』에서 이렇게 썼다. "당시에는 깜짝 놀랐으나 지금까지도 깊은 통찰을 제공해 주는 경험이 하나 있다. 하루는 나이 든 일본인 남성이 내게 자기가 가진 땅이 어딘지 알려 준다며 지도를 그리기 시작했다. 그의 소유지는 평탄치 않은 지세에 모양도 크기도 제각각이었고 여기저기 분산돼 있었다. 그는 제일 먼저 이곳저곳에 흩어져 있는 자신의 토지가 있는 구획을 그리고는(중심점으로 처음 그린 주택지는 누가 봐도 주관적인 선택인 듯했다.), 그 뒤에 구획들을 잇는 도로와 길을 그렸다."[10] 셸턴의 기억으로는 지도 속 건물들도 건물이 서 있는 도로와 전혀 무관해 보였다. 그는 또 이렇게 덧붙였다. "한 가지 분명한 것은 서양인이 그와 유사한 지도를 그릴 때 길이나 도로(선)가 아닌 다른 것을 먼저 그리는 경우는 한 번도 본 적이 없다는 사실이다."[11]

이런 차이를 생각해 보면 왜 서양인들이 도쿄의 도시 경관을 그다지 좋아하지 않는지도 알 수 있다. 셸턴은 처음 도쿄에 왔을 때 "혼란스럽고 짜증이 났으며 무섭기까지 했다."라고 털어놓았다. 도쿄는 서양 도시와 매우 달라서 길을 잃기 쉽다. 셸턴만 그런 것이 아니라 일본을 찾는 관광객들도 항상 같은 불만을 늘어놓는다. 도시가 정돈되어 있지 않고 큰 공원이나 광장도 없으며 경관도 아름답지 않다는 이유에서다. 도쿄에 거주한 경험이 있는 피터 포프햄이라는 기자는 도쿄가 "엉망진창으로 뒤섞인 콘크리트 집합체"처럼 보일 수 있다고 말했다.[12]

그러나 그는 서양인의 시각으로만 도쿄를 바라보면 도쿄를 제대로 보지 못하는 것이라고 했다. 뉴욕이나 파리 같은 곳에서 볼 수 있는 통합적인 도시계획은 일본인의 사고 체계가 아니라는 것이다. 포프햄의 설명에 따르면, 주위 환경과 융화되는 아름다움은 "일본인들이 추구하는 가치가 아니다." 일본인들은 "특정 건물이나 공간이 지닌 고요함, 스타일, 기지, 정취 등 특유의 매력 때문에 그것에 심취한다."[13] 이런 시각을 견지하면 도쿄를 탐방하는 일은 완전히 새로운 경험이 된다. 도쿄에 사는 동안 바르트는 애정을 담아 충고했다. "도쿄에서 길을 찾을 때는 책이나 지도가 아니라, 걷고 직접 봄으로써 습관과 경험으로 길을 찾아야 한다." 머릿속에 기억하고 있어야 다음번에도 같은 곳을 찾아갈 수 있다. "그렇기에 모든 초행길은 가는 길을 처음 써 보는 것과 같다. 주소를 그냥 써 내려가는 것이 아니라 쓰는 방법을 온전히 새로 정립하는 것이다."[14]

　　문자 체계가 인간의 사고에 영향을 미친다는 셸턴의 이론은 추측에 불과한 주장이 아니다. 실제로 신경과학자들은 영어와 일본어를 읽을 때 각각 뇌의 다른 부분이 활성화된다는 사실을 밝혀냈다.[15] 난독증이 있는 이중 언어 사용자 학생들이 일본어나 중국어와 같은 표의 문자를 읽을 때는 뛰어난 능력을 보이지만 오히려 아주 쉬운 영어를 읽는 것은 어려워한다는 연구 결과도 있다.[16] 더 흥미로운 사실은 우리가 다른 문자를 읽을 때 뇌의 다른 부분을 사용하는 것뿐만 아니라, 사용하는 문자에 따라 사고방식도 달라질 수 있다는 사실이다.

　　인지과학자 레라 보로디츠키는 이 이론을 검증해 보기로 했다. 오스트레일리아 북부 오지 마을인 폼퓨라오에는 선주민 부족이 있는데 그들이 쓰는 언어에는 오른쪽과 왼쪽을 가리키는 표현이 없다. 대신 이들이 쓰는 언어 '쿠크 타요레'는 위치를 표현할 때 나침반 방위를 사용한다.[17] 이를테면 '네 다리 밑 남동쪽 방향에 개미 한 마리가 있어.'라거나 '컵을 북북서쪽으로 조금만 옮겨라.'라고 말하는 식이다. 보로디츠키에 따르면 "이런 섬세한 집중력을 훈련받다 보니 이들은 인간의 능력이라고는 믿기 힘든 어마어마한 방향 감각을 자랑한다." 한번은 그녀가 다섯 살 난 선주민 소녀에게 북쪽이 어디인지 물었더니 1초의 망설임도 없이 정확히 북쪽을 가리켰다. 반면 어느 학술 행사에서 아이비리그 학자들에게 똑같은 질문을 던졌을 때는 아무도 대답하지 못했을 뿐만 아니라 대부분 고민조차 하지 않았다고 한다.[18]

보로디츠키는 동료 앨리스 가비와 함께 다른 연구도 수행했다.[19] 두 연구자는 피실험자들에게 순서대로 나열하면 하나의 이야기(한 사람이 나이를 먹는 이야기나 누가 바나나를 먹는 이야기 등)가 완성되는 카드 한 세트를 섞어서 나누어 주고는 순서대로 나열해 보라고 주문했다. 그랬더니 영어를 쓰는 사람들은 영어로 읽고 쓸 때처럼 카드를 왼쪽에서 오른쪽으로 정렬했다. 반면 히브리어 사용자들은 히브리어를 읽고 쓸 때처럼 카드를 시간의 순서대로 오른쪽에서 왼쪽으로 나열했다. 그러나 '쿠크 타요레'를 쓰는 사람들은 카드를 동쪽에서 서쪽으로 정리했는데, 이 패턴은 그들이 바라보고 있는 방향에 따라 달라졌다. 예를 들어 남쪽을 향해 서 있으면 카드를 왼쪽에서 오른쪽으로 배치했고, 북쪽을 보고 서 있으면 방향은 그 반대가 되었다. 이 연구 결과를 보면 인간의 언어와 공간 인지 방식이 연관되어 있다는 셸턴의 주장은 매우 설득력이 있다.

구획을 주소의 기본 단위로 사용하는 것은 일본만이 아니다.[20] 2011년까지는 한국도 일본과 유사하게 일부 주요 도로에만 이름이 있었고 주소 체계가 구획 중심으로 이루어져 있었다. 이 제도는 1910년부터 1945년까지 한국을 식민 지배했던 일본에서 그대로 들여왔을 가능성이 높다.

한국은 수십 년에 이르는 일제 식민 통치 기간 동안 문화적으로 큰 고난을 겪었다. 당시 한국에 거주했던 F. A. 매켄지라는 기자는 우연히 만난 고위급 일본 관료의 이야기를 글로 남겼는데, 그 관료는 "한국인들이 일본 문화에 흡수될 것"이라고 예상하면서 이렇게 말했다고 한다. "그들은 머지않아 일본어로 이야기하고 일본인의 생활양식대로 살며 일본의 완전한 일부가 될 겁니다. 우리는 한국인들에게 우리말을 가르치고, 우리 제도를 받아들이게 하며 우리의 일부로 만들 겁니다."[21]

특히 일본은 한국인들이 한글을 쓰지 못하게 했다. 한글은 15세기 조선 왕조의 세종대왕이 (일부 주장에 따르면 혼자 힘으로) 발명한 문자 체계다.[22] 한글 이전에 한국어 문어는 한자라는 중국 글자를 썼다. 그러나 1443년에 세종대왕은 음가와 글자가 잘 맞지 않는다는 사실을 인정하고는 "나라의 말이 중국과 달라 문자로 서로 통하지 아니하여서, 이런 까닭으로 어리석은 백성이 말하고자 하는 바가 있어도 마침내 제 뜻을 능히 펴지 못하는 사람이 많다. 내가 이를 위하여 가엾이 여겨 새로 스물여덟 자를 만드니 사람마다 쉬이 익혀 날마다 씀에 편안하게 하고자 할 따름이다."라고 밝히며 한글을 창제했다.[23] 서재에 칩거하며 연구한 끝에 찬연한 결과물이 탄생했으나 세종대왕은 한글을 만들다 하마터면 시력을 잃을 뻔했다.

언어학자들은 한글을 가장 위대한 문자라고 부른다. 남한과 북한에는 한글을 기념하는 공휴일도 있다. 한글은 읽기가 매우 쉽다. 세종대왕은 한글을 두고 "똑똑한 사람은 반나절이면 다 배우고, 어리석은 사람도 열흘이면 깨칠 수 있다."라고 했다. 한글은 음성에 의거하여 만들어진 문자로 각각의 글자는 하나의 음가를 갖는다. 세종대왕은 한글로 적지 못하는 소리는 없다고 하면서 "바람이 부는 소리도, 두루미가 우는 소리도, 닭이 우는 소리도, 개가 짖는 소리"도 표현할 수 있다고 설명했다.[24] 더욱 놀라운 점은 글자 모양이 글자가 내는 소리를 닮았다는 사실이다. 이를테면, 영어의 'd' 소리와 유사한 'ㄷ'은 'ㄷ'을 발음할 때의 혀 모양을 본떠 만들었다. 이런 한글이 일제 강점기 동안 거의 쓰이지 못했음에도 불구하고, 현대 한국어의 문자 체계는 한글로만 이루어져 있다.

하지만 궁금한 점은 따로 있다. 한국어 사용자들은 일본어 사용자처럼 블록을 기준으로 보는가, 영어 사용자처럼 선을 기준으로 보는가? 한글은 영어처럼 자모로 이루어져 있지만, 표음문자 하나하나가 덩어리로 결합하여 음절을 형성한다. 'cat'을 의미하려면 'ㄱㅗㅇㅑㅇㅇㅣ'라는 글자가 필요하지만, 덩어리로 합쳐져서 '고양이'라고 표기된다. 따라서 한국 아이들도 한글을 배울 때 작은 정사각형 안에 글자를 쓰는 법을 배운다.

정리하자면 한국인들은 영어 사용자들처럼 낱낱의 글자를 갖고 있지만, 글자를 쓸 때는 일본인들처럼 덩어리로 쓴다. 이런 사실도 한국의 주소 체계와 연관성이 있을까? 해방 이후 66년 동안 한국인은 일본식 구획 주소 체계를 사용해 왔다. 이것이 식민 시대의 유산임을 감안하면 2011년에 한국 정부가 서양식 체계를 도입하여 도로에 이름을 붙이고 집마다 번호를 매기는 주소로 개편하겠다고 발표한 점은 그리 놀랍지 않다. 정부는 새로운 주소 체계를 적극적으로 홍보하면서 온라인을 통해 기존 주소를 새 도로명 주소로 바꾸는 사람들에게 블루투스 헤드폰을 나눠 주기도 했다. TV 홈쇼핑 회사는 기존 주소를 도로명 주소로 바꾸는 사람들에게 만 원 상당의 상품권을 증정하는 행사도 벌였다. 충청북도 도청은 새 도로명 주소가 새겨진 미아 방지용 팔찌를 아이가 있는 가정에 나눠 주기도 했다.

그러나 내가 개인적으로 이야기를 나누어 본 한국인들은

모두 새로 도입된 시스템이 마음에 들지 않는 듯했다. 택시 기사들은 새 도로명 주소를 구(舊) 주소로 바꾸어 사용했고 집배원들도 마찬가지였다. 물론 이런 반발이 일시적 현상일 수도 있다. 도로명 주소 체계만 보고 자랄 다음 세대가 성인이 되면 사라질 테니까. 하지만 그렇지 않다면 한국인들도 여전히 도시를 구획으로 읽고 있다는 증거가 된다.

한글의 경우 일본어 간지만큼 셸턴의 이론이 완벽하게 들어맞지는 않았다. 그래서 나는 한국인들이 왜 새 도로명 주소 체계에 거부 반응을 보이는지 설명해 줄 다른 원인을 찾아 나섰다. 바로 그때 '세계화'라는 개념이 눈에 들어왔다.

○

"몇 달 전 스탠퍼드 대학교 신입생이 찾아와 한국에 대한 프로젝트를 진행 중이라며 도움을 요청했다."[25] 한국 출신의 사회학자 신기욱 교수가 신문 사설에 낸 글이다. 학생이 영어와 한국어를 완벽하게 구사하기에 당연히 한국계 미국인일 거라고 생각했으나 한국에서 나고 자랐다는 말을 듣고 신 교수는 깜짝 놀랐다. 더 놀라운 것은 학생이 다닌 고등학교가 한국의 작은 시골 마을에 있다는 사실이었다. 호기심이 동한 그는 학교에 직접 가 보기로 했다. 알고 보니 학생이 다닌 학교는 한국의 이튼스쿨이라 할 만한 민족사관고등학교란 곳이었다. 그곳에서는 거의 모든 과목을 영어로 가르치고 교실 밖에서도 아이들이 모두 영어를 썼다.(주말은 예외였다.)

영어가 성공의 필수 조건으로 간주되는 한국에서 명문을 꿈꾸는 학교가 학생들에게 영어 사용을 적극 권장하는 것은 이해할 만했다. 그러나 민족사관고등학교는 한국의 민족 정체성도 영어만큼 강조하고 있었다. 이 학교의 교과과정에는 한국의 전통 음악과 전통 놀이, 유교 윤리가 포함되어 있었다. 신 교수는 학생들이 아침마다 6시에 기상하여 "한옥 건물 앞에 모인 뒤 교사들에게 깊이 몸을 숙여 인사를 하는데, 이는 과거 매일 아침과 저녁에 부모에게 문안 인사를 드리던 자식의 효를 실천하는 것이다."라고 설명했다.[26] 학생들은 전통 악기(여학생은 가야금, 남학생은 대금)도 반드시 배워야 했다. 교장은 학생들이 글로벌 리더가 되기 위해서는 "먼저 한국인의 정체성과 자긍심의 원천인 민족 유산을 잘 알고 있어야 한다."라고 설명했다.[27]

신 교수는 민족사관고등학교의 사례에서 "오늘날 한국에서 쉽게 목도할 수 있는 전반적인 현상"을 발견했다. "민족주의와 세계화라는 외견상 상반된 두 힘의 독특한 결합"이 바로 그것이다. 한국은 오랫동안 경제적으로나 문화적으로나 국외보다는 국내 상황에 관심을 쏟았다. 그러나 1994년, 직선제 도입 후 30년 만에 탄생한 첫 민선 대통령 김영삼 대통령이 한국에

'세계화'라는 개념을 들여왔다.

　오늘날 세계적 강국이 된 한국은 서구권 국가들과의 교류에 매우 적극적이다. 하지만 세계화를 강력하게 추진해 왔음에도 한국 문화는 여전히 민족주의적 색깔이 짙다. 한국은 외부 지향적인 전략을 취함과 동시에 유교 사상과 자국의 영화와 예술을 홍보하는 행사를 크게 확대해 왔다. 한국 정부의 주도하에 김치, 인삼, 태권도를 홍보하는 다양한 축제도 개최되었다.(심지어 미국에서 수입한 힙합과 패스트푸드에도 한국 문화가 접목되었다. 맥도날드에는 '더블 불고기 버거'라는 메뉴가 있는데 주문하면 고추장이 딸려 나온다.)

　김영삼 전 대통령은 "세계화는 반드시 '한국화'의 토대 위에서 진행되어야 한다."라면서 "전통문화를 제대로 알지 못하면 세계 시민이 될 수 없으며, 진정한 의미의 세계화는 한국의 고유한 문화와 전통적 가치를 기반으로 세계 무대에 나아가는 것"이라고 주장했다.[28] 이러한 인식의 틀 안에서 세계화는 한국의 민족 정체성을 약화시키기는커녕 오히려 더 고양시켰다.

　한국에서 의미하는 세계화가 무엇인지 알고 나니 민족사관고등학교를 이해하는 데에도 크게 도움이 되었다. 들리는 바에 의하면 민족사관고등학교 학생들은 매주 월요일 아침 "영어는 선진 문화를 한국적인 방법으로 받아들이고 한국을 세계 일류 국가로 발돋움시키기 위한 수단일 뿐 학문의 목적이 아니다."라는 말을 한국어로 복창한다.[29] 또 그들이 매일 오르내리는 기숙사 계단에는 이런 문구도 쓰여 있다고 한다. "영어 능력 향상에 / 세 달은 결코 / 긴 시간이 아니다. 시간을 / 한국어 사용에 / 낭비하는 것은 / 세상에서 가장 / 멍청한 짓이다."[30]

민족사관고등학교의 이런 특성이 한국의 새로운 주소 체계를 설명하는 데 유용할까? 도로명 주소 개편으로 만들어진 거리 이름들은 딱히 한국 문화를 반영한 것 같지 않다. 한국에 사는 영국인 마이클 브린은 "시민들의 참여를 독려했다면 어마어마한 규모의 도로명 사업에 대한 국민들의 반응도 좋았을 것이다."라고 주장했다. 새로 이름을 지어야 하는 도로가 서울에만 1만 4000개가 넘었기 때문이다. "지역 주민들이 했다면 이 거리는 유명인의 이름을 따서 짓고 저 거리는 절의 이름을 따서 짓고 했을 거예요. 하지만 그러면 쓸데없이 공무원들만 피곤해졌겠죠."[31]

그 대신 행정관청에서는 간단하고 논리적이며 진부한 방법으로 도로 이름을 지었다. 예를 들어 500여 개의 대로에만 이름을 짓고 나머지는 번호를 붙이는 식이었다.[32] 한 일간지는 김혜정이라는 사람이 인천에서 친구 집을 찾다가 도로 이름이 죄다 '루비'와 같은 영어 보석 이름이어서 헷갈린 탓에 길을 잃었다는 기사를 내기도 했다. 그녀는 "도로 이름만 보고 귀금속 거리인 줄 알았는데 그냥 평범한 동네더라고요. 정말 이상해

요."라고 불평했다. 시 공무원들은 "국제적인" 느낌을 내기 위해 보석 이름을 골랐다고 설명했다.[33]

국제적인 느낌이 나는 이름의 도로가 많은 이유는 아마도 도로명 주소가 애초에 내국인을 위해 만든 것이 아니기 때문일 것이다. 한국인들은 대부분 기존 주소를 계속 사용하고 있으니, 새 도로명은 내국인과 외국인에게 두 종류의 도시 경관을 만들어 준 셈이 되었다. 외부의 시선에서 한국은 조금 더 서구식으로 변했지만, 정작 한국인들은 오랜 전통을 지키고 있었다. 적어도 아직까지는 한국인들이 도시를 선보다는 구획으로 바라보는 것이 분명해 보인다.

나는 일본어 문자 체계에 관한 셸턴의 이론을 머릿속에서 떨쳐 버릴 수가 없었다. 간지 문자를 본 적이 없는 나는 런던에 있는 일본 문화센터에서 서예 수업을 들어 보기로 했다. 수업에는 학생 두 명이 더 있었다. 한 명은 런던 사람으로 20대에 도쿄 여행을 갔다가 일본에 푹 빠졌고 지금은 쉬운 말로 선생님과 농담을 주고받는 수준의 일본어를 구사했다. 다른 한 명은 수묵화가였다. 진짜 초보자는 나뿐이었다.

우리는 가지런히 잘라 묶어 놓은 일본 신문 위에 진한 먹을 묻힌 붓으로 '꽃'이라는 글자를 연습했다. 획은 단순해 보였지만 어려웠다. 팔목을 움직이는 만큼 팔도 많이 움직여야 했기 때문이다. 글자를 쓰고 보니 여기저기 획이 충분히 뻗지 않았기에 붓을 다시 집어 들고 덧칠을 해 글자를 완성했다. 그러나 괜한 짓이었다. "코미디네요. 코미디." 어깨 너머로 도모 선생님이 나의 서투른 움직임을 보고 웃었다. 듣던 대로 글자는 반드시 종이 한가운데 정사각형 모양으로 써야 했다. 그래서 나는 나의 '꽃'을 최대한 가운데에 맞춰 쓰려고 애썼다.

도모 선생님은 내 이름 '디어드라'를 발음하는 데 애를 먹었다. 영어의 발음 규칙을 따르지 않는 옛날 아일랜드식 이름이니 그럴 만도 했다. 선생님은 내 이름이 무슨 뜻이냐고 물었다. 별 뜻은 없고 신화에 나오는 여자 이름이라고 답해 주었다. "선생님 이름은 무슨 뜻인데요?" 내가 묻자 그녀가 미소를 지으며 대답했다. "아름다운 친구란 뜻이에요." 그녀는 '디'라는 글자를 쓰고는 내게 집에서 연습해 오라면서 수업을 마쳤다.

수업이 끝나고 붓을 씻으며 신문지로 남은 먹을 청소하는 동안 나는 도모 선생님에게 일본의 주소 체계에 대한 셸턴의 이론에 대해 이야기해 주었다. 그녀의 영어가 썩 유창하진 않아도 내 이야기는 알아들은 것 같았다. 나는 런던과 도쿄 중 어디에서 길 찾기가 더 쉽냐고 물었다. "런던이요." 그녀가 힘차게 고개를 끄덕이며 대답했다. "당연히 런던이죠."

정치

♟

이란

**혁명 후에
거리 이름이
바뀌는 이유는?**

페드람 몰레미안의 어머니는 여자아이를 바랐다.[1] 청소년기에
들어선 페드람의 형이 다루기 힘들어지자 그런 아들을 또 키울
자신이 없었기 때문이다. 하지만 페드람은 숫기 없고 조용한
아이였다. 그는 아무 말 없이 나가 아버지가 사 준 빨간 자전거
를 타고 몇 시간씩 테헤란 거리를 누비다 집에 돌아오곤 했다.
부유한 집에서 태어났지만 다른 테헤란 사람들이 어떻게 사는
지 보는 게 좋았다.

  페드람은 떠도는 이야기를 통해 1981년에 북아일랜드에
서 단식투쟁을 하다 죽은 보비 샌즈(Bobby Sands)를 알게 되었
다. 당시에는 세상 소식을 그런 식으로 접했다. 혁명 직후, 특히
팔레비 샤가 이집트로 도망간 이후 이란 사람들은 오로지 집에
모여 정치 이야기를 하거나 정자에서 책과 팸플릿을 돌려 보았
다. 영화도 보지 않고 음악도 듣지 않았다. 정치만이 유일한 관

심사였다. "우리는 전 세계 혁명가들을 다 알고 있었어요." 페드람과 친구들은 다른 나라 아이들이 축구팀을 응원하듯 전 세계 공산주의자들과 사회주의자들에 열광했다. 형과 각국 외교부 장관의 이름을 맞히는 퀴즈를 하고 놀았다.

겨우 여덟 살이었을 때 선생님을 따라 시위에 나간 페드람은 그 광경에 완전히 매료되었다. 나중에는 열서너 살 먹은 친구들과 어울려 다니면서 부촌에 사는 친구의 집 차고에서 축구를 하고 정치 이야기를 하며 놀았다. 가끔은 거리에서 그라피티를 그리거나 전단을 돌리기도 했다. 녹초가 될 만큼 돌아다닐 때도 있지만 대개는 모여서 그냥 이야기만 했다. 그러나 보비 샌즈가 죽은 뒤 조금 특별한 일을 해 보기로 결심한 페드람과 친구들은 샌즈를 감옥에 가둔 영국에 복수를 하기로 했다. 마침 영국 대사관도 바로 근처에 있었다.

처음에 그들은 대사관 꼭대기에 올라가 영국 국기를 아일랜드 국기로 바꿔 달 생각을 했다. 그러나 페드람이 말한 것처럼 당시 테헤란에 아일랜드 국기를 파는 곳이 있다 한들 10대에 불과한 아이들이 그곳을 찾았을 리 없었다. 그래서 녹색, 흰색, 주황색으로 된 국기를 만들어 보았으나 이란 국기와 너무 비슷해서 포기했다. 자칫 의도하지 않은 메시지를 전달할까 걱정됐기 때문이다. 하얀 깃발에 샌즈가 속해 있었던 단체 이름 'IRA(Irish Republican Army, 아일랜드 공화국군)'를 써서 걸까도

생각해 보았으나 바람이 불지 않으면 축 처져 초라하기 그지없
는 천 조각이 되고 말까 봐 그마저도 포기했다. 가장 불안한 것
은 대사관 반대편에서 개들이 짖어 대고 있었는데 그 소리가
심상치 않다는 사실이었다.

　다른 작전이 필요했다. 페드람과 친구들은 자전거를 타고
철물점으로 급히 달려가 분말로 된 강력 접착제와 하얀 마분
지를 샀다. 어렸을 때부터 늘 미술에 소질이 있었던 페드람은
친구들과 함께 매직펜으로 페르시아어와 영어를 아래위로 병
기한 도로명 표지판의 본을 떴고, 여러 번의 연습 끝에 표지판
을 똑같이 만들었다. 그들은 분말을 물에 섞어 접착제를 만든
뒤 새로 만든 도로명 표지판 뒷면에 바르고는 '윈스턴 처칠 스
트리트(Winston Churchill Street)'라고 쓰인 도로명 표지판 위에
덧붙였다. 며칠 뒤에 다시 가 보니 누군가 윈스턴 처칠 스트리
트의 다른 표지판에도 똑같이 해 놓은 것이 보였다. 모퉁이가
군데군데 찢겨 나간 걸 보니 누군가 떼어 내려고 했던 게 분명
했다. 하지만 접착제가 너무 강력해 떼지 못한 모양이었다.

　몇 달 후, 페드람은 작전이 마침내 성공했음을 알게 되었
다. 택시에 오른 한 여자 손님이 "보비 샌즈 스트리트로 가 주
세요."라고 말하는 것을 들었기 때문이다. 얼마 후 테헤란 시청
도 '보비 샌즈 스트리트'를 공식 도로명으로 채택했다. 영국 대
사관은 대사관 주소를 이야기할 때마다 정적인 샌즈의 이름이

계속 거론되는 것을 피하기 위해 다른 도로에 현관을 새로 내
야 했다.

　왜 보비 샌즈인가? 북아일랜드를 거의 떠나 본 적 없는 샌
즈가 이란인들에게 영웅 대접을 받았다는 사실은 의외다. 샌즈
는 당시 영국 정부에 대항하여 무장투쟁을 벌이는 IRA의 일원
이었다. 북아일랜드의 내부 갈등은 대개 개신교와 가톨릭 사이
의 갈등으로 알려져 있으나, 실제로는 기독교 신학에 대한 이
견이 아닌 민족 정체성으로 인한 갈등이었다. 아일랜드 독립
전쟁이 끝난 1921년에 아일랜드와 영국 정부가 맺은 평화조약
으로 북아일랜드의 카운티 여섯 곳이 영국에 잔류하게 되었다.
북아일랜드에 사는 개신교도들은 대부분 영국의 일원으로 남
고 싶어 했지만, 굴욕적인 차별에 시달려 온 샌즈와 같은 가톨
릭교도들은 그 반대였다. IRA는 무력을 통해 북아일랜드의 카
운티를 영국에서 독립시켜 아일랜드로 귀속시키고자 했다.

　1970년대 초반, 영국 지배에 대한 폭력 투쟁이 극에 달하
자 영국 정부는 IRA 조직원들을 롱케시 교도소에 가두었다.
처음에는 자기 옷을 입을 수 있었고 사실상 전쟁 포로 대우를
받았으나, 1976년 이러한 특별 지위가 철회되면서 이들도 여
느 수감자들과 똑같이 취급되었다. 이에 대한 보복으로 롱케
시 교도소(현재 공식 명칭은 메이즈 교도소)에 수감된 조직원들은
죄수복 대신 맨몸 위에 얇은 모포를 둘러 입기 시작했다. 이들

의 수장이었던 키런 뉴전트가 "내게 죄수복을 입히려면 내 등에 못을 박아 걸어야 할 것이다."라며 버텼고[2] 다른 조직원들도 '모포 투쟁'에 동참했다. 교도소장은 이에 대한 징벌로 감방 안에 있는 가구를 모조리 없애고 우유를 넣지 않은 차와 묽은 수프, 버터를 바르지 않은 빵 등 식사도 부실하게 주었다.

죄수복을 입지 않는 한 운동도 가족 면회도 금지된 IRA 조직원들은 대부분 감방 안에서만 갇혀 지냈다. 교도소가 샤워마저 금지하자 이들은 자신의 배설물을 벽에 바르는 '오물 투쟁'을 시작했다. 조직원들은 유리창을 박살 냈고 구더기가 득실거리는 스펀지 매트리스 위에서 잠을 잤다. 추운 겨울에는 바닥이 얼음장같이 차가워 성경책 위에 서 있기도 했다. 그 와중에 교도관 암살 작전을 감행하여 대부분 어린 자녀들을 둔 간수 열여덟 명을 살해한 일도 있었다.

1981년 3월에 보비 샌즈는 단식투쟁을 시작했다. 모포를 몸에 두른 그는 자신에게 하루 세 번 제공되는 감자, 생선, 콩, 버터 바른 빵 두 조각, 차 같은 식사를 거부했다. 그가 감옥 밖으로 몰래 빼낸 여러 편의 시와 일기에는 이런 글이 적혀 있었다. "호밀빵과 버터, 치즈와 꿀이 먹고 싶다. 그래도 이것이 나를 무너뜨리지는 못할 것이다. 인간은 빵만으로는 영원히 살 수 없다는 것을 알기 때문이다. 언젠가 저 하늘에서(내가 자격이 된다면) 위대한 양식을 얻으리라는 사실로 위안을 삼는다."[3]

한 달이 지났을 무렵, 북아일랜드 서쪽에서 펍을 운영하며 지역구를 대표하던 국회의원 한 명이 사망하면서 하원에 결원이 발생했다. 보비 샌즈는 단식투쟁으로 장기가 급격히 망가져 가는 가운데서도 옥중에서 보궐 선거에 출마하여 52퍼센트의 득표율로 당선되었다. 단식투쟁을 벌인 지 40일 만이었고 샌즈는 거의 눈이 먼 상태였다.

단식투쟁 66일째 되던 날 샌즈는 어머니 로잘린이 곁을 지킨 가운데 뼈만 앙상하게 남은 몸으로 양피 깔개를 덮은 물침대 위에서 숨을 거두었다. 그의 나이 스물일곱이었다. 벨파스트 거리에서는 사람들이 확성기로 샌즈의 사망 소식을 전했다. IRA에 대해 강경 일변도의 정책을 폈던 영국 총리 마거릿 대처는 완고했다. "보비 샌즈는 유죄를 선고받은 범죄자입니다. 그는 스스로 목숨을 끊기로 선택한 것입니다. 그의 조직 때문에 희생당한 많은 사람들은 그런 선택권조차 없었습니다."[4]

이란에서 샌즈의 죽음은 엄청난 반향을 불러일으켰다. 이란인들 중에는 샌즈만큼이나 영국을 싫어하는 사람이 많았다. 영국은 1920년대에 독재자 팔레비 1세(1대 샤)를 왕위에 올린 장본인이었다. 이후 1953년에도 미국 CIA와 함께 민주적으로 선출된 새 수상 모하마드 모사데크 정부를 전복하기 위해 쿠데타를 공작했다. 모사데크가 영국-이란 석유회사(현재의 영국석유공사(British Petroleum, BP))의 국유화를 추진했기 때문이다.

이란인들은 결코 영국을 용서하지 않았다. 이란에서 가장 인기 있는 소설인 이라지 페제슈크자드의 『나폴레옹 삼촌』에는 영국이 자신을 파멸시키려 한다고 믿는 주인공이 등장한다. 이란인들 중에는 히틀러가 영국의 '꼭두각시'였으며 독일의 런던 대공습은 영국의 정부 기관이 꾸민 일이라고 주장하는 사람도 있었다. 이란에서 이슬람교 성직자들이 득세하기 시작한 것도 영국 탓으로 돌렸다. 혁명 이후 이란에서는 '물라(이슬람교의 율법학자 — 옮긴이)의 수염을 들춰 보면 영국산이라고 쓰여 있다.'라는 농담을 심심찮게 들을 수 있었다. 기차가 늦게 오거나, 차가 고장 나는 등 어떤 일이 잘못될 때마다 사람들은 항상 이렇게 투덜거렸다. '이게 다 영국 탓이다.'

그러니 시인이자 순교자이며 영국의 숙적인 보비 샌즈는 이란인의 서사에 완벽하게 들어맞는 인물이었다. 이란 대사와 샌즈의 유가족이 선물을 주고받았다는 소문이 있었고, 어느 신문에는 테헤란 공항에서 입국 심사를 하는 공무원들이 아일랜드 여행객들에게는 평소답지 않은 환한 얼굴로 주먹을 불끈 쥐며 "보비 샌즈, 단식투쟁! 이란에 오신 걸 환영합니다!"라고 인사한다는 기사가 실리기도 했다.[5] 오늘날 테헤란에는 '보비 샌즈 버거'라는 가게까지 생겼는데, 직원들이 보조개가 핀 앳된 얼굴의 샌즈 사진을 들고 손님을 맞이한다고 한다.

페드람은 현재 토론토에 산다. 내가 전화를 했을 때 그는 폭설에 대비한 준비를 하고 있었다. 페드람은 내게 어릴 적 이란에서 찍은 빛바랜 사진을 문자로 보내 주었다. 어린 페드람의 얼굴은 진지했고 그의 어머니가 항상 그의 긴 머리로 귀를 가려 주었지만 양쪽으로 툭 튀어나온 귀가 도드라져 보였다. 팔레비 왕조가 붕괴된 후 자유로운 토론이 활발히 오가던 시절은 1981년에 급작스럽게 막을 내렸기 때문이다.[6] 망명길에 올랐다 15년 만에 이란에 돌아와 혁명을 이끈 아야톨라 호메이니가 좌파 세력을 탄압하기 시작했기 때문이다. '혁명 재판'을 통해 사형 선고를 받는 사람들이 매주 수백 명에 달했다. 에빈 교도소에서는 거대한 크레인에 수감자들을 목매달아 죽인 뒤 묘비도 없이 땅에 매장했다. 페드람도 그렇게 죽은 학교 친구가 수십 명이나 되었다. 페드람이 체포되었다 풀려난 뒤 부모님은 열여섯밖에 되지 않은 그를 홀로 캐나다에 보냈다. 그 이후로 페드람은 보비 샌즈 스트리트에 다시 가 본 적이 없다.

　페드람의 이야기로 8장의 문을 연 이유가 있다. 초기에 탄생한 거리 이름은 '처치 스트리트'나 '마켓 로드', '시메트리(공동묘지) 레인'처럼 장소를 설명하는 이름이 많았다. 그러나 '보비 샌즈'는 단순한 도로명이 아니라 일종의 기념비였다. 이처럼 현대의 도로명에는 설명의 기능뿐만 아니라 기념의 기능도 있다. 그 연유를 알아보기 위해 이란과는 성격이 매우 다른 혁명으로 시간 여행을 떠나 보자. 이번에는 18세기 파리다.

○

1794년, 앙리 그레구아르라는 젊은 성직자가 콜롱비에가(Rue du Colombier) 16번지에 있는 자신의 집에서 거리 이름에 관한 논문을 썼다.[7] 그레구아르는 비범한 사제였다. 서품을 받고 난 직후 그는 여든네 살의 수감자에게 종부 성사(가톨릭에서 죽음에 임박한 사람이 받는 성사 — 옮긴이)를 해 달라는 요청을 받아 교도소에 갔다. 죽음을 앞둔 수감자는 묽은 수프라도 끓여 먹으려고 가혹한 소금세를 피해 직접 소금을 말렸다가 잡혀 들어온 사람이었다. 그레구아르는 가난한 이들에 대한 왕실의 가렴주구를 가만히 두고 볼 수 없어 직접 혁명에 뛰어들었다. 혁명 시기 동안 민중들이 가톨릭교회에 대놓고 적대적이었던 터라 쉽지 않았지만 신앙심이 깊었던 그는 사제직을 포기하지 않았다.

그의 전기를 쓴 알리사 세핀월에 따르면, 그레구아르는 혁명의 원칙 '자유, 평등, 박애'가 복음의 내용과 완벽하게 일치한다고 보았다. 그는 종교의 관용, 유대인의 권리, 남성의 보통선거권을 옹호했다. '흑인의 벗 협회'의 일원이기도 했던 그는 훗날 아프리카인이 열등하다는 주장을 반박하며 노예제를 혹독하게 비판한 책을 썼다. 책에서 그는 아프리카 후손 중 뛰어난 인물들을 면밀히 분석하기도 했다.[8] 한편 토머스 제퍼슨은 파리에 머무는 동안에도 이 협회에 가입하지 않았다.(훗날 그는 그 레구아르가 칭송한 아프리카계 미국인들이 무엇인가를 성취한 게 있다면 순전히 백인의 피 덕택일 것이라며 빈정댔다.[9])

어쨌거나 1794년에 그레구아르는 프랑스를 구하는 데 모든 에너지를 쏟았다. 군주제 폐지는 혁명 과제 중 하나였을 뿐 혁명파의 목표는 혁명력 도입, 도량형과 복식 개혁 등 프랑스를 계몽사상에 따라 완전히 개조하는 것이었다. 초기 아메리카 역사 연구로 유명한 알렉시 드 토크빌은 혁명 직후 제기된 프랑스 민중의 요구 사항들을 면밀히 연구하고 이렇게 평가했다.

"개인의 소망들을 한데 모아 정리해 본 결과, 나는 프랑스 민중이 프랑스의 모든 법과 관습을 철저하고 체계적으로 철폐하기를 바랐다는 사실에 무서움을 느꼈다. 나는 이내 이 혁명이 역사상 그 어떤 혁명보다 엄청나고 위험한 혁명이라는 사실을 깨달았다."[10]

혁명파의 사상은 획기적이었으나 당시 파리는 구세계의 전형이었다. 왕궁, 교회, 거리 어디서나 군주제의 향기가 물씬 묻어났다. 프리실라 파크허스트 퍼거슨이 명저 『혁명의 파리(*Paris as Revolution*)』에서 상술한 바와 같이, 혁명파 중에는 파리를 밀어 버리고 말끔히 정리한 후에 처음부터 시작하자는 사람들도 있었다. 하지만 그들은 파리를 완전히 해체하는 대신 명패를 바꿔 달기로 결정했다. 파리 역시 옷만 갈아입을 형국이었다. "존재 자체보다 그것을 어떻게 인지하고 해석하고 사용하느냐에 관심이 집중되었다."[11] 혁명파들은 화려한 궁전을 허무는 대신 공공시설로 개조했다. 개조할 수 없는 것에는 새로운 이름을 붙였다.

사람도 마찬가지였다. 혁명 이전의 프랑스에서는 성경 속 인물이나 성인의 이름으로만 이름을 지을 수 있었다.[12] (다른 일에서도 마찬가지지만 귀족들은 이런 제약에서 자유로워서 좀 더 창의적인 이름을 가질 수 있었다.) 그러나 1792년 9월에 프랑스의 국민의회가 만장일치로 군주제를 폐지하기로 결의한 바로 다음 날부터 프랑스인들은 자녀의 이름은 물론 자신의 이름도 마음대로 지을 수 있게 되었다.[13] 많은 사람들이 '플뢰르 도랑주 레퓌블리켄(Fleur d'Orange Républicaine, 오렌지 공화국의 꽃)', '루시우스 플레베갈(Lucius Pleb-Egal, 평등한 사람들)', '시몽 라 리베르테 우 라 모르트(Simon la Liberté ou la Mort, 자유가 아니면 죽음을)' 같은 혁명 정신을 담은 이름으로 개명했다. 아이들에게는 '라 루아(La Loi, 법)'나 '레종(Raison, 이성)'과 같은 이름을 지어 주었다. 이름을 짓는 창의성이 과도해지자 1803년에 나폴레옹은 이름 목록을 만들어 국민들에게 그 안에서 이름을 골라 짓게 했다.(이름 목록은 1993년에 폐지되었지만, 최근에도 프랑스 법원은 '누텔라(초콜릿 잼 상품명)', '스토로베리(딸기)', '엠제이(MJ, 마이클 잭슨의 약칭)' 같은 이름을 불허했다.[14])

창의적인 작명을 향한 혁명파들의 열정은 자연스럽게 도로명으로 확대되었다. 놀라울 일도 아니었다. 이름을 지어 주는 일은 곧 권력을 행사하는 일이기 때문이다. 창조주가 아담에게 에덴동산에 있는 모든 동물과 이브의 이름을 짓도록 한 것도 바로 그래서다.(굳이 이브의 이름까지 아담이 지을 필요가 있었을까?) 혁명 직후 일부 거리에는 새로운 이름이 생겼다. 볼테르가 죽은 거리는 그의 이름으로 바뀌었고, '프린세스가'는 '쥐스티스(정의)가'가 되었다.

그러나 이런 단편적인 변화는 훨씬 이성적인 접근법을 원하는 개화된 혁명파들을 만족시키지 못했다. 당대 지식인이었던 J. B. 푸줄룩스는 파리의 거리 이름들이 마치 "살마군디(salmagundi)" 같다고 툴툴거렸다.(찾아보니 '살마군디'는 구운 고기, 해산물, 채소, 과일, 잎사귀, 견과류, 꽃을 잘게 다져 올리브 오일과 식초, 향신료를 두른 프랑스식 샐러드라고 한다.) 그렇다면 거리 이름을 '콩소메(맑은 고깃국)'에 좀 더 가깝게 만들려면 어떻게 해야 할까?

퍼거슨의 설명에 따르면 푸줄룩스는 모든 거리가 지역적 특성을 반영하기를 바랐다.[15] 거리는 마을의 이름을 따서 이름을 짓고, 거리의 크기도 마을의 크기에 상응하도록 만들자고 했다.(일부 공화주의자들은 하수도 이름을 부르봉 왕조를 옹호한 작가들의 이름을 따서 다시 짓자는 기발한 아이디어를 내기도 했다.) 샤물로라는 사람은 프랑스의 모든 거리를 '제네로지테(관용)가'나 '상시빌리테(동정심)가'처럼 미덕을 따서 이름 짓자고 하면서, "그러면 민중들이 언제나 미덕을 말하게 되고 자연스레 덕성이 마음속 깊이 자리하게 될 것이다."라고 주장했다.[16]

그레구아르에게 새로운 거리 이름 작명을 계획하는 임무가 내려졌다. 그는 우선 펜실베이니아부터 중국에 이르기까지 전 세계 거리 이름을 면밀히 조사했다.(그는 퀘이커교도들이 "도로와 거리에도 자신들의 고결한 특징을 새겨 넣었다."는 사실에 크게 감동했다.[17]) 공공교육위원회(Comité de l'Instruction)에 제출한 17장짜리 보고서에서 그는 거리 이름 작명에 대한 두 가지 기준을 제시했다. 첫째, 짧고 듣기 좋은 소리일 것. 둘째, "모든 거리 이름은 시민들에게 미덕과 의무를 상기시키는 개념이나 정서를 매개하는 수단이 될 것."[18] 그는 또 이렇게 말했다. "'레볼루시옹(혁명)가'가 '콩스티투시옹(헌법)가'로, 그리고 다시 '보뇌르(행복)가'로 바뀌는 것이 자연스럽지 않겠는가?"[19]

그레구아르의 제안은 혁명파의 다양한 철학을 적절하게 배합한 것이었다. 프랑스 혁명은 평등과 이성을 옹호하면서도 국가는 부패 세력에서 자유롭고 순수해야 한다고 믿는 갱생을 추구한 혁명이었다. 빅토리아 톰슨이 말한 대로 파리는 도시 경관 자체가 "혁명에 관한 교리 문답서"가 될 터였다.[20]

그러나 혁명파들은 프랑스의 이미지를 쇄신하는 데 결국

성공하지 못했다. 파리처럼 다양성이 강한 도시에 이상주의적 비전을 적용하는 것은 불가능에 가까웠다. 파리의 거리 이름은 '살마군디'를 탈피하지 못했고 지금도 여전히 그렇다. 퍼거슨에 따르면 거리 이름은 그저 정치와 정권 변화에 따라 바뀌는 "정치 풍향계"였을 뿐 "파리는 혁명파가 꿈꿔 온 새로운 도시가 되지 못했다."[21]

그럼에도 불구하고 프랑스 혁명은 도로명 개정을 통해 새로운 이념을 과시하는 유행을 만들어 냈다. 전 세계 혁명 정부들이 집권과 동시에 거리 이름을 바꿨다. 멕시코시티에는 농민 혁명을 이끈 에밀리아노 사파타의 이름을 딴 거리가 자그마치 500여 개에 이른다.[22] 크로아티아 부코바르에서는 시내 중심가에 있는 대로의 이름이 20세기 동안 무려 여섯 번이나 바뀌었고,[23] 폴란드와 우크라이나는 최근 도로명을 '비(非)공산화'하는 법을 통과시켰다. 러시아에는 레닌의 이름을 딴 도로가 4000개가 넘는데, 기디언 리치필드에 따르면 그 도로들의 길이를 다 합치면 총 8630킬로미터에 달한다고 한다.[24] 이는 모스크바에서 미니애폴리스까지의 거리보다 긴 수치다.

스페인에서는 파시스트의 이름을 딴 거리 이름 개명을 법으로 의무화하면서 시 정부들이 로자 파크스나 프리다 칼로와 같은 여성 위인들의 이름을 따 새롭게 거리 이름을 짓고 있다. 최근에는 수단이 독재자 오마르 알바시르를 끌어내린 반정부

시위에서 목숨을 잃은 사람들을 기리기 위해 도로명 개정을 시행했는데, 민주화 운동의 전선에 섰던 모하메드 한넨은 "우리는 새로운 거리 이름과 새로운 사상을 바탕으로 새로운 나라를 만들고 있다."라고 설명했다.[25]

중국 공산당은 거리 이름을 정치 선전의 수단으로 교묘히 이용해 왔다.[26] 문화 대혁명 시절 많은 거리가 '홍위로(紅衛路)'나 '동방홍로(東方紅路)'와 같은 이름으로 바뀌었다.[27] (대부분은 나중에 이전 이름으로 복구되었다.) 중국의 「도로명 계획 규정」 4조는 거리 이름이 "민족의 단결을 중시"해야 하고 "주권과 민족적 존엄성을 훼손"하는 경우 반드시 변경되어야 한다고 명시하고 있다.[28] 사람(죽은 사람이든 산 사람이든)의 이름을 따서 거리 이름을 짓는 것을 금지한다는 사실이 흥미로운데, 공산주의 특유의 평등사상 때문이라 짐작된다. (중국에는 마오쩌둥의 이름을 딴 거리가 하나도 없다.) 상하이에는 거리 이름이 "건전한 의미를 담고 사회 윤리와 조화"를 이루도록 규정한 조례가 있는데,[29] 그레구아르가 보았다면 매우 흡족해했을 것이다.

정치학자 조너선 하시드가 지적한 것처럼 중국은 거리 이름을 소수민족 지역을 감시하는 도구로도 사용했다. 사람들은 대개 고유의 언어와 문화를 지닌 지역의 거리 이름이 더 다채로울 것이라고 예상하지만, 하시드에 따르면 현실은 그 반대라고 한다. 소수민족이 모여 사는 지역일수록 오히려 다른 지역보다 베이징의 거리 이름과 '더' 유사하다는 것이다. 그렇게 거리 이름은 현지 주민들을 통제하는 또 하나의 수단이 되었다.

미국 독립혁명 역시 거리 이름과 이념이 긴밀하게 결합된 경우라고 할 수 있다. 자신의 이름을 따 수도 이름을 지은 조지 워싱턴(하지만 정작 그는 워싱턴을 늘 '연방 도시'라고 불렀다.)은 피에르 랑팡이라는 사람에게 도시계획을 맡겼다.[30] 랑팡은 파리에서 태어나 프랑스에서 예술과 건축을 공부했지만 수천 명의 프랑스인과 함께 미국 혁명군에 자원한 인물이었다. 그는 미국 도시와 유럽 도시의 장점을 한데 섞어 워싱턴을 설계했다. 미국식 격자 구조를 바탕으로 유럽식 대로와 로터리, 광장을 배치하고 상징성이 높은 도시 경관을 조성할 생각이었다. 이를테면 언덕 위에는 백악관이 아니라 국회의사당이 들어설 예정이었다. 영국과 달리 대통령은 왕이 아니니까.

거리 이름도 마찬가지였다. 워싱턴의 거리 이름은 편집증에 가까울 만큼 논리적이다.[31] 동쪽에서 서쪽으로 뻗은 거리에는 숫자가 붙어 있고, 북쪽에서 남쪽으로 난 거리에는 알파벳(A, B, C)이 붙어 있다.(더블유 스트리트(W Street) 이후로는 다른 패턴이 시작된다. 첫 글자는 알파벳 순서를 따르되 2음절로 된 이름(Adams, Bryant 등)이 붙고, 그 뒤로는 다시 3음절짜리 이름(Allison, Buchanan 등)이 시작된다.) 격자 구조를 벗어나 대각선으로 난 거리의 이름은 남북전쟁 당시 노예제 폐지와 미합중국 유지를

지지한 북부 연방주의 이름을 따서 지었고(당시에는 15개), 그중
가장 긴 도로에는 당시 연방에서 가장 규모가 컸던 매사추세
츠, 펜실베이니아, 버지니아주의 이름을 붙였다. 오늘날 워싱
턴에는 각 주의 이름을 따서 만든 거리가 있다.

　　미국의 혁명가들은 새로운 수도 워싱턴을 마른 강기슭 위
에 세웠다. 적어도 그들에게 이곳은 아무것도 기록되지 않은
완벽한 무음(無音)의 공간이었다. 그렇기 때문에 프랑스가 그
토록 원했으나 결국 성취하지 못했던 공간과 정치의 결합을 여
기서 구현할 수 있었던 것이다. 워싱턴을 설계한 프랑스 출신
의 건축가 피에르 랑팡이 '피터(피에르의 영어식 이름 — 옮긴이)'
라는 이름을 선호한 것도 이해할 수 있다.[32]

○

　　나는 보비 샌즈와 가깝게 지냈던 대니 모리슨을 만나기
위해 벨파스트 서부에 있는 그의 집을 찾았다. 1980년대 초
IRA의 정치 결사체 신페인당의 선전국장을 지낸 모리슨은 영
국 정부가 IRA의 무력 투쟁을 종식시킬 수 있는 소수 인사 중
하나로 여겼던 인물이다. 모리슨은 어린 시절 학교를 다니며
정육점과 술집에서 일했으나 곧 공화주의자들의 정치 활동에
뛰어들었고 직접 만든 송신기로 '라디오 프리 벨파스트'의 개

국을 도왔다. 이후 부모님 집을 무기고로 사용하기 시작했는데,[33] 이 때문에 이름이 같은 아버지가 모리슨 대신 체포되는 일도 있었다.

모리슨은 어릴 적 누이에게서 빌린 돈으로 생애 첫 타자기를 사서 단편 소설을 썼지만 얼마 지나지 않아《리퍼블리칸 뉴스》의 편집장이 되었다. 그는 납치 혐의로 8년형을 선고받고 롱케시 교도소에 투옥되었으나 몇 년 뒤 그의 유죄 평결은 파기되었다. 오늘날 모리슨은 영국 정부와의 싸움에서 무력 투쟁만 감행하던 IRA를 정치적 수단도 사용하는 조직으로 변화시킨 인물로 유명하다. 그는 1981년 신페인당 연례 전당대회에서 충동에 이끌려 당원들에게 이런 연설을 했다. "여기 우리가 선거로 이 전쟁을 이길 수 있다고 믿는 사람은 없을 겁니다. 하지만 한 손에 투표용지, 한 손에 소총을 든다면 우리가 아일랜드를 차지할 수 있다는 데 이의를 제기할 사람이 있습니까?"

모리슨의 말에 처음에는 대부분 적대적인 반응을 보였다. IRA의 참모였던 마틴 맥기니스가 "도대체 무슨 헛소리냐?"라며 불같이 화를 냈다는 소문도 있다.[34] 그러나 IRA는 결국 모리슨이 연설에서 제시한 정치적 전략을 추구하기에 이르렀고, 마침내 맥기니스를 북아일랜드 공동정부 부수반으로 추대하는 데 성공했다.

IRA에서 탈퇴한 모리슨은 현재 전업 작가로 활동 중이다. 그가 어린 시절을 보낸 벨파스트는 지금의 벨파스트와는 완전히 다른 풍경이었다. 북아일랜드의 독립 투쟁으로 혼란했던 시절, 벨파스트에서는 군 검문소와 차량 폭탄 방어벽을 흔히 볼 수 있었다. 벨파스트에 있는 유로파 호텔은 한때 유럽에서 폭탄 공격을 가장 많이 받는 호텔이었다. 그러나 1998년에 IRA는 무기를 내려놓고 북아일랜드 평화협정(Good Friday Agreement)을 지지했다. 오늘날 유로파 호텔은 떠들썩한 피아노 바와 라운지, 호박 샐러드와 구운 대구 요리를 파는 고급 레스토랑, 유럽에서 가장 수압이 센 샤워 시설을 자랑하는 유명 호텔이 되었다. 호텔 정문에서 블랙캡 택시를 타면 가톨릭 지역에 남아 있는 보비 샌즈의 벽화를 둘러보는 독립 투쟁 투어를 할 수 있다.

이제 60대가 된 모리슨은 실내화를 신고 현관에 나와 입꼬리가 한쪽만 올라간 미소를 지으며 나를 맞았다. 그의 붉은 벽돌집 앞 현관 계단에는 넘어진 화분들이 널려 있었다. 격자무늬 소파 위에는 자수가 놓인 쿠션들이 놓여 있었고, 테이블 위에는 가족사진이 가득 들어차 있었으며, 벽난로 양옆에 놓인 책꽂이에는 양장본 책들이 빽빽하게 꽂혀 있었다. 전직 IRA 요원의 집 치고는 놀라울 만큼 아늑했다. 모리슨은 부엌에서 진한 차와 초콜릿 비스킷을 권했다. 이야기를 나누기 위해 거실로 이동하는 우리 뒤를 그의 고양이 애티커스와 엘리가 조용히 따라왔다.

모리슨은 보비 샌즈를 누구보다 잘 알았을 것이다. 샌즈가 출마했을 때 선거 운동을 이끌었던 사람이 다름 아닌 모리슨이었으니까. 그는 생전의 샌즈를 마지막으로 본 것이 1980년 12월이라고 했다. 당시 샌즈는 안 씻는 시위를 하던 중이라 긴 머리에는 기름이 흐르고 턱수염은 다 엉겨 붙어 있었다. 그날 면회 이후 모리슨은 교도소 방문을 금지당했고, 다음번 만남에서 본 샌즈는 관 속에 누워 있었다.

우리는 모리슨의 해치백 차를 타고 가로수가 우거진 도로를 달렸다. 가톨릭 학교와 술집, 구멍가게들을 지나 밀타운 공동묘지에 도착했다. 아일랜드 남단의 코크에서 온 관광객들이 검은색 페도라를 즐겨 쓰는 모리슨을 알아보고는 신나서 그와 악수를 했다. 무덤 앞에 서니 여러 사람의 이름이 나란히 새겨진 비명에서 샌즈의 이름이 보였다. 모두 '지원자(Volunteers)'라고 불리던, 단식투쟁으로 죽은 사람들이었다. 모리슨은 다른 무덤을 가리키며 친영국 성향의 무장 단체 일원이었던 마이클 스톤이 장례식에 참석한 사람들에게 수류탄을 던지고 총을 난사했던 곳이라 했다. 세 명이 목숨을 잃고 수십 명이 총알과 묘비 파편에 부상을 입은 사건이었다.

2008년에 모리슨은 당시 영국 외무장관이었던 잭 스트로가 이란 정부에 보비 샌즈 스트리트의 이름을 바꿔 달라고 요청할 계획이라는 이야기를 들었다.[35] (이것은 모리슨이 쓴 책에 나오는 사실로, 나는 그 책을 통해 이 장 첫 부분에 소개한 페드람의 이야기를 알게 되었다.) 모리슨은 이에 반대하는 청원 운동을 시작했고 곧바로 수천 명이 서명했다. 서명과 함께 사람들이 이란 정부에 전하는 메시지도 도착했는데 대부분이 이런 식이었다. "영국 사람이 당신 나라의 거리 이름을 이래라저래라 하게 두실 겁니까? 그럴 거면 이란 국기 대신 영국 국기를 내걸지 그래요? 보비 샌즈는 영웅입니다!!!"(숀 클린턴) 문화를 조금 더 세심하게 고려한 메시지도 있었다. "알라께서 보호하사 제발 보비 샌즈의 이름을 버리지 말아 주세요."(존 클라크)[36]

또 다른 청원 참여자는 "최근 파리에 갔다가 생드니 지구에서 보비 샌즈의 이름을 딴 거리를 보았는데 외국에서 그의 이름을 보니 아주 반가웠다."라고 밝혔다. 그래서 나는 그것이 사실인지 직접 확인해 보았다. 실제로 프랑스에는 샌즈의 이름을 따서 도로명을 지은 곳이 다섯 군데 있으며, 전 세계적으로도 몇 군데가 더 있다. 테헤란의 '보비 샌즈 스트리트'를 없애려는 영국의 시도에 격분하여 아일랜드 사람들이 청원에 나섰지만, 아이러니하게도 정작 아일랜드에는 (북쪽이든 남쪽이든) 샌즈의 이름을 딴 거리가 없다. 그 이유는 쉽게 짐작할 수 있다.

내 남편 폴은 보비 샌즈가 출마해 당선된 지역구에서 10킬로미터가량 떨어진 북아일랜드의 쿡스타운 출신이다.(남편의 어머니는 가톨릭 노동자 계층 마을에서 자랐는데, 대니 모리슨도 그곳 출신이다. 남편의 외할머니는 샌즈와 마찬가지로 밀타운 공동묘지에 묻혔다.) 남편이 다녔던 학교의 교장은 데니스 폴이라는 사제였다. IRA는 폴 신부를 '골칫거리 폴'이라고 불렀다. 그가 단식투쟁은 목숨을 무의미하게 낭비하는 것이라고 단식투쟁 중인 IRA 요원들의 가족을 설득하고 다녔기 때문이다. 인구 만 명의 쿡스타운은 도심에 가로수가 길게 늘어선 큰 도로가 있고, 주말에는 사람이 북적거리는 장이 서며, 정육점이 다섯 개 있는 작은 도시다. 남편이 갓 태어났을 때 시부모님이 살던 건물 아래층에 정육점이 있었는데 그 정육점은 남편 할아버지의 소유로 IRA의 폭탄에 유리창이 박살 난 것만 스무 번이 넘는다고 했다.

오늘날의 북아일랜드는 평화가 완전히 정착했다고 느껴지지는 않지만 대체적으로 평화로운 분위기다. 그러나 개신교도들과 가톨릭교도들은 아직도 분리되어 살고 있다. 약 5킬로미터에 이르는 "평화의 벽"[37]은 여전히 벨파스트의 개신교 지역과 가톨릭 지역을 갈라놓고 있으며, 1998년에 평화협정이 체결된 때보다 두 지역은 오히려 더 분리된 삶을 살고 있다. 아직도 북아일랜드 아이들의 90퍼센트가량이 해당 종교의 교인만 다닐 수 있는 학교에 다닌다.

거리 이름에 관한 기사가 나올 때마다 편집장들은 록밴드

U2의 노래 「거리에 이름이 없는 곳(Where the Streets Have No Name)」을 제목으로 자주 인용한다. 아일랜드 출신으로 북아일랜드 이야기를 담은 이 노래의 가사를 쓴 보노는 어느 잡지와의 인터뷰에서 이렇게 말했다. "한번은 이런 이야기를 들었어요. 벨파스트에서는 누가 어디 사는지 알면, 문자 그대로 도로의 어느 편에 사는지 알면 종교가 무엇이고 돈을 얼마나 버는지도 알 수 있다고요. 언덕 위에 있는 집일수록 더 비싸기 때문이죠."[38] 적어도 남편 폴의 고향에서는 이 말이 사실이었다. 기독교 지역의 주택단지 거리는 '프린세스 애비뉴'나 '윈저 스트리트'처럼 왕실을 기리는 영국적인 이름이 대부분이고, 빨간색-하얀색-파란색 휘장으로 뒤덮인 길이 자주 보인다. 반면 가톨릭 주택단지는 거리 이름이 대부분 래신(Ratheen), 라스버그(Rathbeg) 같은 아일랜드 이름이고 전봇대마다 아일랜드 깃발이 걸려 있다.

그럼에도 불구하고 쿡스타운에는 보비 샌즈의 이름을 딴 거리가 없다. 북쪽이든 남쪽이든 아일랜드의 다른 곳도 마찬가지다. 보비 샌즈가 지지했던 '아일랜드 통일'이라는 원칙에 북아일랜드에 사는 가톨릭교도들은 대부분 동의했지만, 다수는 IRA가 사용한 폭력적 전술을 절대 용인하지 않았다. 독립 투쟁 기간 동안 목숨을 잃은 사람은 양측을 합해 3000명에 달했고 부상을 당한 사람은 더 많았다. 단식투쟁이 최고조에 이르렀을 때, 조앤 매더스라는 스물아홉 살의 인구조사원이 조사차 방문한 집 현관에서 총에 맞아 숨지는 일이 있었다. 일부 IRA가 인구조사를 자신들을 감시하는 도구라고 생각했기 때문이다. 귀여운 이름과 보조개 난 얼굴 때문에 '이웃집 청년'의 전형처럼 전해지는 보비 샌즈도 한 가구 가게 직원들을 모두 지하실에 몰아넣고 가게를 폭파하려다 붙잡혀서 투옥된 것이었다.

　　하지만 샌즈가 왜 전설적인 우상이 되었는지 이해하기는 어렵지 않다. 겉보기에 평범해 보이는 사람이 자유를 쟁취하기 위해 단식투쟁을 하다가 기꺼이 죽음에 이른다는 이야기는 사람들의 마음을 사로잡기에 충분하다.(샌즈의 뒤를 이어 IRA 요원 아홉 명이 단식투쟁을 하다 사망했다는 이야기는 더더욱 충격적이다.) 따라서 어찌 생각해 보면 영국에 맞서 싸운 보비 샌즈의 투쟁을 높이 평가하는 것은 자연스러워 보인다. 세계 곳곳에서 착취를 일삼아 온 영국의 역사를 생각해 보면 더더욱 그렇다. 그러나 그의 고향 사람들도 그를 영웅으로 여기는지는 확신할 수 없다.

　　국회의원에도 선출됐던 보비 샌즈가 1998년까지 살아 있었다면 과연 평화적 해결에 찬성했을까? 모리슨은 단식투쟁에서 살아남은 사람들도 훗날 평화협정을 받아들였다고 설명했다. 그러나 샌즈는 "나는 내 나라 아일랜드가 해방되어 하나의

독립국가이자 사회주의 공화국이 될 때까지 안주하지 않을 것
이다."라는 글을 남긴 적이 있다.[39] 샌즈의 여동생 버나데트 역
시 오빠가 평화협정에 반대했을 거라고 늘 주장해 왔다.(샌즈의
한 측근은 신문과의 인터뷰에서 "보비는 다양한 성격의 소유자지만, 결
코 화평주의자는 아니다."라고 말하기도 했다.[40])

　　보비 샌즈는 안주하지 않았지만, 혁명의 가장 중요한 목표
를 이루는 데는 실패했다. 내가 이 글을 쓰는 지금도 북아일랜
드의 카운티 여섯 곳은 여전히 영국에 속해 있다. 아일랜드에
는 '보비 샌즈' 거리가 없다. 지금의 아일랜드는 보비 샌즈가 꿈
꿔 온 아일랜드가 아니니까.

9

베를린

**나치 시대의
거리 이름이
말해 주는
독일의 과거사 극복**

수전 힐러가 '유대인'이란 단어가 들어간 거리 이름을 처음 발견한 곳은 베를린이었다. 2002년 어느 날, 예술가 지원 프로그램으로[1] 독일에 거주하던 그녀는 손에 지도를 들고 도로명 표지판을 두리번거리며 미테 지구를 배회하고 있었다. 그러다 한 거리에 우연히 들어섰는데 도로명 표지판을 올려다보니 '유대인가(Judenstraße)'라고 적혀 있는 것이 아닌가. '유대인의 거리'도 아니고 '유대인 거리'라니 대단히 직설적인 이름이었다. 그녀는 혼란스러웠다. 집으로 돌아온 힐러는 남편과 함께 독일 전역의 지도를 뒤지기 시작했다. 두 사람은 독일 곳곳에 수많은 '유대인 길', '유대인 골목', '유대인 시장'이 존재한다는 사실을 알아냈다. 그녀는 '유대인'이라는 말이 들어가는 도로명 303개를 일일이 손으로 적어 목록을 만든 후 하나씩 직접 찾아가 보기로 했다.

힐러는 예순이 넘은 나이에도 허리가 곧고 옷차림이 우아
했으며 호기심으로 한껏 치켜 올라간 눈썹을 하고 있었다. 그
녀가 쓰는 영어에는 영국 인텔리들과 오래 어울려 지낸 미국인
의 독특한 악센트가 묻어 있었다. 목소리가 걸걸한 캐서린 헵
번 같았다. 힐러는 원래 학교에서 인류학을 전공하고 벨리즈와
멕시코, 과테말라에서 현지 연구를 했는데, 한 강의에서 아프
리카의 조각 예술에 관한 슬라이드를 보다가 예술이야말로 본
질적으로 파격적이고 신비로운 것이라는 사실을 깨닫고 "사실
의 세계를 버리고 환상의 세계를 좇기로" 결심했다.[2]

20대에 미국에서 영국으로 건너온 힐러는 베를린에서 '유
대인 거리'들을 발견한 2002년 무렵 이미 런던에서 유명한 개
념예술가였다. '제이 스트리트 프로젝트(유대인(Jew)의 앞 글자
를 딴 J Street Project)'를 다음 작품으로 결정한 후 그녀는 몇 년
동안 남편과 함께 독일에서 '유대인'이라는 단어가 들어간 도
로를 찾아다녔다. 관광객들은 거의 찾지 않는 곳을 돌아다니며
짧게는 일주일, 길게는 이주일씩 여행했다. 힐러는 전문가들에
게 '유대인'이라는 이름을 가진 거리들이 제2차 세계대전 이후
에 새로 생긴 것인지 물었다. 돌아온 대답은 "전혀 아니다."였
다. 유대인을 기리기 위해 지어진 도로명은 '안네 프랑크가'처
럼 더 납득하기 쉬운 이름이라고 했다. 반면 일명 '유대인 거리'
들은 역사가 오래되었으며, 그곳이 어떤 거리인지 설명하기 위

해 붙인 이름이었다. 교회가 있던 거리가 '처치 스트리트'라고 불렸듯이 유대인들이 살았기 때문에 붙은 이름이었던 것이다. '유대인가'라는 이름은 나치 시대에 모두 바뀌었다가 전쟁이 끝난 후 존중의 뜻으로 모두 원상 복구되었다.

놀랍게도 '유대인 거리'의 상당수는 농촌에 있었다. 왠지 유대인들은 시끌벅적하고 부산스러운 도시에 사는 것을 상상하는 편이 더 쉬웠기 때문에 독일 경관이 여느 나라와 다를 것 없다는 점은 매우 놀라웠다. 도로명 표지판을 보면 유대인들의 삶과 이동의 자취를 쫓을 수 있었다. '유대인 거리'가 마을 중심에 있다면 그곳에 유대인들의 가게가 몰려 있었다는 사실을 의미했다. 어떤 '유대인 거리'는 도시의 가장 끝자락이나 마지막 기차역처럼 외진 곳에 있었는데, 이는 당시 유대인들이 도심 가까이 사는 것이 허락되지 않았음을 의미했다. 한 지역 역사학자는 현재 주차장이 있는 곳에 예전에는 유대교 회당이 있었다고 설명해 주었다. 어떤 주민은 힐러에게 에둘러 "예전에는 이곳에 부자들이 살았다."라고 했고,[3] 다른 마을에서 만난 중년 부인은 유대인 학교가 있던 거리의 이름이 '유대인가'였는데 나중에 강 위에 놓인 다리의 이름으로 도로명이 바뀌었다고 설명해 주었다. 힐러는 '나중에'라는 말에 생략되었을 모든 일들에 대해 곰곰이 생각해 보았다.

    서독의 총리를 지낸 빌리 브란트는 나치가 자신의 고향을 점령한 날을 자서전에서 이렇게 회고했다. "(1933년) 3월 20일, 뤼베크에서 수많은 사람들이 이른바 보호 감호소라는 곳으로 끌려갔다. 얼마 지나지 않아 거리 이름들이 바뀌기 시작했다."[4]

    그로부터 몇 달이 지난 1933년 12월 17일에 한 여성이 지역 신문사《프랑크푸르트 민중 신문(*Frankfurter Volksblatt*)》에 편지를 보냈다. "혹시 신문사의 힘을 빌려 저희 마을의 거리 이름을 바꾸어 줄 수 있는지 정중히 여쭙고 싶습니다. 거리 이름은 '유대인 야코프 시프(Jew Jakob Schiff)'입니다."[5] 편지를 보낸 여성은 주민 다수가 나치 당원인 마을에 살고 있었다. 그녀는 이어 "집집마다 만(卍)자 깃발이 펄럭이는 동네인데 야코프 시프라는 이름을 볼 때마다 가슴이 미어집니다."라고 썼다.

    시 위원회도 그녀의 의견에 공감했지만 시프는 프랑크푸르트 출신의 미국 금융인으로 고향에 엄청난 돈을 기부해 온 거부였다. 처음에는 시프가 기부금을 되돌려 달라고 하지는 않을까 우려했던 시 정부도 결국 그가 유대인이라는 사실이 돈보다 더 중요하다고 판단했다. 얼마 후 시프가는 프랑크푸르트의 전 시장의 이름을 따서 '뭄가(Mummstraße)'로 이름이 바뀌었다.

    1933년까지 독일의 모든 마을에는 히틀러의 이름을 딴 거리가 하나씩 있었다.(2004년에 구글이 화려한 베를린 샤를로텐부르크 지구에 있는 테오도어 호이스 광장을 실수로 제2차 세계대전 당시 이름인 '아돌프 히틀러 광장'으로 잘못 표기한 일이 있었다.[6] '유대인'이라는 말이 들어간 거리 이름들이 사라지면서, 유대인들이 자유롭게 다닐 수 있는 지역도 달라졌다. 1933년 9월에 《유대인 일간 신문(*Jewish Daily Bulletin*)》은 "로텐부르크 시청이 최근 도심에 있는 광장 이름을 '히틀러 광장'으로 개정하면서 히틀러의 신성한 이름이 새겨진 광장에 유대인이 드나드는 것을 금지하기로 결정했다."라고 보도했다.[7] 1938년까지 제3제국(히틀러의 나치 정부가 통치했던 1933~1945년의 독일 — 옮긴이)은 유대인들에게서 시민권을 박탈하고 국가에 모든 자산을 등록할 것을 명령했으며 아리아인과의 연애를 범죄로 규정했다. 모든 유대인은 가운데 이름을 '이스라엘'이나 '사라'로 바꾸어야 했으며 해변, 영화관, 공연장에 갈 수 없었다. 가게들도 유대인에게 음식을 팔지 않았기 때문에 강제수용소에 가기 훨씬 이전부터 제대로 먹지 못하는 유대인이 많았다.

같은 해, 유대인의 이름을 딴 도로명은 공식적으로 불법이 되었다. 구스타프 말러는 바흐에게 거리 이름을 빼앗겼고, 프랑크푸르트 신문사의 첫 유대인 발행인 레오폴트 존네만의 이름이 지도에서 삭제되었다. 독일의 첫 유대인 외무장관으로 1922년에 암살된 발터 라테나우의 이름을 딴 거리는 '반유대주의 교리 문답서'로 유명한 『유대인 문제 편람(*Handbook of the*

Jewish Question)』의 저자 테오도어 프리치로 이름이 바뀌었다.

함부르크시는 마르크스주의자나 유대인 냄새가 강한 거리 이름 1613개를 추려 목록을 만들면서 "시민들이 헤르만 괴링(나치 독일의 국가의회 의장을 지내고 게슈타포를 창설한 것으로 유명하다. — 옮긴이)의 이름을 딴 도로명을 원한다면 할러가 (Hallerstraße)와 그 지하철역의 이름을 개정할 때 고려해 보겠다."라고 발표했다.[8] 유대인 최초로 함부르크 상원 의원을 지낸 니콜라우스 할러가 오래전에 기독교인으로 개종했다는 사실은 중요하지 않았다. 얼마 후, 한 지역 신문에는 꾀죄죄한 작업복을 입은 노인이 할러가의 도로명 표지판을 철거하고 있는 사진이 실렸다.[9]

함부르크 시장은 나치 당원이었지만 전자기파를 발견한 물리학자이자 "아버지만 유대인"인 하인리히 헤르츠의 이름을 딴 도로명은 그대로 남기려고 했다. 그러나 나치 정부는 예외를 인정하지 않았고 매몰차게 "1938년 11월 1일까지 유대인 이름이 들어간 거리 이름을 모두 바꾸고 개정한 도로명을 보고하라."라고 명령하는 것으로 대답을 대신했다.[10] 그의 이름을 딴 진동수 단위 헤르츠는 그대로 사용되었으나 헤르츠가는 '라이프치히가(Leipzigerstraße)'로 이름이 바뀌었다. 독일에서 유대인들이 사라지는 만큼 그들의 이름을 담은 거리도 점점 자취를 감추고 있었다.

○

어떻게 보면 거리 이름은 완벽한 정치적 선전 도구다. 별 생각 없이 말하게 되는 것은 물론 주소를 불러 주거나 편지를 쓰거나 양식을 쓸 때마다 반드시 사용해야 하기 때문이다. 말 그대로 국가가 거리 이름이라는 도구를 통해 국민들이 어떤 말을 사용하도록 강제할 수 있는 것이다. 나치 정부는 이런 사실을 누구보다 잘 알고 있었다. 히틀러의 자서전 『나의 투쟁』을 보면 사람들이 쉽게 망각하고 외부 요인에 쉽게 휘둘린다는 사실을 알 수 있다. 히틀러의 최측근으로 나치의 정치적 메시지를 뿌리 깊게 정착시키는 임무를 맡은 사람은 요제프 괴벨스였다. 그는 "유능한 선전 기관이 해야 할 일은 많은 사람들에게 익숙한 것을 가져다가 식자부터 필부에 이르는 세간의 모든 이에게 영향을 미치도록 만드는 것이다."라고 주장했다.[11] 적절한 맥락에서 여러 번 반복되는 단순한 메시지는 사람의 마음을 교묘하게 파고들어 가 영구적으로 자리 잡는다. 그렇다면 거리 이름보다 단순한 메시지가 또 있을까?

자료 조사를 위해 찾은 영국 국가기록원은 런던 서부 템스 강변에 위치한 유리와 돌로 만든 널찍한 건물이었다. 안에 들어가니 직원이 제2차 세계대전 후 영국군이 독일 영토에서 활동한 내역이 담긴 두꺼운 파일 몇 개를 건네주었다. 파일 겉면에는 '비(非)나치화'라는 글자가 빨간 펜으로 휘갈겨 쓰여 있었다. 수수한 포마이카 테이블 위에 파일을 올려놓고 앞장을 펼치니 오스트리아 전역의 군사령부가 거리 이름 현황에 대해 작성한 보고서 한 무더기가 나왔다. 그중에는 영국군이 나치가 만들어 놓은 도로명을 어떻게 본래 이름으로 복구시켰는지 설명하는 노란색 메모도 있었다. '아돌프 히틀러가(Adolf-Hitler-Straße)'를 비롯한 나치 도로명은 대부분 '한스 란츠', '미하엘 디트리히'처럼 독일 교과서를 뒤져 골라낸 듯한 평범한 이름으로 수정되었다. 그러나 내 시선을 잡아 끈 것은 새로운 이름이 붙여진 거리들이 자리한 소도시의 이름 '유덴부르크(Judenburg)'였다.

나는 더 자세히 알아보기 위해 유덴부르크의 문서 기록 관리소에 이메일을 보냈다. 유덴부르크는 오늘날 인구 만 명이 조금 안 되는 유서 깊은 소도시로, 기록물 관리사 미하엘 시스틀에 따르면 마을 이름은 실제로 '유대인'이란 말에서 따왔다. '유대인들의 성'이란 뜻의 유덴부르크는 그곳에 장이 서던 11세기에 붙여진 이름이었다. 당시만 해도 유대인들은 유덴부르크를 상징하는 문장의 주인공이었으나 15세기에 이르자 도시에서 모두 추방되었다. 오스트리아가 독일에 합병된 후 유덴부르크에는 도시 이름을 바꾸어 달라는 요구가 빗발쳤다. 실제로 유덴부르크 시청의 한 행정관은 히틀러에게 편지를 보내

"우리의 총통"께서 "언제나 나치주의의 충실한 수호자였던" 도시를 '유덴부르크'라는 이름에서 해방시켜 달라고 간청했다.

시스틀이 내게 보내 준 사료에는 다음과 같은 편지가 들어 있었다.

1938년 3월 25일 브르노에서

존경하는 선생님께[12]

최초의 독일인이자 독일인에 가장 합당하신 우리의 총통 아돌프 히틀러께서 유대인과 관련되었거나 유대인을 떠올리게 하는 것은 모두 싫어하신다는 것을 우리 모두 잘 알고 있습니다. 그런데도 귀하의 도시는 '유덴부르크'라는 차마 입에도 담지 못할 이름을 하고 있습니다. 최대한 신속하게 지역 총회를 소집하여 시 정부의 권위 있는 의사 결정자들에게 도시 이름을 '유덴부르크'에서 '아돌프부르크'로 변경하자고 제안할 것을 강력하게 요청드립니다.

존경을 담아, 파울 안드레아스 뮐러 드림

브르노 크로이츠가 23번지

이런 편지도 있었다.

　　　　　　　　　　　　　　1938년 4월 4일 에센에서

유덴부르크 시장님께

'위대한 독일 제3제국'의 영토가 확장되었다는 사실
에 가슴이 벅차 지도책에서 시장님의 지역을 유심히
살펴보던 중에 도시의 이름을 보고 당혹스러움을 감
추지 못했습니다. '유덴부르크'라뇨! 유대인이나 폭
군을 상기시키는 것은 모두 제거하는 것이 제국에 공
헌하는 일입니다. 새로운 도시 이름으로 '유벨부르크
(Jubelburg, 환희의 성)'가 어떨까요? 총통께서 오스트
리아에 입성하시고 환영받으신 1938년 3월 12일과
13일의 환희를 영원히 기념하는 이름이 될 것입니다.

　　　　　　　　　　　　　　　　"하일 히틀러!"

　　　　　　　　　　　　　　　　　후고 모츠 드림

　도시 주민들은 이름에 얽힌 오랜 역사를 이유로 이름을 바
꾸는 데 반대하긴 했지만 전쟁이 끝난 후 재고해 보기로 했다.
그 대신 도시의 상징이었던 뾰족한 모자를 쓴 유대인의 얼굴을
문장에서 지워 버렸다.

　도시 이름을 바꾸지 못한 나치 정권은 이번엔 유덴부르크
의 거리 이름을 바꾸기 시작했다. 내가 영국 국가기록원 사료
에서 보았던 거리 이름들은 독일이 오스트리아를 병합하기 전

오스트리아 국회에 쿠데타를 시도했던 나치 당원들의 이름을 딴 것이었다. 독일인들은 이른바 그런 '아름다운 죽음'을 민족 신화로 미화했고, 괴벨스는 진정한 나치 당원이라면 반드시 이념을 최우선으로 여기고 "어떤 결단을 내릴 때 목숨을 거는 것을 인간이 행할 수 있는 최고의 가치로 삼아야 한다."라고 주장했다.[13] 그런 관점에서 보면 최고의 가치를 행한 이는 호르스트 베셀이었다.[14] 히틀러 돌격대의 핵심 간부로 1930년에 독일 공산당에게 총격을 받아 사망한 베셀은 이내 독일에서 가장 인기 있는 아기 이름과 거리 이름이 되었다. 아이러니는 베셀이 어릴 적 살던 곳이 베를린의 유대인가였다는 사실이다.[15]

그러나 아돌프 히틀러가 총통 관저 벙커에서 청산가리를 들이킨 지 채 한 달도 되기 전에 미국, 영국, 프랑스, 소련으로 구성된 연합국 정부가 독일을 통치하기 시작했다. 할 일이 태산이었다. 파괴된 건물이 5만 개가 넘었고, 베를린에만 부모를 잃은 고아나 미아가 5만 3000명에 달했다.[16] 결핵이나 구루병, 펠라그라, 농가진에 걸려 죽는 아이들도 많았다.[17] 1945년 7월에는 이질이 발병하면서 신생아의 66퍼센트가 태어나자마자 목숨을 잃었다.[18] 스탈린의 묵인하에 소련군이 30퍼센트가 넘는 베를린 여성과 여자아이들을 강간하면서(강간으로 태어난 아이가 독일에만 15만~20만 명에 달했다.) 발진티푸스와 매독, 임질 같은 병도 만연해 있었다.[19] 제2차 세계대전 후 인구가 전쟁 전

보다 줄었음에도 불구하고 독일에서는 전쟁 후에 죽은 사람이
전쟁 중에 죽은 사람보다 네 배나 많았다.[20]

1945년 5월 24일에 베를린 구청장들이 모두 모인 자리의
첫 회의 주제는 거리 이름이었다.[21] 독일 공산당이 베를린 시내
를 샅샅이 뒤져 약 1만 개의 거리 중 이름을 개정해야 할 거리
1795개를 찾아냈다.[22] 거리 이름을 새로 지어야 한다는 데는
원칙적으로 모두 동의했지만 도로명을 짓는 과정에서 드러난
이념의 차이는 앞으로 다가올 분단의 미래를 암시했다.

1949년 12월에 동베를린 정부는 스탈린의 70세 생일을
맞아 특별한 선물을 준비했다. 마오즈 아자랴후가 생생하게 기
록했듯이, 12월 22일 이른 아침 프랑크푸르트가의 도로명 표
지판이 철거되자 수천 명의 사람들이 축제 분위기 속에 거리로
몰려들었다.[23] 오토바이에 탄 남성들이 신호에 맞춰 새로운 도
로명을 가리고 있던 막을 걷어 냈고,[24] 횃불을 든 노동자들이
독일과 러시아 민요, 동독 국가를 연주하는 베를린 경찰 악대
의 연주에 맞추어 행진을 했다. 폭죽이 터지면서 스탈린의 거
대한 초상화가 환하게 드러났다.[25] 그날 행사를 위해 동독 작가
쿠르트 바르텔은 다음과 같은 시를 썼다. "스탈린 동지께 감사
의 마음 전할 길이 없네. 그리하여 이 거리의 이름을 그분께 바
치는도다."[26]

이 무렵 동독과 서독은 확실하게 분리되어 있었다. 서독은 누가 봐도 나치의 흔적이 남은 도로명들을 없애고 그중 일부 도로에 반나치 운동가들의 이름을 딴 새 도로명을 붙여 주었다. 그러나 비나치화 작업에 지친 서독은 나치 거리들을 그냥 예전 이름으로 복구해 버렸다. 그래서 전후 서베를린의 거리들은 전쟁의 역사를 지운 듯한 이름이 많았다.

반면 동독을 점령한 소련군은 비나치화뿐만 아니라 혁명을 원했고, 거리 이름을 통해 새로운 세계 질서에 대한 동독의 의지를 보여 주고자 했다. 소련이 점령한 지역은 나치에 반대하는 유인물을 나눠 주었다는 이유로 게슈타포에게 참수당한 한스 숄, 소피 숄 남매와 같은 반나치 운동가들의 이름을 따서 거리 이름을 지었다. 그러나 도로명 개정이 점차 극단적으로 변하면서 예술가, 좌파 철학자, 혁명가, 공산주의 열사들의 이름이 모두 동독 거리를 한자리씩 차지하게 되었다. 나중에는 동독 비밀경찰과 1961년에 건설된 베를린 장벽을 지키고 서 있던 장교와 군인들의 이름도 도로명이 되었다.[27]

독일 통일 이후 이런 도로명들은 어떻게 되었을까?[28] 1989년에 베를린 장벽이 무너지기 직전 서독과 동독 사이에는 사회주의자 케테 니더키르히너를 두고 싸움이 벌어졌다. 본래 재봉사였던 니더키르히너는 나치가 부상하기 전부터 전단지를 배포하고 소란스러운 연설을 하는 등 공산당 활동에 적극적으로 참여한 사람이었다. 체포되어 독일에서 추방된 그녀는 모스크바로 망명하여 독일어로 진행하는 반나치 방송을 시작했다. 1941년에 니더키르히너는 폴란드 항공에서 낙하산을 타고 베를린을 향해 오다가 나치에게 붙잡혔다. 그녀가 가지고 있던 가짜 여권은 여러모로 완벽한 모조품이었으나 최근에 발행된 나치 스탬프가 찍히지 않아 발각되고 체포되었다. 취조와 고문 끝에 라벤스부르크 강제수용소로 보내진 그녀는 그곳에서 결국 나치 친위대에게 총살을 당했다.

　과거 프러시아 의회 건물에 자리한 통일 독일의 베를린 시 의회는 동베를린의 니더키르히너가에 있었다.[29] 서독을 이끌던 기독민주당은 거리 이름을 바꾸어야 한다고 강력히 주장했다. 그녀가 나치 시대에 죽지 않고 살아남았다면 지금도 공산주의자일 것이며 서독이 그동안 애써 지켜 온 민주주의를 거부할 것이라는 것이 의장의 논리였다. 결국 기독민주당은 공식 용지에 인쇄되는 의회 주소를 '프러시안 어셈블리가'로 바꾸었으나, 좌파 정당은 그대로 '니더키르히너가'를 썼다.

　독일 전역에서 동베를린 거리 이름들을 전쟁 이전의 이름으로 되돌려 달라고 요구하는 시민들의 청원이 쏟아졌다. 많은 동독 사람들이 이름 개정에 지지를 보냈다. 한 시민은 "회신 주소에 '레닌가'라고 쓰여 있으면 심지어 외부인들에게도 영원히 동베를린 사람으로 인식되는데, 누가 그걸 원하겠습니까?"라고 편지를 썼다.[30] 그러나 모두가 찬성한 것은 아니었다. 수천 명의 사람들이 거리에 나와 정부가 동독의 정체성을 지워 버리려 한다며 항의할 때도 있었다. 1991년에 베를린 시의회는 공산주의자, 스페인 내전 참전자, 시인, 소설가, 레지스탕스의 이름을 딴 수십 개 거리의 도로명 개정을 제안했다.[31]

대체 무엇 때문에 도로명을 바꾸어야 했을까? 나치를 피해 망명을 갔다 동독으로 다시 돌아온 유대인 교수 한나 베렌트는 1996년에 친구에게 편지를 쓰며 이렇게 말했다. "이곳에 새로운 주소는 없어. 베를린 시의회가 스페인에서 파시스트에게 살해된 젊은 반파시스트 운동가 아르투르 베커의 이름을 지우고, 거리 이름을 튜턴 기사단의 헤어 폰 크니프로데 이름으로 되돌려 놓았지. '동쪽으로 진격'하여 슬라브족 영토를 '정복'했던 바로 그 중세 강도단의 우두머리 이름으로 말이야."[32] 공산주의자들의 이름을 대신해 새롭게 지어진 거리 이름 중에는 논란이 될 만한 이름들이 많았다.[33] 일례로, 드레스덴의 '카를 마르크스 광장'은 '팔레 광장(Palaisplatz, 궁전 광장)'으로, '프리드리히 엥겔스가'는 '쾨니히가(Koenigstraße, 왕의 거리)'로 바뀌었다. 어느 인류학자가 말했듯이 동독과 서독의 통일은 합병이 아니라 "기업 인수"와 다름없었다.[34]

어린 시절 베를린 장벽이 무너지는 것을 본 법학자 크리스티아네 빌케는 안식년을 맞이하여 베를린을 찾았다. 오래전 어

머니와 함께 놀던 동베를린의 거리를 둘러본 그녀는 집에 돌
아가 어머니와 이곳저곳에 대한 이야기를 나누다 어머니가 알
고 있는 거리 이름과 그녀가 본 현재의 거리 이름이 다르다는
사실을 깨달았다. "단치히가(Danziger Straße)라고요?" "토르가
(Torstaße)는 또 어디지?"

어느 날은 머리를 하러 들어간 미용실의 직원이 자신과 고
향이 같다는 것을 알게 되었으나 직원이 다녔다는 학교는 이
름을 들어도 통 알 수가 없었다. 미용실 직원 역시 빌케가 말한
동독 시절의 이름은 처음 듣는다고 했다. 고향이 같은데도 여
러 지명이 달라 소통이 어려워지다 보니 두 사람 사이에 오가
던 대화도 자연스레 중단되었다. 빌케는 "우리는 같은 이름으
로 기억하는 곳이 하나도 없었다. 동독의 도시, 학교, 거리를 말
할 때마다 우리는 예전 이름, 현재 이름, 때로는 아주 오래된 이
름까지 끄집어내야 상대방의 말을 이해할 수 있었다."라고 고
백했다.[35] 거리 이름 사전이 있다 한들 그 간극을 좁힐 수는 없
었다.

1951년, 과거 동독 드레스덴에는 율리우스 푸치크의 이름
을 딴 광장이 있었다. 푸치크는 기자이자 적극적인 반나치 레
지스탕스 활동을 벌인 공산당원으로 훗날 나치에 의해 교수형
을 당한 인물이었다. 그는 강제수용소에 끌려간 뒤 종잇조각을
찾을 때마다 글을 썼는데 그 양이 167장에 달했고 그를 가엾게

여긴 간수들이 그 글들을 몰래 반출해 주었다.[36] 푸치크는 "이 시간을 살아남을 그대들은 나치에 맞서 싸운 이들이 결코 이름 없는 영웅이 아니었음을 잊어서는 안 된다."라고 하면서 그들도 이름과 얼굴, 열망과 신념이 있는 사람들이었으며 "그중에 가장 보잘것없는 사람이 견디어 낸 고통도 가장 먼저 기억될 사람의 고통보다 결코 작지 않았다."라고 설명했다.

"주목해야 할 것은 1991년에 드레스덴의 푸치크 광장이 '슈트라세부르거 광장(Straßburger Platz, 프랑스 자매도시 스트라스부르(Strasbourg)의 이름을 따왔다. — 옮긴이)'으로 바뀌었다는 사실이다."[37] 역사학자 퍼트리샤 브로드스키의 말이다.

○

개념예술가들은 베를린의 거리 이름에 매료된 듯했다. 1993년에 레나타 스티흐와 프리데르 슈노크는 과거 유대인 지구였던 지역의 가로등에 표지판 80개를 설치했다.[38] 각각의 표지판에는 "유대인과 폴란드인은 사탕을 살 수 없다.", "유대인은 라디오나 전축을 소유할 수 없다.", "유대인은 전화와 지하철을 사용할 수 없다.", "유대인은 앞으로 집에서 반려동물을 키울 수 없다.", "유대인은 학위를 딸 수 없다."와 같은 나치 시대의 법령이 쓰여 있었다. 스티흐와 슈노크는 일부러 모든 표지판에 '유대인'이라는 단어를 어떻게든 집어넣었다. 독일에서 '유대인'이라는 말을 입 밖으로도 꺼내지 못하는 사람들을 자극하기 위해서였다. 표지판을 걸던 인부들은 누군가 창밖으로 "유대인 돼지 새끼들, 꺼져라!"라고 소리치는 일이 있기 전까지 이런 프로젝트는 필요가 없다며 투덜거렸다.[39]

스티흐와 슈노크는 인근에 유대인 게오르크 하버란트의 이름을 딴 거리가 있었다는 사실을 알게 되었다. 그것도 제2차 세계대전 전에 말이다. 대체 어떻게 이런 일이 가능했을까? 두 사람은 하버란트가(Haberland Straße)의 모형 도로명 표지판을 만들어 하버란트가 살았던 집 밖에 걸었다.

이후 하버란트라는 거리 이름을 두고 5년간 정치적 논쟁이 이어졌다.《뉴욕 리뷰 오브 북스》와의 인터뷰에서 스티흐와 슈노크는 녹색당이 투자가였던 하버란트를 좋아하지 않았으며 도로명을 만들어 가면서까지 기념할 만한 인물이 아니라고 여긴 듯했다고 밝혔다.

> **스티흐**　잘 알지도 못하면서 녹색당은 하버란트가 나쁜 사람이라며 일개 투자가의 이름을 따서 거리 이름을 지을 수 없다고 했어요.[40] 5년이 지나서야 끝내 도로를 절반으로 잘라 반은 '하버란트가'로 개정하고, 나머지 반은 그대로 '트로이히트링거가(Treuchtlinger

Straße)'로 두었죠.

슈노크 참 독일다운 방법이에요.

1938년에 나치는 베를린 슈판다우 지역에 있는 여러 '유대인가' 중 하나를 19세기 혁명가의 이름을 따서 '킨켈가'로 바꾸었다. 훗날 이 거리는 다시 '유대인가'가 되었지만, 들리는 바로는 도로명 회복을 기념하는 행사에 우파 시위대가 몰려와 "유대인 물러가라!", "이게 다 유대인 때문이다."라며 야유를 보냈다고 한다.[41] 이때가 2002년, 바로 수전 힐러가 베를린에 온 해였다.

췌장암으로 사망하기 1년 전쯤인 2019년에 힐러는 내게 67분짜리 영상을 하나 보내 주었다. 영상은 그녀가 유대인 거리를 주제로 제작한 것으로 전 세계 미술관에 전시된 유대인 거리 사진도 함께 볼 수 있었다. 한 시간 분량의 영상에는 시계가 재깍거리는 소리, 노인이 지팡이를 짚으며 걷는 소리, 트럭이 굉음을 내며 도로를 지나는 소리 말고는 대화도 거의 없고 흥미진진한 사건도 없었지만 마음을 사로잡는 매력이 있었다. 영상 속에 등장하는 유대인 거리 위에서도 현대인의 삶은 평범하게 흘러갔다. 사람들은 저마다 용무를 보기 위해 바삐 움직였고, 인부들을 실은 밴은 미끄러지듯 지나갔으며, 누군가 쓰고 있던 모자가 바람에 날아가기도 하고, 아이들은 장난을 치

며 돌아다녔다. 가장 가슴이 아팠던 것은 유대인들이 도시를
가로질러 다니지 못해 멀리 돌아갈 때 이용했다던, 「헨젤과 그
레텔」 이야기에나 나올 법한 나무가 우거진 좁은 오솔길인 '유
대인 골목길(Judenpfade)', '유대인 샛길(Judenwege)'이었다. 게
다가 나는 gasse가 독일어로 '골목길'이라는 사실을 알고도
'Judengasse(유대인 골목)'라는 표지판이 나올 때마다 깜짝깜짝
놀랐다. 그러나 힐러가 말한 것처럼 표지판 자체도 혼란스럽지
만, 그 표지판을 철거하는 것은 훨씬 더 혼란스러운 일이었을
것이다.

힐러의 작품 대부분은 영혼을 주제로 한다. 한번은 런던
테이트 브리튼 미술관에서 죽을 고비를 넘긴 사람들의 으스스
한 이야기를 전시한 적이 있었다.(힐러는 "이런 이야기가 재미없
다면 인간은 정말 지루한 존재인 거예요."라고 했다.[42]) 유대인 거리
를 주제로 한 '제이 스트리트 프로젝트' 역시 영혼에 관한 이야
기다. 유대인 거리에도 인간의 일상은 계속된다. 비록 유대인
들은 오랫동안 평범한 삶을 박탈당했고 심지어 목숨까지도 빼
앗겼지만 말이다. 힐러는 "이 여정을 모두 마쳤을 때 나는 내가
보았던 수백 개의 표지판들이 마치 한 목소리로 영원히 사라진
것의 이름을 힘주어 부르고 또 부르는 것처럼 느껴졌다."라고
했다.[43]

베를린은 전 세계에서 가장 모진 역사를 품은 도시다. 한

세기도 안 되는 시간 동안 프로이센 왕국에서 바이마르 공화국, 나치 독일을 거쳐 냉전에 이르는 역사의 격랑을 모두 지나왔기 때문이다. 디르크 페어하이엔이 지적했듯이 "거리 이름은 오랫동안 정체성을 두고 분투해 온 베를린 역사의 핵심이자 상징이었다."[44] 최근 베를린에서는 아프리카 지구(Afrikanisches Viertel)의 도로명 개정을 요구하는 시위가 있었다. 제1차 세계대전 발발 이전에 동물과 인간을 함께 전시하는 동물원(결국 개장은 되지 않았다.)이 지어질 부지였던 그 지역에 독일 식민지 땅에서 아프리카인들을 노예로 부리고 강간하고 고문했던 자들의 이름을 따서 만든 거리들이 많았기 때문이다. 2018년에 독일 정부는 마침내 문제의 거리 이름들을 독일과 맞서 싸운 아프리카 노예해방 운동가들의 이름으로 바꾸기로 결정했다.

독일의 거리 이름에 대해 알면 알수록 학창 시절 내가 왜 그토록 독일어를 하지 않으려 했는지 상기시켜 주는 단어인 'Vergangenheitsbewältigung(과거사 극복)'이라는 단어가 계속 머릿속에 떠올랐다. 이 단어에는 '과거'라는 의미와 '인정하고 극복하는 과정'이라는 의미가 결합되어 있다.[45] 독일의 특징을 매우 잘 보여 주는 단어로 독일이 나치와 분단의 역사를 청산할 때 자주 쓰인다. 그러나 그 의미 자체는 매우 보편적이다. 인간은 누구에게나 직면하고 기억하고 씨름하고 해결해야 할 과거가 있다. 그리고 그런 과거가 때로는 거리 이름의 역사일 때도 있다.

내게 'Vergangenheitsbewältigung'이 가장 인상적인 점은
이런 단어가 존재한다는 사실이 아니라 과거를 극복하는 '과
정'이 단어의 핵심이기 때문이다. 마치 '과거는 극복될 수 있는
가?'라고 묻는 것만 같다. 과연 'Vergangenheitsbewältigung'에
끝이 있을까?

인종

10

플로리다주 할리우드

거리 이름을 지키려는 자, 바꾸려는 자

플로리다주 할리우드시에 사는 벤저민 이스라엘은 지난 2년 반 동안 거리 이름 개정에 관한 시의회 회의에 한 번도 빠지지 않고 참석했다.(폐암 치료 때문에 "완전히 녹초가 되어" 움직일 수 없었을 때만 빼고 말이다.) 아프리카계 미국인이자 정통파 유대교도인 그는 뉴욕에 약물중독 문제가 심각하던 시절 할렘의 암스테르담 애비뉴에서 자랐다. 유대인인 그의 아버지는 에티오피아에서 종교 박해를 피해 상선을 타고 미국으로 왔고 뉴욕에서 이스라엘의 어머니를 만났다.

그의 어머니는 가정부로 일하며 세 식구를 먹여 살렸다. 이스라엘은 매일같이 학교를 마치고 집에 돌아와 마약중독자들이 마치 화장실인 양 더럽혀 놓은 현관 앞을 치워야 했다. 그래도 그는 맨해튼이 좋았다. 하지만 기관지염이 갈수록 심해지는 바람에 삼촌을 따라 요양차 플로리다에 갔다. 일주일만 있다 돌아올 생각이었으나 마침내 편히 숨 쉴 수 있게 된 그곳에 그냥 눌러앉았다. 그는 곧 포트로더데일과 마이애미 사이에 위치한 중소 도시 할리우드에 정착했다. 그리고 목수 일을 배우며 안식일에 걸어서도 갈 수 있는 유대교 회당 근처에 집을 얻어 살았다.

할리우드는 이제 이스라엘의 고향이다. 점점 하얗게 세는 머리에 야물커(유대인 남성들이 머리 정수리 부분에 쓰는 작고 동글납작한 모자―옮긴이)를 쓴 그는 시 위원회 회의 자리에 매번 참석하여 한결같이 도시에 있는 남부 연합군(미국 남북전쟁 당시 합중국에서 탈퇴한 남부 열한 개 주가 결성한 연합체로 노예제를 옹호했다.―옮긴이)의 이름을 딴 거리 이름을 바꾸어야 한다고 주장했다. 그중에서도 남부 연합군 총사령관 로버트 E. 리의 이름을 딴 리 스트리트(Lee Street), 남부 연합군 기병대장 출신 네이선 베드퍼드 포러스트의 이름을 딴 포러스트 스트리트(Forrest Street), 남부 연합군 장군 존 벨 후드의 이름을 딴 후드 스트리트(Hood Street)가 가장 큰 문제였다. 모두 할리우드의 흑인 지역인 라이베리아를 관통하는 도로였다. 이스라엘은 시 위원회 회의에 참석할 때마다 교통 체증이나 에어비앤비 규정과 같은 다른 민원을 제기하는 주민들 사이에 끼어 자신에게 주어지는 3분 동안 언제나 열변을 토하며 발언을 했다.

플로리다주의 할리우드시는 어느 날 하늘에서 뚝 떨어진

도시가 아니다. 옛날에 아버지와 함께 캐나다 유콘주에서 사금을 채취하러 다닌 조셉 영이라는 개발업자가 있었다.[1] 결국 그곳에서 아무것도 찾지 못하고 미국에 돌아온 그는 캘리포니아에서 (금과 다를 바 없는) 부동산 사업을 시작했다. 영의 전기를 쓴 조앤 미클슨에 따르면, 1920년 1월에 서른여덟 살이었던 영은 또 다른 노다지를 꿈꾸며 마이애미 북쪽의 관목이 무성한 땅에 도착했다. 두 농촌 마을 사이에 낀 그 땅은 작은 야자나무와 방크스소나무, 습지로 뒤덮여 있어 처음에는 그다지 돈이 되어 보이지 않았다.[2]

그러나 아무래도 상관없었다. 영은 파리 개조 사업을 이끈 조르주 외젠 오스만의 파리 설계도에 기반하여 넓은 도로와 로터리, 가로수길, 요트가 뜰 수 있는 수심의 호수가 있는 새로운 도시를 건설하기 위해 정교한 계획을 세웠다.(영은 할리우드의 이름을 캘리포니아주 할리우드시에서 따온 것이 아니라 단순히 그 이름이 좋아서 붙인 것이라고 주장했다.) 5년 후, 할리우드에는 기차역, 컨트리 클럽, 백화점, 제빙 공장이 들어섰다.

때는 바야흐로 1920년대, 당시 미국은 세계에서 가장 부유한 나라였다. 미국인들은 연금과 유급 휴가, 새롭게 등장한 자동차로 윤택한 삶을 누리고 있었다. 플로리다의 날씨는 더웠으나 미국 대부분의 지역은 혹독하게 추웠다. 1920년에는 뉴욕에 72시간 동안 폭설이 내려 45센티미터에 달하는 눈이 쌓이는 바람에 화학전 부대 군인들이 화염방사기를 들고 나와 거리에 쌓인 눈을 녹여야 했다. 같은 해 보스턴에는 1.8미터가 넘는 눈이 왔다.[3]

미국인들은 파라다이스를 찾아 플로리다로 몰려들었다. 최신식 자동차를 타고 운전을 해 내려온 사람들도 많았다. 투기꾼들은 땅값이 매겨지기도 전에 비어 있는 땅을 팔아 치웠다. 《마이애미 헤럴드》는 부동산 광고가 넘쳐나 전국에서 지면이 가장 많은 신문이었다.[4] 플로리다 땅의 3분의 2는 땅을 한 번도 보지 않은 사람들에게 우편으로 판매되었다.[5] 그런데도 영은 보스턴과 뉴욕 사람들이 "구매 부담 없이" 할리우드에 올 수 있도록 전세 버스 스물한 대까지 대절했다.[6]

영은 남부 출신도 아니었고, 전하는 바에 따르면 인종차별주의자도 아니었다. 그러나 1915년 이후 큐클럭스클랜(Ku Klux Klan, 이하 KKK)이 부활했을 때 가장 세력이 강하고 폭력적인 KKK 지부가 공교롭게도 플로리다에 있었다. 영이 할리우드 땅을 산 지 몇 달도 채 되지 않은 1920년 대통령 선거 날, 플로리다 오코이의 KKK가 흑인을 60명 가까이 살해하는 사건이 발생했다. 살아남은 흑인들이 늪지대로 몸을 피한 사이에 줄리어스 '줄라이' 페리가 전봇대에 목이 매달려 죽었고 그 옆에는 "깜둥이들이 투표를 하면 이렇게 된다."라는 표지판이 내걸렸다. 1890년부터 1920년까지 플로리다에서는 흑인 161명

이상이 린치를 당했는데,[7] 이 수는 앨라배마주의 세 배, 미시시피주, 조지아주, 루이지애나주의 두 배에 달했다. 플로리다는 주 헌법으로 흑인들의 선거권을 박탈하고 백인 교사들이 흑인들을 가르치는 것도 금지했다.

흑인 차별 정책 때문에 흑인이 백인의 이웃에 사는 것마저 금지되자, 1923년에 영은 흑인 주민들을 위한 라이베리아라는 마을을 따로 만들어 흑인들에게 직접 운영을 맡기고자 했다. 영이 구상한 라이베리아는 40개의 정사각형 블록 위에 가로수가 늘어선 대로와 큰 원형 공원, 호텔이 있는 마을이었다. 영은 학교와 교회를 짓는 데 필요한 땅을 기부하고, 애틀랜타, 롤리, 샬럿처럼 흑인 인구가 많은 도시의 이름을 따서 거리 이름을 지었으며,[8] 아프리카계 미국인 시인 폴 로런스 던바의 이름을 따서 공원 이름을 '던바'라고 지었다.

그러나 라이베리아에 대한 영의 원대한 포부는 실현되지 못했다. 그는 1926년에 허리케인이 할리우드를 쑥대밭으로 만들고 지나간 후 파산하고 말았다.[9] 흑인 주민들의 주거 수준은 형편없었고, 천막 안에 빽빽하게 모여 사는 경우도 많았다. 얼마 후에는 할리우드 전역에 영이 지은 거리 이름들이 영문도 모른 채 바뀌었다. 라이베리아에는 루이빌, 메이컨, 서배너처럼 탄탄한 흑인 공동체가 있는 도시의 이름을 따서 이름을 지은 거리들이 있었는데, 이 거리들이 모두 흑인을 계속 노예로 부리겠다고 전쟁을 한 남부 연합군 장군들의 이름으로 바뀐 것이다.

이스라엘은 내게 네이선 베드퍼드 포러스트의 이름을 딴 거리가 가장 신경에 거슬린다고 하면서 시 위원회 회의에서도 그렇게 밝혔다고 했다. 시 위원들은 때로 그의 주장에 동조했지만 마치 시혜라도 베푸는 듯한 태도를 보일 때도 있었다. 한 위원이 '포러스트(Forrest)'에서 그냥 'r' 하나만 빼서 '포리스트(Forest) 스트리트'로 만드는 것은 어떻겠냐고 해서 이스라엘은 이렇게 대답했다고 한다.

"등을 칼로 찔러 놓고 칼을 조금만 빼겠다는 겁니까?"

네이선 베드퍼드 포러스트는 노예 상인이었다. 그는 멤피스 시내 "깜둥이 시장"에서 수천 명의 흑인 노예들을 내다 팔면서 자신의 상품이 "콩고 산지 직송"이라고 선전하곤 했다.[10] 한 번은 네 명의 남자에게 팔 다리가 붙잡힌 노예를 포러스트가 채찍으로 때리는 모습이 신문에 실리기도 했으며,[11] 실오라기 하나 걸치지 않은 여자를 "소금물에 절인 가죽 끈"으로 때리기도 했다.[12] 남북전쟁이 시작될 때 이등병으로 군에 입대한 포러스트는 장군으로 전쟁을 마쳤다. 역사학자 찰스 로이스터에 따르면, "그는 중요한 전투에서는 별 볼일 없는 선수였고, 별 볼일 없는 전투에서는 중요한 선수였다."[13]

　　포러스트의 전투 중 가장 악명 높았던 것은 보급품 탈취를 위해 북군 주둔지를 공격한 포트필로 전투였다. 당시 포트필로를 점령하고 있던 북군에는 흑인 군인이 많았고, 그중에는 포러스트가 과거 노예로 삼았던 이들도 있었다. 포러스트와 3000명에 이르는 그의 부대는 흑인 병사들만 골라내 더 잔인하게 공격했고 항복하겠다는 제안마저 무시했다.

　　한 남부 연합군 병사의 기록에 따르면 "살육 현장은 형용할 수 없을 만큼 끔찍했다. 정신이 어리벙벙해진 불쌍한 흑인들은 우리 군을 향해 달려와 무릎을 꿇었고 손을 높이 쳐들고는 살려 달라고 소리쳤다. 하지만 우리 군의 명령에 몸을 일으킨 뒤 바로 사살당했다."[14] 한 흑인 병사가 남부 연합군 병사에게 붙잡힌 뒤 살려 달라고 애원했으나 남군 병사는 "이 빌어먹을 놈아! 감히 주인님을 상대로 싸워?"라고 말하더니 총을 들어 쏴 버렸다. 남부 연합주의 한 신문은 "백인 병사들은 관대한 처분을 받았으나 검둥이들에게는 자비가 없었다."라고 썼다.[15] 포러스트도 자신이 남긴 글에서 핏빛으로 물든 강물이 200미터가량 이어졌다고 하면서 "이것을 계기로 검둥이 병사들은 남군의 상대가 되지 못한다는 사실을 북부 사람들이 깨닫기를 바란다. 우리는 물러서지 않는다."라고 말했다.[16] 최종적으로 북군에서는 약 65퍼센트의 백인 병사들이 살아남은 반면 흑인 병사들은 35퍼센트밖에 살아남지 못했고 그마저도 생포되어

노예로 팔려 갔다.[17]

　　그리 놀라울 일도 아니지만 남북전쟁에 패한 뒤에도 흑인들에 대한 포러스트의 생각은 바뀌지 않았다. 그리고 얼마 지나지 않아 그는 KKK의 초대 회장이 되었다. 포러스트는 1871년에 의회에 나가 흑인들은 "버릇이 없고"(백인) 여성들을 "겁탈"한다고 주장하며 KKK의 활동을 옹호했다.[18] KKK는 그저 "약자들을 보호하기 위해"[19] 조직되었다는 것이었다. 마이클 뉴턴에 따르면[20] 발언을 마치고 의회에서 나오던 포러스트를 막아선 기자는 기사에 이렇게 썼다. "포러스트 회장은 슬쩍 윙크를 하며 '신사답게 거짓말을 했다.'라고 말했다." 뉴턴이 설명한 것처럼 남북전쟁 이후 새로운 학교와 자기 계발 단체, 시민 단체를 통해 드러났던 새로운 세상에 대한 흑인들의 열망은 그렇게 무참히 짓밟혔다.[21]

　　이와 같은 역사는 이제 전혀 비밀이 아닐뿐더러 더 이상 논쟁의 대상도 되지 않는다. 이스라엘은 '포러스트 스트리트'가 특히 신경에 거슬리는 것도 바로 이 때문이라고 했다. 맞는 말이었다. 오늘날 미국에서 포러스트를 기념하고자 하는 사람은 없을 테니까 말이다. 그러다 문득 셸비 푸트가 떠올랐다.

　　내가 네이선 베드퍼드 포러스트를 처음 알게 된 것은 내 세대 대부분이 그렇듯이 1990년에 켄 번스가 만든 다큐멘터리 「남북전쟁」을 통해서였다. 당시 나는 5학년이었는데 아홉 편으로 된 다큐멘터리를 매일 밤 보는 것이 학교 숙제였다. 다큐멘터리는 오래된 사진과 배우들이 읽어 주는 편지, 역사학자들의 인터뷰를 통해 남북전쟁 이야기를 펼쳐나갔다. 가슴 아픈 장면마다 흘러나오던 바이올린 곡 「아쇼카의 작별」은 다큐멘터리 음악으로는 최초로 사람들 뇌리에 깊이 박힌 노래가 되었다.(「아쇼카의 작별」은 1982년에 제이 웅가르라는 브롱크스 출신의 유대인 음악가가 여름 캠프용 작별 노래로 쓴 곡이다.[22]) 다큐멘터리는 4000만 명이 넘는 사람들이 시청하면서 엄청난 성공을 거두었다. PBS 방송국 역사상 가장 높은 시청률이었다.

다큐멘터리에서 직접 인터뷰를 한 전문가 중에 가장 유명한 사람은 단연 셸비 푸트였다. 푸트는 소설가에서 전향한 역사학자였는데 20년 동안 세 권에 달하는 남북전쟁 역사를 손으로 직접 쓴 것으로 유명했다. 푸트야말로 "괴짜"라고 부를 만한 사람이었다. 그는 위스키를 즐겨 마셨고 잉크를 찍어 쓰는 펜으로 글을 쓰면서 더 이상 잉크를 닦아 내는 압지를 구할 수 없다고 자주 투덜댔다.[23] 다큐멘터리에서 그는 종종 말을 멈추고 카메라 밖으로 눈길을 돌리곤 했는데 그때마다 사건들을 자기 머릿속에 떠올려 보는 듯했다. 그러고는 "위스키를 마시는 듯한 부드러운 미시시피 악센트로"(2005년에 푸트가 사망했을 때 어느 부고 기사에 실린 표현이다.) 길게 설명을 이어 나갔다.(푸트의 악센트를 설명하는 글에는 음식에 비유하는 표현이 자주 등장한다.

어떤 평론가는 그의 악센트가 "옥수수죽 위의 당밀" 같다고 했고, 어떤 평론가는 "니사나무 꿀처럼 걸쭉하고 달콤하다."라고 묘사했다.) 푸트는 다큐멘터리에서 무려 89번이나 모습을 드러낸다.

네이선 베드퍼드 포러스트의 초상화를 방에 걸어 둔 푸트는 "포러스트가 역사에 이름을 남긴 사람들 중에 가장 매력적인 인물"이라고 주장했다.[24] 다큐멘터리에서 푸트는 전쟁 중에 "포러스트가 타고 나갈 말이 서른 필이나 있었지만 그는 백병전에서 적군 서른한 명을 직접 해치웠다."라고 설명했다. 푸트는 포러스트를 호감 가는 인물로 묘사했다. 한번은 포러스트가 열여섯 살에 아버지를 여읜 후 여섯 동생을 키웠다고 설명하면서 "많은 가족들을 먹여 살리고 부자가 되기 위해 노예 상인이 되었다."라고 했다.[25] 그러는 동안 번스의 카메라는 머리숱이 많고 눈빛이 차가운 포러스트의 사진을 한참 동안 비추었다.

포러스트를 영웅으로 추앙한 사람들은 푸트 이전에도 있었다. 남북전쟁이 끝난 후, 사람들은 KKK의 지도자가 된 포러스트를 남부의 위대한 영웅이며 부끄러움 없이 우러러볼 수 있는 인물이라고 생각하기 시작했다. 멤피스에는 50미터가 넘는 포러스트 동상이 등장했고 그의 시신을 동상이 있는 포러스트 공원에 이장했다. 미국 전역에는 남북전쟁의 이유가 노예제가 아닌 다른 데에 있었다는 '잃어버린 대의' 사상에 따라 남부 연합군의 참전 용사들을 기리는 기념비 수천 개가 세워졌다.(종전

후 즉시 노예제가 남부 연합 헌법에 의해 보호되고 남부 연합의 부통령이 노예제를 "최근에 발생한 분열과 현재 일어나고 있는 혁명의 직접적인 원인이다."[26]라고 말했다는 사실을 고려하면 기가 막힌 노릇이다.) 역사학자 제임스 로웬에 따르면 테네시주 역사상 포러스트보다 더 많은 기념비를 가진 역사적 인물은 아무도 없었다. 심지어 테네시주 출신인 대통령 앤드루 잭슨보다 많았다.

거리 이름 또한 일종의 기념비다. 남부에는 남부 연합군 사령관들의 이름을 딴 거리가 1000개가 넘는다. 하지만 이것이 남부만의 일도 아니다.[27] 브루클린에 있는 육군 기지의 도로는 스톤월 잭슨과 로버트 E. 리 장군의 이름을 따서 이름을 지었다. 북군이었던 오하이오주에는 남부 연합군 장군의 이름을 따서 이름을 지은 거리가 세 곳이 있으며, 마찬가지로 북군이었던 펜실베이니아주에도 두 곳이나 있다. 주민 95퍼센트가 알래스카 원주민인 베링해 인근 알래스카의 한 지역에는 남부 최대 노예주이자 남부 연합군 기병대의 장교였으며 훗날 사우스캐롤라이나 주지사를 지낸 웨이드 햄프턴의 이름을 딴 거리가 최근까지 있었다.[28] 그러니까 이것은 단순히 패자들이 자신들의 영웅을 기념하는 행위가 아니다. 미국은 '아메리카'를 파괴하고자 전쟁에 나섰던 남부 연합을 칭송하고 싶었던 듯하다. 대체 그 이유는 무엇일까?

○

남부 연합의 항복으로 전쟁이 끝난 후 약 50년이 지난 1913년 7월, 전쟁에 참가했던 48개 주의 퇴역 군인 5만여 명이 펜실베이니아주 게티즈버그에 다시 모였다. 4만 명이 넘는 병사가 죽고 북군이 승리한 게티즈버그 전투는 남북전쟁의 큰 전환점이었다. 다시 모인 참전 용사들에게 숙식을 제공하기 위해 1제곱킬로미터가량 되는 땅에 캠프가 지어졌고, 고용된 요리사 2170명이 5만 8000킬로그램이 넘는 밀가루를 사용하며 68만 8000인분의 식사를 만들었다.[29] 80킬로미터에 달하는 전투 현장의 거리에는 500개의 전구가 빛을 밝히고 있었다.

역사학자 데이비드 블라이트의 절묘한 표현을 빌리면, 선혈이 낭자했던 전쟁의 당사자들이 재회한 게티즈버그 전투 50주년 기념식에는 화해의 말들이 흘러넘쳤다. 참전 용사들이 전투에서 총을 겨누고 싸웠던 상대편 병사를 찾는가 하면, 북군 참전 용사와 남군 참전 용사가 현지 철물점에 가 손도끼를 산 뒤 실제 전투 현장에 도끼를 함께 묻는 일도 있었다. 재회한 남군과 북군은 언쟁을 벌이기는커녕 남북전쟁 덕분에 미합중국이 공고해졌다고 떠들어 댔다.

다시 한번 말하지만 이것은 미국의 최남동부 지역(Deep South, 조지아, 앨라배마, 미시시피, 루이지애나, 사우스캐롤라이나

주―옮긴이)만의 이야기가 아니다.[30] 블라이트에 따르면, 게티 즈버그 전투 50주년 기념식이 있을 무렵《워싱턴 포스트》는 노예제를 일종의 '도덕률'의 잣대에서 본다면 "노예제를 도입한 북부가 그 책임을 져야 한다."라는 내용의 기사를 냈다.《샌프 란시스코 이그재미너》는 "이 위대한 전쟁은 일어날 수밖에 없 었고 일어나서 다행이다. 이 전쟁은 모든 인종의 인간들이 하 나가 되었던 필연적이고 눈부신 희생이었다."라고 썼다.《뉴욕 타임스》는 남군 사령관이었던 남편과 사별한 헬렌 롱스트리트 에게 지면을 내주고 과거 적이었던 이들이 기념식 자리에서 나 눈 감동적인 대화를 취재하도록 했다.

그러나 성대하게 치러진 기념식 이야기에는 남북전쟁의 핵심 당사자, 바로 과거 노예였던 흑인들이 빠져 있다. 흑인들 도 오랫동안 흑인들만의 모임에 참석하기 위해 해마다 게티즈 버그에 방문했으나 언제나 환영받지 못했고 신문들은 오히려 그들을 호되게 비난했다.(신문들은 '게티즈버그에서 난잡한 파티가 벌어지다'라는 헤드라인으로 게티즈버그를 찾은 흑인들을 비난하면서 그들의 기념식을 "전형적인 방종의 현장"이라고 불렀다.[31]) 1913년의 50주년 기념식에 흑인 병사가 단 한 명이라도 참석했다는 증 거는 어디에서도 찾아볼 수 없다. 블라이트가 설명했듯이 윌슨 대통령은 기념식에서 연설을 한 지 일주일 만에 재무부 건물에 흑인과 백인 직원의 화장실을 따로 지으라고 지시했다.

　　남북전쟁에 대한 북군과 남군의 기억이 항상 일치했던 것은 아니다. 종전 후 남부 재건기(남북전쟁 이후 남부 여러 주의 연방 재편입 조치가 취해진 시기 — 옮긴이) 동안 북부 사람들 대부분은 자신들에게 원한을 품고 있을 법한 과거 남군 병사들을 무시했고 흑인들의 미래에 대해 낙관적이었다. 그러나 역사학자 니나 실버가 지적한 것처럼 "북부의 백인들이 남부와의 재결합에서 시작된 인종차별 문제에 관한 부담"에 점차 굴복하면서 상황은 급변했다.[32] 북부인들은 "미국 노예제 역사를 간과한 채 남부 흑인들을 다른 곳에서 온 외부인처럼 바라보기 시작했다." 그러면서 남부 특유의 남성성에 유화적인 태도를 보였다. 이렇게 변화된 분위기로 인해 북부인들은 인종차별 정책을 더욱 쉽게 받아들이게 되었다.

　　블라이트는 그의 저서를 소개하는 인터뷰에서 "우리 미국인들은 남북전쟁 종전 후 수십 년 동안 노예였던 흑인들을 배제한 채 나라의 갈등을 봉합하고 화해하면서 인종 간의 정의를 희생시켰다."라고 주장했다.[33] 그러면서 남부에서 시작되고 궁극적으로는 북부가 공모한 인종차별적 제도는 "남북전쟁 이후 미국인들의 재단합을 위한 핵심적 수단이었다."라고 덧붙였다. 북부와 남부는 남북전쟁 내러티브에서 흑인들의 고통을 생략한 것이 아니라 그 내러티브의 토대로 삼았던 것이다.

할리우드시 위원회 회의에서 포러스트와 거리 이름에 대해 이스라엘이 펼친 주장은 언제나 한결같은 내용이었지만 방법적인 면은 조금씩 달랐다. 때로는 남북전쟁에 대해 이야기하기도 하고, 때로는 게티즈버그 연설문을 크게 낭독하기도 했으며, 리, 포러스트, 후드가 시 위원들이 충성을 맹세한 바로 그 연방 정부를 파괴할 계획이었다는 사실을 지적하기도 했다. 때로는 남부 연합군 장군들의 이름을 따서 흑인 지역의 거리 이름을 짓자는 "잔인한 농담"에 격분하기도 했다.

그러나 많은 사람들이 왜 이제 와서 거리 이름을 바꿔야 하는지 이해하지 못하는 듯했다. 리 스트리트에 아파트를 보유하고 있는 한 주민은 도로명 표지판이 붙은 자신의 건물 앞에 서서 취재 중인 기자에게 이렇게 말했다. "남북전쟁은 200년이나 지난 일인데 도대체 뭐가 문제죠?"[34]

프랑스의 철학자이자 사회학자인 모리스 알박스는 1920년대에 역사는 죽었다는 주장을 펼치기 시작했다. "오랫동안 일어난 일련의 세부적인 사건들, 특별한 일화나 어록들을 적절히 함축하고 있는 이름, 날짜, 문구들은 대부분의 묘비 비문처럼 짧고 막연하며 의미가 빈약하다. 역사는 새로운 묘비를 위해 공간을 끊임없이 내주어야 하는 무덤이 빽빽하게 들어선 공동묘지와 같다."[35]

그러나 기억은 살아 있다. 그뿐만 아니라 기억은 사회적
이다. 알박스에 따르면 기억은 "나만 들여다볼 수 있는 내 마음
속 귀퉁이"에 존재하는 것이 아니다. 그는 "내가 사는 동안(그
는 부헨발트 강제수용소에서 죽었다.) 이 나라에서는 '내가 기억한
다.'라고 말하는 수많은 사건, 다시 말해 내가 단지 신문을 통해
알거나 직접 경험한 사람들의 증언을 통해서만 아는 수많은 사
건들이 벌어졌다. 그런 사건들은 이 나라 모든 이들의 기억에
자리를 잡고 있지만 내가 정작 그 사건들을 직접 본 것은 아니
다."라고 주장했다. 이러한 사상을 바탕으로 알박스는 '집단 기
억'이라는 개념을 창안했는데, 이는 집단의 정체성을 형성하는
공유된 기억을 가리킨다.

프랑스에서 집단 기억에 관한 폭넓은 연구를 수행해 온 피
에르 노라는 19세기 이전만 해도 인간이 과거를 기억하는 데
물건을 이용하지는 않았다고 주장했다.[36] 기억이 현지 문화나
습관, 풍습에 깊이 뿌리내려져 있었기 때문이다. 그러나 20세
기에 들어 사회가 급격히 변하면서 역사의 진행 속도가 빨라졌
고, 기억이 일상적 경험에서 점차 사라지자 인간은 머릿속뿐만
아니라 특별한 물건이나 장소, 이를테면 기념비나 거리 이름에
기억을 보존하고자 하는 강한 욕구를 느끼기 시작했다. 인간은
삶이 예측 가능하기를 바라는데, 그것이 가능하려면 모든 것이
제대로 되어 가고 있다고 안심시켜 줄 만한 현재와 과거를 잇

는 "서사적 연결고리"가[37] 필요하다. 그래서 인간은 기억을 모아 그 기억들을 공원에 동상으로 세우고 거리 이름으로 새기면서 억지로 미래 사회의 모습을 과거처럼 만들려고 애쓴다.

그러니까 과거를 기념하는 일은 현재에 대한 또 다른 바람일 뿐이다. 문제는 우리가 항상 같은 기억을 공유하는 것이 아니라는 사실이다. 집단 기억을 지형지물에 새겨 간직할 수 있는 기회가 모두에게 똑같이 주어지는 것도 아니다. 소설가 밀란 쿤데라가 말한 대로 "인간이 미래의 주인이 되고자 하는 유일한 이유는 과거를 바꾸고 싶기 때문이다. 인간은 오래된 사진을 보정하고 전기와 역사를 새로 쓸 수 있는 실험실을 차지하기 위해 싸운다."[38] 그동안 남북전쟁 관련 기념물이 급증한 때가 두 번 있었다.[39] 첫 번째는 짐 크로(Jim Crow) 법이 만들어지던 20세기 초였고, 두 번째는 짐 크로 법에 반대하는 목소리가 터져 나온 1950~1960년대였다. 역사학자 제임스 그로스먼은 "그런 기념물들이 백인 우월주의를 합법적으로 포장하는 장치"였다면서 "1948년에 로버트 E. 리나 스톤월 잭슨의 동상을 볼티모어에 세우는 이유가 무엇이겠는가?"라고 반문했다.[40] 할리우드시에 있는 거리 이름 또한 KKK의 위세가 정점에 달했을 때 바뀌었을 것이다.

그러나 기억은 변한다. 이미 금이 가 있던 위대한 화해라는 신화는 무너져 내리기 시작했다. 2015년에 딜런 루프가 인종 갈등을 촉발하기 위해 찰스타운의 한 교회에서 아홉 명의 흑인 신도들을 살해한 사건이 있었다.(교회가 있는 곳은 남부 연합군의 영웅이자 노예제를 '절대선'이라고 믿었던 존 C. 캘훈의 이름을 딴 '캘훈 스트리트'였다.[41]) 이후 매스컴을 뜨겁게 달군 경찰의 흑인 살해 사건이 연속적으로 발생하면서 '흑인의 생명도 소중하다(Black Lives Matter)' 운동이 일어났고, 도널드 트럼프가 대통령이 된 후 한층 더 뜨거워졌다.

남군 영웅의 기념물들은 '잃어버린 대의'의 부조리함과 뿌리 깊은 제도적 인종차별주의에 대한 높아진 인식을 보여 주는 물질적 증거가 되었다. 뉴올리언스 시장 미치 랜드루는 뉴올리언스에 있는 남군 기념물들을 모두 철거하면서 "이것들은 악을 제거하여 가공된 남부 연합을 의도적으로 기념하는 것으로 희생된 생명과 노예제 그리고 노예제가 상징했던 공포를 묵과한 것이다."라고 했다. 이후 다른 20여 도시도 남군 기념 동상을 철거하겠다고 선언했다.[42] 포러스트의 고향 멤피스에 있는 포러스트 동상은 2017년에 철거되었고, 포러스트 공원도 이후 운영 기관의 이름을 따라 '의료 과학 공원'으로 바뀌었다.

할리우드시 위원회 역시 이내 벤저민 이스라엘의 주장에 더 큰 관심을 기울이기 시작했다. 거리 이름을 주제로 한 특별 워크숍에서 도로명 변경 비용을 누가 댈 것인가를 놓고 토론이 벌어졌다. 이론적으로 따졌을 때 도로명 하나를 바꾸는 데는 2000달러가 필요했다. 그때 작은 호텔을 운영하고 있는 할리우드 토박이 로리 섹터가 조용히 손을 들더니 자신이 비용을 지불하겠다고 했다.(시민운동가 린다 앤더슨과 함께 도로명 개정을 신청한 섹터는 궁극적으로 새 표지판 제작 비용을 포함하여 거리 이름 변경을 위해 2만 달러가 넘는 돈을 시 정부에 지불하겠다고 했다.)

위원회가 도로명 개정 제안을 두고 논의하는 사이 건물 밖에는 도로명 개정에 찬성하는 수백 명이 모여들었다. 그 옆에서는 개정에 반대하는 사람들이 남부 연합군 깃발을 흔들면서 트럼프 대통령의 이름을 연호했다. 플로리다주 하원 의원인 셰브린 존스는 '깜둥이', '원숭이'라는 말에 '너희 고향으로 돌아가라'는 말까지 들었다고 했다.[43] 깃대를 들고 군중을 위협한 혐의로 체포된 백인 우월주의자는 군중을 향해 이렇게 외쳤다. "너희 유대인들은 모두 이 지구의 암 덩어리다!"[44]

남부 연합군의 거리 이름을 옹호한 사람들도 대놓고 인종차별적인 표현을 사용한 것은 아니었다. 남북전쟁에 대한 기억과 유산은 그보다 훨씬 복잡한 문제였다. 거리 이름 변경을 두고 열린 공청회가 온라인에 생중계되던 날 나는 주민들이 몇 시간 동안 찬성과 반대로 갈려 토론하는 것을 지켜보았다. 많은 주민들이 문제가 되는 거리 이름들이 인종차별적이라고 주장한 반면, 그런 거리 이름을 단순한 가치중립적 사실이자 역사 교육의 장으로 보는 사람들도 있었다.(영화 「포레스트 검프」에

나오는 검프의 엄마도 이런 의견에 동조하는 사람이었다. '포레스트'라
는 주인공의 독특한 이름은 네이선 베드퍼드 포러스트의 이름을 딴 것
이었는데, 주인공에게 모든 인간은 때로 말도 안 되는 일을 하곤 한다
는 사실을 상기시켜 주기 위해 붙인 이름이었다.) 어떤 주민들은 해
당 거리에 사는 사람들을 대상으로 찬반 투표를 하자고 주장
했고, 어떤 사람들은 각종 고지서나 신분증의 주소를 바꾸어야
한다고 투덜댔다. 고지서 주소를 바꾸는 일이 공청회에서 차례
를 기다려 발언하는 것보다 훨씬 금방 끝나는 일이라는 사실은
잊은 듯했다.

한편 어떤 사람들은 남북전쟁의 역사를 표지판에 남겨 두
는 것이 자신들이 낭만적이라고 생각하는 유산을 보존하는 방
법이라고 여겼다. 노예제의 폐해를 여전히 부정하면서 찬양해
도 된다고 믿는 유산, 바로 그것이 그들의 집단 기억이었다. 문
득 멤피스에 있는 아늑한 자택에서 진행된 셸비 푸트의 인터뷰
가 떠올랐다. 진행자는 그의 "매력적인 목소리"에 관한 시청자
의 질문을 읽는 것으로 인터뷰를 마무리했다.

"사람들은 언제나 남부 억양에 대해 이야기하죠."[45] 푸트
는 재미있다는 듯이 대답했다. "이건 모두 우리가 어렸을 때 소
위 유색 인종 보모들 손에 커서 그런 거예요. 모두 흑인들에게
서 배운 거죠. 다 그 사람들에게서 온 거예요. 스물한 살 무렵
에 문득 깨달았어요. 내가 이제껏 먹어 본 음식, 내가 걸친 옷,

내가 받은 교육 모두 흑인들의 노동에서 나온 것이었다는 사실을요." 푸트의 보모 넬리 로이드는 그에게 있어 어머니나 이모, 삼촌보다 더 특별한 존재였다. "이게 다 흑인들과 함께 살아서 그래요. 당시 델타는 다 그랬어요. 나는 흑인들 사이에서 컸죠. 흑인들이 지배하지는 않았어도 그런 사회를 만든 것은 바로 그들이에요."

나는 이 말이 네이선 베드퍼드 포러스트를 숭배하는 사람의 본질을 드러낸 진술이라고 생각했다. 어찌 되었든 푸트는 자신을 위해 갖은 고생을 하며 힘들게 일했던 흑인들과 그런 흑인들의 조상을 노예로 삼고 살해한 사람을 동시에 존중할 수 있다고 믿었다. 이러한 모순된 두 가지 마음이 조화를 이룰 수 있다고 생각하는 푸트의 믿음은 남북전쟁을 어떻게 기억하느냐를 두고 벌어진 논란을 상징하는 듯했다.

이는 남군 영웅의 거리 이름을 지키자고 주장하는 할리우드 주민들의 발언에서도 드러났다. 공청회에 참석한 한 여성은 발언대에서 이렇게 말했다. "우리는 아이들을 생각해야 하고 아이들에게 우리의 역사를 가르쳐 주어야 합니다. 아이들에게 용서하고, 사랑하고, 측은지심을 갖고, 공감하는 법을 가르쳐 주어야 해요. 후드나 리의 거리 이름을 없앤다고 바뀌는 것은 아무것도 없어요. 어떤 사실도 바뀌지 않는다고요."[46]

맞는 이야기다. 이름을 바꾸는 것만으로는 어떤 사실도 바꿀 수 없다. 그러나 기억은 변한다는 사실을 알리는 신호탄은 될 수 있다. 2018년에 마침내 라이베리아에는 '리버티(해방) 스트리트', '프리덤(자유) 스트리트, '호프(희망) 스트리트'라는 새로운 거리 이름이 탄생했다.

○

　　나는 남부 연합군 영웅들의 거리 이름을 조사하다가 우연히 내 고향 노스캐롤라이나의 이스트채플힐 고등학교에 다니는 열일곱 살 여학생에 관한 기사를 읽게 되었다.[47] 그 학생은 자신의 인스타그램 계정에 친구와 함께 남부 연합 깃발을 흔들며 찍은 사진을 "남부는 일어설 것이다."라는 글과 함께 게시했다. 역사 수업의 일환으로 선생님과 함께 남북전쟁 전투 현장을 견학하던 중, 실패로 돌아간 남군의 공격 작전으로 종전의 기점이 된 '피켓의 돌격(Pickett's Charge)' 사건을 막 재현하고 나서 찍은 사진이었다. 여학생이 사진을 게시한 후 "벌써 나의 첫 노예를 구매했음."이라는 댓글이 달렸다. 학교 친구들과 학부모들로부터 비난이 쏟아지자 여학생이 사과문을 올렸는데 그 내용이 꼭 '잃어버린 대의' 옹호자들의 주장을 연상시켰다. "저는 제가 이 주(州)에 살고 있다는 사실이 자랑스럽습니다. 제가 올린 사진 때문에 기분 상한 사람들이 있었다는 점은 안타깝지만, 저는 자신의 고향과 가족들을 보호하기 위해 싸운 영웅들에게 경의를 표하는 일이 문제가 된다고 생각하지는 않습니다."

내게도 남북전쟁 견학의 기억이 있다. 나 역시 20여 년 전 채플힐에 있는 고등학교에 다닐 때 남북전쟁 견학으로 간 게티즈버그에서 '피켓의 돌격'을 재현한 적이 있었다.(물론 선생님은 달랐다.) 3일간의 여행 동안 우리는 버스를 타고 울퉁불퉁한 길과 고속도로를 번갈아 달렸다. 전투지로 향하는 길에 덜컹거리며 시골길을 달리는 버스 안에서 한 친구가 남부 연합 깃발을 흔들었고 때로는 유리창에 깃발을 붙여 두었던 것이 생각났다. 선생님은 이 사실을 몰랐던 것 같지만 나는 아무 말도 하지 않았다. 내 기억이 맞다면 견학에 참가한 학생 중 흑인은 나 하나뿐이었다.

할리우드시 위원인 케빈 비더만과 대화를 나누다 문득 그때가 떠올랐다. 시 위원회의 도로명 개정 표결이 얼마 남지 않았을 무렵에 만난 비더만은 리 스트리트, 후드 스트리트, 포러스트 스트리트를 직접 돌며 주민들에게 거리 이름 개정을 지지해 달라고 조금 더 호소할 생각이라고 했다. 비더만이 찾은 한 백인 가족은 거리 이름 변경을 원치 않는다면서 흑인인 자신의 이웃도 도로명 변경을 탐탁지 않아 한다고 했다. 비더만은 앞집에 산다는 흑인 이웃을 초대해 이야기를 들어 보았다. 이

옷은 밤낮으로 두 가지 일을 하기 때문에 신분증이나 고지서의 주소를 바꿀 시간이 없다고 대답했다.

그러나 비더만이 작별 인사를 하고 백인 가족의 집을 나섰을 때 그 이웃이 다시 찾아와 반갑게 악수를 청했다. 그는 비더만에게 고맙다고 인사하면서 그저 이웃들과 갈등을 일으키고 싶지 않아서 그렇게 말했을 뿐이라고 털어놓았다.

학창 시절, 남북전쟁 견학을 갔던 그때의 나 역시 그랬던 것 같다. 주변 친구들과 마음 상하는 일을 만들지 않으려고. 그때 내가 할 수 있는 유일한 일은 그것뿐이었다.

11

세인트루이스

**마틴 루서 킹 거리가
고발하는
미국의 인종 문제**

1957년 4월, 마틴 루서 킹 주니어는 연설을 위해 세인트루이스를 찾았다. 그는 매우 바쁜 한 해를 보내고 있었다. 몽고메리 버스 보이콧운동이 대성공을 거두고 대법원이 정식으로 버스 인종 분리 정책에 대해 위헌 판정을 내린 후였다. 한 달 전 3월에는 아내와 함께 영국의 지배에서 벗어난 가나의 독립을 축하하기 위해 머나먼 아프리카에도 다녀왔다. 당시 스물여덟에 불과했던 킹은 자신의 의지와는 상관없이 이미 민권 운동의 상징이 되어 있었다.

세인트루이스 대학교의 농구 경기장인 키엘 센터에는 그의 연설을 듣기 위해 8000명이 꽉 들어차 있었다. "세인트루이스 시민 여러분 반갑습니다."라는 말로 연설을 시작한 그는 식당에서 인종별 좌석 분리를 없앤 세인트루이스가 인종 관계에서 큰 진전을 이룬 것을 축하했다. 이어 인종 간 화합이 "큰 무리 없이", 심지어 "순조롭고 평화롭게" 이루어진 "세인트루이스 같은 도시를 보고 다른 남부 주들이 배울 것이 많다."라고 말했다. 경기장에 모인 사람들은 킹의 말이 한 문장 한 문장 끝날 때마다 '암요', '옳소', '아멘'과 같은 자기만의 추임새를 넣으며 응답했다.

그러나 킹은 시민의 의무를 되새기는 것도 잊지 않았다. 그는 경기장에 모인 청중들에게 "자유와 정의가 약속된 땅에 닥친 이런 혼란스러운 시대에 당당히 일어서 민중을 이끌 인물들이 필요하다."라고 강조했다.

"맞습니다! 맞아요!" 청중들이 대답했다.

킹이 다시 한번 외쳤다. "그게 바로 이 시대의 과업입니다."[1]

멜빈 화이트는 어린 시절 세인트루이스의 마틴 루서 킹 드라이브(Dr. Martin Luther King Drive)에 살았다. 1940년대 프랭클린 애비뉴와 이스턴 애비뉴(1972년에 이 두 도로가 합쳐져 '마틴 루서 킹(MLK) 드라이브'가 되었다.) 주변에는 노동자 계층의 독일과 이탈리아 이민자들이 살았다. 거리에는 꽃과 채소, 가금류, 청어, 향신료를 파는 노점들이 죽 늘어서 있었다.[2] 멜빈이 어린 소년이었을 때만 해도 MLK 드라이브는 새로 생긴 제이시 페니(JCPenney) 백화점에서 쇼핑을 하는 흑인이 모여들고 넓은 대로를 따라 달리는 전차에 매달려 통근하는 사람들로 붐비는 흑인 공동체의 중심지였다.

하지만 그것도 오래전 이야기였다. 오래전에 폐업하여 문을 닫은 제이시 페니 백화점은 이제 창고로 쓰이고 있었다. 주류 판매점, 구멍가게, 돼지갈비와 바나나 푸딩을 파는 가정식 식당처럼 꾸준히 장사를 하는 몇몇 가게가 남아 있긴 했지만 별로 많지 않았다. 한때 하역장으로 쓰여 사람들로 북적였던 뒷골목에는 마약 거래와 매춘이 횡행했다. 이제는 대낮에도 도둑들이 다 허물어져 가는 저택에 들어가 휴스턴과 샬럿에 내다 팔 빨간 벽돌을 훔쳐 갔다.

자동차를 몰고 MLK 드라이브에서 2.5킬로미터가량 떨어진 델마 블러바드를 지나던 날, 멜빈의 삶은 송두리째 바뀌고 말았다. 그가 어렸을 때 보았던 델마 블러바드는 MLK 드라이브와 크게 다르지 않은, 백인들이 버리고 떠난 텅 빈 거리였다. 그날 델마 블러바드를 지나면서 멜빈은 처음으로 그곳의 현재를 있는 그대로 보게 되었다. 거리에는 갱단도, 마약 판매상도, 깨진 유리창도 없었고, 상영관이 세 개인 예술 영화 극장, 라이브 음악 공연장, 손님들로 붐비는 식당들이 줄지어 있었다. 고급 스니커즈 숍이나 멕시코-한국 요리 퓨전 식당과 같이 델마 블러바드에 있는 가게들은 돈이 많은 관광객과 힙스터들을 사로잡을 만한 곳이었다. 미국 도시계획협회는 델마를 미국에서 가장 인기 있는 거리 열 곳 중 하나로 선정하기도 했다.

군살 없는 몸에 금속 테 안경을 쓰고 앞니에는 금니 하나가 반짝이는 멜빈은 얼굴도 잘생긴 흑인이었다. 차를 몰고 델마 지역을 지나가는 동안 그의 머릿속은 온통 MLK 드라이브 생각으로 가득했다. 델마에 번영의 운이 깃드는 사이 MLK 드라이브는 몰락하고 말았다는 생각을 지울 수 없었다. 멜빈은 야간조 우편배달원이었는데, 그의 동료들은 MLK 드라이브로 배달 나가는 것을 두려워했다. 오래전 크리스 록(미국의 유명 흑인 코미디언이자 배우―옮긴이)이 한 것으로 유명한 "어쩌다 '마틴 루서 킹'이라는 이름의 거리에 들어서면, 무조건 도망가라!"라는 농담 때문이었다. 그러나 그때까지 멜빈은 그 농담이 마틴 루서 킹이 남긴 유산에 대해 어떤 의미를 지니는지 깊게 생각해 본 적이 없었다. 그러다 갑자기 킹처럼 고귀한 인물의 이름을 딴 거리는 농담의 소재로 쓰일 것이 아니라 지금의 델마와 같은 모습이어야 한다는 생각이 들었다.

우편배달원은 돈벌이가 꽤 좋은 직업이었다. 더구나 그 지역에서 공무원은 존경과 신뢰의 대상이었다. 그러나 이른 새벽 우편물을 분류하는 작업을 할 때면 그는 점점 무기력해지는 기분이 들었다. 멜빈은 더 나은 직업, 더 의미 있는 삶이 어딘가에 있지 않을까 하는 대화를 사촌 배리와 자주 나누었다. 그런 생각에 잠 못 이루는 날도 있었다.

그러던 중 그 고민에 대한 해답이 눈앞에 나타난 것이다.

"정말 충격적인 느낌이었어요." 그의 차를 타고 함께 델마 블러바드를 달리던 중에 그가 말했다. 창밖으로 루트비어를 직접 만들어 파는 레스토랑과 요가복 차림의 두 여인이 유아차를 밀고 가는 것이 보였다. 현지 주민들의 말로는 찌는 듯한 한여름에 델마의 기온이 MLK 드라이브보다 6도나 낮다고 했다. 대로변을 따라 늘어선 잎이 무성한 나무들 때문이었다.

멜빈은 생각했다. "MLK 드라이브가 델마처럼 되지 않으라는 법도 없잖아? 내가 직접 나서 보는 것은 어떨까?"

○

남부 연합군의 이름을 딴 거리와 마틴 루서 킹의 이름을 딴 거리가 여전히 미국의 흑인 인구 다수가 사는 남부 지역에 제일 많은 것은 결코 우연이 아니다. 1968년에 킹이 살해되었을 때 킹의 이름을 따라 거리 이름을 바꾸자는 흑인들의 요구가 전 세계에서 거세게 일었다.(네덜란드 하를럼에서는 일주일 만에 그의 이름을 딴 거리가 생겼고, 서독의 마인츠에는 3주 만에 마틴 루서 킹 거리가 탄생했다. 정작 킹의 고향인 애틀랜타에는 8년 후에 등장했다.[3]) 미국에는 킹의 이름을 딴 거리가 900개에 달하며 세네갈, 이스라엘, 잠비아, 남아프리카 공화국, 프랑스, 오스트레일리아 등지에도 '마틴 루서 킹' 거리가 존재한다.

미국에서는 '마틴 루서 킹'으로 거리 이름을 짓자는 제안이 인종 갈등을 촉발하기도 했다. 1993년에 조지아주 어메리커스의 한 백인 소방 공무원은 도로의 반쪽을 마틴 루서 킹이라고 짓는 데 찬성하면서 대신 다른 반쪽에 킹을 암살한 제임스 얼 레이의 이름을 붙여야 한다는 단서를 달았다. 플로리다주 마이애미데이드 카운티에서는 마틴 루서 킹의 이름을 딴 도로의 표지판들이 로버트 E. 리 장군이라는 이름으로 덧칠되는 일이 있었다.[4] 2002년에 미네소타주 맨케이토에서는 한 운전자가 인종차별적 욕설을 퍼부으며 새로 세운 MLK 도로 표지판을 모두 차로 밀어 버린 일도 있었다.[5] 2005년에 인디애나주 먼시에서는 카운티 공무원이 거리 이름을 마틴 루서 킹이라고 짓는 데 찬성하는 사람들을 두고 "깜둥이같이 군다."라고 했다는 이야기가 돌았다.[6] 이에 법무부가 중재자를 파견했고 현지 주민들과 무려 3개월 동안 협상을 해야 했다.

이런 갈등은 오늘날 진보적이라고 알려진 도시에서도 터져 나왔다. 텍사스주 오스틴의 '킹 스트리트'는 전통적 흑인 학교인 휴스턴-틸롯슨 대학교의 명예 총장 J. J. 시브룩이 도로명 개정을 강력히 호소하다가 심장마비로 죽고 나서야 탄생했다.[7] 백인이자 시의원이었던 에마 루 린이 연설을 하다 쓰러진 시브룩을 살리기 위해 심폐소생술을 했는데 이 모습을 찍은 사진이 전국에 퍼진 후 그녀는 살해 위협까지 받았다.[8] 1990년에 오리

건주 포틀랜드에서는 마틴 루서 킹을 따서 거리 이름을 개정하는 데 반대하는 청원에 5만 명이 서명을 했고,[9] 도로명 개정 기념식에는 수십 명의 사람들이 몰려와 밖에서 야유를 퍼부었다. 거리 이름 변경에 대한 주민 투표 계획이 불법이라고 판결한 판사도 있었다.

인종 분리로 흑인들은 흑인 거주 지역에 사는 경우가 많았기 때문에 MLK라는 거리 이름은 바로 흑인 커뮤니티를 연상시켰다. 기자 조녀선 틸로브가 900개에 달하는 MLK 거리의 사진을 찍어 펴낸 『마틴 루서 킹을 따라서: 미국 흑인 역사의 중심지를 거닐다(*Along Martin Luther King: Travels on Black America's Main Street*)』[10]라는 책에서 롤리 시내의 MLK 블러바드에서 이발소를 운영하는 러몬트 그리피스는 기자에게 이렇게 말했다. "처음 가 본 지역에서 흑인 커뮤니티가 어딘지 알고 싶으면 '마틴 루서 킹' 거리가 어딘지 묻기만 하면 된다."[11]

멜빈이 설립한 비영리 기구 '사랑의 거리(Beloved Streets of America)'는 미시시피강에서 11킬로미터 정도 떨어진 세인트루이스 시내 서쪽 끝의 MLK 드라이브에 본부를 두고 있다. 내가 도착하자 멜빈의 사촌인 배리와 어릴 적 친구이자 홍보 담당자인 안드레가 사무실 건물의 두꺼운 철제문을 활짝 열어 주었다. 사무실 내부는 마틴 루서 킹이 생각에 잠기거나, 행진하고, 연설하는 등의 다양한 모습을 담은 흑백사진으로 도배가 되어 있어 마치 '흑인 역사의 달'을 맞은 학창 시절의 교실을 보는 듯했다. "인생에서 가장 끊임없이 지속되는 중요한 문제는 '내가 타인을 위해 무엇을 할 것인가'이다."라는 글귀가 온 벽을 휘감고 있었다.

사무실 벽에는 MLK 드라이브에 대한 멜빈의 비전과 기본 계획이 구체적으로 그려진 현수막이 걸려 있었다. 그는 'MLK'가 물질(Materials), 노동(Labor), 지식(Knowledge)을 상징한다고 설명하면서 기본 계획에서 구상한 새 건물, 스포츠 시설, 보행자용 산책로, 공공 예술품 등을 가리켰다. 멜빈은 델마에서 비전(그는 충분히 가능성이 있다고 믿기 때문에 이것을 꿈이 아니라 비전이라고 했다.)을 얻은 직후 MLK에 대한 자신의 구상을 개괄적으로 정리한 계획안을 만들었다. 그러고는 난생처음 사람들이 명함을 주고받는 네트워킹 행사에 다니기 시작했다. 그러다 MLK 드라이브에 있는 건물들을 시 정부로부터 싼 가격에 임차할 수 있는 방법을 알아냈다.

멜빈은 배리와 함께 차를 몰고 미국 전역에 있는 MLK 스트리트에 가 보았다. 시카고에 가는 길에는 친구가 있는 디트로이트와 인디애나주 게리에 들르기도 했다. 또 여자 친구와 마이애미에 휴가를 간다거나 지인의 결혼식으로 필라델피아에 가는 등 다른 지역에 갈 일이 있을 때마다 휴대용 카메라로

현지 MLK 스트리트의 사진을 찍어 직접 만든 웹사이트에 게
시했다.

이후 멜빈은 언론에 간간히 모습을 드러내기 시작했고 지
역 방송에 출연하여 자신이 하는 일을 소개했다. 그렇게 차근
차근 MLK 프로젝트를 알려 나가던 멜빈에게 세인트루이스
공영 라디오 방송에 출연한 이후부터 도움의 손길이 줄을 잇기
시작했다. 교수, 장관, 은행 관계자, 대학생 등 다양한 사람들이
방송에 출연할 때마다 소개했던 그의 번호로 전화를 걸어왔다.
'사랑의 거리' 법인 등록에 필요한 엄청난 양의 서류 작업으로
골머리를 앓던 그는 세인트루이스에서 가장 잘나가는 법률 회
사를 설득해 무료로 도움을 받았다. 처음에 멜빈은 단체 이름
을 '유나이티드 비전(United Vision)'이라고 지으려 했으나 사람
들이 자꾸 안경점이냐고 묻는 통에 결국 킹이 설파한 하느님의
창조물들이 사랑과 평화 속에서 공존하는 곳인 '사랑의 공동
체' 비전을 따라 '사랑의 거리'라고 지었다.

멜빈은 '사랑의 거리' 사무실 건너편에 위치한 버려진 공
터에 들어설 '레거시(유산) 공원'의 도면을 만들기 위해 수많은
건축가들에게 전화를 돌렸다. 마침내 여든 살의 건축가가 도와
주겠다고 승낙했으나 그가 세상을 떠나는 바람에 다른 건축가
를 찾기 위해 또다시 전화기를 들어야 했다. 처음 연락이 닿은
곳은 데릭 라우어라는 건축가였다. 라우어는 수백만 달러짜리

프로젝트의 복잡하고 정교한 설계도만 그려 온 사람이었으나 멜빈에게는 돈을 한 푼도 받지 않겠다고 했다.

'사랑의 거리'는 '레거시 공원'이 들어설 공터에서 8개월간 쉬지 않고 커뮤니티 행사를 열었다. 지프차에서 큰 소리로 흘러나오는 소울 음악을 배경으로 사람들은 옷을 나누기도 하고 아침식사용 팬케이크를 함께 만들어 먹기도 했으며 크리스마스에는 장난감도 나누어 가졌다. 워싱턴 대학교는 종종 학교 식당에서 남은 음식을 기부해 주었고 자원봉사자들은 지나가는 차들을 향해 형광색 잉크로 손수 그린 표지판을 흔들면서 행사를 도왔다. 멜빈은 사무실 건물 뒤쪽 공간에 대한 원대한 계획도 세워 둔 상태였다. 광활한 헛간처럼 생긴 그곳은 벽에서 벗겨진 페인트칠이 마치 종이처럼 늘어져 있었다. 멜빈의 말로는 내가 오기 일주일 전까지 마약중독자들이 드나든 곳이라고 했다. 그러나 내가 본 그곳의 시멘트 바닥은 비질이라도 한 듯 깨끗했다. 멜빈이 친구 몇 명과 함께 세월의 묵은 때를 벗겨 내고 여기저기 굴러다니던 쓰레기와 주삿바늘, 콘돔을 싹 치웠다고 했다.

멜빈은 그곳에 흙 없이 야채를 기르는 거대한 실내 수경재배 농장을 만들 생각이었다. "이곳에 상추, 베이비콘, 호박, 당근, 토마토를 심을 거예요. 필요한 건 무엇이든지요." 배리는 무언가 잠시 고민하는 듯하다 다시 말했다. "바나나는 어떤지 모르겠네. 여기서 우리 바나나 기를 수 있어?"

계획 자체도 굉장했지만, 멜빈은 구변이 좋은 사람이었다. 라우어가 프로젝트 지원금을 신청해 2만 5000달러를 따내면서 수경 재배에 필요한 기계를 만들 수 있는 돈이 마련되었다. 또 워싱턴 대학교가 그곳에서 생산될 상추를 모두 구매해 주기로 약속하면서, 하마터면 엄두도 내지 못했을 전기세도 해결되었다.

멜빈은 나를 위층으로 안내했다. 그곳에는 직원들의 거주 공간으로 계획한 방들이 있었다. 부동산 용어를 써서 표현하면, 그 건물은 쪽 미닫이가 있고 높은 아치형 현관에 천장이 3.5미터가 넘는 '골조가 튼튼한' 건물이었다. 한동안 건물을 무단으로 점유하고 있던 불법 거주자들이 막 떠난 상태였다. 오래전에 깨진 창으로 쨍한 햇빛이 쏟아져 들어와 방 안을 가득 메웠다. 이유는 모르지만 맥없이 내려앉은 매트리스, 긴 붙임머리 가발, 보라색 책가방을 포함해 쓰레기가 가득했고, 벽에는 스프레이 페인트로 "허슬러(목표를 위해 미친 듯이 노력하는 사람 또는 종종 부정한 방법으로 큰돈을 벌기 위해 애쓰는 사람이란 뜻의 속어 — 옮긴이)들이여, 더 열심히 살아라. 그게 아니라면 발 닦고 잠이나 자라."라는 문구가 쓰여 있었다.

쇠퇴한 지역임에도 불구하고 MLK 스트리트는 여전히 흑인 사회에 큰 의미가 있는 곳이다. 오래전에 교외로 떠난 흑인들에게도 마찬가지다. 내가 세인트루이스를 떠나고 며칠 후, 퍼거슨시에서 마이클 브라운이 백인 경찰의 총에 맞아 숨지는 사건이 일어났다. 멜빈이 어린 시절 살았던 곳에서 불과 3킬로미터밖에 떨어지지 않은 지역이었다. 이 사건은 전국적인 시위를 촉발시켰고 시민들의 거센 분노가 일면서 '흑인의 생명도 소중하다' 운동이 크게 확대되었다. 마이클 브라운의 장례식은 신도 대부분이 흑인인 MLK 드라이브의 초대형 교회에서 진행되었고 멜빈의 사무실 옆으로 운구 행렬이 지나갔다.

멜빈의 인생은 세인트루이스 역사의 경로와 맥을 같이한다. 멜빈의 어머니는 남부 흑인 수백만 명이 남부를 떠나 북부로 향한 '흑인 대이주' 시기에 테네시주에서 세인트루이스로 왔다. 그녀는 멜빈처럼 우정국 공무원이었다. 다른 흑인 이주자들과 마찬가지로 처음에는 도시에 살았으나 곧 세 아들을 데리고 교외로 이사를 했다. 1970년대에 멜빈의 가족이 세인트루이스 근교로 이사 왔을 때만 해도 주민들 대부분은 백인이었다. 그러나 백인들이 점점 도시 밖으로 빠져나가면서 흑인들도 각자의 경제력이 허락하는 만큼 그들을 따라 떠났다. 그 결과 불과 몇 년 만에 교외 주택 지역은 도심의 빈민가처럼 흑인들이 모여 사는 곳이 되고 말았다. 멜빈은 내게 백인들이 모두 떠나 버렸다는 이야기를 하며 고개를 절레절레 저었다. "처음에는 '깜둥이' 소리를 듣고 지냈는데, 어느새 보니 주변에 흑인들만 남아 있더라고요."

멜빈의 가족 이야기는 『쇠퇴의 기록(*Mapping Decline*)』의 저자 콜린 고든이 "누구나 아는 비극"[12]이라고 묘사한 세인트루이스 역사의 중요한 단면들을 잘 보여 준다. 1945년에 미시시피주 출신의 흑인으로 다섯 아이를 둔 J. D. 셸리가 지금의 세인트루이스 MLK 드라이브에 위치한 아담한 연립주택을 구입했다. 그러자 주민 협회가 셸리를 고소했다. 연립주택 계약서에 따르면 "순수한 백인이 아니거나, 흑인 또는 아시아인에게는" 주택 판매를 할 수 없다는 것이 이유였다.[13] 1948년에 그런 계약서는 위헌이라는 대법원 판결이 있었지만, 결국 백인들이 모두 그 지역을 떠나면서 흑인들만 남게 되었다.

고든이 지적한 대로 여전히 미국에서 가장 인종 분리가 심하다고 할 수 있는 세인트루이스는 흑인 사회를 고립시키고 소외시킨 실패한 시 정책과 인종차별이 만들어 낸 도시였다. 과거 세인트루이스 신문들은 흑인에게 내놓는 부동산 매물을 별도의 '유색 인종용' 지면에 따로 게재했다. 그나마도 있던 '유색 인종' 구역이 점차 줄어들면서 3대가 함께 사는 가정들은 작은 단독주택에 바글바글 모여 살아야 했다. 1948년 부동산 중개업자 매뉴얼은 주류 밀매자, 콜걸, "자식을 대학에 보내면 백인 동네에 살 수 있다고 착각하는 재력 있는 유색인"을 하나로 싸

잡아 지역 환경을 해치는 구매자라고 경고하기도 했다.[14]

흑인 지역사회의 경제 동력이었던 병원은 문을 닫았다. 흑인들의 저금리 대출을 금지하는 정부 정책 때문에 흑인들은 부동산을 소유할 수도 없었다. 흑인 지역은 '도시 재생' 정책의 일환으로 철거되기 일쑤였다. MLK 지역 대부분을 선거구로 둔 시의회 의원 샘 무어는 1960년대에 형제 열일곱 명과 함께 온 가족이 방 세 개짜리 아파트로 이사를 했는데, 밀크리크 타운에 있던 그의 집은 동네 사람들로부터 '흉물' 취급을 받았다.

현재 주민 87퍼센트가 백인인 세인트루이스의 교외 지역 라듀는 가계소득 중앙값이 20만 3250달러(약 2억 4000만 원)인 반면, 11킬로미터가량 떨어진 MLK 드라이브 주변 지역은 주민의 94퍼센트가 흑인인데 가계소득 중앙값이 2만 7608달러(약 3300만 원)밖에 되지 않는다.[15] 종종 MLK 스트리트에 대한 글을 쓰는 지리학자 데릭 앨더만 교수는 내게 "아이러니하게도 이 시대 가장 유명한 인권 운동가의 이름을 인권 운동이 가장 절실한 지역의 거리에 붙여 온 셈"이라고 말했다.

○

나는 수시로 멜빈에게 전화를 걸어 프로젝트 진행 과정을 물어보면서 수년간 그의 활동을 지켜보았다. 그의 일은 계획

대로 되지 않는 경우가 많았다. 공원 계획도 지지부진했다. 일의 진척이 느려지면서 그는 사무실 화장실을 고치지 못할 때처럼 스트레스에 시달렸다. 멜빈은 '사랑의 거리' 활동에 수천 달러의 사비를 쏟아부었고 자금을 더 모으기 위해 이리저리 뛰어다녔다. 우편물 분류 작업으로 손이 완전히 망가져 우체국에서 받는 장애 수당으로 먹고살아야 했다. 어느 해 크리스마스에는 사무실 건물에 도둑이 들어 초록색 차양과 전등이 사라진 일도 있었다.

그러나 멜빈은 먼 미래를 보고 달리는 사람이었다. '사랑의 거리'를 위해 10년째 일하고 있는 멜빈의 진정성을 알아본 많은 사람들이 그를 지지해 주었다. 멜빈을 아는 사람들은 거의 모두 그를 좋아했고 사회 고위층 인사들에게서도 많은 관심을 받았다. 대니얼 도카 교수는 자신이 지도하는 하버드 대학원 디자인 전공 학생들을 이끌고 세인트루이스에 내려와 'MLK 스트리트' 프로젝트를 설계해 보는 수업을 진행했다. 그 후 멜빈은 초청 인사 자격으로 하버드 학생들의 중간고사와 기말고사의 평가를 맡았고(함께 평가를 맡은 사람은 워싱턴의 도시계획 국장과 깐깐한 초등학교 5학년 학생들이었다.), 하버드 광장의 노란색 건물에서 열린 축하 파티에도 참석했다. 그는 얼마 전까지만 해도 하버드가 어디 붙어 있는지조차 몰랐다.

2018년, 추수감사절이 얼마 남지 않은 어느 날 멜빈은 햇

살이 쏟아져 들어오는 하버드 법대의 강의실 연단에 서 있었다. 다른 도시들과 프로젝트를 함께 진행하여 '사랑의 거리' 활동을 전국으로 확대하기로 결정한 뒤였다. 그곳에는 멜빈의 새로운 파트너 브랜든 코스비도 함께 참석해 있었다. 코스비는 인디애나폴리스시의 MLK 스트리트를 따라 조성된 흑인 공동체를 위한 커뮤니티 센터 '플래너 하우스'의 운영자였다.

멜빈의 뒤를 이어 연단에 선 코스비는 청중들에게 플래너 하우스가 학교에서 "쫓겨나거나 자퇴한" 아이들과 함께 진행하고 있는 도시 농장 프로젝트에 대해 설명했다. 아이들은 상인들과 직접 협상하기도 하는데 어느 날 거래 하나를 마치고 온 아이가 코스비 귀에다 이렇게 속삭였다고 했다. "우리가 방금 성사시킨 바질 계약 건이 마리화나 팔아서 벌 수 있는 돈보다 많은 거 아세요?" 코스비가 작은 소리로 대답했다. "그래. 바로 그거야."

멜빈을 오래 알면 알수록 그의 계획이 점차 원대해진다는 것을 알 수 있었다. 그는 오래전부터 이미 MLK 스트리트의 문제가 단순한 거리 정화로 해결되지 않는다는 사실을 잘 알고 있었다. 그러나 하버드와 성공적인 협력 사업 이후에도 프로젝트를 어떻게 지속할 수 있을지는 알 수 없었다. 여러 사람이 지적한 대로 멜빈이 그동안 수없이 거리 정화에 나서고 장난감을 기부하고 하버드에서 많은 지원을 받았음에도 세인트루이스 MLK 스트리트의 사정은 그리 나아지지 않았다. 그러나 가시적인 개선의 속도가 그의 성공을 평가하는 유일한 척도는 아닐 것이다. 그저 정성을 다해 일해 온 것만으로도 그는 이미 성공했다고 말할 수 있을지 모른다.

킹이 살아 있었더라면 평범한 시민으로서 자신의 능력이 닿는 만큼 세상을 바꾸려고 노력하는 멜빈을 좋아했을 것이다. 킹 역시 평범한 시민이었고 마지못해 지도자가 된 사람이었다. 젊은 나이에 그러한 대의에 사명감을 느끼고 몹시 당혹스러웠지만 곧 사람들을 이끌어 자신이 속한 공동체를 조직화하는 것을 과업으로 여겼다. 그러한 킹의 분투는 결코 외롭지 않았다. 세상에는 킹처럼 변화를 위해 싸우고 고통 받고 투쟁하는 수천 명의 평범한 시민들이 있었기 때문이다.

게다가 킹은 자신의 이름을 딴 거리들이 저소득층 지역에 있다는 사실에 마음을 쓰지도 않았을 것 같다. 가난한 이들을 위해 싸우고 목숨까지 바친 그가 가난한 사람들과 자신의 이름이 한데 묶이는 것을 부끄럽게 여길 리 없다. 델마에서 보았던 사람들처럼 킹이 세련된 카페에서 커피를 마시고 열두 종류의 마카로니 치즈를 파는 식당에서 주문하는 모습을 상상하기는 힘들다. 킹을 각성시켜 행동에 나서게 할 만한 것은 다름 아닌 구조화된 빈곤과 절망, 아이들의 탈선과 비행이다.

MLK가 도심의 흑인 지역 슬럼화를 상징하는 일종의 암호가 되고 만 것은 세인트루이스의 마틴 루서 킹 스트리트가 실제로 너무나 쇠퇴했기 때문인 것도 있다. MLK 이름에 반대하는 많은 자영업자들이 정색하며 마틴 루서 킹이라는 이름은 장사가 되지 않는다고 입을 모으는 까닭이다. 크리스 록의 농담이 웃긴 이유도 마찬가지다. 그러나 MLK 스트리트들이 정말 그런 오명을 쓸 만큼 열악한지는 정확히 알 수 없다. MLK 스트리트 지역과 다른 지역 사이에 실제로 부의 불평등이 존재한다는 연구 결과가 있는 반면, 통계적으로 MLK 스트리트들이 다른 도심 지역보다 더 가난하다고 볼 수 없다는 연구 결과도 있다. 대부분의 MLK 스트리트에는 보석 보증 사무소(법원에 보석 증서를 담보로 기탁하고 피의자들이 법원에 제때 출두하도록 보증을 서는 사람 또는 업체―옮긴이)보다 선물 용품 가게가 더 많고 주류 판매점보다 보험회사가 더 많다.[16]

그러나 그것이 오명인지 아닌지가 정말 중요할까? MLK 스트리트들은 현재에도 미래에도 실제 상태와는 관계없이 언제나 열악한 곳이라는 인상을 줄 것이다. 상업 지구나 대학가 한가운데를 지나든, 고급스러운 백인 동네를 가로지르든, 정부 기관을 둘러싸고 있든 상관없이 말이다. 많은 사람들에게 마틴 루서 킹이라는 이름을 가진 거리는 그저 또 하나의 흑인 지역일 뿐이다. 그리고 그들에게 흑인 지역이란 언제나 슬럼 지역이다. 제아무리 좋은 공원이나 고급 부티크 상점이 들어와도 그런 사람들의 관점은 절대 바뀌지 않을 것이다.

12

남아프리카
공화국

**거리 이름의
주인은
누구인가?**

"꽤 드라마틱한 이야깁니다."[1]

2010년에 프래니 랩킨은 구술사가에게 이렇게 털어놓았다. "전 실제로 감옥에서 태어났어요. 부모님이 남아프리카 공산당의 지하조직이었고 어머니가 저를 가진 상태에서 두 분이 체포되셨죠." 때는 1976년 가을이었다. '아프리카 민족회의(African National Congress, 이하 ANC)'가 제도화된 인종차별인 아파르트헤이트 철폐를 위해 60년도 넘게 싸워 오고 있었다. 아파르트헤이트로 인해 아프리카 흑인들과 '유색인'들은 지정된 지역이나 흑인 거주지에서만 살 수 있었고 낙후된 학교에만 다닐 수 있었으며 눈 뜨고 코 베이듯 땅을 빼앗기고 머슴살이와 같은 천한 직업만 가질 수 있었다. 프래니의 부모님이 체포되기 불과 몇 달 전, 남아프리카 공화국 군대가 요하네스버그 외곽의 흑인 거주지인 소웨토에서 시위를 하던 학생 수백 명을 죽이거나 폭행하는 사건이 일어났다. 프래니 부모님이 아파르트헤이트 재판소에서 형을 선고받던 날 학생들은 흑인 인권 운동에 연대하는 상징적 제스처로 법정 참관인들을 향해 주먹을 높이 쳐들었다.

프래니의 어머니 수전 랩킨은 프래니를 낳은 뒤 케이프타운 인근에 경비가 삼엄하기로 유명한 폴스무어 교도소에 열흘 동안 수감되었다가 영국으로 추방되었다.(프래니는 백인이며 그녀의 어머니는 영국 태생이다.) 몇 년 후 프래니와 어머니는 망명 중인 ANC를 돕기 위해 모잠비크로 떠났다. 프래니의 아버지는 감옥에서 7년 형을 살고 나온 후(검사는 사형을 구형했다.) 앙골라에 있는 ANC 훈련소에서 생을 마감했다. 그의 나이 고작 서른일곱이었다.

프래니가 태어났던 바로 그 교도소에서 ANC 대표 넬슨 만델라가 출소한 해인 1990년, 열세 살 프래니는 체 게바라와 빨간 별이 그려진 모자를 쓰고 남아프리카 공화국으로 돌아왔다. 이후 변호사가 된 그녀는 2001년에 아파르트헤이트가 철폐된 새로운 헌법재판소에서 재판 연구원으로 일했다. 헌법재판소의 법관들은 아파르트헤이트 시절 동안 차별을 받아 온 흑인 판사와, 지지하지는 않았더라도 아파르트헤이트로 혜택을 누려 온 백인 판사들로 구성되어 있었다. 놀랍게도 판사들의 판결에는 특별한 패턴이 보이지 않았다. 미국 대법원에서 흔히 보는 것처럼 판사들이 정치적 성향에 따라 갈리는 일이 없었다. 어찌 됐든 그들은 남아프리카 공화국의 백인과 흑인의 역사를 극복할 나름의 방법을 찾으면서 사형 제도 폐지나 동성 결혼 지지에서 만장일치 판결을 내는 등 화합된 모습을 보여 주고 있었다.

그러던 어느 날 판사들의 화합에 대한 프래니의 믿음이 흔들리는 사건이 있었다. 훗날 기자가 된 프래니는 당시를 회상하며 이렇게 썼다. "그 판결이 위법은 아니었지만 나는 최고 법정의 판사들끼리 그렇게 날 선 말을 주고받는 것을 그때 처음 보았다."[2]

더 이상 놀랄 일도 아니지만 해당 재판은 거리 이름에 관한 소송이었다. 2007년에 남아프리카 공화국 행정 수도인 프리토리아는 도심에 있는 27개 거리에 대한 도로명 개정을 제안했다.[3](프리토리아라는 도시 이름도 '프리토리아'로 부를지 광역권 지역을 칭하는 '츠와니'라고 부를지 아직 결정되지 않은 상태다.) 아파르트헤이트 시대의 거리 이름은 대부분 아프리칸스어로 되어 있었고, 이 아프리칸스어를 쓰는 네덜란드계 백인 정부가 바로 아파르트헤이트 정책을 계획하고 시행한 장본인이었다. 백인 정부는 비백인 지역에는 거리 이름을 지을 생각조차 하지 않았던 터라 오늘날에도 남아프리카 공화국에는 이름 없는 거리가 수천 개나 된다. 어느 흑인 국회의원은 내게 어렸을 때 주소가 있는 사촌이 그렇게 멋있어 보였다고 털어놓았다.

프리토리아시가 제안한 도로명은 대부분 ANC 투사의 이름을 딴 것이었다. 그러나 자칭 아프리카너들의 '인권' 단체인 '아프리포럼(AfriForum)'이 도로명 개정에 반대하고 나섰다. '청년 아프리포럼'이라는 단체의 일원들은 새 도로명 표지판을 영어, 아프리칸스어, 세소토어로 쓴 옛 도로명 표지판으로 바꾸어 놓았다. 시청 대변인 블레싱 마날레는 뉴스와의 인터뷰에서 월요일 아침에 나와 보니 표지판에 옛 도로명이 적혀 있었다고 하면서 그런 짓은 "인종차별 시대를 그리워하는 것"에[4] 지나지 않는다고 비난했다.

아프리포럼은 옛 도로명을 없애려는 시청을 상대로 소송을 제기했다. 시에서 주민들에게 도로명 개정에 대해 제대로 고지하지 않았고 도로명 개정에 대한 의견을 밝힐 기회도 주지 않았다는 것이 주장의 요지였다. 이 사건이 애초에 헌법재판소에 청구될 소송이냐에 대한 절차상의 문제도 있었다. 그러나 이 사건은 절차상의 문제보다 더 큰 의미를 지니고 있었다. 그것은 바로 아프리카너들이 진정한 남아프리카 공화국인인가라는 질문이었다.

이 사건을 자세히 설명하기에 앞서 또 다른 남아프리카 공화국 청년 모호엥 모호엥의 이야기를 먼저 해야겠다. 그의 두 가지 일화를 보면 아파르트헤이트 시절 흑인 아이로 사는 삶이 과연 어떠했는지 알 수 있다.[5] 첫 번째 이야기로 어느 날 모호엥은 할아버지와 함께 코피크랄이라는 마을에서 소와 양을 몰고 있었다. 지나가던 경찰이 차를 세우더니 할아버지에게 신분증을 보여 달라고 했다. 모호엥의 할아버지와 같은 흑인들은 도시 내 흑인들의 통행을 관리하기 위해 만든 일종의 국내 여권을 소지해야 했는데, 사람들은 이것을 '돔파스(dompas)' 혹은 '바보 통행증'이라고 불렀다. 할아버지는 돔파스를 집에 두고 온 상태였고, 집은 몇 킬로미터나 떨어져 있었다. 할아버지는 경찰들에게 집에 가서 가져오겠다고 간청했지만, 그들은 어린 모호엥을 그곳에 남겨 둔 채 할아버지를 가까운 경찰서 유치장으로 끌고 갔다. 영웅과도 같았던 할아버지가 속수무책으로 끌려가는 모습을 본 모호엥은 크게 충격을 받았고 혼자 울면서 집으로 돌아올 수밖에 없었다.

두 번째 이야기는 모호엥의 어머니 이야기다. 가사 도우미였던 그의 어머니는 요하네스버그 인근 플로리다의 한 가정에서 일했다.(모호엥의 아버지는 광부였다.) "어머니는 스토프버그 씨 집에서 일하셨는데, 그 집에 고든이라는 내 또래 아들이 있었어요. 나는 그 애가 가진 것이 부러웠고, 어머니, 아버지 이야기를 들을 때마다 언젠가 고든처럼 되고 싶다는 생각을 했죠." 모호엥은 이내 백인이 되고 싶다는 뜻은 아니고 흑인이라는 사실이 좋지만 고든 가족과 "같은 삶을 누릴 수 있는 위치"에[6] 올라서고 싶었다는 말을 덧붙였다.

그러나 모호엥은 그보다 더 높은 곳에 도달했다. 도로명 소송에 대한 이야기를 듣자마자 나는 내 컴퓨터 스크린에 있는 모호엥 모호엥을 바라보았다. 현재 그는 남아프리카 공화국의 헌법재판소장이다.(2021년 10월에 헌법재판소장직에서 퇴임했다.—옮긴이) 헌법재판소의 법정은 화해의 기운이 뿜어져 나오는 독특한 장소다. 한때 악명 높은 감옥이 있던 자리에 들어선 헌법재판소 건물은 과거 마을의 현자들이 분쟁을 중재했던 전통을 나타내는 "한 그루 나무 아래의 정의(正義)"[7]라는 테마로 건축되었다. 과거 공판관으로 이어지는 천장 없는 계단이 여전히 남아 있었고 감옥을 허물 때 나온 벽돌을 써서 만든 벽도 간간히 눈에 띄었다. 이곳 헌법재판소의 판사들은 방청석보다 높은 곳에 앉지 않는다. 비록 판사석 뒤쪽의 창문이 머리 위에 있긴 하지만 지면과 닿아 있어 법정을 보고 있으면 판사들 머리 위로 밖에서 끊임없이 오가는 사람들의 발을 볼 수 있다. 그런 것들이 판사들에게 그들이 법 위에 있지 않다는 사실을 항시 일깨워 주는 역할을 했다.

짙은 녹색 법복에 주름 장식이 들어간 흰 띠를 걸친 헌법재판소장 모호엥 판사는 도로명 개정 건에 대한 판결문을 읽어 내려가기 시작했다. 그의 판결문은 평소와 달리 아파르트헤이트 역사에 대한 기본적인 설명으로 시작되었다. "남아프리카 공화국은 다른 것도 아닌 피부색, 코 모양, 머리의 질감을 이유로 한 인종이 다른 인종을 제도적으로 억압하는 일이 아무런 문제가 되지 않는다고 여긴 체제에서 말 그대로 마지막으로 독립한 아프리카 국가이다."[8] 아파르트헤이트 정권하에서 흑인들은 게으르고 멍청한 존재로 인식되었다. 따라서 어떤 도시, 마을, 기관에도 흑인을 리더로 인정하는 곳은 아무 데도 없었다. 심지어 흑인들의 전통과 역사도 무시되었다. 거리 이름이 새로운 시대정신을 반영하는 것은 당연하다. 모호엥은 도로명 개정 결정에 반대하는 아프리포럼 주장의 근거가 '심히 빈약하다'고 판결했다.

동료 판사 중 여덟 명이 찬성했다. 모두 흑인이었다. 반대도 두 명 있었다. 사건을 맡은 판사 중 유일한 백인 판사 둘이었다. 그중 요한 프론맨 판사는 어린 시절 농촌 마을에서 자랐는데 그의 가족은 모호엥의 어머니와 같은 여성들을 가정부로 부리고 살았다.(다시 말해서 그는 어릴 적 고든 같은 아이였다.) 동성애자이면서 HIV 양성자로 인권 운동가인 진보주의자 에드윈 캐머런 판사는 어릴 적 아버지가 "심각한 알코올 중독자"[9]였던 데다 어머니가 가족을 부양할 능력이 없어 보육원에 보내졌다. 그런데도 그는 백인들만 다니는 학교를 다녔고 장학금까지 받아 옥스퍼드 대학교 대학원에도 진학했다. 두 백인 판사들의 어린 시절은 일반적인 남아프리카 공화국 백인들의 서로 다른 삶만큼 달랐을지 모르지만 적어도 이 사건에 대한 그들의 의견은 일치했다.

프론맨 판사는 아프리포럼이 도로명 개정에 반대하는 소송을 낸 것은 아무런 잘못이 아니라고 했다. 그는 남아프리카 공화국 헌법은 모든 소수자들이 "소외되지 않고 보호되어야" 한다고 명시하고 있다고 밝히면서 이렇게 되물었다. "아프리카너들과 백인 남아프리카 공화국인들은 압제적 제도에서 발을 뺐다는 사실을 증명하지 못하면 1994년 이전에 존재했던 문화적 권리를 더 이상 누리지 못한다는 말인가? 그것이 어떻게 가능한가? 그렇다면 이제 백인 아프리카너를 구성원으로 둔 단체들은 모두 억압적인 권력을 행사했던 과거에 역사적 뿌리를 두지 않는다고 증명이라도 해야 하는가? 그것은 누가 판단할 것이며 기준은 무엇인가?" 아프리카너들은 이제 "헌법에 의해 버림받은 자들"[10]일 뿐일까?

결국 포스트 아파르트헤이트 시대의 열망을 실현한 거리 이름은 얼마 되지 않았다. 오늘날 남아프리카 공화국의 모습은 아파르트헤이트 폐지 이전과 크게 다르지 않다. 실제로 어떤 기준에서 보면 남아프리카 공화국은 전 세계에서 가장 불평등이 심한 나라다. 인구의 10퍼센트밖에 되지 않는 백인들이 국부의 90퍼센트를 차지하고 있다.[11] 남아프리카 공화국 국민(대부분 흑인) 80퍼센트의 순자산은 0이다.[12] 지리적, 경제적, 정서적인 측면에서 보면 아파르트헤이트는 결코 끝나지 않았다.

　　아프리카너들은 남아프리카 공화국 인구의 약 5퍼센트를 차지하는 소수 집단이기도 하다. 많은 아프리카너들이 같은 남아프리카 공화국 사람들에게 차마 입에 담을 수도 없는 사악한 짓을 저질렀지만, 그들의 조상이 남아프리카 공화국에 온 것은 메이플라워호가 플리머스에 도착한 지 겨우 30년 후였다. 17세기 이후로 아프리카너들은 남아프리카 공화국에 늘 존재했고 대부분은 그곳을 떠날 생각이 없었으며 마땅히 갈 곳도 없었다. 어떤 역사의 악당들은 더 부도덕한 범죄를 저지른 이후에도 주류 사회에 동화되었다. 남부 연합국은 다시 '미국인'이 되었고, 나치 역시 '독일인'으로 돌아갔다. 그러나 아프리카너들에 대해서는 그들이 그냥 '남아프리카 공화국인'이 될 수 있느냐 하는 문제가 제기되었다.

○

　　내가 이 장을 프래니가 아닌 다른 이야기로 시작했다면 아마도 1960년 2월, 연설을 위해 케이프타운에 도착한 영국 총리 해럴드 맥밀런의 이야기로 시작했을 것이다.(맥밀런은 제1차 세계대전 중에 허벅지와 골반에 총상을 입은 뒤 열 시간 동안이나 참호에 숨어 모르핀을 놓아 가며 아이스킬로스의 『사슬에 묶인 프로메테우스』

그리스어 판본을 읽은 사람이었다.[13] 그는 6주간 아프리카 대륙을 순방하던 중이었다. 대영 제국은 100년이 넘는 세월 동안 유럽의 아프리카 식민지 전쟁에서 왕좌를 차지하고 있었다. 그러나 프랭크 마이어스가 설명한 것처럼 제국 곳곳에서 터져 나오는 요구와 문제가 너무 많아지면서 식민주의의 폐단도 더 이상 간과할 수 없는 처지가 되었다. 제2차 세계대전이 끝난 후 영국은 백인 인구가 얼마 되지 않는 아프리카 식민지, 이를테면 골드코스트(가나)나 나이지리아와 같은 국가에 대한 지배를 완화했다.[14] 그런 나라에서는 흑인과 백인 사이에 갈등이 발생할 위험이 적었기 때문이다. 그 대신 로디지아(지금의 짐바브웨)와 남아프리카 공화국처럼 소수의 백인들이 강력한 권력으로 통치하는 나라에 대해서는 계속해서 백인들의 지배를 지지해 왔다. 그러나 이마저도 바뀌는 운명의 순간이 찾아왔다.

어두운 색의 목재로 지어진 국회의사당의 만찬장은 남아프리카 공화국의 독립을 축하하는 그림이 벽을 가득 메우고 있었다. 눈앞에 놓인 연설문을 넘기는 맥밀런의 손이 미세하게 떨렸다.[15] 그는 딱 부러지는 이튼 출신 특유의 악센트로 남아프리카 공화국의 "토지와 산림, 산과 강, 맑은 하늘과 드넓은 초원"[16]에 감탄했으나 연설은 이내 불길한 예감을 자아내는 어조로 바뀌었다.

"아프리카 대륙에는 지금 변화의 바람이 불고 있습니다.

우리가 좋든 싫든 민족의식이 성장하고 있음은 부인할 수 없는 정치적 사실입니다. 우리는 반드시 이 사실을 받아들이고 정책에 반영해야 합니다. 솔직히 말해 남아프리카 공화국에는 자유인의 정치적 운명에 대한 영국인의 신념에 반하지 않고는 도저히 지지할 수 없는 몇 가지 정치적 문제가 있습니다." 영국은 아파르트헤이트를 수용하지 않겠다는 뜻이었다. 사람들은 이 연설을 '변화의 바람' 연설이라고 불렀지만, '제국의 종말'이라는 이름이 더 적절했을 듯하다.

당시 남아프리카 공화국의 수상이었던 헨드릭 페르부르트는 맥밀런의 연설 내용을 사전에 전달받지 못한 상태였다. 그의 비서들이 맥밀런에게 먼저 연설문 사본을 공유해 줄 것을 사정하였으나 소용없었다. 남아프리카 공화국 수립 50주년을 기념하는 축하 자리였고 전국에는 국기가 펄럭이고 있었다.[17] 페르부르트가 대응 연설을 하기 위해 연단에 섰다.

처음에 그는 평소답지 않게 말까지 더듬으며 횡설수설했다. 몸에 대충 맞춘 슈트와 다부진 체격이 어느 기자의 표현대로 "호리호리하고 에드워드 시대(1901~1910년) 사람처럼 애써 꾸미지 않아도 우아한"[18] 맥밀런과 대조를 이루었다. 그러나 페르부르트는 이내 정신을 다잡고 즉흥 연설로 날카롭게 응수했다. "남아프리카 공화국에는 이미 산재한 문제가 많습니다. 수상님이 굳이 그토록 중대한 발언을 하시고는 제게 짧은 감사 인사만을 기대하며 이 나라를 더 곤란하게 만들지 않으셔도 말입니다." 그런 다음 그는 '아파르트헤이트'의 '아' 자도 꺼내지 않고 아파르트헤이트 정책을 옹호하기 시작했다. "아프리카 국가들이 독립국가가 되어 가고 있고 그래서 모든 이들을 공정하게 다루어야 한다는 것은 아프리카의 흑인들은 물론 아프리카의 백인들에게도 공정해야 한다는 뜻입니다." 페르부르트는 '이 땅에 문명을 일으킨' 백인들이 자신들의 영토, '유일무이한 모국'을 통치할 것이라는 점을 분명히 했다. 그러면서 흑인들도 그들의 지역은 스스로 통치할 수 있다고 말했다. 백인들이 떠밀어 넣고 가둬 버린 바로 그 땅에서 말이다.

페르부르트에게 도전적인 연설을 지지하는 축하 전보가 쏟아졌다. 맥밀런의 연설은 아파르트헤이트를 약화시키기는커녕 더 강화시킨 듯 했다. 맥밀런의 연설이 있은 지 한 달 만에 경찰이 샤프빌이라는 흑인 거주 지역에서 통행법에 반대하며 평화 시위를 하던 흑인 69명을 사살하는 사건이 발생했다. 남아프리카 공화국 정부는 모든 집회를 금지하고 범아프리카회의(Pan Africanist Congress), ANC와 같은 반아파르트헤이트 조직을 불법 단체로 규정했다.(유엔이 남아프리카 공화국 정부의 강경 진압을 규탄한 반면, 미국 미시시피주 의회는 "인종 분리 정책을 확고히 하고 거대한 외부 간섭의 힘에 맞서 전통을 굳건히 지키는" 남아프리카 공화국을 칭송했다.[19]) 다음 해, 남아프리카 공화국의 백인들은 투표를 통해 영연방과의 관계를 단절하기로 결정했다. 남아프리카 공화국 전역에는 페르부르트 공항, 페르부르트 병원, 페르부르트 학교가 우후죽순처럼 생겨났다. 페르부르트의 이름을 딴 거리는 말할 것도 없었다.

연설을 한 날 밤, 맥밀런은 일기에 이렇게 썼다. "나는 영국계 후손들을 안심시키고[20] 자유당 당원들을 고쳐시키며 내무부의 제안을 충족시킴과 동시에 이 광활한 나라를 통치하는 다소 별난 아프리카너 정당 간부들과 (적어도 겉으로는) 우호적인 관계를 유지해야 했다."

그렇다면 이 '다소 별난 아프리카너' 정치인들은 과연 누구였을까? 한때 촉망받는 학생이었던 페르부르트는 사회학과 심리학을 공부하고 하버드 대학교와 예일 대학교에서 교수를 지냈다.[21] 이후 학계를 떠나 언론인이 되었다가 정치에 입문했다. 그의 매너와 외모는 기괴함과는 거리가 멀었다. 앤서니 샘슨은 잡지《라이프》에 기고한 글에서 페르부르트를 이렇게 묘사했다. "내가 만난 페르부르트 박사는 보기 드물게 온화한 사람이었다. 키가 컸고 얼굴은 통통했으며 코는 들창코에 눈동자는 완벽한 회색이었다. 그러나 가만히 쉬고 있을 때는 입가에 진 짙은 주름과 눈에 서린 불안이 보였다. 그의 말투는 불안에 떠는 학생을 달래는 교사처럼 부드러웠고 미소는 어린아이 같은 순수함이 깃들어 있었다. 마치 '그거 별거 아니야.'라고 말하는 것처럼."[22]

　　1966년에 암살당한 페르부르트에게 인종차별은 정말로 별것 아닌 문제였다. 유럽인들이 처음으로 남아프리카 공화국 땅에 발을 들여놓은 이후 관습이 되어 온 인종 분리는 곧 법으로 제도화되었다. 수상의 자리에 오르기 전에 원주민부 장관이었던 페르부르트는 장관에 임명된 직후 아파르트헤이트에 대한 비전을 전체주의적 제목과 내용을 담은 여러 법령을 통해 구체적으로 실현시켰다. 이를테면 '반투 교육법'을 만들어 흑인들을 보충 교육을 하는 학교에만 다닐 수 있게 했고, '인구 등록법'을 통해 전 국민을 인종으로 분류한 주민 명부를 만들었다. 또 '반투 토건 종사자법'을 통해 흑인들이 건축업에 종사하는 것을 허용하면서도 백인 지역에서 일하는 것은 불허했다. '인종 간 혼인 금지법'의 핵심은 한눈에 알 수 있었다.(당시 내무부 장관은 미국의 30개 주에서 똑같은 법을 시행하고 있다는 사실을 언급했다.[23]) 1950년대 초반에 수상을 역임한 D. F. 말란은 "나는 그동안 '울타리를 두른다'는 의미로 해석되어 온 '인종 분리'라는 용어를 사용하지 않겠다. 그 대신 다양한 인종에게 자신이 갖고 있는 조건을 바탕으로 출세할 수 있는 기회를 제공한다는 '아파르트헤이트'라는 용어를 사용하겠다."라고 말했다.[24] 인종 차별이 권리 신장으로 탈바꿈하는 순간이었다.

　　아프리카너들 대부분은 네덜란드 동인도회사 시절에 처

음 남아프리카 공화국에 발을 디뎠는데, 이들 역시 처음에는 가난하고 소외된 삶을 살았다. 19세기에 뒤늦게 들어온 영국이 다른 많은 곳에서 그랬던 것처럼 남아프리카 공화국을 점령했다. 영국인들은 아프리카너를 미개인이라고 경시했으며 그들의 언어를 폄하하고 자치권을 박탈했다. 그나마 긍정적인 면이 있다면 영국인들이 노예제도를 철폐했다는 사실이었는데, 바로 이것이 아프리카너들의 분노에 불을 붙인 계기가 되었다. 엄격한 칼뱅파 백인들이 입는 짧은 '도퍼' 코트에 끈 있는 모자를 쓴 개척자 또는 '푸어르트레커(Voortrekker)'라고 부르는 아프리카너들은 황소가 끄는 마차에 몸을 싣고 내륙 오지로 향했다. 1835년부터 1846년까지 약 1만 5000명의 아프리카너들이 '대이주'를 떠났고 이동 중에 맞닥뜨린 줄루족, 바소토족, 츠와나족, 은데벨레족 등 수많은 토착 부족과 잔혹한 혈투를 치렀다.[25] 푸어르트레커들은 명목상 노예제를 폐지했지만 "수습생들", 한 독일 선교사의 표현에 따르면 "마차 몇 대분의 아이들"[26]을 붙잡아 가서는 자신들을 위한 노동력으로 삼았다.

그러나 아프리카너들은 영국인들로부터 온전히 벗어날 수 없었다. 그들의 영토에서 엄청난 양의 다이아몬드와 금이 차례로 발견되었기 때문이다. 영국인들과 보어인들(아프리칸스어로 '농부'라는 뜻이다.)은 두 차례 전쟁을 치렀으나 게릴라 전술에 일격을 당한 영국인들이 아프리카너들의 농장을 불태우고 가축을 도살했으며 여자들과 아이들을 강제수용소(이 전쟁으로 '강제수용소'란 용어가 탄생했다는 이야기가 있다.[27])에 가두었다. 수용소에서 목숨을 잃은 보어인은 대부분 어린아이들로 2만 6000여 명에 달했으며 흑인과 '유색인'도 수천 명이나 희생되었다. 강제수용소의 책임자였던 키치너는 아프리카너들을 미개하다고 멸시하면서 그들을 "얇은 백인 외피만 두른 야만족"이라고 불렀다.[28]

전쟁이 끝난 후 아프리카너들은 농장에서 쫓겨나 도시로 내몰렸고 그곳에서 영국 출신 백인들보다 훨씬 더 가난하고 궁핍하게 살았다. 카네기 위원회에서 나온 연구원들이 남아프리카 공화국을 두루 돌아본 후 『남아프리카의 백인 빈곤층 문제(*The Poor White Problem in South Africa*)』라는 제목의 다섯 권짜리 보고서를 출간했다.[29] 1932년에 출간된 이 보고서는 남아프리카 공화국 정부에 백인 사회의 빈곤을 완화할 것을 촉구했는데, 이것이 궁극적으로 남아프리카 공화국 흑인들의 삶의 질을 악화시키는 결과를 가져왔다.[30] 혹자는 페르부르트 손에 들어간 이 보고서가 아파르트헤이트의 "청사진"으로 작용했다고 평하기도 한다.[31]

영국인들과의 전쟁은 자신들이 생존자이자 선택된 민족이라는 아프리카너들의 이데올로기를 강화했다. 아프리카너 민족 정당인 국민당이 1948년에 근소한 차이로 선거에서 승리한 후 아프리카너들은 생존자 이념의 일환으로 자신들이 토착 아프리카인들보다 우월하다는 신념을 법과 정책으로 구현했다. 1952년에 아프리카너이자 아파르트헤이트 옹호자인 피트 실리에는 "팔레스타인의 유대인이나 파키스탄의 무슬림과 마찬가지로 아프리카너들은 기껏 다른 다수 집단에게 지배를 받으려고 영국과 싸워 자유를 쟁취한 것이 아니다. 결국 우리는 그 다수에게 자유를 줄 것이지만 결코 우리를 지배할 권력을 주지는 않을 것이다."라고 하면서 흑인들이 "우리의 삶에 영향을 미치는 권리를 누리는 일은 없을 것이다."라고 말했다.[32]

넬슨 만델라는 대중의 지지를 얻어 대의를 실현하기 위해서는 아프리카너들을 이해하는 것이 매우 중요하다고 생각했다. 그와 함께 수감 생활을 했던 맥 마하라즈가 아프리칸스어는 "억압자의 언어"라고 했지만 만델라는 끈질기게 아프리칸스어를 배워야 한다고 주장하면서 "우리는 장기전을 치르고 있다. 상대 전력을 지휘하는 사령관을 이해하지 못하면 적을 습격하는 일은 꿈도 꿀 수 없다."라고 말했다.[33] 만델라는 감옥에서 통신 강좌를 수강하며 아프리칸스어를 공부했다. 그에게 호의적이었던 간수가 '해변에서의 하루'와 같은 주제로 쓴 간단한 에세이를 첨삭해 주기도 했다.[34](만델라는 시험에서 로벤섬에서 채취한 해초를 넣어 말려 비료로 만드는 노역에 대한 글을 썼다. 분명 채점자들이 예상한 종류의 에세이는 아니었을 것이다.) 결국 만델라는 아프리칸스어 시험에 통과했다.

한번은 그가 인터뷰 중에 남아프리카에 사는 영국인과 아프리카너의 차이에 대해 윗세대에서 전해져 내려왔다는 이야기를 한 적이 있었다.[35] 만약 흑인이 영국인 집에 가서 먹을 것을 청하면, 집주인은 그를 집 안으로 들인 뒤 '태양도 비쳐 보일 만큼' 얇은 토스트 한 장과 물처럼 맑은 차 한 잔을 대접한다고 한다. 반면 아프리카너 집에 가서 먹을 것을 청하면 집주인은 그에게 앞문이 아니라 뒷문으로 오라고 고함을 친 뒤 집으로 들이지는 않는 대신, 땅콩버터와 잼을 듬뿍 바른 두툼한 빵과 따뜻하고 달콤한 커피 한 주전자를 대접한 후 남는 것을 싸 주며 집에 가져가라고 한다는 것이었다.

카이사 노먼이 아프리카너의 정체성을 연구한 저서 『피의 강 위에 놓인 다리(*Bridge Over Blood River*)』에도 자세히 등장하는 이 이야기가 나는 마음에 든다. 이 일화는 아프리카너에 대해 많은 것을 시사할 뿐만 아니라 넬슨 만델라가 어떤 사람인지에 대해서도 알려 준다.(물론 영국인이 어떤 사람들인지에 대해서도 이야기한다.) 만델라는 아프리카너들이 원래 악한 사람들은 아니라고 생각했다. 만델라가 보기에 그들은 두려움에 사로잡혀 있을 뿐이었다. 그는 수천 명의 목숨을 앗아 간 아파르트헤이트를 만들고 27년에 가까운 세월 동안 자신을 감옥에 가둔 것이 바로 그들의 그런 두려움과 불안 그리고 인종차별에 대한 신앙에 가까운 신념이라고 생각했다. 만델라의 석방 이후에 문제는 오직 아프리카너들이 흑인을 앞문을 통해 자기 집 안에 들일 수 있느냐 하는 것이었다.

1994년에 대통령에 취임하던 날, 만델라는 아프리칸스어로 된 국가가 연주될 때도 가슴에 손을 얹었다. 남아프리카 공화국 국민들이 춤을 추며 환호하는 가운데 수수하고 소박한 파란색 스리피스 정장을 차려입고 연단에 오른 그는 취임 연설에서 '무지개 나라'라는 비전을 선포했다. 남아프리카 공화국의 흑인들은 백인으로만 구성된 국가대표 럭비팀 경기 때 오히려 상대편을 응원해 왔지만, 남아프리카 공화국이 자국에서 열린 럭비 월드컵에서 우승을 차지했을 때 만델라는 대표팀 유니폼을 입고 트로피를 수여하면서 스프링복(옆구리의 짙은 색 가로줄 무늬가 특징인 영양으로 남아프리카 공화국의 오랜 상징이자 국가대표 팀의 애칭—옮긴이)에게 찬사를 보냈다. 그리고 백인 전용 구역에 사는 죽은 페르부르트의 부인을 찾아가 쿡시스터(시럽이 묻어 있는 꽈배기의 일종이다.)를 나눠 먹으며 저녁 식사를 함께했다. 두 사람이 대화를 할 때 아프리칸스어를 썼다는 사실은 말할 필요도 없다.

놀랍게도 만델라 대통령의 임기 동안 아파르트헤이트 시절의 도로명이 개정된 경우는 그리 많지 않았다. 만델라 정부는 재판 대신 '진실과 화해 위원회'를 설치하여 처벌 없는 자백의 기회와 두려움 없이 증언할 기회를 주었다. 그는 자신을 감옥에 가둔 아프리카너들의 이름을 딴 거리나 공항, 기념물의 이름을 바꾸는 것에 반대하기도 했다. 페르부르트 댐을 노벨 평화상 수상자인 앨버트 루툴리의 이름으로 변경하는 일에 주저했고,[36] 아프리카너 정치인의 이름을 딴 것을 ANC 일원의 이름으로 바꾸는 일에 조심스러워했다. 1994년에는 한 신문과의 인터뷰에서 국회 페르부르트 빌딩의 이름이 바뀌어서 "낙담"했다고 말한 적도 있었다. 페르부르트의 손자와 그의 아내가 현재 ANC 소속이라는 것이 이유였다.

만델라는 "(페르부르트의 자손들이) 얼마나 아파르트헤이트에 반대하든 간에 페르부르트는 그들이 사랑하는 할아버지이므로 냉정하게 그를 비난의 대상으로 특정하여 거론할 수 없다."라고 설명했다.[37] 변화는 반드시 있을 것이고 그 과정에서 특정 공동체를 화나게 하는 것도 있을 거라고 덧붙였지만, 만델라는 대체적으로 이름을 바꾸는 것에 매우 신중한 태도를 보였다. 새로 들어선 정권들은 대개 거리나 지형지물의 이름을 바꾸면서 과거를 청산하고 얼마나 세상이 급변했는지 보여 주기를 좋아한다. 그러나 만델라는 정반대의 노선을 택했다. 옛 이름을 고수하여 혁명이 덜 혁명적으로 보이게 함으로써 평화가 쉽게 깨어지지 않도록 하는 전략을 취한 것이다.

만델라의 뒤를 이어 대통령이 된 타보 음베키는 더 많은 변화를 추진했다. '진실과 화해 위원회' 안에 '남아프리카 공화국 지명 심의회'를 설치하여 800개가 넘는 이름(400개가 넘는 장소명과 인종차별적인 욕설 'kaffir(깜둥이)' 포함)을 개정했다.[38] 전국에 걸쳐 도로명 개정 작업이 진행되면서 한 번에 거리 이름이 몇십 개씩 바뀌는 도시도 많았다. 더반에서만 100여 개의 도로명이 개정되었는데 얼마 지나지 않아 새로운 표지판 대부분이 스프레이로 덧칠되거나 훼손되었다.[39]

심지어 흑인과 '유색인'들도 변화를 항상 반가워하지는 않았다. 많은 남아프리카 공화국 사람들은 새로운 거리 이름이 지나치게 ANC 영웅에 치우쳐 있다며 투덜댔다. 구성원 다수가 줄루족인 '잉카타 자유당(Inkatha Freedom Party, IFP)'은 IFP 지도자의 이름을 딴 '망고수투 고속도로'를 ANC 활동가를 기념하는 '그리피스 음센지 고속도로'로 바꾸는 것에 항의하는 시위를 벌였다. 더반에 있는 거리의 이름을 왜 남아프리카 공화국과 아무 상관도 없는 체 게바라로 지어야 하는지 의문을 갖는 사람들도 있었고, 간디의 이름을 딴 거리가 홍등가에 위치하고 있어 "천박"하다고 불평하는 사람들도 있었다.[40]

가장 크게 논란이 된 일은 ANC가 어느 도로명을 앤드루 존도의 이름을 따서 짓겠다고 고집했을 때였다. 존도는 어린아이를 포함하여 다섯 명이 사망한 쇼핑센터 폭파 사건을 일으킨

10대 소년이었다.(훗날 법정에 선 존도는 전화로 경고 메시지를 보내려고 했으나 우체국에 빈 공중전화가 없어 하지 못했다고 진술했다.) '앤드루 존도 로드'가 생겼을 때 폭파 사건의 희생자 가족들은 눈물을 흘렸다. 그러나 ANC의 일원이었던 존도는 많은 이들에게 정부의 만행과 경찰 살해에 맞서 자신이 아는 유일한 방법으로 싸운 자유의 투사였다.

그러나 앤드루 존도 로드와는 달리 츠와니(프리토리아) 시가 제안한 새로운 거리 이름에는 찬반이 분분할 만한 이름이 없었다. 제프 마제몰라는 교사이자 남아프리카 공화국의 반아파르트헤이트 운동가 중에 가장 오래 수감 생활을 한 정치범이었다. 요한 헤인즈는 아파르트헤이트가 신의 뜻이라는 사상을 거부하고 공개적으로 인종 간 혼인을 지지한 아프리카너 목사였다. 프리토리아의 자택에서 암살당한 헤인즈는 아내와 손자들과 함께 카드놀이를 하던 중 목에 총을 맞고 숨졌다. 스탠자 보파페는 경찰에게 전기 고문을 받다가 죽은 뒤 악어가 우글대는 강에 시신이 버려진 젊은 활동가였다.[41] 보파페로 이름이 개정된 거리의 이전 이름은 '처치 스트리트'였다.

나는 누가 봐도 존경할 만한 사람들을 기념하는 거리 이름이 헌법 소원에 합당한 일인지 묻기 위해 아프리포럼의 변호사인 베르너르 휘만에게 전화를 걸었다. 베르너르의 아이가 갓 태어났던 터라 우리는 자연스럽게 잠에 대한 대화를 나누게 되

었다. 헌법 소원 청구에 관한 이야기가 시작되자 그는 헌법재
판소의 결정을 존중하지만 그래도 아프리칸스어로 된 거리 이
름은 남겨 두어야 한다고 말했다. 한참 대화를 나누다 보니 나
는 우리가 더 이상 재판이나 거리 이름에 대한 이야기는 하지
않는다는 사실을 깨달았다. 그래서 그에게 남아프리카 공화국
에서 아프리카너로 사는 것이 얼마나 힘든지 물었다.

    잠시 말이 없던 그가 입을 열었다. "아프리카너들에 대한
사회적 적대감이 있죠. 이 헌법 소원 건 때문에 우리에게 엄청
난 비난과 폭언이 쏟아지고 있어요." 많은 사람들이 자신이 아
프리카너라는 사실을 밝히기 두려워한다고 했다. "우리는 이
나라의 한 구성원이 되기 위해 싸우는 것이지 권력을 차지하겠
다고 싸우는 게 아닙니다. 내가 아는 사람 중에 아파르트헤이
트가 도덕적으로 옳지 않다는 것을 부정하는 사람은 없어요."
사회에서 정당한 존재로 살기 위해서는 그 과오를 '반드시' 인
정해야 한다고 했다. "우리는 아프리카너를 그 과오로만 규정
해서는 안 된다고 말하는 겁니다. 1994년 이전에 있었던 모든
일이 나빴던 것은 아니니까요."

    그의 말에 모두 동의할 수는 없었지만, 베르너르와의 통화
는 즐거웠다. 판결을 존중한다는 그의 말은 진심 같았다. 그는
재판을 담당했던 판사 그 누구도 비난하지 않았다. 그는 그저
훗날 자신의 아들이 과거의 잘못을 인정하면서도 그들의 언어

를 말하고 그들의 문화유산을 자랑스러워하며 살 수 있기를 바란다고 했다. 어쨌거나 베르너르와 나눈 대화는 꽤 의외였다. 많은 남아프리카 공화국 사람들의 인식 속에 아프리포럼은 철저한 인종차별주의자들이었기 때문이다.

아프리포럼 구성원 모두가 아파르트헤이트의 폐해를 인정하는 것 같지는 않다. 실제로 그들은 헌법재판소에 제출한 청구서에 아파르트헤이트를 "소위 아파르트헤이트"라고 표현해 판사들을 격노하게 만들었다. 최근에는 아프리포럼이 투자하여 제작한 다큐멘터리에서 해설자가 "도달하고자 하는 이상을 가진 철학자"인 페르부르트를 '아파르트헤이트의 설계자'라고 칭하는 것은 지나친 단순화라고 말한 일도 있었다.[42] 아프리포럼의 대표 칼리 크릴은 아파르트헤이트가 옳지 못한 것은 사실이지만 "반인도 범죄"까지는 아니라고 주장하기도 했다.[43]

법학 교수 엘민 뒤 플레시스가 남아프리카 공화국의 백인 농민 살해를 두고 '인종 청소'라고 표현한 아프리포럼의 입장을 반박하자 아프리포럼의 부대표 에른스트 루츠는 뒤 플레시스가 아프리포럼의 입장을 왜곡했다고 신랄하게 비난하는 31분짜리 영상을 유튜브에 게시했다. 영상 말미에 루츠는 홀로코스트 이후 형세가 역전되었더라면 "모든 지식인들을 잡아다 목매달아 죽이고 특히 교수들은 1미터 더 높은 곳에 매달 것이며 완전히 청소될 때까지 가로등에 매달아 두었을 것"이라고 말한 홀로코스트 생존자 빅토르 클렘퍼러의 말을 인용했다.[44](루츠는 그 인용구가 어떤 맥락에서 나온 말인지 밝히지 않았다. 클렘퍼러 역시 교수였는데 히틀러를 위해 이성을 팔았다면서 학자들을 가장 강도 높게 비난했다.) 이 영상은 루츠가 미국의 보수파 정치인들에게 지지를 호소하기 위해 찾은 미국 워싱턴에서 이른 아침에 촬영된 것이었다.(도널드 트럼프가 이 영상을 아프리포럼을 대신하여 트위터에 올렸다.)

루츠는 자신이 폭력을 옹호하는 것이 아니라고 했지만 영상이 공개된 후 뒤 플레시스에게 갖은 위협과 협박이 빗발쳤다. 그녀에게 전화를 걸어 '다음 차례는 당신'이라고 위협하는 사람도 있었다. 나는 뒤 플레시스에게 전화를 걸어 그녀도 아프리카너인지 물었다. 전화기 너머로도 그녀가 찡그린 표정을 짓고 있다는 것을 알 수 있었다. 그녀는 "인정하기 싫지만 그렇습니다."라고 답하며 다행히도 소리 내어 웃었다. 그녀는 아프리카너 농민들이 겪은 끔찍한 폭력과 고문을 혐오하지만 그들의 고통이 남아프리카 공화국 흑인들의 일상을 짓누르는 잔혹한 폭력보다 더 특별하다고 볼 수는 없다고 주장했다. 그리고 아프리포럼에 대해서는 이렇게 말했다. "그들은 자신에게 권력이 없다는 사실을 인정하기 어려울 겁니다. 거리 이름을 양보하면 다음번엔 무엇을 포기해야 할지 두려운 거죠. 농민 살해에 관한 통계만 보더라도 문제는 다른 데 있습니다. 그들은 사회의 비주류가 되기 싫은 거예요." 뒤 플레시스는 특히 자신의 모국어에 대해 복잡한 감정을 느낀다고 했다. "어떻게 하면 우리의 과거를 기념하는 것처럼 보이지 않으면서 과거를 기억하고 이야기할 수 있을까요?"

○

1652년, 크리스토퍼 콜럼버스의 아프리카너 버전이라 할 수 있는 얀 판 리베이크가 지금의 케이프타운에 발을 디뎠다. 콜럼버스와 마찬가지로 리베이크는 유럽과 무역 관계를 맺고 토착민들을 공포에 떨게 했다. 2008년에 포체프스트롬('포치') 시는 '얀 판 리베이크 스트리트'를 젊은 운동가이자 투사였던 피터 모카바의 이름으로 개정하기로 결정했다. 모카바는 만델라와 달리 백인들에게 쉽게 면죄부를 주어서는 안 된다고 주장한 사람이었다. 아파르트헤이트 시절 모카바는 백인 통치에 대항하여 보다 급진적이고 때로는 폭력적인 투쟁을 지지했으며, 이제는 혐오 발언으로 금지된 "농민들을 없애자. 보어인들을 없애자."라는 슬로건을 만든 것으로 유명했다.

도로명이 개정되자마자 포치시에 걸렸던 새 '피터 모카바 스트리트' 표지판은 검은 스프레이 페인트로 훼손된 후 발강(江)에 버려졌다. 인류학자 안드레 구드리치와 피아 봄바르델

라가 자신들의 사유지에 '얀 판 리베이크 스트리트' 표지판을
직접 만들어 단 주민들을 찾아가 인터뷰를 했다.[45] "새로운 거
리 이름에 반대하는 유일한 이유는 대체 이곳이 어딘지 알 수
가 없어졌다는 거예요."라고 말하는 주민이 있는가 하면, 이제
어린아이들이 집을 못 찾게 됐는데 "부모들이 나가서 아이들
을 찾다 보면 밤이 꽝장히 늦어질 수 있고 그러면 아이들을 찾
기가 힘들어진다."라고 말하는 주민도 있었다.

구드리치와 봄바르델라가 발표한 보고서에는 이런 주민
과의 대화도 나온다.[46]

> **주민** 이 동네에서 오래 살았는데도 산책을 나갔다 오
> 거나 자전거를 타고 멀리 나갔다가 돌아오면 길을 잃
> 기 십상이에요. 대체 어디가 어딘지 구분이 안 가요.
> **인터뷰어** 경험담이신가요?
> **주민** 그렇습니다.
> **인터뷰어** 자기가 사는 동네에서 길을 잃으신다고요?
> **주민** 네.

구드리치와 봄바르델라는 이것을 문자 그대로 해석하면
"상당히 믿기 힘든" 주장이라고 설명했다. 사람들은 자기가 줄
곧 살아온 동네에선 거리 이름을 보며 길을 찾지 않기 때문이

다. 대개는 느낌으로, 지형지물로, 또는 몸이 기억하는 대로 길을 찾아다닌다. 도로명 몇 개 바뀌었다고 자기가 사는 동네에서 길을 잃는다는 게 가능한 일인가?

그러나 옥스퍼드 영어 사전에 명시된 'lost(길을 잃다)'의 첫 번째 의미는 길 찾기와 아무 관련이 없다.[47] 'lost'의 첫 번째 의미는 "소멸되거나 파괴된, 특히 정신적 또는 영적으로 망가진, (영혼이) 나락에 떨어진"이라는 뜻이다. 아프리카너들은 아마도 집에 가는 길을 찾지 못했던 것이 아니라 '마음의 안식을 주는 고향'에 이르는 길을 찾지 못한 것이었을지 모른다. 구드리치와 봄바르델라는 아프리카너 주민들에 대해 이렇게 썼다. "그들은 어찌할 바를 몰랐다. 소속감을 상실하고 자신의 자리를 잃어버린 사람들 같았다." 포치시의 백인 주민들은 다음 세대의 아프리카너 아이들이 "그들이 누구인지 알려 주고 소속감을 심어 주는 상징적 체제 없이" 자라게 될까 걱정하고 있었다.

그러나 남아프리카 공화국의 흑인들은 그보다 더 오랜 세월 동안 길을 잃은 채 살아왔다. 포치시만 하더라도 흑인 주민 대부분은 흑인 거주 지역에 사는 반면 백인들은 도시 안에 산다. 아파르트헤이트와 별 다를 것 없는 비공식적인 인종 분리인 셈이다. 오늘날 많은 이들이 남아프리카 공화국의 혁명은 아직 시작도 되지 않았다고 생각하는 것이 그리 놀라운 일이 아니다. 전 세계에서 오랫동안 평화 중재자로 칭송받아 온 만델라는 이제 너무 많은 것을 양보했다고 비판받고 있으며, 토지 배상 문제와 같이 그가 받아들이지 않았던 계획들이 다시 추진되고 있다. 2018년에 ANC는 보상금 없이 백인들이 흑인들에게 땅을 이전하는 것을 허가하는 법안을 만들기로 결의했다. 현재 남아프리카 공화국 의회는 이것이 가능하도록 개헌을 고민하고 있다.

그러나 토지 문제 해결로는 부족하다. 상황이 악화되면서 백인과 흑인 사이에 흐르는 긴장감은 매년 고조되고 있다. 2019년 8월에는 군대가 케이프타운의 한 마을에 들어가 조직 폭력배들을 진압한다면서 7개월 동안 2000명에 가까운 주민을 살해했다.[48] 두 백인 농민이 열다섯의 어린 흑인 소년을 달리는 트럭에서 떠밀어 죽인 사건이 발생했을 때는 폭동이 일기도 했다.[49](피의자들은 소년이 해바라기를 훔쳤다고 주장했다.) 2018년에는 두 어린아이가 케이프타운의 재래식 화장실에 빠져 죽은 사건도 있었다.[50] 재래식 화장실은 수십만 명에 이르는 빈곤층의 흑인 아이들이 이용할 수 있는 유일한 공중위생 설비다. 학생들은 등록금 인상에 반대하는 대규모 시위를 벌이면서 흑인 교직원 증원과 유럽 중심의 교육과정 개정, 땋은 머리, 콘로(머리카락을 작고 딴딴하게 땋아 내린 흑인의 머리 모양—옮긴이), 드레드록(흑인들이 주로 하는, 여러 가닥의 가는 밧줄처럼 땋은 머리—옮긴이)을 금지한 복장 규정 폐지를 요구했다.

철학자 앙리 르페브르는 "새로운 공간을 창출하지 못한 혁명은 완성된 것이라 볼 수 없다."라고 말했다.[51] 만델라가 여러 이름의 개정에 소극적이었던 까닭이 혁명이 일어났음을 공공연히 드러내지 않기 위해서였다고 한다면, 그의 계획은 아주 성공적으로 실현됐다고 할 수 있다.

도로명 개정 판결이 있고 난 이후 나는 남아프리카 공화국의 헌법재판소 판결을 계속해서 흥미롭게 지켜보았다. 얼마 지나지 않아 프리토리아 도로명 사건을 떠올리게 하는 또 다른 소송이 청구되었다. 남아프리카 공화국 헌법은 모든 국민이 원하는 언어로 교육을 받아야 한다고 명시하고 있는데 "합리적으로 실행 가능할 때"라는 조건이 붙어 있다. 문제의 발단은 프리스테이트 대학교가 아프리칸스어로 진행하는 수업을 폐지하면서였다. 학교의 주장에 따르면 아프리칸스어 병행 수업에서 학생들 사이에 인종 갈등이 발생한다는 것이었다. 아프리포럼은 또 소송을 제기했다.

지금은 프린스턴 대학교에서 역사학과 교수로 재직 중이지만 어릴 적 남아프리카 공화국의 흑인 거주 지역에서 자란 제이컵 들라미니는 아프리칸스어를 이렇게 설명했다. "계급과 모욕의 불쾌한 언어이며, 반투 교육제도(아파르트헤이트 정부가 흑인과 유색 인종을 위해 만든 교육으로 이들이 낮은 수준의 직업을 얻

도록 하려는 목적이 있었다. —옮긴이)의 언어이고, 1976년에 수
학부터 과학에 이르는 모든 과목을 아프리칸스어로 가르칠 것
을 강요해 이에 항의하는 어린 학생들을 봉기하게 만든 언어이
다. 우리 흑인들은 그 언어를 통해 우리가 평생 올라설 수 없는
신분이 있다는 사실을 배웠다. 그리고 이런 사실은 남아프리카
공화국 흑인들 사이에 존재하는 아프리카너들의 정치적 명분
에 결코 도움이 되지 않았다."[52]

　　그러면서도 들라미니는 "흑인과 아프리카너의 관계는 사
실 이보다 훨씬 복잡하다."라고 털어놓았다.[53] 많은 흑인에게
아프리칸스어는 "영어보다 훨씬 혀를 굴리기 쉽고" "힙한 느낌
과 도회적인 이미지를 주며 재즈에 사용되는" 언어였다. 또 일
상 회화체의 언어이면서 "나이 지긋한 남성들이 서로 장난을
주고받을 때" 쓰이는 언어, 이를테면 "Jy's nog a laaite!(자네 아
직 철딱서니가 없구먼!)" 같은 것이었다.

　　아프리칸스어는 과거에 대한 향수의 언어이기도 했다. 그
러나 들라미니는 "흑인들이 과거나 잃어버린 고향에 대한 절
절한 그리움을 표현하는 데 아프리칸스어를 쓰면 그 언어가 부
엌에서, 케이프의 노예 구역에서 출발했다는 사실을 떠올릴 수
밖에 없지 않을까?"라고 반문했다. 남아프리카 공화국의 흑인
들은 "뼈아픈 역사에도 불구하고 아프리칸스어를 백인 언어라
고 주장하는 사람들의 백인 우월주의 사상"을 거부하면서 아

프리칸스어를 써 왔다.[54] 그러나 흑인인 들라미니는 오랫동안 자신이 아프리칸스어를 한다는 사실조차 부인해 왔다.

프리스테이트 대학교의 아프리칸스어 수업에 대한 헌법 재판소의 판결은 다시 한번 인종에 따라 나뉘었다. 흑인 재판관들은 아프리칸스어가 인종에 따라 분리되는 수업을 야기한다는 대학 측의 주장을 언급하면서 아프리포럼의 소송을 기각했다. 모호엥 판사는 "만델라 대통령이 두려워했던 최악의 상황이 발생했다는 대학 측의 말이 신빙성이 있고, 의도하진 않았으나 아프리칸스어를 사용하는 것이 민족적·문화적 분리와 인종 간의 갈등을 일으킨다."라고 밝히면서 아프리칸스어 수업을 지속하면 "백인 우월주의의 폐해가 사라지기는커녕 공고해질 것이다."라고 덧붙였다.[55]

재판을 맡았던 판사들 중에 프론맨 재판관을 포함한 백인 판사 세 명은 소수 의견으로 반대 의견을 내면서 학교 내 인종 간 갈등과 아프리칸스어 수업의 상관관계가 불확실하다고 했다. 그러면서 재판소가 대학에 아프리칸스어 수업이 차별을 야기했다는 사실을 증명할 더 많은 증거를 요청해야 한다고 주장했다.

소수 의견은 거기서 끝나지 않았다. 영어로 소송 쟁점들을 심리한 프론맨 판사는 이어서 아프리칸스어로 의견서를 작성했다. 백인 사회에 메시지를 전달하려는 것이었다. 그는 다

수 의견이 아프리칸스어가 계속해서 "배타적이고 인종적으로 특수한" 언어로 남는다면 헌법에 명시된 권리를 "보장"받을 수 없다는 의견을 반영한다고 말했다. 그러면서 아프리포럼이 재판소에 제출한 서류 어디에도 불평등한 대우나 타인의 언어 사용 권리에 대한 언급은 없지만, 이 소송으로 "고집스럽고 타인의 요구에 무감하다는 아프리카너에 대한 부당한 이미지가 견고해졌다."라고 덧붙였다. 또 아프리칸스어는 독립 투쟁에도 사용된 역사가 있으며 오늘날에는 백인보다 비백인들이 더 많이 쓰는 언어라고 설명했다.

남아프리카 공화국의 유명 역사학자 헤르만 질리오미는 아프리칸스어 작가인 얀 라비에게 아프리칸스어의 미래에 대한 의견을 물었다. 라비의 대답은 간결했다. "다 끝났죠."

프론맨 판사도 자신이 낸 반대 의견서에 이렇게 썼다. "아프리칸스어에는 이제 희망이 없는가?"[56]

**계급과
지위**

13

뉴욕 맨해튼

주소의
가치는
얼마나 될까?

1997년에 도널드 트럼프가 뉴욕 맨해튼 북서쪽 어퍼 웨스트
사이드의 콜럼버스 서클(Columbus Circle)과 센트럴파크 웨스
트(Central Park West)가 만나는 지점에 지은 신축 건물을 축하
하는 고급 파티를 열었다. 그는 기자와의 인터뷰에서 "미국 건
축 역사상 가장 잘 팔린 콘도미니엄입니다. 제가 이런 말 하는
것 본 적 있습니까?"라고 말했다.[1] 신축 건물 꼭대기에 위치한
트럼프의 집은 사면이 유리로 되어 있고 면적은 836제곱미터
나 되는 아파트였다.(트럼프는 "이렇게 천장이 높고 유리가 많으면
서 이렇게 큰 집은 처음 볼 겁니다."라고 자랑했다.) 트럼프의 이혼
변호사도 파티에 참석했으나 트럼프의 전 부인인 말라 메이플
스는 오지 않았다. 새 건물은 오래된 사무실 건물의 골조를 기
반으로 지어진 것이었고 외부는 황갈색 반사 유리를 두르고 있
었다. 성난 뉴요커들이 '싸구려 같다', '여기가 마이애미 해변

이냐', '흉물스럽다'고 했고[2] 《뉴욕 타임스》의 건축 비평가 허버트 무샴프에게 '왜 우리에게 미리 경고해 주지 않았냐'고 따져 묻는 사람도 있었다. 무샴프 또한 트럼프의 새 건물을 두고 "1980년대 반짝이 파티 드레스를 입은" 1950년대 초고층 건물 같다고 혹평했다.[3]

트럼프의 새 건물을 홍보하는 광고 문구에는 진실과 거짓이 혼재되어 있었다. 우선 그 건물의 소유주는 트럼프가 아니라 제너럴 일렉트릭(GE)의 연금 신탁기금이었다.[4] 트럼프는 건물이 52층이라고 했지만 실제로는 44층밖에 없었다.[5] 그가 '평균' 천장 높이로 따지는 새로운 계산법을 발명해 층수를 자의적으로 계산한 결과였다. 45층부터는 존재하지 않는다는 사실은 개의치 않는 듯했다. 그 이후부터 트럼프의 계산법은 뉴욕 개발업자들 사이에서 통용되고 있다.

주소도 문제였다. 신축 건물의 주소가 완전한 거짓은 아니었지만, 뉴욕시에서 지정한 본래 주소도 아니었다. 트럼프의 부동산 개발 회사는 건물의 주소를 '콜럼버스 서클 15번지'에서 '센트럴파크 웨스트 1번지'로 바꾸어 줄 것을 뉴욕시에 요구했다.[6] (당시 콜럼버스 서클은 교통 체증으로 악명 높은 곳이었다.) 트럼프 회사는 그 아파트가 "세계에서 가장 권위 있는 주소"를 갖고 있다고 광고했다.[7]

그러나 그 건물은 센트럴파크 웨스트 1번지라는 주소를

그리 오래 독점하지 못했다. 몇 년 뒤 타임 워너가 트럼프 건물 뒤에 새로운 고층 건물을 세우고 '원 센트럴파크(One Central Park)'라는 이름을 붙였기 때문이다. 그러나 그 건물 역시 실제 주소는 콜럼버스 서클 25번지였다.

트럼프는 《뉴요커》와의 인터뷰에서 분노를 토했다. "진짜 센트럴파크 웨스트에 있는 건 우리입니다. 우리 주소가 센트럴파크 웨스트 1번지예요. 그 사람들은 센트럴파크에 있지도 않으면서 광고에 그렇게 떠드는 겁니다."[8] 실제로 타임 워너 건물은 트럼프 건물에 가로막혀 센트럴파크가 보이지 않았다.

트럼프는 타임 워너 건물을 마주 보는 쪽 외벽에 커다란 현수막을 높이 내걸었다. 현수막에는 "전망이 썩 좋지 않지? '진짜' 센트럴파크 전망과 주소를 가진 것은 바로 우리다. 행운을 빈다. 도널드 트럼프."라고 쓰여 있었다. 《뉴요커》는 아마 처음이자 마지막일 테지만 "트럼프 말에도 일리가 있다."라고 평했다.

1987년에 펴낸 『거래의 기술』에서 (아마도 공동 저자가 썼겠지만) 트럼프는 "부동산 시장에서 가장 널리 퍼진 오해가 있다면 바로 위치가 성공의 열쇠라는 생각이다."라고 했다.[9] 그는 "보통 이 세계에 대해 쥐뿔도 모르는 사람들이 그런 말을 한다."라고 이야기하면서, 중요한 것은 가장 좋은 위치가 아니라 가장 좋은 거래이며 "없는 영향력도 만들어 내듯 좋지 않은 위치도 광고와 심리 작전을 통해 얼마든지 좋게 만들 수 있다."라고 주장했다.

그러나 이런 부동산 '심리 작전'이 등장한 것은 이때가 처음이 아니다. 트럼프가 부동산 개발을 시작한 1970년대 무렵, 뉴욕은 이미 100여 년 전부터 거리 이름으로 장난질을 하고 있었다.

○

1870년대에 맨해튼 어퍼 웨스트사이드 지역의 집주인들이 한데 모여 거리 이름을 두고 회의를 했다.[10] 웨스트사이드 지역에는 이른바 '판자촌'이라고 불리는 슬럼이 즐비했다. 나무나 흙으로 엉성하게 지은 판잣집에는 이민자들이 모여 살았다.[11] 그들은 땅에 채소를 심어 길렀고 우유를 얻기 위해 염소를 키웠다. 남자들은 인근 지역에서 육체노동을 했고 여자들은 쓰레기를 뒤져 낡은 옷과 내다 팔 만한 것들을 골라냈다. 세입자를 방문할 때 항상 무기를 소지했던 집주인들은 세입자들을 쫓아내는 오랜 방식이 항상 효과적이지는 않다는 사실을 깨달았다. 《뉴욕 타임스》가 보도한 것처럼 "81번 스트리트에서 소장 송달 일을 하던 법원 집행관이 쫓겨난 세입자들에게 붙잡혀 머리에 반쯤 마신 우유팩을 모자처럼 뒤집어쓴" 일도 있었다.

루번 로즈레드우드의 생생한 표현을 빌리면, 웨스트사이드협회의 이름으로 모인 고급 주택가 지역의 집주인들은 "더 나은 계급"을 자신의 동네로 끌어올 색다르고 참신한 전략을 고민하기 시작했다.[12]

거리 이름은 최초의 젠트리피케이션 방법 중 하나였다. A. W. 콜게이트는 웨스트사이드협회에 "나쁜 이름이든 좋은 이름이든 일단 한번 지역에 고착되면 그대로 굳어진다는 사실을 우리 모두 잘 알고 있다. 좋은 이름이 나쁜 이름보다 가격이 더 나가지는 않는다는 사실, 나쁜 이름을 피할 수 있는 유일한 방법은 좋은 이름을 선점하는 것이라는 사실을 잊지 말아야 한다."라고 설명했다.[13] 판자촌 주민들은 이 지역의 명성을 영원히 훼손할 저급한 이름을 남길 것이라면서 그는 다음과 같이 덧붙였다. "런던의 '로튼(썩은) 로', '호그(돼지) 레인', '크랩트리(돌능금나무) 스트리트', '피코크(공작새) 스트리트', '슈(신발) 레인'처럼 황당한 이름을 가진 거리들이 바로 그 증거다. 이런 이름들이 바로 주민들이 지은 도로명인데 지역이 고급화된 이후에도 대부분 그런 촌스러운 이름을 바꾸지 못했다."

일례로 호그 레인은 곧 이름에 걸맞은 거리가 되었다. '더치(네덜란드) 힐'이라고 알려진 곳은 이미 '고트(염소) 힐'이라고 불리고 있었다. 당시 뉴욕에는 인구의 다섯 배에 달하는 돼지가 있었는데, 엄청난 수의 통통한 암돼지들이 뉴욕 거리를 어슬렁거리는 것을 보고 깜짝 놀란 찰스 디킨스는 자신의 글에 이렇게 썼다. "돼지들은 뉴욕 거리의 쓰레기 더미를 뒤지고 다닌다. 이 보기 흉한 것들은 대개 선모가 난 늙은 말의 몸뚱이처럼 등에는 갈색 털이 듬성듬성 나 있었고 병에 걸린 듯 거무튀튀한 종기가 군데군데 보였다."[14]

불쾌한 거리가 불쾌한 도로명이 되는 것을 막기 위해 웨스트사이드협회는 특단의 조치를 취하기로 했다. 격자형으로 계획된 맨해튼의 크고 작은 거리들은 이름 대신 숫자로 불리고 있었으나 집주인들은 숫자가 보장하는 평등에는 관심이 없었다. 오히려 그 반대였다. 싱거 재봉틀 회사의 회장이자 지역에서 가장 많은 땅을 소유한 지주이며 웨스트사이드협회 회원이었던 에드워드 클라크는 미래를 대비한 다세대주택과 아파트, 단독주택을 적절히 섞은 부동산 개발을 지지하면서 숫자로 된 애비뉴(대로)의 이름을 바꾸어야 한다고 주장했다. 그는 "새로 생긴 주와 준주의 거리들은 이름이 아주 고상하다."라면서 8번 애비뉴를 '몬태나 플레이스'로, 9번 애비뉴를 '와이오밍 플레이스'로, 10번 애비뉴를 '애리조나 플레이스'로, 11번 애비뉴를 '아이다호 플레이스'로 변경하자고 제안했다.

그러나 클라크의 동료들은 매우 미국적인 그의 제안을 받아들이지 않았다. 1880년에 11번 애비뉴는 런던의 오랜 번화가의 이름을 따서 '웨스트엔드 애비뉴'가 되었고, 1883년에 8

번 애비뉴는 '센트럴파크 웨스트'로 이름을 바꾸었다. 마지막
으로 1890년에 9번 애비뉴는 '콜럼버스'가, 10번 애비뉴는 '암
스테르담'이 되었다. 서부 주의 이름을 사랑했던 클라크(몬태
나, 와이오밍, 애리조나, 아이다호 모두 미국 서부에 있는 주다. ─옮긴
이)는 센트럴파크 웨스트와 72번 스트리트의 교차 지점에 자
신이 새로 건축한 고급 아파트의 이름을 '다코타'로 짓는 데 만
족해야 했다.

이것은 한마디로 옥수수밭을 다 갈아엎어 야구장을 만드
는 영화 「꿈의 구장」(1989년 케빈 코스트너 주연의 영화로 '만들면
그가 찾아온다.(If you build it, he will come.)'라는 대사가 영화의 주제
를 관통한다. ─옮긴이)과도 같은 전략이었다. 호화로운 거리를
만들고 싶으면 호화로운 이름을 붙이면 된다. 센트럴파크 웨스
트가 고급 아파트를 상징하는 주소가 된 것은 우연이 아니다.
특별히 '고급이 되라고' 붙인 이름이기 때문이다.

그로부터 100여 년이 흐른 2008년에 말끔히 면도한 얼굴
의 부동산 개발업자 윌리엄 제켄도르프와 아서 제켄도르프 형
제가 트럼프 콘도미니엄에서 얼마 멀지 않은 센트럴파크 웨스
트 15번지에 새 건물을 완공했다. 제켄도르프 형제는 예전 메
이플라워 호텔을 허물고 건물을 올렸는데, 소문에 의하면 마
지막 남은 집세 인상 규제 혜택 세입자인 독신이면서 은둔 생

활을 하는 남성에게 면적 32제곱미터인 아파트 보상금으로 1700만 달러를 지급했다고 한다.[15] 그러나 투자는 적중했다. 센트럴파크 웨스트 15번지에 새로 들어선 54층짜리 아파트는 완공도 되기 전에 모두 분양되었고, 가격은 19배 폭등했다.[16] 당시 건축 비평가 폴 골드버거는 이 건물을 "뉴욕 역사상 가장 많은 돈을 벌어들인 아파트 건물"이라고 평했다.[17]

2016년에 제켄도르프 형제는 새로운 사업에 착수했다. 이번엔 북동쪽 어퍼 이스트사이드였다. 뉴욕시는 법으로 건물 높이를 제한하고 있지만 개발업자들은 할당량을 사용하지 않는 인근 건물로부터 '공중권'을 구매할 수 있다. 제켄도르프 형제는 파크 애비뉴에 있는 '그리스도 교회'에 4000만 달러를 지급하고 6500제곱미터에 달하는 공중권을 구매해서 건물을 세웠다. 한 부동산 중개인은 이 건물이 높고 쭉 뻗어 있어서 '비아그라' 빌딩이라고 부르기도 했다.[18] 교회와 맺은 거래는 단순히 공중권에 대한 것만은 아니었다. 제켄도르프 형제가 교회에 매년 3만 달러를 100년간 지급할 것을 약속하며 내건 조건은 딱 하나였다. 바로 교회의 주소를 양도하는 것.[19] 제켄도르프 형제가 지은 어마어마하게 높은 새 건물의 주소는 파크 애비뉴 520번지였는데, 이 건물의 정문은 심지어 파크 애비뉴에 있지도 않았다. 이 건물의 실제 위치는 파크 애비뉴에서 서쪽으로 45미터 떨어진 이스트 60번 스트리트였다.

이런 일이 어떻게 가능하냐고? 뉴욕에서는 주소도 사고팔 수 있다. 뉴욕시는 개발업자 1인당 건물 주소를 매력적인 주소로 변경할 수 있는 신청권을 특가 1만 1000달러(2019년 기준)에 판매한다.[20] ('자기앞 수표나 우편환만 받습니다!') 뉴욕시가 스스로 '무의미한 주소'라고 명명한 이 주소 지정 프로그램은 위치뿐만 아니라 주소도 가장 높은 가격을 부르는 사람에게 팔릴 수 있다는 사실을 이례적일 만큼 솔직하게 인정한 것이다. 프로그램이 처음 시작되었을 때는 '무의미한 주소'를 허가하는 데 그 주소가 말이 되느냐 되지 않느냐를 별로 고려하지 않았다. 현재 매디슨 스퀘어 가든과 펜 스테이션 주변을 둘러싼 펜 플라자의 번지는 1, 15, 11, 7, 5의 순서다.[21] 심지어 주소가 파크 애비뉴 237번지인 아트리움은 파크 애비뉴에서 입구를 찾을 수 없다.[22] 실제로는 렉싱턴 애비뉴에 있기 때문이다. 타임스 스퀘어 11번지가 진짜 타임스 스퀘어 근처에 있다고 생각하는 사람은 없을 것이다.(타임스 스퀘어 또한 '무의미한 주소'의 일종으로 본래는 '롱에이커 스퀘어(Longacre Square)'였으나 1904년에 《뉴욕 타임스》가 그곳으로 이사하면서 바뀌었다.) 하지만 거기에는 그럴 만한 이유가 있다. 파크 애비뉴나 5번 애비뉴에 위치한 아파트가 도로 맞은편에 있는 비슷한 수준의 아파트보다도 집값이 5~10퍼센트 비싸기 때문이다.[23]

공식적인 '무의미한 주소'의 수가 폭발한 것은 데이비드 딘킨스가 맨해튼 구청장(훗날 뉴욕 시장도 역임했다.)을 지냈던 시기다.[24] 당시 뉴욕시는 부동산 개발 사업을 더 많이 유치하기 위해 애쓰던 중이었다. 기본적으로 주소 변경에 대해 우체국이 개의치 않으면 시 당국도 문제 삼지 않았다.(우체국에서 문제 삼더라도 시 당국은 허가를 내주었을 것이다.) 일부 외국인 구매자들은 '무의미한 주소'에 속기도 하지만, 아직도 뉴욕에는 실제로 건물이 파크 애비뉴에 없다는 걸 알면서도 그곳의 주소를 갖기 위해 비싼 집값을 기꺼이 지불하려는 사람들이 많다.[25]

나는 맨해튼 자치구의 '무의미한 주소' 목록 열람을 요청했다. 특별 지정 주소들 중에는 이름이 세련됐거나 딱 떨어지는 숫자를 사용하는 등 변경 이유가 명백해 보이는 것들이 있었다. 이를테면 '1'을 사용한 주소들(타임스 스퀘어 1번지, 월드 파이낸셜 센터 1번지, 콜럼버스 플레이스 1번지), 각종 플라자 1번지(헤이븐 플라자 1번지, 리버티 플라자 1번지, 폴리스 플라자 1번지)와 애비뉴, 스퀘어, 서클로 바꾼 것들(5번 애비뉴 400번지, 타임스 스퀘어 4번지, 콜럼버스 서클 35번지)이 있었다. 두 도로가 만나는 모퉁이에 위치한 건물들 중에는 특이하게 덜 고급스러운 이름의 도로 쪽에 입구를 내는 경우도 있었다.(이런 건물의 경우 반드시 '무의미한 주소'를 사용할 필요는 없다.) 일례로 콘도미니엄 건물인 루시다는 렉싱턴 애비뉴를 면하고 있는데도 좀 더 세련되어 보이는[26] 이스트 85번 스트리트 151번지라는 주소를 사용한다.

매디슨 애비뉴와 이스트 74번 스트리트 모퉁이에 위치한 다른 아파트 건물도 주소를 매디슨 애비뉴가 아니라 이스트 74번 스트리트로 선택했다. 더 "부티크 타입의 건물"[27] 같은 느낌을 주고자 한 개발업자의 바람 때문이었다.

앤드루 알펀은 '무의미한 주소' 프로그램이 있기 전에도 개발업자들이 건물 이름을 이용하여 이미지를 포장해 왔다고 설명한다.[28] 개발업자들은 버클리, 블레넘, 칼라일, 웨스트민스터, 윈저처럼 영국 역사와 관련된 위대한 이름을 가져다 썼으며, 심지어 '버킹엄 궁전'이라고 이름 붙인 경우도 있었다. 그르노블, 라파예트, 베르사유, 마드리드, 엘 그레코, 베니션 등과 같이 유럽 대륙과 관련된 이름도 가져다 썼을 뿐만 아니라, 가깝게는 아메리칸 원주민 이름 다코타, 와이오밍, 아이다호 같은 이름을 쓰기도 했다. 그러다 급기야 주소까지 바꾸기에 이른 것이었다.

'무의미한 주소'는 돈을 많이 들이지 않고도 부동산 가치를 상승시킬 수 있는 방법처럼 보이지만 돈 외에 다른 것을 희생해야 하는 위험이 따른다. 그것은 바로 주소는 5번 애비뉴이지만 실제로는 그곳에 없어서 경찰과 소방대가 건물 위치를 찾는 데 어려움을 겪을 수도 있다는 점이다.(맨해튼과 웨스트버지니아 농촌 지역의 유일한 공통점일 수 있다.) 일례로 뉴욕과 같이 부동산 개발업자들이 주소를 변경할 수 있는 시카고에서 서른한 살의 낸시 클레이가 사무실 화재 사고로 목숨을 잃었는데,[29] 소방대원들이 '원 일리노이 센터'가 실제로는 그다지 이름이 멋있지 않은 이스트 웨커 드라이브에 있다는 사실을 몰라 화재 진압이 늦어졌기 때문이었다.

나는 어마어마한 크기의 맨해튼 자치구 청사에 있는 맨해튼 지형 정보 안내소를 찾아가 한쪽 구석에서 헥터 리베라를 기다렸다. 리베라의 사무실은 존 란델이 처음 계획한 격자형 도시 설계안을 비롯해 수백 개의 뉴욕 지도로 가득 찬 창문 없는 방이었다. 리베라는 어린 시절 뉴욕 맨해튼 북쪽에 있는 공공 주택 프레더릭 더글러스 하우스에서 살았다. 그는 고등학교 시절 구청장 사무실에 인턴 자리를 얻어 일을 시작한 후 지금까지 반평생을 그곳에서 일하고 있었다. 그의 업무는 시 지도와 번지를 관리하고 건설 현장을 방문하며 가로 경관에 대한 질의를 처리하는 일이었다. 예를 들어 새 건물을 짓겠다는 개발업자가 나타나면 리베라는 해당 도로의 역사를 조사하여 그의 표현대로 땅 밑에 혹시 유골이 묻혀 있지는 않은지, 문화 유적이 발견될 가능성은 없는지 확인하는 작업을 한다.[30]

리베라는 자신이 나고 자란 지역의 번지가 질서 정연하다는 사실에 큰 자부심을 느끼고 있었고, 데이터베이스 관리를 위해 자신이 직접 개발한 복잡한 시스템도 보여 주었다. 뉴욕 시의 모든 거리에 관한 파일은 세밀하게 분류되어 지도실 서랍에 보관되어 있었다. 리베라는 '무의미한 주소' 프로그램에 관한 행정 업무를 지원할 뿐, 실제 주소 변경을 승인하는 사람은 구청장이었다. 그러나 '무의미한 주소' 프로그램이 리베라의 가치와는 분명 맞지 않는 듯 보였다. "물론 평당 더 높은 가격을 부를 수는 있겠죠. 하지만 300만 달러나 지불하면서 심장마비가 왔는데 구급차가 찾아오지도 못하는 곳에 산다는 것은 이해할 수 없어요." 그렇지만 그의 책상 위에는 '무의미한 주소'를 신청한 신청서가 수북하게 쌓여 있었다.

맨해튼에서는 어느 쪽으로 눈을 돌려도 고층 건물 공사 현장에 우뚝 서 있는 높은 크레인을 쉽게 볼 수 있다. 나는 리베라에게 수많은 개발업자들을 상대하는 일이 만만치 않겠다고 했다. "뉴욕이잖아요." 그가 옅은 미소를 지으며 말했다. "언제 어디서나 변화가 일어나는 곳이죠."

거리 이름이 부동산의 가치를 올리고 내리는 일은 전 세계 다른 곳도 마찬가지다.

오스트레일리아 절롱에 있는 성심고등학교 학생들은 빅토리아주의 우스꽝스러운 거리 이름('버트(엉덩이) 스트리트', '윙키(멍청이) 로드', '비버(여성의 음부라는 뜻을 가진 비속어) 스트리트' 등등)을 찾는 실생활 관련 프로젝트를 진행하여 스물일곱 개의 거리를 찾아냈다. 학생들은 오스트레일리아 통계청에서 작성한 관련 세부 자료를 분석하여 우스꽝스러운 이름의 거리에 있는 건물의 가격이 인근의 다른 거리에 있는 건물보다 20퍼센트 낮다는 사실을 알아냈다.[31] (평균적으로 멜버른 주택 가격의 중앙값보다 14만 달러 낮았다.)

거리 이름은 앞부분만 중요한 것이 아니다. 영국에서는 '스트리트'로 끝나는 주소에 있는 주택이나 건물이 '레인'으로 끝나는 곳에 비해 반값도 안 되는 가격에 거래되었다. 이에 대해 언어학과 교수 리처드 코츠는 《가디언》에서 "스트리트라는 단어가 'street urchins(부랑아)'나 'streetwalker(매춘부)'를 연상시키기 때문일까? 'avenue urchins'란 말은 없으니까."라고 썼다.[32] 화가 나는 일이지만 '킹'이나 '프린스'라는 이름이 붙은 거리의 주택들도 '퀸', '프린세스'라는 이름이 붙은 거리의 주택보다 더 높은 가격에 거래되었다.[33] 영국의 한 부동산 웹사이트의 대변인은 이 현상을 한마디로 정리했다. "집을 살 때 중요한 세 가지 요소는 첫 번째도 위치, 두 번째도 위치, 세 번째도 위치라는 말이 있습니다. 그러나 저희가 조사한 바에 따르면 거리 이름도 주택 가격을 가늠할 수 있는 기준이 됩니다."[34]

물론 이름 그 자체가 거리의 특성을 설명하고 있어 유용한 도로명도 있다. 부동산 전문가 스펜서 라스코프와 스탠 험프리스는 워싱턴 스트리트에 있는 주택들이 워싱턴 코트에 있는 주택보다 더 오래되었을 가능성이 많다는 사실을 지적했다.[35] (1980년대 미국에서는 '코트', '서클', '웨이'가 붙는 거리 이름이 인기가 많았다.) 거리 이름이 '블러바드'로 끝나면 주변에 집이 많을 가능성이 높고, '레인'으로 끝나면 집이 많지 않을 가능성이 높다.[36] 이름이 '레이크'로 끝나는 거리는 미국 주택 가격 중앙값보다 16퍼센트 높다.[37] 그림같이 아름다운 호수가 인근에 있다는 의미이기 때문이다.

맨해튼의 '무의미한 주소'가 기발하면서도 유해한 이유는 '레이크 스트리트'라는 주소를 갖는 데 실제 호수가 필요한 것이 아니기 때문이다. 이것은 사교계 명사 마사 베이컨이 이미 뼈아프게 배운 교훈이기도 했다.

○

1897년에 로버트 베이컨과 마사 베이컨 부부는 머리 힐(Murray Hill)의 파크 애비뉴와 34번 스트리트 모퉁이에 있는 주택으로 이사했다. 그 집은 오래전 네덜란드에서 뉴욕으로 이주해 온 '텐 에익(the Ten Eycks)'이라는 가족이 지은 고딕 복고조 양식의 주택으로[38] 「헨젤과 그레텔」에 나올 법한 장식과 높은 계단이 있는 붉은 벽돌집이었다. 훗날 이 주택은 선박회사 사장, 제지 무역상, (「전기를 이용한 요도 협착 치료 가능성」이라는 민망하기 짝이 없는 제목의 논문을 쓰기도 했던) 미국 비뇨기과 의사협회 회장 등 사회 저명인사들에게 여러 차례 팔렸다.[39] 어쨌거나 베이컨 부부가 이 주택을 구입했을 당시 로버트 베이컨은 J. P. 모건의 오른팔이자(나중에는 국무부 차관보까지 지냈다.) 전설적인 사교계 인물이었다. 미식축구 선수이자 조정 선수였고 단거리 육상 선수이면서 복서이기도 했던 로버트는 하버드 대학교 재학 시절 동기들 사이에서 인기가 아주 많았다. 마이클 아이젠버그에 따르면 그의 동기들 중에는 "아일랜드 혈통의 보스턴 사람, 흑인, 이탈리아인, 스웨덴인, 중남미인, 유대인이 단 한 사람도 없었다."[40] 이후 1880년 하버드 졸업생은 "베이컨의 동기들"이라고 불렸다.[41]

베이컨 부부는 인접한 연립주택들을 사들여[42] 작은 집을 대저택으로 확장시켰고 스테인드글라스와 조각된 나무판으로 저택을 장식했다. 마사 베이컨은 델모니코 레스토랑에서 열리는 가장무도회에 모습을 드러내고 시오도어 루스벨트와 춤을 추고 월도프 애스토리아 호텔에서 만찬을 주최하는 등 오랫동안 자신의 사회적 의무를 열정적으로 수행했다. 밴더빌트 부인과 찍은 사진을 보면 마사는 활짝 편 새 날개로 만든 모자를 쓰고 있다. 베이컨 부부는 주민 명부에 자신들의 주소를 자랑스럽게 '파크 애비뉴 1번지'라고 적었다.

파크 애비뉴가 항상 화려하고 근사했던 것은 아니었다. 인근에 늘 공원이 있던 것도 아니었다. 처음 격자형 도시 체계가 계획되었을 때만 해도 그곳은 평범한 '4번 애비뉴'였다. 맨해튼 지역 대부분이 그랬던 것처럼 이곳도 숲이 우거져 있어 17세기까지는 도로가 원시림을 관통하고 있었다.[43] 그러나 19세기에 이르러 철로가 깔리고 공장, 양조장, 술집들이 도로를 따라 늘어서면서 매연이 자욱하고 지저분해졌다.[44] (지금의 파크 애비뉴에서 딴 사과를 먹은 노동자들이 콜레라에 걸렸다는 신문 기사도 있었다.[45]) 그러나 철로(한때 말이 끌기도 했던)를 지하로 옮기자 거리는 점점 매력적인 곳이 되어 갔다. 4번 애비뉴의 이 구역은 1888년에 야심차게 이름을 '파크'로 바꾸었다. 당시만 해도 그곳은 석탄을 태운 연기가 여전히 자욱했지만 10년이 지나자 '파크 애비뉴'라는 이름에 걸맞은

앨바 밴더빌트와 마사 베이컨

모습으로 탈바꿈했다. 철로가 자취를 감춘 땅에는 녹색 초목과 꽃들이 가득했다. 베이컨 부부가 이사 올 때 이미 그곳은 거주하기에 쾌적한 지역이었다.

남북전쟁 이후 마크 트웨인이 한 꺼풀의 금박이 국내의 심각한 사회문제를 가리고 있다며 이름 붙인 '도금 시대'에 부유한 뉴요커들은 인구 밀집과 콜레라를 피해 도심을 벗어나 도시

외곽으로 옮겨 가기 시작했다. 미국에는 유럽처럼 세습되는 귀족 신분이 없었으므로 뉴욕은 엘리트를 정의하는 새로운 기준을 세웠다. 5번 애비뉴에 위치한 캐럴라인 애스터 저택의 무도회장에 잘 어울리는 인물로 추려진 400명이 뉴욕의 진정한 상류층으로 인정받았다.(지금의 엠파이어스테이트 빌딩 자리가 애스터의 저택이 있던 곳이다.) 보이는 것이 전부인 시절이었다. 물론보이는 것에는 주소도 포함되었다. 고딕풍의 저택들과 석회암과 벽돌로 만든 첨탑 있는 대저택들이 하나둘 5번 애비뉴에 늘어서기 시작하면서 '백만장자 거리'를 형성해 갔다.

베이컨 부부의 삶은 당대 새로운 상류계급의 삶답게 흘러갔다. 로버트 베이컨은 시오도어 루스벨트 정부의 국무장관이되었고 이후에는 주프랑스 대사가 되었다. 마사 베이컨은 남편을 따라간 프랑스에서 제1차 세계대전 중이던 프랑스군과 영국군을 지원할 '미국 구급차 서비스'를 위해 200만 달러가 넘는 돈을 모금했다. 그의 딸 마사 비어트릭스는 《뉴욕 타임스》가 기사에서[46] 콕 집어 언급한 것처럼 "최고급 진주 목걸이"와 수공예 레이스 웨딩드레스를 입고 부케 대신 성경책을 든채 미래의 J. P. 모건 회장과 결혼했으며, 베이컨 부부의 아들은 아버지의 뒤를 이어 J. P. 모건에 들어갔다. 로버트 베이컨은제1차 세계대전 직후 수술 중에 얻은 패혈증으로 세상을 떠났지만, 마사는 그 이후로도 파크 애비뉴 1번지에서 홀로 평화로

운 삶을 살았다. 《뉴욕 타임스》가 지적한 대로 "하인 아홉 명이 있긴 했지만" 말이다.[47]

그러던 1924년의 어느 날, 마사가 커다란 창밖을 슬쩍 내다보니 헨리 맨덜이 건축가와 함께 공터를 보측하고 있었다. 맨덜은 마사의 집 근처에 있던 화차를 끄는 말을 기르는 오래된 마구간을 구매하여 사무용 건물을 지을 계획이었다. 맨덜이 지을 건물의 위치는 엄밀히 말해 4번 애비뉴였으나 연줄이 많은 맨덜이 시의원들을 설득하여 파크 애비뉴를 남쪽으로 두 블록 확장했고[48] 새 건물의 이름을 '원 파크 애비뉴'라고 지었다.

과거 뉴욕에 도널드 트럼프 같은 인물이 있었다면 그건 바로 헨리 맨덜일 것이다. 맨덜도 트럼프처럼 아버지의 사업을 물려받아 일을 시작했다. 도널드 트럼프의 아버지 프레드 트럼프는 브루클린과 퀸스에 견고한 중산층 주택을 건설하여 큰돈을 번 사람이었다.[49] 맨덜의 아버지 역시 엘리스섬(뉴욕시 근처에 있는 작은 섬―옮긴이)을 통해 쏟아져 들어온 이주자들을 위한 연립주택을 짓는 사업을 했으나, 아들 헨리는 그보다 계급이 더 높은 고객을 찾아 나섰다.[50]

맨덜이 살던 시절 뉴욕 맨해튼 일대에는 일명 "프렌치 플랫"[51]이라고 불린, 엘리베이터 없는 5~6층짜리 아파트 건물이 하나둘 건설되고 있었다. 전통적으로 베이컨 부부와 같은 진짜 부자들은 단독주택에 살았으나 가난한 사람들은 다세대주택에 살았다. 그러나 뉴욕에서 급증하고 있던 관리인, 예술가, 편집장, 성직자 등의 중산층 계급은 주택을 구입할 경제적 여유가 없었다. 아들 맨덜은 바로 이들을 고객으로 공략했다. 첼시 지역의 블록 하나를 통째로 사들인 맨덜은 당시 전 세계에서 규모가 가장 큰 아파트인 '런던 테라스'를 지었다. 런던 테라스는 블록 하나를 다 차지하는[52] 불규칙하게 배열된 토스카나 양식의 아파트 단지로, 자그마치 열네 동이나 되는 건물에 1600세대가 살고 올림픽 규격의 수영장(실제로 뉴욕 대학교 수영팀이 이곳에서 훈련을 했다고 한다.)과 식당, 4000제곱미터가 넘는 정원, 아이들 놀이터, 헬스클럽을 갖춘 곳이었다. 아파트 도어맨들은 마치 런던 경찰 같았다.[53] 맨덜은 5번 애비뉴와 36번 스트리트 모퉁이에 가구와 가전제품까지 채워 넣은 아파트 모델하우스까지 만들면서[54] 런던 테라스 광고에 매우 공을 들였다. 심지어는 아파트 건물의 정면 외관 모형을 만들어 "고객들이 차를 고르듯이 아파트를 고를 수 있도록" 했다.

부자들도 저택을 버리고 럭셔리 아파트로 이사를 하기 시작했다.[55] 소득세 문제는 물론 하인을 고용하기도 힘들어지면서 더 이상 도시에서 호화로운 삶을 누리는 것이 불가능해졌기 때문이었다. 20세기 초반에 이르자 사람들은 더 이상 개인주택을 짓지 않았다.[56] 그러나 마사 베이컨은 파크 애비뉴 1번지를 떠날 생각이 없었고 자신의 주소를 맨덜에게 고이 넘겨줄 생각도 없었다. 파크 애비뉴 지역 회보는 "지난 30년간 34번 스트리트와 파크 애비뉴 사이의 자리를 지켜 온 베이컨 부인 저택에서 '파크 애비뉴 1번지'를 빼앗으려는 부당한 시도"에 탄식하면서, 맨덜이 파크 애비뉴 주소를 얻기 위해 도로를 확장한 것을 "명백한 계급 입법 행태"라고 불렀다. 또 다른 신문 기사에서 마사 베이컨의 지지자들은 "헨리 맨덜은 사업을 위해 파크 애비뉴에 침입한 자로 그의 사업은 파크 애비뉴를 상업화할 위험이 있다."라고 주장했다. 좋든 싫든 마사 베이컨은 옛 파크 애비뉴를 지키는 파수꾼이 된 것이다.

맨덜은 애초에 파크 애비뉴에 사는 상류층에게 인기가 있을 사람이 아니었다. 어렸을 때 우크라이나에서 뉴욕으로 이민을 온 그는 이내 뉴욕에서 가장 건물을 많이 짓고 가장 돈이 많은 개발업자가 되었다. 결정적으로 맨덜은 유대인이었고, 당시는 유대인들, 특히 독일 국적이 아닌 유대인은 아무리 돈이 많아도 주류 사회의 사교계에 발을 들일 수 없는 시대였다. 유대인 개발업자들이 뉴욕을 상징할 만한 유명 건물을 많이 지었는데도 현실은 달라지지 않았다.[57] 유대인들은 다른 사무직으로 진출할 수 있는 기회가 없었기 때문에 대부분 부동산으로 돈을 벌었다.

결국 맨덜이 승자가 되었다. 맨덜을 저지하려는 마사의 조직적 활동은 실패로 돌아갔고 주소를 유지하기 위해 제기한 소송은 뉴욕 고등법원에서 기각되었다. 《뉴욕 타임스》는 맨덜과 마사의 분쟁에 대한 기사를 쓰면서 "'장미'가 아닌 다른 이름으로 불리는 장미의 향이 향기롭지 못한 것과 같이 주택에 본래 번지가 아닌 다른 번지를 붙이는 것만큼 부적절한 것은 없다. 베이컨 부인의 소송은 고결한 로마인의 그것과 같다. 파크 애비뉴의 2번지가 되느니 다른 곳의 1번지가 되는 것이 낫다."라고 평했다.[58] 마사 베이컨의 집 주소는 공식적으로 7번지가 되었지만 그녀는 전화번호부의 주소를 끝까지 바꾸지 않았다. 집 앞에 걸린 주소 명판에는 그냥 '34번 스트리트 북동쪽의 파크 애비뉴'라고 쓰여 있었다.

　얼마 후 마사의 이웃 집들이 모두 철거되었다. 개발업자들이 그녀의 저택을 매수하려 했으나 마사는 모두 거절했다. 개발업자들은 난처해하며 하는 수 없이 그녀의 갈색 저택 주변으로 건물을 지었다. 1925년에 《뉴요커》는 "34번 스트리트 북동쪽 모퉁이에 위치한 베이컨 부인의 성채는 적갈색 사암으로 만든 세 개의 현관과 가옥으로 이루어져 있으며 그녀는 이것을 절대 포기할 생각이 없다."라고 썼다. "드릴로 철제 대들보를 뚫는 소리가 나고 공사장에서 아무리 먼지가 날려도 그녀는 야만인 같은 개발업자들에게 저택을 팔지 않았다. 용맹한 파수꾼 마사 베이컨은 뉴욕 황금시대의 저택들 사이에 끼인 깎아지른 거대한 절벽 같은 고층 건물에 굴복하지 않을 것이다."[59] 그러나 1940년에 마사 베이컨이 사망한 뒤 그녀의 성채는 철거되었고 그 자리에는 철제와 콘크리트로 만든 건물들이 들어섰다.

트럼프와 같은 개발업자들은 맨덜의 아이디어를 한 걸음 더 발전시켜 엄청나게 호화로운 아파트를 지은 뒤 골드칼라, IT업계 거물, 이름 한번 들어 보지 못한 억만장자들을 공략하곤 했다. 맨덜과 마찬가지로 트럼프의 특기는 마케팅이었다.

마사 베이컨의 저택 바로 옆에 자리 잡은 맨덜의 고층 건물

트럼프의 센트럴파크 웨스트 빌딩에 있는 영업소에 가면 분양 중인 아파트의 화강암 조리대가 놓인 부엌과 매입형 조명이 달린 화장실 모형을 둘러볼 수 있었다.[60] 그리고 원하는 고객은 앉아서 트럼프가 직접 아파트를 홍보하는 광고 영상을 시청할 수 있었다. 영상의 배경음악으로는 트럼프에게 '저리 꺼지라'고 욕을 한 적이 있다는[61] 프랭크 시나트라의 「뉴욕, 뉴욕」이 흘렀다.

맨덜과 트럼프는 가장 효과적인 마케팅 도구가 주소라는 사실을 잘 알고 있었다. 맨덜의 시대는 '무의미한 주소' 프로그램이 탄생하기 전이었다. 맨덜은 파크 애비뉴라는 주소를 구입할 필요도 없었다. 시 당국이 알아서 가져다주었기 때문이다.

마샤와의 분쟁에서 승리한 맨덜은 계속해서 뉴욕 전역에 사무실 건물과 아파트를 지었다. 사생활에서 부인을 버리고 정부(情婦)를 택한 것도 트럼프와 유사했다. 얼마 후 대공황이 미국을 강타했다. 맨덜은 가진 재산을 거의 다 잃었고 자그마치 1400만 달러가 넘는 빚을 떠안았다.(그의 아내는 '애정 이간법'을 주장하며 두 번째 부인에게 50만 달러의 배상금을 요구했다.[62]) 맨덜이 위자료를 지급할 수 없게 되자 법원은 그를 두 달 동안 감옥에 가두었다.[63] 그는 빈털터리가 되어 세상을 떠났다. 반면 트럼프는 세상에서 가장 유명한 주소를 차지할 운명이 기다리고 있었다.

트럼프가 센트럴파크 웨스트에 새 건물을 개장하기 직전 그에게도 시련이 찾아왔다. 회사가 이미 두 번이나 파산 선고를 한 데다 전국을 떠들썩하게 만든 불륜 사건으로 이혼까지 한 상태였다. 그러나 그 어떤 것도 문제가 되지 않는 듯했다. 센트럴파크 웨스트 1번지에 세운 새 건물 덕분에 트럼프는 지난 10년간 최고치를 경신해 온 뉴욕 초호화 아파트 시장에서 입지를 굳힐 수 있었다. 그때부터 트럼프는 럭셔리라는 탈을 쓴

고삐 풀린 탐욕을 부끄러워하지 않는 도시 맨해튼을 억만장자들의 천국으로 만드는 데 크게 기여했다.(소득이 가장 높은 헤지펀드 매니저 네 명은 2017년에 350만 달러를 벌었다. 1년이 아니라 하루에.[64]) 맨델 같은 부동산 업계 황제들은 마사 베이컨과 도금 시대의 그녀의 삶을 별난 과거로 만들었지만, 뻔뻔스럽게 은행가들, 재벌들, 소득 상위 0.01퍼센트의 사람들을 말 그대로 뉴욕 초고층 빌딩 꼭대기로 올려 보낸 이들은 바로 트럼프와 같은 현대의 개발업자들이었다.

○

1960~1970년대에 뉴욕에서 가난하게 자란 나의 어머니는 줄곧 브롱크스와 브루클린, 할렘에서 살았다. 당시 뉴욕은 지금과 완전히 다른 곳이었다. 어머니는 열 살 때 낯선 사람이 가까이 다가오면 "내 앞에서 당장 꺼져!"라고 하라고 배웠다고 한다. 헤로인 한 봉지가 2~3달러에 팔리고 타임스 스퀘어에는 포주들이 들끓었으며 지하철 객차들은 온갖 그라피티로 뒤덮여 있던 시절이었다. 수영장에 소아성애자들이 득실대는 통에 어머니는 수영을 배우지 못했고, 공원은 마약상들로 가득해 자전거도 배우지 못했다.

1975년에 뉴욕시는 현금 사정이 심각하게 나빠져 주 대법원에 파산 신청을 낼 준비를 하고 있었다.(노동조합이 자신들의 퇴직연금으로 시의 채무에 보증을 서기로 하면서 파산을 막았다.[65]) 1980년 뉴욕에서는 인구는 150만 명밖에 늘지 않았지만 1814건의 살인이 발생했는데, 이는 오늘날 살인 사건 수보다 거의 여섯 배나 많다. 뉴욕시는 이후 다시 한번 파산 위기를 맞았다. 어머니도 파크 애비뉴에 살아 보고 싶었을 것이다. 그럼에도 어머니는 어릴 적 살던 동네 근처 거대한 저택이 많은 부유층 지역에 갈 때마다 내게 늘 이렇게 말씀하셨다. "맨해튼에서는 네가 어딜 가든 멀지 않은 곳에 항상 지옥이 존재한단다."

그러나 어머니의 말씀은 더 이상 사실이 아니다. 개발업자들은 더 환상적인 전망, 더 큰 수영장, 최신식 헬스클럽, 더 큰 개인 영화 상영관, 볼풀과 어린이 놀이용 농산물 시장까지 있는 더 호화로운 어린이 놀이 공간을 갖춘 더 높은 고층 건물을 너도나도 지어 올렸다. 개발업자 제켄도르프 형제는 최고급 부동산 시장의 "심리 도식 연구"를 수행하여 소비자들이 새 건물에 무엇을 원하는지 분석했다.[66](정답은 석회암이었다. 제켄도르프 형제가 세운 센트럴파크 웨스트 빌딩에는 8만 7000개의 석회암 조각이 있다.) 그 결과 세대별로 별도의 엘리베이터가 있는 "주차장이 딸려 나오는"[67] 새 건물도 탄생했다.

이제 뉴욕에는 지옥이라 부를 만한 곳이 많지 않다. 내가 이 글을 쓰는 2019년 현재 헬스 키친(Hell's Kitchen, 미드타운 서쪽—옮긴이) 지역에 있는 콘도미니엄의 중간 매매가는 116만 달러(약 14억 원)이다.[68] "노상강도가 판치던 옛날이 그리울 리 있겠습니까?" 1970년대의 뉴욕에 관한 《뉴욕 타임스》 기사에 실린 영화감독 존 워터스의 말이다. "하지만 이제 누군가 뉴욕에 남아 있는 위험한 지역을 발견하면 식당 주인들이 서로 먼저 개업하겠다고 우르르 몰려드는 것을 보면 진절머리가 납니다. 뉴욕 시내를 돌아다니는 일이 위험했던 때가 언제였나 싶어요."[69]

어떤 면에서는 오늘날 석회암을 사랑하는 계급이 가장무도회를 열고 델모니코에서 만찬을 즐기던 마사 베이컨 시대의 상류층보다 뉴욕을 더욱 화려하게 만들었다고 할 수 있다. 건축 비평가 에런 베츠키는 "맨해튼은 그들의 것입니다.[70] 우리는 그저 넋을 잃고 바라볼 뿐이죠."라고 말했다. 문득 맨해튼에 '무의미한 주소'가 더 이상 필요할까 궁금해졌다. 내 눈에 이제 맨해튼의 거리는 모두 파크 애비뉴와 다름없기 때문이다.

14

노숙자 문제

주소 없이
살 수 있을까?

코네티컷주 뉴헤이븐도 맨해튼과 같은 격자형 도시다. 박해를 피해 달아난 청교도들이 세운 이 도시는 필라델피아가 아니라 민수기 35장 1~6절에 기술된 레위인들의 이상향을 바탕으로 건설되었다.[1] 청교도들은 4×4 격자 형태로 반듯하게 도로를 놓았고, 면적은 에스겔서 45장 2절을 참고했으며, 한가운데 교회당을 두는 것은 출애굽기 26장을 모방하였다. 도시 한가운데 있는 구역은 '뉴헤이븐 그린(New Haven Green)'이 되었다. 이곳은 예배를 위한 공간이자 공원으로, 과거 노예 무역선 '아미스타드'에서 선상 반란을 일으켰던 노예들이 언젠가 잠시 운동을 위해 나왔을 만한 그런 곳이었다.

청교도들이 예수의 재림으로 구원받을 사람들(청교도들은 이들이 데이턴이나 패서디나 인구와 엇비슷한 14만 4000명 정도 될 것이라고 추정했다.)을 수용하기 위해 설계한 녹지는 오늘날 산업화 이후 사회가 내팽개친 노숙자들을 수용하는 곳이 된 듯했다. 어느 날이든 예일 대학교 고딕 양식 건물의 그림자가 드리워진 잔디밭에서 일과를 보내는 노숙자들을 찾아볼 수 있기 때문이다.

청교도들이 도착한 지 거의 400년이 지난 지금, 예일 대학교 법학과 1학년 학생인 세라 골라벡골드먼은 이곳에서 이야기를 나눌 노숙자를 찾고 있었다. 얼마 전 눈보라가 치던 어느 날, 세라는 스타벅스에서 충격적인 일을 겪었다. 스타벅스는 대학가에 있는 다른 여느 카페처럼 시험 기간이 되면 몇 시간째 커피 한 잔을 홀짝거리며 노트북과 책에 코를 박고 공부를 하는 학생들로 가득했다. 그날은 세라도 테이블 위에 판례집을 펼쳐 놓고 계약법 시험공부를 하고 있었다. 하얗게 센 곱슬머리에 이것저것 가득 넣은 비닐봉지를 바리바리 든 한 여자가 폭설을 뚫고 카페 안으로 들어왔다. 그녀는 음료를 주문하지 않은 채 테이블에 가 앉았다. 세라가 고개를 들어 보니 경찰관 한 명이 그녀에게 나가라고 고함을 치고 있었다. 세라가 급히 달려가 커피 값을 대신 지불하겠다고 했지만 여자는 그대로 달아났다. 경찰관은 세라에게 큰소리로 "예일대 학생들은 뭘 모른다."라고 하며 화를 냈다. 세라가 얼른 밖으로 나가 여자를 따라가 보았지만 눈보라에 앞이 보이지 않아 금세 그녀를 놓치고 말았다.

예일 대학교에 진학하기 전 세라는 인권과 관련된 일을 했고 나치에 의해 파괴된 공동묘지에서 할머니의 무덤을 찾는 PBS 다큐멘터리를 제작하기도 했다. 세라는 이상주의자였지만 동시에 현실적인 사람이었다. 그녀는 노숙자들에게 정말로 필요한 것이 무엇인지 알 수 없었다. 그래서 예일 같은 학교를 목표로 하는 아이들이 제일 잘하는 일을 하기 시작했다. 바로 과제였다.

혼자 뉴헤이븐 그린에 우두커니 서 있던 그녀는 처음에 누가 노숙자인지도 구분할 수 없었다. 일단 스타벅스에서 보았던 여자처럼 비닐봉지를 많이 든 사람들을 찾아다녔다. 노숙자에 대한 연구를 진행 중이라고 설명하면 사람들은 그녀의 질문에 대답해 주거나 아니면 자기가 아는 노숙자를 가리켰다. 이후 세라는 뉴헤이븐과 워싱턴, 로스앤젤레스에 있는 수십 명의 노숙자와 사회복지사들을 인터뷰했고 노숙자 단체의 도움을 받아 전국적인 조사도 실시했다.

연구를 시작하자마자 세라는 노숙자에 대해 많은 것을 오해하고 있었음을 깨달았다. 이전까지만 해도 그녀는 뉴헤이븐에서 그럭저럭 지낼 만한 보호소를 찾는 일이 노숙자들에게 가장 큰 문제일 거라고 생각했다. 뉴헤이븐 그린 공원에 있는 노숙자들은 특히 추운 겨울에는 분명 쉴 만한 쾌적한 공간이 부족해 보였고, 경찰들이 못살게 구는 데다 정신과 치료를 받기도 힘들다고 말하는 것을 들었기 때문이다. 그러나 그런 문제는 그들에게 진짜로 필요한 것에 비하면 아무것도 아니었다. 노숙자들의 말에 따르면 정말 필요한 것은 바로 주소였다.

노숙자, 홈리스(Homeless)란 문자 그대로 집이 없는 사람을 뜻한다. 그러나 주소는 집이 아니다. 주소는 현대 사회에서 개인의 정체성과도 같다. 현대 사회는 주소를 통해 사람의 신원을 확인한다. 아이가 학교에 입학할 때, 투표할 때, 은행에서 계좌를 만들 때, 주소 증명을 제시하라는 요청을 받는 경우가 얼마나 많은가? 주소는 은행 직원이 우리 집을 방문할 때 쓰라고 있는 것이 아니다. 간단히 말해 현대 사회에서 나의 주소는 곧 나다.

많은 사람들이 도시를 떠나 자급자족하는 삶, 자신만의 #밴라이프(밴을 타고 이곳저곳을 옮겨 다니며 사는 것으로 미니멀리즘과 진정한 공동체 형성에 목적을 둔 삶─옮긴이)를 꿈꾼다고 말한다. 그러나 세라가 만나 본 노숙자들은 현대인의 삶에 반드시 필요한 집, 공과금, 은행 계좌 등과 같은 도시의 공공 서비스를 절실히 원하고 있었다. 노숙자 대부분이 직업을 갖고 싶어 했지만 취직은 주소가 있어야만 가능했다. 한 남자는 세라에게 "예전에는 직업이 있었는데 지금은 주소가 없어서요."라고 말했다. 연구 결과 세라는 많은 노숙자들이 누구보다 열심히 일한다는 사실을 알게 되었다. 그들은 일할 수 있다는 사실을 매우 감사하게 여기기 때문이다.

당시 예일 대학교의 비즈니스 스쿨과 로스쿨에서 학위를 취득하고 졸업을 앞두고 있던 세라는 스타벅스, 메이시 백화점, 제이시 페니, 갭과 같은 회사의 입사 지원서를 수집하기 시작했다. 회사들은 보통 전화나 이메일로 지원자들에게 연락을 취하면서도 모든 입사 지원서에는 주소를 기입하는 항목이 포함되어 있었다. 심지어 신원 확인 시 지원자의 '거주 방식'을 조사할 수 있다는 안내문이 있는 지원서도 있었다.

세라는 고향 로스앤젤레스로 건너가 주로 저임금 노동을 채용하는 회사들을 찾아갔다. 피자헛에서 일하는 한 직원은 이렇게 말했다. "채용에 많은 자격이 필요한 건 아닌데 몇 년째 같은 곳에 살고 있다는 주소 증명이 필요해요. 노숙자들은 아마 채용될 수 없을 거예요. 자립을 원하는 그들에게는 참 안타까운 일이죠." 레스토랑 체인점 데니스의 한 지점장은 세라에게 구직자들에게 주소를 묻는 이유가 "안정적인 기반이 있는 사람인지" 확인하기 위해서라고 했다. "노숙자를 고용하진 않아요. 냄새도 나고 지저분해서. 그들의 어려운 상황을 알지만 어떤 사람들은 일부러 정착하지 않는다고 하더라고요." 작은 가게를 운영하는 한 사람은 "우리는 어린아이들과 학부모들을 상대하기 때문에 노숙자를 절대 고용하지 않습니다. 직원이 단정치 못하거나 냄새가 나거나 약물중독자, 알코올 중독자, 정

신 질환자라면 큰 문제가 생기죠."라고 설명했다.[2]

이런 고용주들의 노골적인 차별은 노숙자들이 실제 어떤 사람인지 잘 알지 못하는 데에서 기인한다고 할 수 있다. 펜실베이니아 대학교의 교수 데니스 컬레인은 연구 목적으로 몇 주 동안 노숙자 보호소에서 산 적이 있었다. 몇 달 후 다시 보호소를 방문한 그는 함께 지냈던 많은 이들이 이미 그곳을 떠났다는 사실을 알게 되었다. 그들은 그저 힘겨운 시련을 겪으며 보호소에 잠시 머물렀던 것뿐이었다. 보호소에 있는 사람들 중에 장기 노숙자는 겨우 10퍼센트에 불과했다.[3]

오늘날 노숙자들 가운데 정신 질환과 약물중독 발생 비율이 증가하면서 경제적 어려움에 처하는 이들도 훨씬 늘었다.(심각한 정신 질환 역시 차에서 생활하거나 친구 집을 전전하는 사람들보다 거리에서 사는 노숙자들에게서 더욱 도드라진다.) 아이가 있는 노숙자도 3분의 1을 차지한다.[4] 주거지가 일정하지 않은 사람들도 거의 대부분 임금노동을 하지만, 지금 미국의 어느 지역에서도 최저임금을 받는 노동자가 방 두 개짜리 아파트를 얻는 것은 불가능하다.[5]

그러나 약물중독자, 무법자라는 노숙자에 대한 편견은 여전하며 낙인도 매우 심각하다. 장애인, 약물중독자, 정신 질환자와 같이 사회에 수용되지 못한 채 사는 사람들과 낙인에 대해 오랫동안 연구한 20세기에 가장 영향력 있는 사회학자 어빙 고프먼은 낙인을 "손상된 정체성"이라고 표현했다. 고프먼 이론의 영향을 받아 진행된 노숙자 연구의 인터뷰에 참여한 한 젊은이는 거리에서 살면서 가장 힘들었던 점이 "노숙자들을 멸시하는 사람들의 태도에 익숙해지는 것"이었다고 말하면서 "대부분의 사람들이 무시하는 눈으로 나를 바라보면 자존감을 가질 수 없다."라고 설명했다.[6] 실제로 한 연구에서 일반인 참가자들에게 노숙자들의 사진을 보여 주자 참가자들은 노숙자들을 "인간 이하의 존재 또는 인간이 아닌 존재"[7]로 보는 뇌 활동을 보였다.

고프먼은 사람들이 낙인을 피하기 위해 어떻게 '정상'이 되려고 노력하는지 설명했다. 이를테면 안면 기형을 가진 사람은 성형수술을 받음으로써 낙인에서 벗어나려 한다. 이와 마찬가지로 노숙자들도 낙인을 피하기 위해 어떤 형태이든 거주지 주소를 획득하려고 한다. 그러면 병원에 가거나 구직 활동을 할 때 자신이 노숙자라는 사실을 들키지 않을 수 있기 때문이다. 이런 긍정적 정체성을 향한 욕구는 인간의 본질적 속성이다. 심리학자 에이브러햄 매슬로는 인간의 정신적 욕구나 자아실현이 충족되기 전에 기본 욕구(집, 음식, 물 등)가 우선적으로 해결되어야 한다는 이론을 펼쳤다. 그러나 이 욕구 충족의 순서가 그렇게 단순한 것만은 아니다. 빈곤 탈출 이전에 긍정적인 정체성을 원하는 노숙자들의 경우만 봐도 그렇다.

　　텍사스 대학교 연구진이 수행한 대표적 연구에 따르면[8] 노숙자들은 노숙 생활에 적응하기 위해 다른 노숙자들과 거리 두기(나는 '그들'과는 다르다), 자신의 처지를 적극적으로 받아들이기(나는 '부랑자', '떠돌이', '히피 떠돌이'다), 자신의 인생에 대해 허무맹랑한 이야기를 늘어놓기 등 여러 가지 방법을 사용한다고 한다. 개조된 창고의 콘크리트 바닥에서 잠을 자려고 누운 한 남성 노숙자는 인터뷰를 나온 연구자에게 이렇게 말했다. "내일 아침 나는 내 돈을 챙겨서 이 빌어먹을 생활을 청산할 겁니다. 내일 밤 피츠버그로 날아가서 뜨거운 물에 목욕을 하고 내가 운영하는 식당에서 와인에 파스타를 먹을 거예요. 한 팔에 여자를 끼고 말이죠."[9] 나중에 다시 만난 그는 '법적 분쟁'으로 자신의 돈이 묶여 버리는 바람에 떠나지 못했다고 둘러댔다. 다른 노숙자는 자신이 알래스카와 시베리아 국경(그런 국경은 없다.)에서 순찰 일을 할 때 러시아 경비대원들과 보드카를 나누어 마셨다는 허풍을 늘어놓았다.[10] 이런 허무맹랑한 이야기는 (반드시) 정신 질환의 증상이라기보다 인간이 가장 굴욕적인 상황에서 긍정적인 정체성을 지켜 보려는 하나의 방법이라고 할 수 있다.

　　노숙자들의 겉모습에 일정한 특징이 없는 것도 이 때문이다. 노숙자들이 모두 지저분해 보이거나 냄새가 나는 것은 아니다. 많은 이들은 지인들의 집을 전전하거나, 주유소 화장실을 이용하거나, 빨래방에서 빨래를 하는 등 집이 있는 사람처럼 보인다. 그들은 길거리보다는 도서관이나 기차역에서 낮 시간을 보내고, 다른 노숙자들과 거리를 두기도 한다. 노숙자 아이들을 인터뷰한 한 연구에 따르면 아이들은 헌옷 수거함에서 세련된 옷만 골라 입으며 유행에 뒤떨어진 것은 겨울 코트라도 마다한다고 한다. 다음은 어느 연구자가 녹취한 노숙자 아이들의 대화로,[11] 먼저 로지나라는 여자아이가 친구인 셸리와 린다에게 보호소 "세 칸 옆 침대"에서 자는 아이가 싫다고 말한다.

> **셸리** 쉬잇, 조용히 해. 누가 들으면 사람들이 우리가 노숙자인 줄 알겠어.
>
> **로지나** 상관없어.
>
> **셸리** 난 상관있어.
>
> **린다** 나도. 너는 '세 집 건너'에 사는 자말이 싫다고 말해야지. 그래야 사람들이 네가 네 동네에 사는 어떤 애를 미워한다고 생각하지.

세 집 건너에 산다고 말할 수는 있지만 그렇다고 그 집의 주소를 댈 수 있는 것은 아니다. 주소도 없이 그런 척만 하는 것은 쉽지 않다. 친구나 가족의 집 주소를 사용할 수도 있지만 노숙자들은 그런 종류의 사회적 지지를 받지 못하는 경우가 많다. 보호소 주소도 쓸 수 있긴 하지만 고용주들은 거의 단번에 알아본다. 뉴헤이븐의 한 인터뷰 자리에서 고용주는 지원자에게 이렇게 물었다. "'엘라 T. 그라소 블러바드(Ella T. Grasso Boulevard)라고요? 집이 어디시죠? 거기는 상업 지구 아닌가요?" 그 인터뷰의 당사자는 세라에게 "그들이 무슨 말을 하려는지 알겠더라고요. 그래도 보호소가 그나마 살 만한 곳인데……. 결국 지원해 줘서 고맙다는 말만 듣고 나왔죠."라며 당시를 회상했다.[12]

우체국은 보통 '유치 우편(general delivery) 서비스'로 우편물을 발송하면 수취인 이름 앞으로 오는 우편물들을 받아 보관해 둔다.(세계 여러 나라에서 '우편물 배달 보류'라고도 부르는 이 서비스는 우체국 초창기의 우편 업무에 그 기원을 두고 있다.) 노숙자인 로널드 크로퍼드는 기자와의 인터뷰에서 뉴욕 우체국 본부의 유치 우편 창구에서 자신에게 발송된 광고 우편물을 찾는 것이 좋다면서 "내 이름이 찍힌 우편물을 받는다는 건 누군가에게 인식된다는 뜻이잖아요. 그래서 감사한 마음이 들어요."라고 말했다.[13] 그러나 우체국은 노숙자들에게 정작 필요한 것, 노숙자가 아닌 척할 수 있는 방법(주소)은 제공하지 않는다.

세라는 이것을 해결할 방법을 찾아냈다. 바로 채용 지원서에서 주소란을 없애는 것이다. 아니면 고용주들이 합격을 통지하기 전까지 주소를 묻지 못하게 금지하는 것도 좋다. 회사들은 대개 지원자들에게 전화나 이메일로 연락을 취하기 때문에 주소는 애초에 필요하지도 않다. 주소란 하나만 없애도 차별을 막는 것은 물론 노숙자들이 구직 활동을 할 수 있도록 자신감을 심어 줄 수 있을 것이다.

채용 지원서에 주소를 묻지 않는다는 생각이 새로운 발상은 아니었다. 1969년에 종신형을 선고받았던 도시 넌은 12년 만에 석방된 후 전과자들을 위한 단체를 설립했는데, 그가 추진했던 사업 중 하나가 채용 지원서에 전과 기록이 있는지 묻는 항목을 없애도록 고용주들을 설득하는 일이었다. 지원서를 검토한 후에 전과 기록 유무를 묻는다면 어떨까 하는 생각에서 출발한 사업이었다. 넌은 이 아이디어를 널리 알리기 위해 전국을 돌아다녔다. 월마트가 채용 지원서에서 전과 유무 확인란을 삭제하자 타겟, 베드 배스 앤드 비욘드, 스타벅스와 같은 회사들도 모두 삭제했다. 지금까지 지원서에서 전과 유무를 묻지 못하도록 금지한 주는 13개로,[14] 이제 2억 명이 넘는 미국인들이 채용 서류 단계에서 범죄 경력을 묻는 것이 불법인 지역에 살고 있다. 이런 의미에서 노숙자들에게 주소를 묻지 않는다는 세라의 생각은 꽤 타당한 접근법이었다. 고용주들이 주소를 묻지 않으면 지원자가 노숙자인지 아닌지 애초에 알 수 없을 테니까. 복잡하고 비용이 많이 드는 문제를 저비용으로 단순하게 해결하는 방법이었다.

주소를 묻지 않는 것보다 더 나은 유일한 해결책은 모든 사람에게 주소를 제공하는 것일 것이다. 얼마 후, 나는 이것을 해결할 방법을 찾아낸 사람을 알게 되었다.

○

뉴헤이븐의 대서양 건너편에 있는 영국 런던의 해머스미스 지역. 해가 따사롭게 비추는 테라스 카페에서 크리스 힐드리가 내게 기가 막힌 아이디어를 설명해 주었다. 30대 중반인 크리스는 짧게 친 머리에 소년 같은 얼굴을 하고 있어 나이보다 젊어 보였다. 열여덟 살 때 A 레벨(영국 정규 고등학교의 최종 2년 과정) 시험 디자인 과목에서 전국 최고점을 받은 크리스는 이미 성공한 건축가였다. 2018년에 내가 처음 그를 만났을 때, 그는 우리가 만난 테라스 카페에서 불과 1.6킬로미터 떨어진 런던 자연사 박물관의 웅장한 정문을 다시 디자인하는 작업을 하던 중이었다.

크리스가 건축가로 발을 뗀 이후 런던은 줄곧 대규모 주택 위기로 골머리를 앓고 있었다. 집값은 하늘 높은 줄 모르고 치솟았고(내가 사는 해크니 지역의 집은 20년 새 거의 여섯 배 증가했다.[15]) 저렴한 주택을 찾아보기가 점점 힘들어졌다. 그럼에도 불구하고 런던은 내가 살았던 다른 곳과는 달리 가난한 사람들과 부자들이 놀라울 정도로 가까이 사는 도시이다. 150만 파운드(약 22억 원)를 호가하는 집들이 즐비한 우리 동네 옆에는 대규모 공공 주택 아파트 건물이 있다. 2017년 화재 사고로 72명이 사망한, 입주자 대부분이 노동자 계층이었던 그렌펠 타워 아파트는 런던에서 가장 부유한 지역인 켄싱턴에 있다. 이곳의 2019년 평균 부동산 가격은 177만 파운드(약 26억 원)이었다.

물론 노숙자 문제에 대한 이상적인 해결책은 모든 이에게 집을 나누어 주는 것이다. 미국의 유타주는 노숙자에게 무상 또는 저가 주택을 공급하여 10년 동안 노숙자 인구를 91퍼센트나 감소시켰다. 그러나 영국의 경우 몇 년째 노숙자가 증가하는 추세이며, 이는 보수당의 오랜 복지 예산 축소에서 기인한 것이다. 2010년부터 2018년까지 영국에서 "한데서 잠을 자는 노숙자들"[16]의 수는 무려 165퍼센트 증가했다.

주택 위기가 정점에 다다르자 영국 정부는 민간 개발업자들이 건물을 지을 때 일정 세대는 저렴한 아파트로 만들어야 한다는 규정을 만들었다. 그 결과 개발업자들은 아파트를 정가로 구매한 거주자들을 위해서는 호화로운 로비와 아트리움을 만들어 놓고 저렴한 주택 거주자들에게는 소위 "가난한 문"[17]이라고 부르는 별도의 입구를 내어 따로 이용하도록 했다. 런던 피츠로비아 지역에 과거 구빈원이었던 건물을 개조하여 만든 한 고급 아파트는 전용 현관과 안마당이 있는데 저렴한 아파트 거주자들은 그 현관이 아닌 그냥 좁은 골목을 통해 드나든다. 어떤 개발업자는 정가의 고급 아파트 아이들만 놀이터를 쓰게 만들기도 했으며, 저렴한 주택을 포함해야 하는 의무 규정을 돈으로 해결하고 지키지 않는 개발업자들도 있었다. 건축가들은 이런 문제에 딱히 권한이 없다. 그렇기 때문에 저렴한 주택이 부족한 것은 설계를 더 잘하거나 더 많은 공간을 짜내서 해결할 수 있는 문제가 아니다. 개발업자들은 그저 돈이 많은 사람들을 위한 건물을 짓고 싶어 한다. 크리스는 "노숙자 문제를 해결하기 위해 내가 할 수 있는 유일한 일은 건물을 더 많이 짓는 것이지만 그 방법이 그리 효과적일 것 같지는 않다."라고 말했다.

노숙자들의 삶을 조금 더 편안하게 만들어 보려는 다른 혁신적인 제안들도 있었다. 건축가들은 뉴욕에 있는 건물 외부에 3D 프린팅 캡슐 아파트를 설치하고 목재를 이용해 단기 수면용 캡슐 호텔을 만들자고 제안했다. 그러나 크리스는 노숙자 보호소에서 일하는 한 직원으로부터 "그런 건 천막보다 조금 나을 뿐이다."라는 말만 들었다. 그는 단순히 노숙자들의 삶을 더 안락하게 또는 더 나쁘게 또는 그저 남 보기에 좋게 만들고 싶지는 않다고 생각했다. 그래서 세라가 그랬던 것처럼 노숙자 쉼터에 전화를 걸거나 공무원들을 만나 자세히 이야기를 들어 보았다. 그 결과 그는 세라와 같은 결론에 도달했다. 집 주소가 없는 사람은 앞으로 다시 집이 생길 가능성도 매우 낮다는 사실 말이다.

크리스는 주소가 없으면 하지 못하는 것을 모두 컴퓨터에 기록해 보았다. 주소 없이는 신분증이나 여권을 만들 수 없고 혼인신고도 할 수 없으며 영국의 경우 우체국 사서함도 사용할 수 없다. 신용조회 기관 역시 주소를 사용하여 우편을 통해 개인 신용 점수를 알려 준다. 영국의 국가 의료 서비스(NHS)도 진료 날짜를 우편으로 고지한다. 나는 이 사실을 경험을 통해 알았다. 우편물을 유심히 보지 않은 탓에 나도 모르는 새 병원 진료를 놓친 적이 있기 때문이다. 선거도 마찬가지다. 엄밀히 말해 주소가 없어도 투표는 할 수 있지만 주소가 없으면 유권자 여부를 확인하는 데 필요한 신분증을 갖기 힘들다.

영국에서는 '구직자 수당'이라고 부르는 실업 수당을 받기 위해 지원자가 직접 해당 지역의 고용 지원 센터에 방문해야 하지만, 고용 지원 센터 역시 예약 날짜를 우편으로 통지해 준다. 통지서가 발송된 후에 방문 날짜를 지키지 못한 사람은 벌칙으로 일정 기간 수당 수급 자격을 상실한다. 크리스 말로는 그 기간이 4주에서 심한 경우 3년에 이를 때도 있다고 한다. 어머니 임종을 지키느라 센터를 방문하지 못한 한 남자는 센터에 이 사실을 미리 알렸음에도 수급 자격을 박탈당했고, 아이가 사산되어 예약된 날짜에 센터를 방문하지 못한 남자도 수당 수

급 자격을 박탈당했다는 이야기가 있었다.[18] 노동 능력 평가 중
에 심장마비가 온 남자 역시 수당 수급 자격을 상실했다.[19] 최
근 발표된 연구에 따르면 노숙자 지원 센터 이용자의 21퍼센
트가 이런 수당 수급 자격 상실 때문에 노숙자가 된 경우였다.

크리스는 아무리 자신이 건축가라 하더라도 노숙자를 위
해 마냥 집을 지을 수는 없다는 사실을 금방 깨달았다. 그 대신
그들에게 주소를 제공할 수는 있겠다고 생각했다. 처음에는 도
로명 표지판 뒤에 노숙자들이 우편물을 받을 수 있는 우편함
을 설치했다.(크리스는 잡지 《와이어드》와의 인터뷰에서 "어리석은
생각이었죠. 저는 그저 뭔가를 만드는 데 익숙한 디자이너거든요."라고
털어놓았다.[20]) 그러나 영국 국립 우체국 우편 분류소에 가던 길
에 이사 간 사람의 우편물을 새 주소로 다시 보내 주는 일을 하
는 사람들을 보고 큰 깨달음을 얻었다. 주소가 실제 집과 반드
시 같을 필요는 없다는 것이었다. 이를테면 우리가 12월 초에
산타클로스에게 편지를 써서 순록 랜드에 있는 산타클로스 집
(우편번호 XM4 5HQ)에 편지를 보내면 답장을 받을 수 있다. 그
런데 순록 랜드가 있는 곳은 (실망스럽지만) 벨파스트라고 한다.
그래서 크리스는 생각했다. 산타클로스도 가짜 주소를 사용하
는데 노숙자라고 안 될 것은 없지 않을까?

크리스는 영국 우체국에서 건네받은 영국 전역의 주소를
모두 분석하여 통계를 내기 시작했다. 그 결과 영국에는 14 이

상의 번지가 있는 거리 중 34퍼센트(버밍엄은 무려 74퍼센트!)는 미신 때문에 13번지가 없다는 사실을 발견했다. 그리고 이 13번지를 노숙자들에게 주소로 제공할 수 있지 않을까 생각했다. 그러나 영국 우체국이 이전 거주자의 새 주소로 우편물을 발송하는 시스템은 그런 식으로 운영되지 않았다. 산타를 제외한 사람들의 주소는 모두 실제 주소여야 했다.[21]

크리스는 내가 자신의 말을 잘 이해하지 못하고 있다는 사실을 눈치채고는 다른 비유법을 들어 설명해 주었다. 우리는 과거에 유선전화를 사용했다. 그때는 전화를 걸 때 어떤 장소에 걸었다. 그러나 요즘은 사람에게 직접 전화를 하지 어떤 장소에 전화를 거는 일은 거의 없다.(나는 다섯 살짜리 딸아이에게 "실례합니다만, 누구누구 있나요?"라는 구식 전화 예절을 가르치다가 딸아이가 그런 말을 쓸 일은 없을 것 같아 그만둔 사실이 떠올라 그의 말에 수긍했다.) 그렇다면 주소라고 전화와 달라야 하는 법이 있을까?

크리스는 문득 빈집 주소를 노숙자들이 사용할 수 있도록 하면 어떨까 하고 생각했다. 이상한 일이지만 치솟는 집값 문제와 주택 부족난을 동시에 겪고 있는 영국에는 6개월 이상 비어 있는 집이 20만 채가 넘는다. 심지어 10년 이상 비어 있는 집도 1만 1000채가 넘는다.[22] 켄싱턴 첼시 지역에는 빈집이 1600채가 넘는데[23] 이들은 모두 우크라이나 정치인, 페이퍼 컴

퍼니, 외국 왕족이 소유하고 있는 주택들이다. 심지어 마이클 블룸버그 소유의 저택도 있다.(약 240억 원을 호가하는 방 일곱 개 짜리 고택이다.) 2019년 한 해에 아무도 살지 않는 빈집들의 총 부동산 가치는 무려 530억 파운드(약 79조 원)였으며, 개수로는 21만 6000채였다.[24] 빈집이 된 이유는 집주인이 요양원에 들 어갔다거나 장기 리노베이션 계획으로 집을 비운 경우처럼 일 상적인 이유도 있다. 하지만 런던의 주택은 많은 투자자들에게 조지 왕조 시대의 벽돌로 만든 은행 계좌로 통한다.

내가 집주인들이 싫어하지 않겠냐고 묻자 크리스는 재미 있다는 표정을 지었다. 사람들은 항상 노숙자들이 어떻게 빈집 에 들어가냐고 묻는다고 했다. 하지만 노숙자들은 애초에 빈집 에 들어갈 필요가 없다. 주소는 위치 표지일 뿐이니까. 사람들 이 소유하는 것은 집이지 주소가 아니다. 우리는 새로 이사 들 어온 집의 주소를 다른 사람이 쓰고 있다고 해도 크게 상관하 지 않는다. 사실 크리스의 아이디어는 사람이 살고 있는 집으 로도 하지 못할 이유가 없었다. 그러나 크리스는 그렇게 되면 너무나 큰 변혁이 일어나는 것이라 누구에게도 손해를 끼치는 일이 아니지만 사람들의 원성을 살 수 있다고 했다.

크리스는 노트북에서 엑셀 파일 하나를 열어 내게 자신의 아이디어가 어떻게 작동하는지 설명해 주었다. 일단 노숙자는 빈집의 주소를 부여받는다. 그런 다음 온라인 데이터베이스에 우편물을 전달받을 주소(예를 들어 노숙자 보호 센터나 친구 집 등)를 입력한다. 그러면 우체국은 그 주소로 우편물을 재발송한다. 이렇게 되면 고용주들이 노숙자가 해당 주소에 실제로 사는지 애초에 알 필요도 없다.

세라와 크리스는 모두 어쩌다 노숙자가 된 사람들이 갖고 있는 딜레마에 집중했다. 노숙자라는 현실을 인정하는가? 아니면 부정하는가? 노숙자가 된 현실을 인정하는 것은 긍정적인 일일 수 있다. 다른 사람들의 도움을 받고 지원을 요청할 수 있으며 쉼터에 갈 수도 있기 때문이다. 그러나 그 반대의 가능성도 있다. 집이 없는 상태가 일시적이라고 생각하는 것은 언젠가 집이 생길 수 있다는 사실을 내포하기 때문이다. 노숙자 생활이 일시적인 상태가 아니라 장기적으로 지속될 지위라고 생각하면 절망에 빠질 수 있다. 이것이 바로 노숙자 지원 서비스를 받아야 하는 사람들이 서비스를 거부하는 이유 중 하나다. 노숙자 신분에서 벗어나려면 노숙자가 아닌 척할 수 있는 (때로는 자기 자신에게도) 방법을 찾아야 한다. 집이 있다고 이야기를 꾸며 내는 것이 아마 그 첫 번째 단계일지 모른다.[25]

크리스를 만난 뒤 나는 지하철을 타고 런던의 가장 호화로운 개발 지역인 나이츠브리지에 있는 원 하이드파크 아파트에 가 보았다. 런던에서 가장 비싼 아파트 단지라고 소문이 자자한 원 하이드파크의 펜트하우스 한 채 가격은 무려 1억 6000만 파운드(약 2390억 원)이다.[26] 외관은 고급 힐튼 호텔처럼 생겼으나 내부에는 사우나실, 오존 수영장, 골프 연습장, 스쿼시 코트, 룸서비스, 개인 대피소를 갖추고 있다. 이 모든 것의 1제곱피트당 가격은 '단돈' 7000파운드(약 1045만 원)이며 2019년에 매물로 나왔던 한 집의 임대료는 '주당' 4만 파운드(약 6000만 원)였다.

원 하이드파크 아파트는 대개 집주인의 두 번째, 세 번째, 네 번째 집으로 쓰이는 곳으로 완전히 비어 있는 곳이 많다.[27] 저널리스트인 존 아를리지는 밤에 원 하이드파크 옆을 지나가면 불빛이 거의 보이지 않는다고 했다. "그저 조금 어두운 것이 아니라 주변 건물보다 훨씬 어두운 것은 물론 칠흑같이 어둡다. 이상한 불빛 하나가 새어 나오지만…… 그곳에는 아무도 살지 않는 듯하다." 경비원들이 유니폼을 입고 아파트 앞을 지키고 있었다. 내가 중산모를 쓴 한 경호원(짐작건대 영국군 특수부대 출신 같았다.[28])을 가만히 쳐다보자 그도 나를 쳐다보았다.

크리스는 현재 자신의 아이디어를 시범적으로 운영해 보기 위해 런던 시의회와 협의 중이다. 만약 그의 사업이 예상보다 더 큰 규모로 시행되면 집을 잃고 노숙자가 된 누군가가 원 하이드파크의 주소를 얻을지도 모를 일이다. 억만장자들이 어마어마한 돈을 내고 구매한 나이츠브리지 주소를 노숙자가 갖게 된다니. 나는 크리스의 사업이 가진 이런 체제 전복적 성격이 아주 마음에 들었다. 주소는 그 주소를 진짜 사용할 사람에게 주는 것이 어떨까? 집은 빈집이 되어도 되지만 주소는 그럴 필요가 없으니 말이다.

주소의 미래

1905년 9월, 대니얼 버넘은 성 프란체스코 호텔에서 샌프란시스코시의 새로운 도시계획을 공개했다.[1] 당시 버넘은 이미 세계에서 가장 명망 있는 도시계획가이자 건축가였다. 그는 시카고 만국박람회(1893년)에 전시되었던 '백색 도시', 곧 석고로 정교하게 빚어진 외관에 온통 하얀 스프레이 페인트가 칠해진 150여 개의 신고전주의 양식 건물로 10만 개의 전구로 장식된 박람회 출품작을 디자인한 것으로 유명하다. 당시 미국 인구 3분의 1과 맞먹는 약 3000만 명의 관람객들이 '백색 도시'를 보러 왔는데,[2] "잘 장식된 창고"에 지나지 않은 그의 작품을 보고 많은 사람들이 경외의 눈물을 감추지 못했다.

버넘의 샌프란시스코 도시계획은 세간의 좋은 평가를 받았다. 그러나 1906년 4월에 지진이 발생하여 3000명이 죽고 80퍼센트가량의 건물이 무너져 내리면서 샌프란시스코는 쑥

대밭이 되었다. 시청에 보관 중이던 버넘의 도시계획 설계도 사본 또한 대부분 분실되었다. 버넘은 샌프란시스코로 돌아와 자신의 도시계획에 대한 사람들의 관심을 재차 끌어모으려 노력했으나 샌프란시스코는 도시를 재창조하기보다 그저 빨리 재건하기를 바랐다.

시카고로 돌아가는 기차 안에서 버넘은 조셉 메딜 매코믹의 옆자리에 앉게 되었다.[3] 매코믹은《시카고 트리뷴》의 발행인이자 시카고 '커머셜 클럽'의 회원이었다. 매코믹은 버넘에게 샌프란시스코 대신 시카고를 계획해 보는 것이 어떻겠냐고 제안했지만, 버넘은 시카고 도시계획은 규모가 어마어마한 사업이기에 고민을 해 보겠다고 답했다. 시카고에 돌아오니 '커머셜 클럽'의 다른 회원들까지도 버넘이 도시계획을 맡아야 한다고 닦달했고, 버넘은 하는 수 없이 제안을 수락했다. "여러분만 괜찮다면 나는 언제라도 좋습니다."[4] 그는 이후 몇 년 동안 시카고 미술관 맞은편에 위치한 펜트하우스 사무실에서 시카고를 "대초원 위의 파리"[5]로 만들기 위한 정교한 도시계획안을 작성했다.

버넘의 도면은 시카고에 절실하게 필요한 것이었다. 시카고는 19세기 후반에 서구 세계에서 가장 빠른 속도로 성장한 도시였다. 아메리카 원주민들과의 교역소로 시작한 시카고는 비옥한 토양과 철도망, 인근에 미시간 호수가 있다는 입지적이점 덕분에 상업 도시로 거듭났다.[6] 기차에 몸을 실은 이민자들이 전 세계에서 몰려들었다. 그러나 도시의 외관은 보기 흉했다. 골목길은 쓰레기로 넘쳐났고 호숫가는 진흙투성이였으며 공장 굴뚝은 쉴 새 없이 매연을 내뿜었다. 도심의 번화가는 1865년부터 1900년까지 무려 4억 마리의 가축이 도살된 도축장에서 나오는 악취로 가득했다.[7] 업턴 싱클레어는 『정글』에서 당시 임시 가축 수용소의 역겨운 실태를 이렇게 고발했다. "그들은 말 그대로 돼지의 비명 소리를 제외하고 돼지의 모든 것을 판다."

버넘의 새로운 시카고 도시계획을 위해 조직된 위원회는 수백 번의 회의를 거친 뒤 마침내 새로운 시카고의 모습을 멋진 삽화로 담아낸 164쪽짜리 도시계획안을 펴냈다. 새로운 거리, 넓은 사선 도로, 공원, 부두, 드넓은 호반이 들어선 계획안은 둔탁해 보이기만 하던 시카고를 꽤 유럽 도시처럼 보이게 만들었다. 버넘은 "원대한 꿈을 꾸어라. 그렇지 않으면 당신의 피를 끓게 하는 기적을 경험하지 못할 것이다."라는 말을 (아마도) 남긴 것으로 유명하다. 새로운 시카고를 향한 그의 원대한 계획은 시카고를 이전과는 완전히 다른 모습으로 바꾸어 놓을 참이었다.

버넘의 '시카고 도시계획'이 발간되기 불과 몇 년 전, 자기 나름의 도시 개선 사업을 시작한 다른 시카고 사람이 있었다. 그의 이름은 에드워드 P. 브레넌이다. 버넘과는 매우 다른 부류인 브레넌은 식료품 배달원과 수금원 일을 하면서 시카고 도로 구조의 불합리성을 몸소 느끼고 있었다. 패트릭 리어던의 설명에 따르면, 어느 해 여름 브레넌은 지도를 한 아름 싸들고 미시간주의 포포로 휴가를 떠났다.[8] 복잡한 도로 주소를 정리해 볼 요량이었다. 시카고가 계속해서 주변 소도시를 병합하면서[9] 1889년에만 면적이 약 323제곱킬로미터가 늘자 중복되는 도로명이 많아지고 번지수 지정 방법도 지역마다 제각각이라 도로 주소가 뒤죽박죽이었다. 리어던이 지적한 것처럼 시카고에는 스카일러 콜팩스(기억이 가물거리겠지만 콜팩스는 미국 제18대 대통령 율리시스 그랜트 정부의 첫 부통령이었다.)의 이름을 딴 도로가 다섯 개도 넘었다.[10]

시카고 시의원이었던 6촌의 도움으로 브레넌은 시카고 도로 주소를 정리하는 일을 단독으로 맡게 되었다.[11] 그의 계획안은 매우 논리적이었다. 도로의 서쪽과 북쪽에 위치한 건물에는 짝수 번호를, 반대로 도로 동쪽과 남쪽 건물에는 홀수 번호를 부여하는 것이었다. 번지수는 1마일당 800씩 증가할 예정이었으므로 긴 도로에서 해당 번지수가 어느 방향에 있는지 확인하기 쉬웠다. 중복되는 도로명도 없애고 역사적으로나 문학적으로 중요한 이름을 따서 거리 이름을 새로 짓기로 했다.[12] 중간에 끊긴 도로나, 한 도로인데 이름이 여러 개인 도로도 하나의 이름으로 정리될 예정이었다. 6촌 시의원에게 보내는 편지에서 브레넌은 "만국박람회를 개최한 정신력으로 정진하여 잘못된 것을 고치고 시카고 사람들에게 번지가 완벽하게 정리된 도시를 선사합시다."라고 썼다.[13]

시카고를 고대 로마처럼 만들고 싶었던 대니얼 버넘과 마찬가지로 에드워드 브레넌 역시 길 찾기의 구심점이 존재했던 로마를 선망했다. 1936년 신문과의 한 인터뷰에서 브레넌은 "'모든 길은 로마로 통한다.'라는 옛말이 떠오르네요. 이 말을 현재에 그리고 이곳 시카고에 적용하면 이렇게 다시 쓸 수 있을 겁니다. '모든 길은 스테이트 스트리트(State Street)와 매디슨 스트리트(Madison Street)로 통한다.'라고요."[14] 그의 말대로 스테이트 스트리트와 매디슨 스트리트가 만나는 교차로는 시카고 시내에 있는 모든 번지의 시작점이 될 예정이었다.

시의회가 마침내 브레넌의 계획안을 채택하면서 어마어마한 두께의 전화번호부가 등장했고, 자신의 새 주소를 지인들에게 알리려는 사람들이 너도나도 편지를 보내면서 엽서를 파는 사람들은 때아닌 호황을 맞았다. 웨스턴 유니온, 리디포드 브라더스 재니터스 서플라이즈, 마셜 필드 백화점과 같은 회사들이 브레넌에게 편지를 보내 노고를 칭송했다. 브레넌은 이런 편지들을 부지런히 스크랩북에 정리해 두었다.

2009년에 시카고에서는 대니얼 버넘의 도시계획안 100주년 기념식이 '대담한 계획, 원대한 꿈'[15]이라는 테마로 다채롭게 진행되었다. 먼저 버넘을 기념하는 수백 개의 행사가 도시 전역에서 개최되었다. 시카고를 상징하는 밀레니엄 파크에는 세계적 건축가 자하 하디드와 벤 판베르컬이 100주년을 축하하며 설계한 임시 구조물이 설치되었고, 작곡가 마이클 토키가 작곡하고 버넘의 어록을 바탕으로 가사를 붙인 관현악 합창곡 「플랜즈(*Plans*)」가 초연되었다. 초등학교 5학년 학생들이 시카고의 생활 지도를 디자인하는 행사도 있었다. 현재 시카고에는 버넘의 이름을 딴 항구, 도서관, 공원, 센터, 도로가 있으며,[16] 미국 도시계획협회는 매년 '창조적 아이디어를 위한 대니얼 버넘 포럼'을 개최한다.[17]

반면 오늘날 에드워드 브레넌이 시민으로서 일궈 낸 놀라운 업적을 기리는 사람은 극소수에 불과하다. 브레넌의 계획은 버넘의 도시계획안이 출간된 바로 그해 시행되었는데도 말이다. 브레넌은 시카고 도시 연혁을 설명할 때 하나의 흥미로운 여담처럼 등장하는 경우가 대부분이며, 그의 이름이 새겨진 곳이라고는 외진 주택가 사우스 브레넌 애비뉴(South Brennan Avenue)와, 스테이트 스트리트와 매디슨 스트리트 교차로에 걸린 명예 도로명 표지판뿐이다.

오늘날 버넘은 수십 년간 도시계획을 장려해 온 '도시 미화 운동'을 일으킨 사람으로 널리 알려져 있다. 그러나 시카고는 아름답게 꾸미기 이전에 정리가 필요한 도시였다. 브레넌의 도로 주소 정비 계획이 시행되기 한 해 전인 1908년에 시카고 우편배달국의 국장은 한 연설에서 시카고 시내에 도로명과 번지수가 제각각인 지역이 무려 125개에 달하며 중복되는 도로명도 500개가 넘는다며 한탄했다. 나중에는 "길도 찾기 힘든 도시에 돈을 쏟아부어 가며 미화 사업을 벌이는 게 무슨 소용이 있을까요?"라고 묻기도 했다.

그럼에도 불구하고 역사는 원대한 야망과 권력자를 좋아한다. 버넘은 키가 크고 다부진 체격에 눈은 파랗고 콧수염은 인상적일 만큼 붉은색이었으며 언제나 런던에서 공수해 온 깔끔한 맞춤 양복을 입고 다녔다. 그의 직원 하나는 버넘을 "내가 만나 본 사람 중에 가장 잘생긴 사람"이라고 불렀다.[18] 신세계의 귀족이나 다름없었던 버넘은 1635년에 그의 조상이 처음으로 매사추세츠주 입스위치에 첫발을 디딘 후 8대째 미국에서 살고 있는 미국인이었다.[19] 버넘은 '시카고 도시계획안' 설계를 마치자마자 시카고를 떠났다. 다섯 자녀가 더러운 시카고 거리에서 노는 것을 상상할 수 없었던 그는 에번스턴으로 이사해 방 16개짜리 저택에 살았다.[20]

반면 에드워드 브레넌은 아일랜드 출신 미국인으로 아내와 세 딸과 함께 시카고에 살았다.[21] 매일 저녁 일을 마치고 집으로 돌아올 때면 딸들이 집 앞 길가까지 달려 나와 그를 맞았다. 아직까지 남아 있는 흑백사진을 보면 브레넌은 왜소하고 말쑥한 외모에 검은 뿔테 안경을 쓰고 있으며 세로줄 무늬 정장을 입고 회중시계를 들고 있다. 버넘과 브레넌 모두 대의를 위해 자신의 시간을 바쳤지만, 부유한 버넘은 그럴 만한 여유가 있는 사람이었다. 주변에 직업 제도공과 건축가들이 많았기 때문이다. 하지만 시의회 회의에만 600번을 넘게 참석해야 했던[22] 브레넌은 수년간 보수도 없이 거의 혼자서, 앤드루 올렉시어크의 표현을 빌리면 시카고의 "보이지 않는 설계"를 위해 쉴 새 없이 일했다.

두 사람의 계급은 두 사람의 명성에도 차이를 가져왔다. 버넘의 도시계획은 상류층의 취향을 자극했지만 실용적이지 못한 아름다움을 추구하느라 급증하는 노동계층의 필요를 등한시했다는 비판을 받았다. 도시의 중심을 호안으로 옮김으로써 도시 경관에 큰 변화가 있었다는 점에서 버넘의 도시계획은 일정 부분 성공을 거두었지만, 대공황으로 원대한 계획에 대한 열정이 사그라지면서 그의 도시계획도 온전히 실현되지는 못했다.

그러나 브레넌이 구상한 도로 시스템은 모든 계층의 사람들, 특히 노동자 계층인 배달원, 우체부들에게 큰 도움이 되었다. 당시 시카고 시 당국은 브레넌이 고안한 도로 주소 체계의 간결성과 효율성을 언급하며 "시카고의 도로명 개수는 시카고

절반만 한 나라의 도시에 있는 도로명 개수보다도 적을 것이다."라고 칭찬했다.[23]

아름다운 것을 칭송하고 눈에 드러나지 않는 인프라의 가치에 무심한 것은 현대인들도 마찬가지다. 나는 칭송받아 마땅한 21세기의 '에드워드 브레넌'들을 직접 찾아 나서기로 했다. 그들은 꽤나 의외의 인물들이었다.

○

주소의 운명이 앞으로 어찌 전개될지 알아보기 전에 먼저 남아프리카 공화국의 의사 쿠니 라우를 만나 보자. 라우 박사는 젊은 시절 오후 1시까지 환자를 120명이나 진료하곤 하던 보건소에서 가정의로 일했다. 처방전만 써 주는 따분한 일과로 지쳐 있던 어느 날 그는 문득 진찰실에서 매일 마주하는 보건 문제를 해결할 더 나은 방법이 있을 거라는 생각이 들었다. 결국 그는 남아프리카 공화국에서 공공 서비스가 닿지 않는 외진 시골 지역의 보건 문제를 해결하고자 '게이트웨이 헬스 인스티튜트(Gateway Health Institute)'라는 단체를 세웠다.

'게이트웨이 헬스'의 주요 사업 중 하나는 모자보건 사업이었다. 라우 박사는 산모가 큰 병원에 가야 하는 상황인데도 의사가 어쩔 수 없이 시골 병원에서 제왕절개를 할 때가 있다고 말했다. 정부는 구비하고 있는 구급차 대수가 실제 필요한 대수의 3분의 1밖에 되지 않는다고 시인했다. 시골 마을에서는 산모들이 외바퀴 손수레에 실려 분만실에 오는 경우도 있었다.[24] 임산부가 전화로 구급차나 택시를 부를 수 있다 하더라도 그들에게 집이 어딘지 설명할 수 있는 방법이 없었다. 앞서 12장에서 이야기했듯이 아파르트헤이트 정부 시절의 남아프리카 공화국에는 도로명이나 번지수가 없는 지역이 많았고, 특히 '블록'이라고만 불렸던 흑인 거주 지역은 지도에도 나와 있지 않은 경우가 태반이었다. 이런 현실은 지금도 크게 다르지 않다. 라우 박사는 이를 위한 해결책을 찾아다니다가 우연히 왓스리워즈(What3words)란 단체를 알게 되었다.

왓스리워즈는 주소를 만드는 스타트업 기업이다. 창립자 크리스 셸드릭은 영국 남부 하트퍼드셔 출신으로, 최근 테드(TED) 강연에 출연해 "세상에는 매일 주소 문제로 고군분투하는 사람들이 있다."라고 설명했다.[25] 왓스리워즈 창립 이전에 셸드릭은 음악 산업에 종사하며 각종 페스티벌과 콘서트를 주최하는 일을 했는데(그는 잠결에 창을 주먹으로 치는 사고로 힘줄과 동맥이 끊어져 음악을 그만둔 전직 뮤지션이기도 하다.[26]) 뮤지션들과 프로덕션 회사들이 항상 공연 장소를 찾다가 길을 잃는다는 것을 깨달았다.[27] 일례로, 로마에서 남쪽으로 한 시간 거리에 있는 결혼식장에 가야 할 뮤지션들이 북쪽으로 가는 바람에 결혼식에 나타나지 못한 경우도 있었다.

정확한 주소가 있다고 해서 항상 공연장에 제대로 도착하는 것도 아니었다. 셸드릭은 서른 명이나 되는 뮤지션과 장비를 실은 트럭을 대개는 스타디움 후문으로 안내해 줘야 하는데[28] 내비게이션이 언제나 스타디움 옆문으로 안내하는 식이었다고[29] 했다. 잔디밭 같은 공연장은 주소가 아예 없는 경우도 있었다.

자신이 직접 이 문제를 해결할 수 있다고 믿었던 셸드릭은 수학자이자 이튼학교 출신의 체스 선수인 친구와 함께 독창적인 아이디어를 고안했다. 바로 전 세계를 가로세로 3미터의 정사각형으로 분할하는 것이었다. 그리고 그들은 좌표 대신 단어를 사용하기로 했다. 길게 나열된 숫자보다 기억하기 쉽기 때문이다. 정사각형 한 개당 세 단어를 배정했더니, 4만 개의 단어로 만든 64조 개의 조합이 생겨났다.

왓스리워즈는 바로 이렇게 탄생했다. 이제 지구상의 모든 장소에는 왓스리워즈가 생성한 개별 주소가 있다. 주소는 왓스리워즈 홈페이지나 왓스리워즈가 무료로 제공하는 앱으로 검색하면 쉽게 찾을 수 있다. 인도 타지마할 한복판의 주소는 'doubt(의심하다).bombard(폭격하다).alley(뒷골목)'이고, 파리 에펠탑의 주소는 'daunt(겁주다).evolves(진화하다).nappy(기저귀)'이다. 왓스리워즈는 전통적인 형식의 주소가 존재하지 않는 장소의 주소도 알려 준다. 이를테면 백악관 장미정원 한가운데의 주소는 'army(군대).likes(좋아하다).jukebox(주크박스)'이고, 내 딸아이들이 미친 듯이 좋아하는 놀이터 미끄럼틀의 주소는 'shot(쏘다).pokers(포커).clock(시계)'이다.

왓스리워즈의 기술은 무궁무진하게 활용할 수 있다. 나무 밑에 앉아 피크닉을 즐기고 있는 친구를 찾고 싶을 때, 사진을 찍었던 곳의 정확한 위치를 파악하고 싶을 때, 코스타리카에서 묵었던 에어비앤비 오두막집을 찾고 싶을 때 왓스리워즈 주소를 이용할 수 있다. 왓스리워즈의 기술은 보다 심각한 상황에서도 사용된다. 우간다에 있는 라이노 난민 캠프는 왓스리워즈 주소를 이용하여 사람들이 캠프 안에 있는 교회, 이슬람 사원, 시장, 병원을 찾아다닐 수 있도록 돕는다.[30] 몽골의 우체국도 유목인들에게 우편물을 보낼 때 왓스리워즈 주소를 사용한다. 그리고 남아프리카 공화국의 라우 박사도 이제 왓스리워즈 주소를 사용하여 흑인 거주 지역에 사는 환자들을 찾아다닌다.

영국에서도 긴급 구조 서비스가 왓스리워즈 주소 기술을 도입하여 활용하기 시작했다. 영국 북부의 작은 마을 험버사이드 경찰은 휴대폰 위치 추적 기능을 사용하여 생성된 왓스리워즈 주소로 성폭행을 당한 후 납치된 여성의 정확한 위치를 파악했다. 즉시 출동한 경찰은 여성을 구출한 것은 물론 그 자리에서 범인도 체포할 수 있었다. 왓스리워즈 주소가 교통사고 피해자를 찾는 데 결정적인 역할을 한 경우도 있었다. BBC 보도에 따르면 경찰은 'weekend(주말).foggy(안개 낀).earphones(이어폰)'이라는 세 단어짜리 주소로 교통사고를 당한 어머니와 아이를 찾았다고 한다.[31] 에이번 서머싯 경찰국에서 일하는 샘 셰퍼드는 이런 현실을 이렇게 표현했다. "'어디에서 오셨습니까?', '어디에 가시나요?', '무엇이 보이나요?'라고 묻는 시대는 지나가고 있어요. 이런 질문에 대한 답은 금방 나오지도 않고 항상 정확한 것도 아니거든요."[32]

나는 직접 왓스리워즈에 가 보기로 했다. 런던 서쪽에 있는 왓스리워즈는 사무실도 세련된 곳이었다. 건물 1층에 있는 카페에서 마케팅 책임자 자일스 라이스 존스를 만났다. 습하고 추운 날씨에 야구 모자를 거꾸로 쓰고 빨간색 긴팔 셔츠를 입은 그가 자전거를 끌고 건물 안으로 들어왔다. 왓스리워즈는 젊고 이상적인 회사처럼 보이지만 실제 그들이 하는 작업은 한 치의 오차를 용납하지 않는 복잡한 일이다. 왓스리워즈는 현재 뱅골어, 핀란드어, 타밀어, 태국어, 아프리칸스어, 줄루어를 포함하여 36개의 언어로 운영되고 있다.

나는 자일스의 안내로 제이미 브라운을 만났다. 제이미는 서글서글한 얼굴에 붉은 기가 도는 머리를 대충 틀어 올려 묶은 젊은 언어 전문가였다. 그의 업무는 기존의 단어 지도를 단순히 새로운 언어로 번역하는 것이 아니었다. 왓스리워즈는 해당 외국어를 모국어로 하는 사람들, 대개 런던 대학들의 언어학 전공자들을 고용하여 모든 단어를 크게 소리 내어 읽어 보게 한 다음 혼란을 줄 수 있는 이형 동음이의어들, 이를테면 'blue'와 'blew'를 제외했다. 상스러운 말이나 비속어도 솎아 냈다.(벵골어 문화에서는 '거북(tortoise)'이 집에 들어오면 재수가 없다고 생각하는 사람들이 있어서 벵골어 단어 목록에는 '거북'이란 단어가 없다.) 'Rechtsschutzversicherungsgesellschaften(소송 비용을 보장해 주는 보험회사)'[33]처럼 너무 길어서 지도에 쓸 수 없는 단어도 제외했다. 왓스리워즈 주소의 핵심은 간결성이기 때문이다. 그리고 모든 단어는 지도의 전체 판본을 통틀어 딱 한 번씩만 나오도록 만든다. 예를 들어 노르웨이어로 어린아이를 의미하는 'barn'은 노르웨이 지도에 쓰일 수 없다.[34] 영어판 지도에 이미 'barn(외양간)'이란 단어가 등장하기 때문이다.

언어 전문가들이 단어를 추려 최종 단어 목록을 만들면, 해당 언어를 사용하는 사람들이 거주할 가능성이 가장 높은 지역에 가장 친숙한 단어를 골라 배정한다. 예를 들어 프랑스어 지도의 경우 'chat(고양이)'라는 단어가 파리나 몬트리올의 왓스리워즈 주소에 가장 많이 등장하고, 한국어판에도 서울 지도에서 '고양이'란 단어가 가장 많이 등장한다. 흔하지 않고 복잡한 단어로 구성된 주소는 북극지방(영어판 주소 'ultimatum(최후통첩).deadliness(맹렬함).comically(익살맞게)')이나 아프가니스탄의 사막('capabilities(역량).concurrency(동시성).rudimentary(가장 기본적인)') 같은 곳에 배정된다.[35]

나는 처음에 주소의 미래를 고민하는 사람들이 내가 그동 안 조사를 위해 인터뷰했던 전문가 집단일 것이라고 생각했다. 책만 들여다보는 지리학자, 고리타분해 보이는 역사학자, 노련 한 관료들 같은 사람들 말이다. 나는 주소마저도 젊고 세련된 IT 기술자들에 의해 혁명을 맞이하게 될 줄은 꿈에도 상상하 지 못했다. 왓스리워즈뿐만이 아니다. 세계적인 IT 기업 구글 역시 번호와 문자의 조합을 사용한 '플러스 코드(Plus Codes)' 를 개발하여 전 세계 모든 장소에 주소를 제공하고 있다.[36] 위 도와 경도에서 도출한 플러스 코드는 전화번호와 비슷한 길이 이지만 장소 이름을 결합하면 더 짧게 만들 수 있다. 이런 방식 으로 내가 항상 이용하는 대영박물관의 좌석 위치를 플러스 코 드로 만들면 '런던 킹스크로스 GVHC+XW'가 된다. 1장에서 만나 보았던 콜카타의 슬럼가에 주소를 지정해 주는 '주소 없는 이들에게 주소 만들어 주기 운동' 역시 인도에서 이 구글 기술 을 사용하여 주소 지정 사업을 진행했다. 결과는 대성공이었다.

페이스북도 주소 사업 경쟁에 돌입했다. 페이스북은 MIT 연구진과의 협업으로 딥러닝 알고리즘을 개발하여 위성사진 을 검색하고 픽셀을 사용하여 전통적인 도로 주소가 없는 지역 의 도로를 찾는다. 그런 다음 알고리즘이 "해당 픽셀을 취합해 모두 도로망에 이어 붙이면 분석과 동시에 사분면 분할이 가능해진다."[37](무슨 뜻인지는 잘 모르겠지만 어쨌든 굉장한 것 같다.) 그렇게 되면 모든 도로에 논리적인 방식으로 번호와 문자가 매겨진다. 미국에서 흔히 볼 수 있는 '1번 스트리트', '2번 스트리트'처럼 말이다. 페이스북의 기술자들은 이 알고리즘을 '로보코드(Robocodes)'라고 부른다.

이런 주소는 전 세계 전자 상거래에 혁신을 가져올 수 있는 잠재력이 있다. 지구상에 주소가 없는 지역의 문제점은 이를테면 중국에서 탄자니아로 물건을 배송하지 못하는 것이다. 진짜 문제는 물류 관리 전문가들이 말하는 "마지막 1킬로미터"이다.[38] 설명하자면 물류 배송의 마지막 단계가 총 운송비의 절반을 차지하기도 한다는 의미이다.

우간다에 사는 미국인 앤드루 켄트는 이론적으로 2.5일 안에 미국에서 신용카드를 배송받을 수 있었다. 그러나 그의 말에 따르면 미국 네브래스카주의 오마하에서 우간다 수도 캄팔라까지 1만 3000킬로미터를 날아온 신용카드는 DHL 사무실에서 마지막 5킬로미터를 더 오지 못해 그의 집에 배송되지 못했다. "우리 집은 주소가 없거든요. 제가 직접 DHL에 가서 찾아와야 했어요." 앤드루가 르완다로 이사 갔을 때도 마찬가지였다. 그는 언제나처럼 배송 기사에게 '로스티'라고 불리는 클럽(늘 옛날 로스티가 아니라 새로 지은 로스티라고 콕 집어 주었다.)

을 찾으라고 둘러 설명하는 방법으로 길을 알려 줘야 했다. 하지만 길 안내의 끝은 언제나 한결같았다. "제가 밖에 나가서 서 있을게요."[39] 지금도 매일 이런 식으로 길을 알려 주는 사람들은 전 세계에 수백만 명이 넘는다.

오늘날 아프리카 대륙의 많은 지역에서 전자 상거래가 급증하고 있다. 예를 들어 아프리카의 아마존이 되기를 꿈꾸는 나이지리아의 '주미아(Jumia)'는 발전기부터 향수, 시리얼 등안 파는 것이 없다. 신생 운송 업체들은 배송 기사들을 오토바이에 태워 라고스 전역에 경쟁적으로 택배를 발송한다. 나이지리아는 주소를 찾기 어렵기 때문에 배송 기사들이 주문자에게 전화를 걸어 정확한 위치를 물어야 할 때가 많다. 하지만 통화료도 만만치 않다.[40] 앤드루의 말로는 전화를 한 번 거는 데 40센트 정도가 드는데, 이는 7달러짜리 주문으로 얻는 피자 가게의 수익을 고려하면 꽤 큰 비용이다.

이쯤 되면 독자들도 주소가 없다는 것이 얼마나 큰 어려움을 야기하는지 알 것이다. 왓스리워즈나 구글의 플러스 코드와 같은 디지털 주소는 이러한 문제를 해결할 수 있다. 이런 새로운 방식의 주소들은 많은 정부들이 효과적으로 해결하지 못하는 문제에 신속하고 간단한 해법을 제공한다. 세계은행은 지역 공무원들이 이용할 수 있는 도로 주소 인프라 구축에 관한 무료 종합 코스 '도로 주소 만들기와 시정 운영'을 개발했다. 이

코스는 한마디로 도로 주소 만들기에 관한 개론 수업으로 내가 이 문제를 해결할 사람들이라고 생각했던 숙련된 전문가들이 운영하는 알기 쉽고 면밀하게 구성된 훌륭한 교육 자료다. 그러나 인구가 증가하는데도 예산과 인력이 부족한 도시들은 이런 교육 내용을 실행에 옮기는 것이 쉽지 않다. 실행 단계가 많고 복잡하기 때문이다.

코스는 가장 먼저 '타당성 조사'를 시행하라고 가르친다. 우선 되도록이면 측량 기사, 지도 제작자, 건축가의 도움을 받아 기본 지도를 제작해야 한다. 그런 다음 현재 있는 도로를 모두 파악한 뒤 도로 상태, 도로 이름, 번지 지정 시스템 등을 확인하여 도로에 관한 종합 목록을 작성한다. 이 단계를 모두 끝내야 비로소 도로에 이름을 붙일 수 있다. 그다음에는 전산화 시스템을 선택하고 어떤 가치를 바탕으로 도로명을 지을 것인지 결정한 후 주소 구역을 어떻게 분할할 것인지도 정해야 한다. 가옥별 번지 지정 방식도 순차적으로 할 것인지, 100미터법으로 할 것인지, 10미터법으로 할 것인지를 선택해야 한다. 그런데 애초에 무엇을 가옥으로 분류하는 거지? 세계은행의 수업을 듣고 있자니 식탁에 앉아 가만히 받아 적기만 했을 뿐인데도 진이 빠졌다. 물론 공무원이 지정해 준 주소를 주민들이 반드시 쓴다는 보장도 없다.

누가 어디에 사는지 찾는 일은 계몽주의 시대에 완전히 해결되었어야 할 문제지만 오늘날에도 여전히 해결되지 못한 채 우리를 힘들게 한다. 왓스리워즈나 구글, 페이스북이 찾아낸 새로운 주소가 최선의 해법처럼 보이기는 한다. 그런데 가슴 한편에 남은 이 개운하지 않은 느낌은 무엇일까?

첫 번째 문제는 당연히 돈이다. 왓스리워즈는 독창적인 아이디어를 통한 수익 창출을 위해 출발했으며 창업 자금으로 수천만 달러를 끌어모았던 회사이다. 세 단어 주소를 만드는 일은 엄청난 작업을 필요로 하니까 그 자체가 나쁜 것은 아니지만, 안타깝게도 데이터가 무엇보다 중요한 시대에 새 디지털 주소는 특허에 구속될 수밖에 없다. 실제로 우리는 왓스리워즈 앱이나 홈페이지를 통하지 않고서는 어떤 왓스리워즈 주소도 알 수 없다. 왓스리워즈는 내게 세 단어로 된 주소로 전통적인 주소를 대체하려는 것은 아니라고 말했지만, 몽골처럼 우체국이 이 시스템을 채택한 지역에서는 공식 주소가 될 가능성이 있다. 왓스리워즈는 사람들이 앱과 홈페이지를 언제까지나 무료로 사용할 수 있도록 하겠다고 약속했지만, 나는 왜 신생 소프트웨어 회사가 내 위치를 찾을 수 있는 유일한 곳이 되어야 하는지 잘 모르겠다.

왓스리워즈와 달리 구글은 놀랍게도 구글의 데이터를 오픈 소스로 공개했다. 그럼에도 구글은 지구 역사상 가장 부유하고 힘 있는 나라의 가장 부유하고 힘 있는 회사일 뿐이다. 구글의 플러스 코드는 적어도 사람들을 온라인 세계로 끌어 모으고 구글 제품으로 유인하는 역할을 한다. 나는 페이스북이 어떻게 주소 사업으로 수익을 낼지 잘 모르지만, 그들은 지금쯤 이미 그 방법을 충분히 터득하고도 남았을 기업이다.

그러나 내가 디지털 주소에 느끼는 거부감에 딱히 타당한 이유가 있다고 할 수는 없다. 난 그저 지금의 주소가 그리울 것 같다. 어린 시절 내가 살았던 첫 번째 집은 시골에서 쓰는 사서함 번호('7번 도로, 사서함 663A')만 있는 곳이었다. 학교에 제출하는 각종 서식에 그 주소를 쓸 때마다 나는 기분이 좋았다. 나중에는 우리 집에도 '올드 리스트라 로드'라는 도로명과 공식 번지수가 생겼다. 나는 그 주소도 마음에 들었다. 비록 '리스트라'가 무엇인지, 또 '올드 리스트라'는 무엇인지 아직도 모르지만. 하지만 그 집의 왓스리워즈 주소 'baked(구운).crumbling(무너져 가는).necks(목)'는 왠지 썩 마음에 들지 않는다.

나는 처음에 내가 기존 주소 시스템을 고수하려는 이유가 단순한 노스텔지어인 줄 알았다. 하지만 그보다는 현대 사회문제의 징후라고 말하는 편이 맞을 것 같다. 우리는 기술적인 측면이든 정치적인 측면이든 앞으로 다가올 미래가 어떤 모습일지 모른다. 세상은 해가 갈수록 더 큰 폭으로 변화하고 있다. 그리고 세상이 더 많이 변하면 변할수록 인간은 자신을 과거와 단단하게 이어 두고 싶어 한다. 도로명 주소가 바로 그런 과거를 떠올리는 하나의 수단이 된 것이다.

디지털 주소가 유일하게 하지 못하는 것이 바로 기억이다. 시리아의 끝자락 국경 근처, 요르단에 위치한 자타리 난민 캠프에는 8만 여 명의 난민이 살고 있으며 32개의 학교와 58개의 커뮤니티 센터가 있다.[41] 일부 추산에 따르면 자타리 난민 캠프는 요르단에서 네 번째로 큰 도시다. 그러나 2016년에야 비로소 '바질 스트리트', '올리브 스트리트', '아니스 스트리트', '자이툰 스트리트' 같은 거리 이름이 생겼다. 캠프에 사는 아부 이스마일은 《로이터》와의 인터뷰에서 새로 생긴 도로명에 대해 이렇게 말했다. "거리 이름이 모두 고상하고 각자의 고국을 떠올리게 하는 이름들이에요. 이제 모두에게 주소가 생겼습니다. 예전에 이곳은 소외된 지역이었는데 이제는 우리도 주소가 있어요. 누가 어디 사냐고 물으면 바로 이 거리에 산다고 말할 수 있어요. 세상에, 이제 저도 진짜 주소가 있다니까요."[42]

물론 앞에서도 이야기했듯이 거리 이름을 두고 모든 사람들이 항상 한 목소리를 내는 것은 아니다. 그런 의미에서 디지털 주소는 거리 이름의 뜻을 두고 벌어지는 논쟁을 피할 수 있다. 그러나 나는 논쟁을 좋아한다. 논쟁은 공동체를 분열시키기도 하지만 공동체를 '공동체'답게 만들기도 한다.

더구나 디지털 주소는 공동체를 형성하는 것이 아니라 오히려 해체한다. 일례로 우리 옆집의 왓스리워즈 주소와 우리 집 왓스리워즈 주소는 아무런 연관성이 없다. 또 직접 눈으로 확인하여 주소를 알 수 있는 것이 아니라 제3자인 앱을 통해야 만 알 수 있다. 우연히 만난 사람에게 길을 물을 수도 없다. 주소 전문가 그레이엄 린드에 따르면 왓스리워즈와 같은 디지털 주소는 "인간의 심상 지도와 주소 사이에 어떤 관련성도 제공하지 않으며, 그 관련성이 없으면 주소는 효율성을 상실한다. 'horse(말).town(마을).faster(더 빠른)'란 주소는 인간이 이곳저곳을 돌아다니며 체득한 경험과 아무런 관계도 없기 때문이다." 디지털 주소가 만드는 세상에서 인간은 모두 지도 위의 점으로 존재한다. 한 사람 한 사람이 자기만의 섬을 이루고 그 섬은 한 기업이 붙여 준 이름을 부여받는다. 오픈 데이터 전문가 테런스 이든이 지적했듯이 디지털 주소는 아우슈비츠 수용소 같은 곳의 주소가 'grouchy(투덜거리는).hormone(호르몬).elevating(고양하는)'이 되는 세상을 만들 수도 있다.[43]

그럼에도 불구하고 나는 적어도 주소가 없는 사람들의 문제를 해결하기 위해 애쓰는 왓스리워즈와 같은 기업을 높이 산다. 구글의 플러스 코드와 오픈 데이터는 더욱 높이 평가하며 그들이 인도에서 진행 중인 프로젝트가 성공하기를 진심으로 기원한다. 구글의 디지털 주소를 통해 수백만 명의 사람들이 그동안 내가 당연하게 여겼던 은행 업무, 투표, 배송 같은 여러 공공 서비스를 이용할 수 있게 된 현실을 내 두 눈으로 확인했기 때문이다. 또 내가 만약 인질로 잡혀 모르는 곳으로 끌려가고 있는 긴박한 상황이라면 경찰이 왓스리워즈 앱을 이용해 내 위치를 서둘러 파악하기를 바란다. 디지털 주소는 분명 삶을 더 편리하게 해 줄 것이다. 그러나 삶을 더 다채롭게 만들어 줄 것 같지는 않다.

　책을 집필하면서 나는 이 책이 던진 질문에 대한 답을 찾는 데 헌신해 온 뛰어난 학자들의 저술을 많이 참고했다. 거리 이름에 대한 방대한 연구를 수행해 온 이스라엘의 문화지리학자 마오즈 아자랴후도 그런 학자들 중 한 명이다. 내가 전화를 걸었던 날, 그는 재직 중인 하이파 대학교 사무실에 있었다. 한 시간쯤 대화를 나누었을 무렵, 그에게 내가 느끼는 딜레마를 털어놓았다. "디지털 주소가 이 책을 해피엔딩으로 만들어 주어야 하는데 내 마음은 왜 이렇게 무거운 걸까요?"

　런던에 있는 내 사무실에서도 지중해 반대편에서 이마를 찌푸리는 그의 표정이 보이는 듯했다. 그는 "우리가 더 이상 카를 마르크스에 대해 이야기하지는 않아도 '카를 마르크스 스트리트'를 만들 것인지에 대해서는 이야기할 겁니다."라고 답했다. 거리 이름에 관한 논쟁은 이제는 불가능해 보이는, 이 사회의 근본적인 문제에 대한 논쟁을 수행하는 방법이 되었다. 우리가 어떤 주제에 대해 입장을 표명하고 우리가 어떤 공동체인지 결정할 수 있는 기회가 과연 얼마나 자주 있는가? 우리가 사는 곳을 지도로 그리고 이름을 짓는 것과 같은, 집요하고 이견이 끊이지 않는 공동체와 관련된 일들을 계속해 나가지 않는다면 우리는 우리가 누구인지 잊게 될 것이다. 우리는 도로 이름을 카를 마르크스로 지을지 말지에 대해 앞으로도 계속해서 논쟁해야 한다.

역사는 나의 기대를 비껴갈지 모른다. 물론 인류 역사상 사람을 찾는 방식에 혁명적인 변화가 찾아온 것이 이번이 처음은 아니다. 그러나 18세기 사람들은 정부 관리들이 무작정 마을에 쳐들어와 기름과 뼈 삶은 물로 만든 진한 페인트로 집집마다 번호를 표기하자 거칠게 저항했다. 집에 매겨진 그 숫자들로 인해 좋든 싫든 이제 누구든 자신을 찾을 수 있고 세금을 내야 하며 경찰은 물론 정부의 감독을 받게 될 것이라는 사실을 알았기 때문이다. 그들은 이 땅에 주소를 만드는 일이 정치적 행위라는 사실을 잘 알고 있었다.

그렇다면 현대인들은 이 사실을 알고 있을까?

감사의 말

이 책은 깊은 통찰력과 지식으로 논의를 명확히 하는 데 큰 도움을 준 많은 학자들이 없었다면 나오지 못했을 것이다. 특히 집필 내내 든든한 길잡이가 되어 준 루번 로즈레드우드, 데릭 앨더만, 마오즈 아자랴후, 안톤 탄트너에게 감사드린다. 그중에서도 로즈레드우드는 나를 이 여정의 기점인 웨스트버지니아로 안내해 주었다. 그의 훌륭한 연구와 열정 덕분에 주소와 관련된 나의 모든 호기심을 해결할 수 있었다. 또 제임스 스콧과 고인이 된 프리실라 파크허스트 퍼거슨에게도 감사의 인사를 전한다. 스콧의 『국가처럼 보기』와 퍼거슨의 『혁명의 파리』는 나의 세계관을 완전히 바꾸어 놓았다.

원고를 읽고 다듬어 준 사람들과 이 책이 나오기까지 지원을 아끼지 않은 많은 사람들, 특히 폴 맥마흔, 시나 아크바리, 앤드루 알펀, 케빈 버밍엄, 에드 찰턴, 세리나 쿠체, 리베카 리치먼 코언, 브라이언 디 살바토레, 로절린드 딕슨, 스튜어트 엘든, 대니얼 파브먼, 레이철 포크너거스타인, 캐서린 폴린, 랠프 프레럭스, 데이비드 킬번, 톰 코크, 에릭 이즈부그, 루이자 제이컵스, 세라 스튜어트 존슨, 케이트 줄리언, 정하룡, 버나드 키넌, 레아 크로넨버그, 하워드 리, 데이비드 매든, 해나 매리엇, 콜린 마셜, 아델 니콜라스, 힐러리 나이, 브라이언 오닐, 니콜라 오닐, 제시카 리드, 크리스타 레이넌, 얀 슈테이, 일레인 맥밀리언 셸던, 크리스티나 톰슨, 이언 툼, 트리나 바고에게 고맙다는 말을 전하고 싶다. 번역을 도와준 리투슈 달미아, 마르티나 플라슈카, 크리스 신에게도 깊은 감사를 드린다. 책에 오류가 있다면 모두 저자의 탓이다.

이 책이 실체 없는 아이디어에 지나지 않았을 때부터 큰 신뢰를 보여 준 나의 에이전트 로리 애브키마이어에게 특별한 감사 인사를 전하고 싶다. 지칠 줄 모르는 편집장 애나 드브리를 비롯한 세인트마틴 출판사의 유능한 직원들, 특히 알렉스 브라운, 미셸 캐시먼, 도리 와인트라우브와 교열교정팀에게 감사드린다. 런던에서 물심양면으로 이 책을 지원해 준 프로파일북스 출판사의 리베카 그레이와 전 직원에게도 진심으로 고맙다.

내게 삶을 주시고 그 삶을 즐겁게 가꾸어 주신 나의 부모님에게도 전폭적인 지원을 보내 주셔서 감사하다는 말을 전하고 싶다. 그리고 다른 가족들, 브라이언 배치, 올턴 윌리엄스, 케니 배치, 칼리아 스미스, 시드니 배치, 패트릭 윌리엄스, 앨런 마스크, 칼리 마스크, 알렉스 마스크, 앤더슨 섀클포드, 스킵 배치, 페이 배치, 줄리아 배치, 테일러 배치, 다코타 배치, 아론 배치, 로이드 밴스, 진 마스크, 켄 마스크, 우리 할머니 진 밴스와 글로리아 마스크 그리고 사랑하는 조카들에게도 고마운 마음을 전한다.

시댁 식구들 클레어 맥마흔, 마크 하이트, 그레인 맥마흔, 크리스토퍼 콜린스에게 감사의 인사를 전하며, 특히 모라 맥마흔에게 이 책을 선사한다.

무한한 지혜로 나를 지원해 준 대니 파커와 니나 거슨(나는 그녀의 이름을 따 내 딸아이의 이름을 지었다.)에게도 깊은 감사를 드린다. 내 아이들을 너무나 훌륭히 잘 돌보아 준 바버라 스투들리, 클로딘 누리, 아메나 수브라티, 샤키라 수브라티에게도 고마운 마음을 전한다. 벨파스트에서 글쓰기에 전념할 수 있게 도와준 우나 마틴과 키런 마틴에게도 감사드린다. 필요할 때마다 누구보다 적극적으로 나서서 도와준 앨리스 모건, 때로는 대서양을 두고 떨어져 지낼 때가 많지만 그래도 20년 넘게 한결같이 날 응원해 준 마고 스트러커, 수지 플러그실바에게도 진심으로 고맙다. 브라이언 맥마흔이 없었다면 나는 이 책을 쓸 수 없었을 것이다. 고맙다는 말로는 내 마음을 다 전할 수 없지만 다시 한번 그에게 진심 어린 감사의 인사를 전한다. 나의 잦은 부탁과 요청에도 싫은 내색 한번 하지 않고 정성껏 도와준 대영도서관 직원들에게도 깊이 감사드린다.

마지막으로 이 책을 집필하는 동안 존재만으로도 내게 더없이 큰 기쁨과 휴식을 주었던 사랑하는 딸 메이브와 니나에게 고맙다고 말하고 싶다.

주

제사

1   Willy Brandt, *Links und Frei: Mein Weg 1930-1950*, trans. Maoz Azaryahu (Hamburg: Hofmann und Campe, 1982), 80.

들어가며: 주소는 왜 중요할까?

1   40퍼센트는 시의원들이 명예 도로명 제정 여부를 한 번에 하나씩 표결하던 당시에 나온 수치다. 최근 뉴욕 시의회는 도로명 개정을 1년에 두 번씩 몇십 개의 도로명을 묶어 한 번에 처리한다. 다음을 참고할 것. Reuben S. Rose-Redwood, "From Number to Name: Symbolic Capital, Places of Memory and the Politics of Street Renaming in New York City," *Social & Cultural Geography* 9, no. 4 (June 2008): 438, https://doi.org/10.1080/14649360802032702.

2   다음을 참고하라. Sanna Feirstein, *Naming New York: Manhattan Places and How They Got Their Names* (New York, NY:NYU Press, 2000).

3   Devin Gannon, "City Council Votes to Name NYC Streets after Notorious B.I.G., Wu-Tang Clan, and Woodie Guthrie," 6sqft, Dec. 27, 2018, https:// www.6sqft.com/city-council-votes-to-name-nyc-streets-after-notorious-b-i-g-wu-tang-clan-and-woodie-guthrie/.

4   Marc Santora, "Sonny Carson, 66, Figure in 60's Battle for Schools, Dies," *New York Times*, Dec. 23, 2002, https://www.nytimes.com/2002/12/23/nyregion/sonny-carson-66-figure-in-60-s-battle-for-schools-dies.html.

5   Frankie Edozien, "Mike Slams Sonny Sign of the Street," *New York Post*, May 29, 2007, https://nypost.com/2007/05/29/mike-slams-sonny-sign-of-the-street/.

6   Azi Paybarah, "Barron Stafer: Assassinate Leroy Comrie's Ass," *Observer*, May 30, 2007, https://observer.com/2007/05/barron-stafer-assassinate-leroy-comries-ass/.

7   David K. Randall, "Spurned Activists 'Rename' a Street," *City Room* (blog), *New York Times*, June 17, 2007, https://cityroom.blogs.nytimes.com/2007/06/17/spurned-activists-rename-a-street/.

8   "Sonny Side of the Street? No Honoring a Racist," *New York Post*, June 3, 2007, https://nypost.com/2007/06/03/sonny-side-of-the-street-no-honoring-a-racist/.

9   Reuben Rose-Redwood, "With Numbers in Place: Security, Territory, and the Production of Calculable Space," *Annals of the Association of American Geographers* 102, no. 2 (March 2012): 312, DOI:10.1080/00045608.2011.620503.

10   Ibid., 307.

11   WVVA TV, "911 Misconceptions Uncovered," Sept. 10, 2010.

12   Rose-Redwood, "With Numbers in Place," 311.

13   Ibid.

14 Simon Rogers, "Data Journalism Reading the Riots: What We Know. And What We Don't," *Datablog: UK Riots 2011, Guardian*, Dec. 9, 2011, https://www.theguardian.com/news/datablog/2011/dec/09/data-journalism-reading-riots.

15 Sukhdev Sandu, "The First Black Britons," BBC History, accessed Sept. 16, 2019, http://www.bbc.co.uk/history/british/empire_seapower/black_britons_01.shtml.

16 "British Transatlantic Slave Trade Records: 2. A Brief Introduction to the Slave Trade and Its Abolition," National Archives, http://www.nationalarchives.gov.uk/help-with-your-research/research-guides/british-transatlantic-slave-trade-records/. (접속 날짜 2019년 6월 23일)

17 그의 임종에 관한 이야기는 다음에 상술되어 있다. Kevin Belmonte, *William Wilberforce: A Hero for Humanity* (2002; repr., Grand Rapids, MI: Zondervan, 2007), 333.

18 Kate Phillips, "G.O.P Rep Refers to Obama as 'That Boy,'" *New York Times*, April 14, 2008, https://thecaucus.blogs.nytimes.com/2008/08/14/gop-rep-refers-to-obama-as-that-boy.

19 Deirdre Mask, "Where the Streets Have No Name," *Atlantic*, Jan./Feb. 2013, https://www.theatlantic.com/magazine/archive/2013/01/where-the-streets-have-no-name/309186/.

1 콜카타: 주소는 빈민촌을 어떻게 바꾸는가?

1 "Kolkata Traffic Worsens Despite Effort to Calm Drivers with Music," "CitiSignals," Citiscope, Sept. 1, 2015, http://archive.citiscope.org/citisignals/2015/kolkata-traffic-worsens-despite-effort-calm-drivers-music.

2   Ananya Roy, *City Requiem, Calcutta: Gender and the Politics of Poverty* (Minneapolis: University of Minnesota Press, 2003), 111.

3   Padmaparna Ghosh, "The World's Biggest Biometric ID Project Is Letting People Fall Through the Cracks," Quartz India, April 4, 2018, https://qz.com/india/1243565/the-worlds-biggest-biometric-id-project-is-letting-people-fall-through-the-cracks/.

4   Simon Winchester, *Simon Winchester's Calcutta* (London: Lonely Planet, 2004), 41.

5   Nitai Kundu, "The Case of Kolkata, India: Understanding Slums: Case Studies for the Global Report on Human Settlements 2003," 4, https://www.ucl.ac.uk/dpu-projects/Global_Report/pdfs/Kolkata.pdf.

6   Richard Harris and Robert Lewis, "Numbers Didn't Count: The Streets of Colonial Bombay and Calcutta," *Urban History* 39, no. 4 (Nov. 2012): 653.

7   Harris and Lewis, "Numbers Didn't Count," 657.

8   Roy, *City Requiem*, 27.

9   W. Collin Schenk, "Slum Diversity in Kolkata," *Columbia Undergraduate Jorunal of South Asian Studies* 1, no. 2 (Spring 2010): 108, http://www.columbia.edu/cu/cujsas/Volume%20I/Issue%20II/W%20Collin%20Schenk%20-%20Slum%20Diversity.pdf.

10   다음 예를 참고하라. D. Asher Ghertner, *Rule by Aesthetics: World-Class City Making in Delhi* (New York, NY: Oxford University Press, 2015).

11   Frederic C. Thomas, *Calcutta Poor: Inquiry into the Intractability of Poverty* (1997; repr., New York: Routledge, 2015), 1.

12   Ibid., 3.

13   "Locals Spot Fire, Rush to Rescue," *Hindustan Times*, Dec. 10, 2011, https://www.hindustantimes.com/kolkata/locals-spot-fire-rushto-rescue /story-QbXQD75LOxRw7nuEWefJ8O.html.

14 Catherine Farvacque-Vitković et al., *Street Addressing and the Management of Cities* (Washington, DC: World Bank, 2005), 2.

15 Universal Postal Union, *Addressing the World—An Address for Everyone* (White Paper, Switzerland, 2012), 43, http://news.upu. int/fileadmin/user_upload/PDF/Reports/whitePaperAdressingEn. pdf.

16 Farvacque-Vitković et al., *Street Addressing*, 21.

17 "Howrah Bridge Pillars Get Protective Cover against Gutka Sputum," Hindu BusinessLine, May 2, 2013, https://www. thehindubusinessline.com/news/national/howrah-bridge-pillars-get-protective-cover-against-gutka-sputum/article23107406.ece.

2 아이티: 주소가 전염병을 막을 수 있을까?

1 Spence Galbraith, *Dr John Snow (1813-1858): His Early Years: An Account of the Family of Dr John Snow and His Early Life* (London: Royal Institute of Public Health, 2002), 49. 스노의 연구를 자세히 설명한 저서는 이 밖에도 여럿이 있다. 예를 들어, 다음을 참고할 것. Sandra Hempel, *The Strange Case of the Broad Street Pump: John Snow and the Mystery of Cholera* (Berkeley: University of California Press, 2007) and Steven Johnson, *The Ghost Map: The Story of London's Most Terrifying Epidemic—and How It Changed Science, Cities, and the Modern World* (New York: Riverhead Books, 2006).

2 Paul G. Barash et al., *Clinical Anesthesia* (Philadelphia, PA: Lippincott, Williams, & Wilkins, 2009), 6.

3 Richard Barnett, "John Snow and Cholera," Sick City Project, March 11, 2013, https://sickcityproject.wordpress.

com/2013/03/11/john-snow-and-cholera/.

4   John Snow, *On the Mode of Communication of Cholera* (London: John Churchill, 1855), 15~20.

5   Johnson, *The Ghost Map*, 147~48.

6   G. C. Cook, "Early History of Clinical Tropical Medicine in London," *Journal of the Royal Society of Medicine* 83, no. 1 (Jan. 1990): 38~41.

7   Samuel Pepys, *The Diary of Samuel Pepys*, vol. 1, *1660* (Berkeley: University of California Press, 2000).

8   Richard Barnett, "John Snow and Cholera."

9   Sandra Hempel, *The Strange Case of the Broad Street Pump: John Snow and the Mystery of Cholera* (Berkeley: University of California Press, 2007), 28.

10   Snow, *On the Mode*, 5.

11   D. E. Lilienfeld, "Celebration: William Farr (1807-1883)—An Appreciation on the 200th Anniversary of His Birth," *International Journal of Epidemiology* 36, no. 5 (October 2007): 985~87. DOI: 10.1093/ije/dym132.

12   William Farr, "Letter to the Registrar General, from William Farr, Esq.," in *First Annual Report of the Registrar-General on Births, Deaths, and Marriages in England in 1837-8* (London: HMSO, 1839).

13   Snow, *On the Mode*, 42.

14   "Dr. Snow's Report," in *Report on the Cholera Outbreak in the Parish of St. James, Westminster, During the Autumn of 1854* (London: J. Churchill, 1855), 106.

15   S. P. W. Chave, "Henry Whitehead and Cholera in Broad Street," *Medical History* 2, no. 2 (April 1958): 96.

16   Ibid., 97.

17 존 스노와 콜레라에 대한 정보가 풍부한 랠프 프레릭스의 웹사이트에서 해당 사망 확인서 사본을 볼 수 있다. https://www.ph.ucla.edu/epi/snow/html.

18 Chave, "Henry Whitehead and Cholera in Broad Street," 95.

19 Samantha Hajna, David L. Buckeridge, and James A. Hanley, "Substantiating the Impact of John Snow's Contributions Using Data Deleted During the 1936 Reprinting of His Original Essay *On the Mode of Communication of Cholera*," *International Journal of Epidemiology* 44, no. 6 (Dec. 2015): 1794~99.

20 Tom Koch, *Disease Maps: Epidemics on the Ground* (Chicago: University of Chicago Press, 2011), 29.

21 Tom Koch, "The Map as Intent: Variations on the Theme of John Snow," *Cartographica* 39, no. 4 (Winter 2004): 6.

22 Tom Koch, *Disease Maps: Epidemics on the Ground* (Chicago: University of Chicago Press, 2011) and *Cartographies of Disease: Maps, Mapping, and Medicine* (Redlands, CA: ESRI Press, 2005), 104.

23 Jonathan M. Katz, "Haiti's Shadow Sanitation System," *New Yorker*, March 12, 2014, https://www.newyorker.com/tech/annals-of-technology/haitis-shadow-sanitation-system.

24 Paul Fine et al., "John Snow's Legacy: Epidemiology Without Borders," *Lancet* 381 (April 13, 2013): 1302.

25 아이티에서 피아루가 한 일을 자세히 알고 싶다면 다음을 참고할 것. Ralph R. Frerichs, *Deadly River: Cholera and Cover-Up in Post-Earthquake Haiti (The Culture and Politics of Health Care Work)* (Ithaca, NY: ILR Press, 2017).

26 Jonathan M. Katz, "In the Time of Cholera," *Foreign Policy*, Jan. 10, 2013, https://foreignpolicy.com/2013/01/10/in-the-time-of-cholera/.

27   Ibid.

28   Randal C. Archibold, "Officials in Haiti Defend Focus on Cholera Outbreak, Not Its Origins," *New York Times*, Nov. 17, 2010, https://www.nytimes.com/2010/11/17/world/americas/17haiti.html.

29   Ibid.

30   Chen-Shan Chin et al., "The Origin of the Haitian Cholera Outbreak Strain," *New England Journal of Medicine* 364, no. 1 (Jan. 2011): 33~42.

31   "As Cholera Returns to Haiti, Blame Is Unhelpful," *Lancet Infectious Diseases* 10, no. 12 (Dec. 1, 2010): 813, https://www.thelancet.com/journals/laninf/article/PIIS1473-3099(10)70265-6/fulltext.

32   Somini Sengupta, "U.N. Apologizes for Role in Haiti's 2010 Cholera Outbreak," *New York Times*, Dec. 1, 2016, https://www.nytimes.com/2016/12/01/world/americas/united-nations-apology-haiti-cholera.html.

33   Koch, *Disease Maps; Cartographies of Disease*.

34   "Dr John Snow and Reverend Whitehead," Cholera and the Thames, https://www.choleraandthethames.co.uk /cholera-in-london/cholera-in-soho/. (접속 날짜 2019년 9월 26일)

35   샌드라 햄펠은 그녀의 저서『브로드 스트리트 펌프의 기묘한 사건: 존 스노와 콜레라 미스터리(*The Strange Case of the Broad Street Pump: John Snow and the Mystery of Cholera*)』말미에서 비슷한 주장을 폈다. 그녀는 화이트헤드가 한 말의 원문을 인용하며 자신은 역사에서 잊힐 것이라고 한 존 스노의 말도 언급했다. 이런 측면에서 보면 스노는 자신의 연구가 후대에 얼마나 큰 영향을 미칠지도 몰랐던 듯하다.

36   Chris Michael, "Missing Maps: Nothing Less than a Human Genome Project for Cities," *Guardian*, Oct. 6, 2014, https://www.theguardian.com/cities/2014/oct/06/missing-maps-human-genome-project-unmapped-cities.

3 로마: 고대 로마인들은 어떻게 길을 찾아다녔을까?

1 Alan Kaiser, *Roman Urban Street Networks: Streets and the Organization of Space in Four Cities* (New York: Routledge, 2011), 100~105.

2 Jeremy Hartnett, *The Roman Street: Urban Life and Society in Pompeii, Herculaneum, and Rome* (New York: Cambridge University Press, 2017), 33.

3 Claire Holleran, "The Street Life of Ancient Rome," in *Rome, Ostia, Pompeii: Movement and Space*, eds. Roy Lawrence and David J. Newsome (Oxford: Oxford University Press, 2011), 247.

4 Roger Ling, "A Stranger in Town: Finding the Way in an Ancient City," *Greece & Rome* 37, no. 2 (Oct. 1990): 204~14, DOI:10.1017/S0017383500028965.

5 여기에 나오는 예시는 모두 Alan Kaiser, *Roman Urban Street Networks*, 36~46에서 발췌.

6 Ibid., 40.

7 Holleran, "The Street Life of Ancient Rome," 246~47.

8 Ibid., 247.

9 Ibid., chapter 11.

10 Kevin Lynch; Joint Center for Urban Studies, *The Image of the City* (Cambridge, MA: MIT Press, 1960), 93.

11 Ibid., 10.

12 Ibid., 4.

13 Henry Ellis, "Revisiting *The Image of the City*: The Intellectual History and Legacy of Kevin Lynch's Urban Vision" (bachelor's thesis, Wesleyan, 2010), 102.

14 Lynch, *The Image of the City*, 22.

15 Matthew Reed Baker, "One Question: Are Boston's Streets Really Paved over Cow Paths?" *Boston Magazine*, March 6, 2018, https://

www.bostonmagazine.com/news/2018/03/06/boston-streets-cow-paths.

16   Lynch, *The Image of the City*, 29.

17   Ibid., 40~41.

18   Ibid., 3.

19   Simon Malmberg, "Finding Your Way in the Subura," *Theoretical Roman Archaeology Journal* (2008): 39~51, DOI:10.16995/TRAC2008_39_51.

20   Simon Malmberg, "Navigating the Urban Via Tiburtina," in *Via Tiburtina: Space, Movement and Artefacts in the Urban Land scape*, eds. H. Bjur and B. Santillo Frizell (Rome, Italy: Swedish Institute in Rome, 2009), 67~68.

21   Diane G. Favro, *The Urban Image of Augustan Rome* (New York: Cambridge University Press, 1996), 10.

22   Kaiser, *Roman Urban Street Networks*, 8.

23   Margaret Talbot, "The Myth of Whiteness in Classical Sculpture," *New Yorker*, Oct. 22, 2018, https://www.newyorker.com/magazine/2018/10/29/the-myth-of-whiteness-in-classical-sculpture.

24   Eleanor Betts, "Towards a Multisensory Experience of Movement in the City of Rome," in *Rome, Ostia, Pompeii*, 123, https://www.oxfordscholarship.com/view/10.1093/acprof:oso bl/9780199583126.001.0001/acprof-9780199583126-chapter-5.

25   Malmberg, "Navigating the Urban Via Tiburtina," 66.

26   Ibid., 66.

27   Juvenal, satire 3, in *Satires*, trans. G. G. Ramsay (1918), http://www.tertullian.org/fathers/juvenal_satires_03.htm.

28   Betts, "Towards a Multisensory Experience of Movement in the City of Rome," 121

29 Malmberg, "Navigating the Urban Via Tiburtina," 62.

30 Kate Jeffery, "Maps in the Head: How Animals Navigate Their Way Around Provides Clues to How the Brain Forms, Stores and Retrieves Memories," *Aeon*, https://aeon.co/essays/how-cognitive-maps-help-animals-navigate-the-world. (접속 날짜 2019년 6월 19일)

31 William Beecher Scoville and Brenda Milner, "Loss of Recent Memory after Bilateral Hippocampal Lesions," *Journal of Neurology, Neurosurgery & Psychiatry* 20, no. 1 (Feb. 1957): 11~21.

32 Larry R. Squire, "The Legacy of Patient H.M. for Neuroscience," *Neuron* 61, no. 1 (Jan. 2009): 6~9, DOI:10.1016/j.neuron.2008. 12.023.

33 Amir Homayoun Javadi, Beatrix Emo, et al., "Hippocampal and prefrontal processing of network topology to simulate the future," *Nature Communications*, 8 (March 2017), https:// www.nature.com/ articles/ncomms14652.

34 Mo Costandi, "The Brain Takes a Guided Tour of London," *Scientific American*, March 21, 2017, https://www.scientificamerican. com/article/the-brain-takes-a-guided-tour-of-london/.

35 Kate Jeffery, "How Cognitive Maps Help Animals Navigate the World," *Aeon*, Jan. 25, 2017, https://aeon.co/essays/how-cognitive-maps-help-animals-navigate-the-world.

36 Nicholas Carr, *The Glass Cage: Automation and Us* (New York: Norton, 2014), 132.

37 Favro, *The Urban Image of Augustan Rome*, 10.

38 Ibid., 7.

39 Lynch, *The Image of the City*, 2.

40 Ibid.

41 번역을 도와준 시몬 말름베리에게 감사의 인사를 전한다.

42   Terence, *The Brothers*, 574~87.

4 런던: 거리 이름은 어떻게 만들어졌을까?

1   Richard Holt and Nigel Baker, "Towards a Geography of Sexual Encounter: Prostitution in English Medieval Towns," in *Indecent Exposure: Sexuality, Society, and the Archaeological Record*, ed. Lynne Bevan (Glasgow: Cruithne Press, 2001), 213.

2   Sejal Sukhadwala, "How London's Food and Drink Streets Got Their Names," Londonist, May 19, 2017, https://londonist.com/2016/06/how-london-s-food-and-drink-streets-got-their-names.

3   "Pudding Lane," Placeography, Map of Early Modern London, https://mapoflondon.uvic.ca/PUDD1.htm.

4   "From Amen Court to Watling Street: More Ingoldsby-Related Streets," Street Names, https://thestreetnames.com/tag/amen-corner/.

5   "Knightrider Street," Placeography, Map of Early Modern London, https://mapoflondon.uvic.ca/KNIG1.htm.

6   "Artillery Gardens in Spitalfields," London Remembers, https://www.londonremembers.com/subjects/artillery-gardens-in-spitalfields.

7   Holt and Baker, "Towards a Geography of Sexual Encounter," 208.

8   "Attitudes to Potentially Offensive Language and Gestures on TV and Radio: Research Report," Ofcom, Sept. 2016, https://www.ofcom.org.uk/__data/assets/pdf_file/0022/91624/OfcomOfensiveLanguage.pdf.

9   Ibid., 44.

10　"Oxford's Crotch Crescent Named 5th Most Embarrassing Street in England," JACKfm, accessed June 24, 2019, https://www.jackfm.co.uk/news/oxfordshire-news/oxfords-crotch-crescent-named-5th-most-embarrassing-street-in-england/.

11　Rob Bailey and Ed Hurst, *Rude Britain: 100 Rudest Place Names in Britain* (London: Boxtree, 2005).

12　Judith Flanders, *The Victorian City: Everyday Life in Dickens' London* (New York: St. Martin's Press, 2014), 10.

13　Ibid., 60.

14　Ibid., 58.

15　"London Street Names," *Spectator*, Jan. 23, 1869, 12–13, http://archive.spectator.co.uk/article/23rd-january-1869/13/london-street-names-london-street-names.

16　*Punch*, July~Dec. 1849, 다음에 인용됨. "Sanitary Street Nomenclature," Victorian London, http://www.victorianlondon.org/health/sanitary.htm.

17　P. W. J. Bartrip, "'A Thoroughly Good School': An Examination of the Hazelwood Experiment in Progressive Education," *British Journal of Educational Studies* 28, no. 1 (Feb. 1980): 48~49.

18　Duncan Campbell-Smith, *Masters of the Post: The Authorized History of the Royal Mail* (London: Allen Lane, 2011), 124.

19　Ibid.

20　Rowland Hill and George Birkbeck Hill, *The Life of Sir Rowland Hill and the History of Penny Postage* (London: Thos. De La Rue, 1880), 53.

21　Eunice Shanahan and Ron Shanahan, "The Penny Post," The Victorian Web, http://www.victorianweb.org/history/pennypos.html. (접속 날짜 2019년 11월 21일)

22　Rowland Hill, *Post Office Reform: Its Importance and Practicability*

(London: Charles Knight, 1837), 8.

23   William Ashurst, *Facts and Reasons in Support of Mr. Rowland Hill's Plan for a Universal Penny Postage* (London: H. Hooper, 1838), 107.

24   Ibid., 1.

25   Catherine J. Golden, *Posting It: The Victorian Revolution in Letter Writing* (Gainesville: University of Florida Press, 2009), 27.

26   Campbell-Smith, *Masters of the Post*, 130.

27   Ibid., 128.

28   Samuel Laing, *Notes of a Traveller, on the Social and Political State of France, Prussia, Switzerland, Italy, and Other Parts of Europe, during the Present Century* (London: Longman, Brown, Green, and Longmans, 1842), 174~75.

29   Edward Mogg, *Mogg's New Picture of London and Visitor's Guide to it Sights* (London: E. Mogg, 1844), Victorian London에 인용됨, https://www.victorianlondon.org/communications/dickens-postalregulations.htm. (접속 날짜 2019년 6월 19일)

30   James Wilson Hyde, *The Royal Mail: Its Curiosities and Romance* (Edinburgh and London: William Blackwood and Sons, 1885), xi, http://www.gbps.org.uk/information/downloads/files/historical-studies/The%20Royal%20Mail,%20its%20Curiosities%20and%20Romance%20(1885)%20-%20James%20Wilson%20Hyde.pdf.

31   Ibid., 194.

32   Ibid., 193.

33   Ibid., 194.

34   Ibid., 195.

35   Natasha Mann, "People Send the Funniest Things," *Guardian*, Jan. 25, 2003, https://www.theguardian.com/uk/2003/jan/27/post.features11.

36   "Where Do Missing Letters Go?" BBC News, March 20, 2001,

http:// news.bbc.co.uk/1/hi/uk/1231012.stm.

37 Harriet Russell, *Envelopes: A Puzzling Journey through the Royal Mail* (New York: Random House, 2005)

38 James H. Bruns, "Remembering the Dead," Smithsonian National Postal Museum *EnRoute* 1, no. 3 (July~Sept. 1992), accessed June 24, 2019, https://postalmuseum.si.edu/research/articles-from-enroute/remembering-the-dead.html.

39 Ibid.

40 Ibid.

41 Kihm Winship, "The Blind Reader," Faithful Readers, Aug. 16, 2016, https://faithfulreaders.com/2016/08/16/the-blind-reader/.

42 Bruns, "Remembering the Dead."

43 Ibid.; Bess Lovejoy, "Patti Lyle Collins, Super-Sleuth of the Dead Letter Office," Mental Floss, Aug. 25, 2015, http://mentalfloss.com/article/67304/patti-lyle-collins-super-sleuth-dead-letter-office.

44 *Ladies' Home Journal*, Sept. 1893, 다음에 인용됨. Winship, "The Blind Reader."

45 "Sir Rowland Hill KCB, FRS and the General Post Office," maps.thehunthouse, https://www.maps.thehunthouse.com/Streets/Metropolitan_Boroughs.htm.

46 "London Street Names. London Street Names," *Spectator* Archive, Jan. 23, 1869, 12, http://archive.spectator.co.uk/article/23rd-january-1869/13/london-street-names-london-street-names.

47 Tom Hughes, "Street Fighting Men," Marylebone Village, https://www.marylebonevillage.com/marylebone-journal/street-fighting-men.

48 Ibid.

49 Bruce Hunt, "London Streets Lost to the Blitz," https://www.maps.

thehunthouse.com/eBooks/London_Streets_lost_to_the_Blitz.htm. 브루스 헌트는 독일 공습 전후의 런던 거리에 대해 매우 상세히 연구해 왔다. 자세한 사항은 그의 웹사이트를 참고할 것. http://www.maps.thehunthouse.com.

50 Felicity Goodall, "Life During the Blackout," *Guardian*, Nov. 1, 2009, https://www.theguardian.com/lifeandstyle/2009/nov/01/blackout-britain-wartime.

51 Jean Crossley, "A Middle Class War 1939~1947," 출간되지 않은 논문, Imperial War Museum, 1998, 20.

52 Laura Reynolds, "Why Is There No NE or S London Post-code District?" Londonist, Aug. 2015, https:// londonist.com/2015/08/why-is -there-no-ne-or-s-london-postcode-district.

53 Niraj Chokshi, "The Bounty ZIP Codes Brought America," *Atlantic*, April 23, 2013, https://www.theatlantic.com/technology/archive/2013/04/the-bounty-zip-codes-brought-america/275233/.

54 Douglas Martin, "Robert Moon, an Inventor of the ZIP Code, Dies at 83," *New York Times*, April 14, 2001, 36, https://www.nytimes.com/2001/04/14/us/robert-moon-an-inventor-of-the-zip-code-dies-at-83.html.

55 Smithsonian NPM, "Swingin' Six Zip Code Video," YouTube, Nov. 2, 2011, https://www.youtube.com/watch?v=QIChoMEQ4Cs.

56 Chokshi, "The Bounty ZIP Codes Brought America."

57 Nick Van Mead, "Where the Streets Have New Names: The Airbrush Politics of Renaming Roads," *Guardian*, June 28, 2016, https://www.theguardian.com/cities/2016/jun/28/streets-new-names-airbrush-politics -renaming-roads.

58 William J. Hoy, "Chinatown Devises Its Own Street Names," *California Folklore Quarterly* 2, no. 2 (1943): 71~75,

DOI:10.2307/1495551.

59 Devin Gannon, "Chinese Immigrants Use Slang Names and Maps to Navigate the Streets of NYC," 6sqft, Aug. 14, 2017, https://www.6sqft.com/chinese-immigrants-use-slang-names-and-maps-to-navigate-the-streets-of-nyc/.

60 Daniel Oto-Peralías, "What Do Street Names Tell Us? The 'City-Text' as Socio-cultural Data," *Journal of Economic Geography* 18, no. 1 (Jan. 2018): 187~211.

61 Daniel Oto-Peralías, "What Do Street Names Tell Us? An Application to Great Britain's Streets," *Journal of Economic Geography*, https://papers.ssrn.com/sol3/papers.cfm?abstract_id=3063381. (접속 날짜 2019년 6월 20일)

62 Marek Kępa, "Poland's Most Popular Street Names: An Adventure in Statistics," Culture.Pl, Jan. 17, 2018, https://culture.pl/en/article/polands-most-popular-street-names-an-adventure-in-statistics.

63 Jaspar Copping, "England's Changing Street Names: Goodbye Acacia Avenue, Welcome to Yoga Way," *Telegraph*, March 28, 2010, https:// www.telegraph.co.uk/news/newstopics/howaboutthat/7530346/Englands -changing-street-names-goodbye-Acacia-Avenue-welcome-to-Yoga-Way.html.

64 Oliver Gee, "'Sexist' Paris Streets Renamed in Feminist Stunt," The Local, Aug. 26, 2015, https://www.thelocal.fr/20150826/paris-neighbourhood -gets-a-feminist-makeover.

65 Doreen Massey, "Places and Their Pasts," *History Workshop Journal* 39 (Spring 1995): 187, https://www.jstor.org /stable/4289361.

66 "Black Country Geology," Geology Matters, http://geologymatters.org.uk/the-black-country/.

5 빈: 주소는 권력이다

1 Anton Tantner, "Gallery of House Numbers," https://homepage. univie.ac.at/anton.tantner/housenumbers/exhibition.html. (접속 날짜 2019년 9월 27일)

2 Anton Tantner, "Addressing the Houses: The Introduction of House Numbering in Europe," *Histoire & Mesure*, 24, no 2. (Dec. 2004), 7. 자세한 사항은 다음을 참고할 것. Anton Tantner, *House Numbers: Pictures of a Forgotten History*, trans. Anthony Mathews (London: Reaktion Books, 2015).

3 Edward Crankshaw, *Maria Theresa* (New York: Viking Press, 1970), 3. 웹사이트 'The World of the Hapsburgs'는 합스부르크 왕조에 대한 세세한 정보를 알기 쉽게 정리해 놓았다. The World of the Hapsburgs, "Maria Theresa—the Heiress," https://www.habsburger. net/en/chapter/maria-theresa-heiress. (접속 날짜 2019년 6월 20일)

4 The World of the Hapsburgs, "Maria Theresa in the Eyes of Her Contemporaries," https://www.habsburger.net/en/chapter/maria-theresa-eyes-her-contemporaries.

5 Michael Yonan, "Conceptualizing the Kaiserinwitwe: Empress Maria Theresa and Her Portraits," in *Widowhood and Visual Culture in Early Modern Europe* (Burlington: Ashgate Publishing, 2003), 112.

6 번지에 관한 더 자세한 사항이 궁금하다면 탄트너의 기사와 책을 참고할 것. Tantner, *House Numbers*; Tantner, "Addressing the Houses," 7~30.

7 "The Signs of Old London," Spitalfields Life, Oct. 5, 2011, http://spitalfieldslife.com/2011/10/05/the-signs-of-old-london/.

8 Kathryn Kane, Regency Redingote: Historical Snipets of Regency England, Feb. 10, 2012, https://regencyredingote.wordpress.

com/2012/02/10/on-the-numbering-of-houses/.

9 "Review of the First Report of the Postmaster-General, on the Post Office," *London Quarterly Review*, 1855, 다음에 인용됨. Kate Thomas, *Postal Pleasures: Sex, Scandal, and Victorian Letters* (New York: Oxford University Press, 2012), 20.

10 Milton Esterow, "Houses Incognito Keep Us Guessing as They Did in New York of 1845," *New York Times*, Jan. 24, 1952, https://timesmachine.nytimes.com/timesmachine/1952/01/24/93344794.html?pageNumber=29.

11 Ibid.

12 Ibid.

13 Mark Twain, *The Chicago of Europe, and Other Tales of Foreign Travel*, ed. Peter Kaminsky (New York: Union Square Press, 2009), 197~98.

14 James C. Scott, *Seeing Like a State: How Certain Schemes to Improve the Human Condition Have Failed* (New Haven: Yale University Press, 1998), 1~2.

15 Ibid., 2.

16 Ibid., 88.

17 Ibid.

18 Edwin Garner, "Seeing Like a Society: Interview with James C. Scott, *Volume* 20 (July 20, 2008), http://volumeproject.org/seeing-like-a-society-interview-with-james-c-scott/.

19 Scott, *Seeing Like a State*, 65.

20 James C. Scott et al., "The Production of Legal Identitites Proper to States: The Case of the Permanent Family Surname", *Comparative Studies in Society and History* 44, no. 1 (Jan. 2002): 8.

21 Daniel Lord Smail, *Imaginary Cartographies: Possession and Identity in Late Medieval Marseille* (Ithaca: Cornell University Press, 2000),

188.

22   Ibid., 189.

23   Ibid., 192.

24   체사레 비리냐니와 그레구아르 샤마유는 기요테의 저서에 대해 자세히 설명하고 있다. 다음을 참고할 것. Cesare Birignani, "The Police and the City: Paris, 1660~1750" (doctoral dissertation, Columbia University, 2013), DOI:10.7916/D87P95K6; Grégoire Chamayou, "Every Move Will Be Recorded," MPIWG, https://www.mpiwg-berlin.mpg.de/news/features/features-feature14. (접속 날짜 2019년 9월 17일)

25   Chamayou, "Every Move Will Be Recorded."

26   Ibid.

27   Ibid.

28   Marco Cicchini, "A New 'Inquisition'? Police Reform, Urban Transparency and House Numbering in Eighteenth-Century Geneva," *Urban History* 39, no. 4 (Nov. 2012):617, DOI:10.1017/S0963926812000417.

29   Ibid., 620.

30   Tantner, "Addressing the Houses: The Introduction of House Numbering in Europe," 16.

31   *Charleston City Directory* (1860), 다음에 인용됨. Reuben Skye Rose-Redwood, "Governmentality, the Grid, and the Beginnings of a Critical Spatial History of the Geo-Coded World" (doctoral dissertation, Pennsylvania State University, Feb. 10, 2006), https://etda.libraries.psu.edu/catalog/6981.

32   Françoise Jouard, "Avec ce numero, 'il lui semblera etre dans une inquisition," *AEG* (Oct. 1782): 13967, 다음에 인용됨. Marco Cicchini, "A New 'Inquisition'?"

33   Tantner, *House Numbers*, 24.

34   Ibid., 25.

35   Jennifer Schuessler, "Professor Who Learns from Peasants," *New York Times*, Dec. 4, 2012, https://www.nytimes.com/2012/12/05/books/james-c-scott-farmer-and-scholar-of-anarchism.html.

36   Peer Schouten, "James Scott on Agriculture as Politics, the Danger of Standardization and Not Being Governed," Theory Talks, May 15, 2010, http://www.theory-talks.org/2010/05/theory-talk-38.html.

37   Scott, *Seeing like a State*, 223~26.

38   Ibid., 223.

39   James C. Scott, John Tehranian, and Jeremy Mathias, "The Production of Legal Identities Proper to States: The Case of the Permanent Family Surname," *Comparative Studies in Society and History* 44, no. 1 (2002): 18~29.

40   Dietz Bering, *The Stigma of Names: Antisemitism in German Daily Life*, 1812~1933, trans. Neville Plaice (Ann Arbor: University of Michigan Press, 1991), 15. 다음에 인용됨. Scott et al., "The Production of Legal Identities," 17.

41   James Scott, "The Trouble with the View from Above," *Cato Unbound* (Sept. 10, 2010), https://www.cato-unbound.org/print-issue/487.

42   The Vocabularist, "The Very French History of the Word 'Surveillance,'" *Magazine Monitor* (blog), BBC, https://www.bbc.co.uk/news/blogs-magazine-monitor-33464368.

43   Tantner, *House Numbers*, 32.

44   Baron Ferdinand de Rothschild, *Reminiscences*, July 1887, Windmill Hill Archive, Waddesdon Manor, inv. no. 177.1997. 다음에 인용됨. Dora Thornton, "Baron Ferdinand Rothschild's Sense of Family Origins and the Waddesdon Bequest in the British Museum,"

Journal of the History of Collections 31, no. 1 (March 9, 2019): 184,
DOI:10.1093 /jhc/fhx052.

6   필라델피아: 미국에는 왜 숫자로 된 도로명이 많을까?

1   Jim Dwyer, "The Sounds of 'Mannahatta' in Your Ear," *New York Times*, April 25, 2017, https:// www.nytimes.com/2017/04/25/ nyregion/the-sounds-of-mannahatta-in-your-ear.html.

2   Peter Miller, "Before New York," *National Geographic* (online), Sept. 2009, https://www.nationalgeographic.com/magazine/2009/09/ manhattan/.

3   Eric W. Sanderson, *Mannahatta: A Natural History of New York City* (New York, NY: Harry N. Abrams, 2013), 21.

4   "Welikia Map," Welikia: Beyond Mannahatta, https://welikia.org/ explore/mannahatta-map/. (접속 날짜 2019년 6월 15일)

5   Pauline Maier, "Boston and New York in the Eighteenth Century," *Proceedings of the American Antiquarian Society; Worcester, Mass.* 91, no. 2 (Jan. 1, 1982): 186.

6   Gerard Koeppel, *City on a Grid: How New York Became New York* (Boston: Da Capo Press, 2015), 128.

7   Thomas Foster, "Reconsidering Libertines and Early Modern Heterosexuality: Sex and American Founder Gouverneur Morris," *Journal of the History of Sexuality* 22, no. 1 (Jan. 2013): 76.

8   "The Commissioners, The 1811 Plan," The Greatest Grid: The Master Plan of Manhattan 1811-Now, http://thegreatest-grid. mcny.org/greatest-grid/the-commissioners. (접속 날짜 2019년 6월 15일)

9   Ibid.

10 Ibid.

11 Marguerite Holloway, *The Measure of Manhattan: The Tumultuous Career and Surprising Legacy of John Randel Jr., Cartographer, Surveyor, Inventor* (New York: Norton, 2013), 146.

12 Dorothy Seiberling, "The Battle of Manhattan," *New York*, Oct. 20, 1975, http://socks-studio.com/2015/07/16/the-battle-of-manhattan-reliving-the-1776-revolution-in-the-city-of-today/.

13 Holloway, *The Measure of Manhattan*, 60.

14 Sam Roberts, "Hardship for John Randel Jr., Street Grid's Father," *New York Times*, March 20, 2011, https://www.nytimes.com/2011/03/21/nyregion/21randel.html.

15 Holloway, *The Measure of Manhattan*, 61.

16 Ibid.

17 Edward K. Spann, "The Greatest Grid: The New York Plan of 1811," in *Two Centuries of American Planning*, ed. Daniel Schafer (Baltimore, MD: John Hopkins University Press, 1988), 27.

18 Jason M. Barr, *Building the Skyline: The Birth and Growth of Manhattan's Skyscrapers* (New York: Oxford University Press, 2016), 1.

19 Trevor O'Grady, "Spatial Institutions in Urban Economies: How City Grids Affect Density and Development" (partial submission for doctoral dissertation, Harvard University, Jan. 2014), 4, https://scholar.harvard.edu/files/ogrady/files/citygrids.pdf.

20 Maier, "Boston and New York in the Eighteenth Century," 185.

21 Ibid., 190.

22 Ibid., 192.

23 Reuben Rose-Redwood and Lisa Kadonaga, "'The Corner of Avenue A and Twenty-Third Street': Geographies of Street Numbering in the Untied States," *The Professional Geographer*, vol 68, 2016-Issue 1, https://www.tandfonline.com/doi/full/10.1080/0

0330124.2015.1007433.

24 Jani Vuolteenaho, "Numbering the Streetscape: Mapping the Spatial History of Numerical Street Names in Europe," *Urban History* 39, no. 4 (Nov. 2012): 678. DOI:10.1017/S0963926812000442.

25 Ibid., 662.

26 Ibid.

27 John Bruce, "VIII.— Observations upon William Penn's Imprisonment in the Tower of London, A.D. 1668 With Some New Documents Connected Therewith, Communicated by Robert Lemon, Esq., F.S.A," *Archaeologia* 35, no. 1 (1853): 90, DOI:10.1017/S0261340900012728.

28 Thomas N. Corns and David Loewenstein, *The Emergence of Quaker Writing: Dissenting Literature in Seventeenth Century England* (London: Frank Cass, 1995), 116.

29 Mary Maples Dunn, "The Personality of William Penn," *Proceedings of the American Philosophical Society* 127, no. 5 (Oct. 14, 1983): 317.

30 Bruce, "VIII.—Observations upon William Penn's Imprisonment in the Tower of London," 90.

31 John A. Phillips and Thomas C. Thompson, "Jurors v. Judges in Later Stuart England: The Penn/Mead Trial and Bushell's Case," *Law & Inequality: A Journal of Theory and Practice* 4, no. 1 (1986): 197.

32 Ibid.

33 Ibid.

34 Ibid.

35 Michael J. Lewis, *City of Refuge: Separatists and Utopian Town Planning* (Princeton, NJ: Princeton University Press, 2016), 81.

36 Dunn, "The Personality of William Penn," 316.

37 Ibid.

38 John William Reps, "William Penn and the Planning of Phila‐
delphia," *Town Planning Review* 27, no. 4 (April 1956): 404,
https://journals.psu.edu/pmhb/article/viewFile/30007/29762.

39 Ibid., 403.

40 Ibid., 80~84.

41 Priscilla Parkhurst Ferguson, *Paris as Revolution: Writing the
NineteenthCentury City* (Berkeley: University of California Press,
1994), 32.

42 "Holme," in *Colonial and Revolutionary Families of Pennsylvania*,
vol. 1, ed. John W. Jordan (1911; repr., Baltimore: Genealogical
Publishing for Clearfield Co., 2004), 344.

43 Peter Marcuse, "The Grid as City Plan: New York City and Laissez‐
faire Planning in the Nineteenth Century," *Planning Perspectives* 2,
no. 3 (Sept. 1, 1987): 293, DOI:10.1080/02665438708725645.

44 Vernon Carstensen, "Patterns on the American Land," *Publius:
The Journal of Federalism* 18, no. 4 (Jan. 1988): 31, DOI:10.1093/
oxfordjournals.pubjof.a037752.

45 Ibid.

46 Ibid.

47 Michael T. Gilmore, *Surface and Depth: The Quest for Legibility
in American Culture* (New York: Oxford University Press, 2003),
25~26.

48 Samuel Pepys, *The World of Samuel Pepys: A Pepys Anthology*, eds.
Robert Latham and Linnet Latham (London: HarperCollins,
2010), 155.

49 Matthew Green, "Lost in the Great Fire: Which London Buildings
Disappeared in the 1666 Blaze?" *Guardian*, Aug. 30, 2016, https://
www.theguardian.com/cities/2016/aug/30/great‐fire‐of‐london‐
1666‐350th‐anniversary‐which‐buildings‐disappeared.

50 Mark S. R. Jenner, "Print Culture and the Rebuilding of London after the Fire: The Presumptuous Proposals of Valentine Knight," *Journal of British Studies* 56, no. 1 (Jan. 2017): 13, DOI:10.1017/jbr.2016.115.

51 Adam Forrest, "How London Might Have Looked: Five Masterplans after the Great Fire," *Guardian*, Jan. 25, 2016, https://www.theguardian.com/cities/2016/jan/25/how-london-might-have-looked-five-masterplans-after-great-fire-1666.

52 Koeppel, *City on a Grid*, 215~16.

53 Richard S. Dunn, "William Penn and the Selling of Pennsylvania, 1681-1685," *Proceedings of the American Philosophical Society* 127, no. 5 (1983): 322.

54 Michael T. Gilmore, *Surface and Depth*, 22.

55 William Penn, Frame of Government, April 25, 1682.

56 Hans Fantel, *William Penn: Apostle of Dissent* (New York: William Morrow & Co., 1974), 254~56.

57 Letter, "Thomas Jefferson to Peter Stephen Duponceau," Nov. 16, 1825, https://rotunda.upress.virginia.edu/founders/default.xqy?keys=FOEA-print-04-02-02-5663.

7 한국과 일본: 도로명 주소와 번지 주소의 차이

1 Roland Barthes, *Empire of Signs*, trans. Richard Howard (1982, repr. New York: Hill and Wang), 33.

2 Colin Marshall, "Ways of Seeing Japan: Roland Barthes's Tokyo, 50 Years Later," *Los Angeles Review of Books*, Dec. 31, 2016, https://lareviewofbooks.org/article/ways-seeing-japan-roland-barthess-tokyo-50-years-later/.

3　Anatole Broyard, "Empire of Signs," *New York Times*, Nov. 10, 1982, https://timesmachine.nytimes.com/timesmachine/1982/11/10/020710.html?pageNumber=85cite.

4　Roland Barthes, "Digressions" in *The Grain of the Voice* (Evanston, IL: Northwestern University, 2009), 122.

5　Adam Schatz, "The Mythologies of R.B.," *New York Review of Books*, June 7, 2018, https://www.nybooks.com/articles/2018/06/07/mythologies-of-roland-barthes/.

6　데릭 사이버스도 이에 대해 자세히 설명한 바 있다. 다음을 참고할 것. Derek Sivers, "Japanese Addresses: No Street Names. Block Numbers," June 22, 2009, https://sivers.org/jadr.

7　Barthes, *Empire of Signs*, 34.

8　Barrie Shelton, *Learning from the Japanese City: Looking East in Urban Design* (London: Routledge, 2012), 16.

9　Peter Popham, *Tokyo: The City at the End of the World* (New York: Kodansha International (Distributed in the U.S. through Harper & Row), 1985), 48.

10　Shelton, *Learning from the Japanese City*, 48~49.

11　Ibid., 48~49.

12　Popham, *Tokyo*, 181.

13　Ibid.

14　Barthes, *Empire of Signs*, 36.

15　Augusto Buchweitz, Robert A. Mason, Mihoko Hasegawa, and Marcel A. Just, "Japanese and English Sentence Reading Comprehension and Writing Systems: An fMRI Study of First and Second Language Effects on Brain Activation," *Bilingualism: Language and Cognition* 12 (Jan. 28, 2009): 141~51, DOI:10.1017/S1366728908003970.

16　Linda Himelstein, "Unlocking Dyslexia in Japanese," *Wall Street*

Journal (online), July 5, 2011.

17 Lera Boroditsky, "How Does Our Language Shape the Way We Think?" *Edge*, June 11, 2009, https://www.edge.org/conversation/lera_boroditsky-how-does-our-language-shape-the-way-we-think.

18 Lera Boroditsky, "How Language Shapes Thought," *Scientific American*, Feb. 2011, https://www.scientificamerican.com/article/how-language-shapes-thought/.

19 Boroditsky, "How Does Our Language Shape the Way We Think."

20 콜린 마셜은 배리 셸튼의 아이디어를 한국 도시에도 적용해 보았다. 다음을 참조할 것. Colin Marshall, "Learning from the Korean City," *The Korea Blog, Los Angeles Review of Books*, March 6, 2016, http://blog.lareviewofbooks.org/the-korea-blog/learning-korean-city/.

21 F. A. McKenzie, *The Tragedy of Korea* (London: Hodder, 1908), 145.

22 Ki-Moon Lee, "The Inventor of the Korean Alphabet," in *The Korean Alphabet: Its History and Structure* (Honolulu: University of Hawaii Press, 1997), 11~31.

23 Ibid., 27.

24 Young-Key Kim-Renaud, *The Korean Alphabet: Its History and Structure* (Honolulu: University of Hawaii Press, 1997), 3.

25 Shin, "The Paradox of Korean Globalization" (research paper, Stanford University, January 2003), 5, http://citeseerx.ist.psu.edu/view-doc/download?doi=10.1.1.194.7598&rep=rep1&type=pdf.

26 Ibid.

27 "From the Headmaster," KMLA, http://english.minjok.hs.kr/contents/about.php?id=2. (접속 날짜 2019년 9월 27일)

28 Hijoo Son, "Paradox of Diasporic Art from There: Antidote to Master Narrative of the Nation?" *Journal of Korean Studies* 17, no. 1

(Spring 2012): 167.

29   John Finch and Seung-kyung Kim, "Thinking Locally, Acting Globally: Redefining Traditions at the Korean Minjok Leadership Academy," *Korean Studies* 33 (2009): 129.

30   Ibid., 129.

31   Michael Breen, *The New Koreans: The Story of a Nation*, 1st ed. (New York: Thomas Dunne Books/ St. Martin's Press, 2017), 33.

32   Ibid.

33   National/Politics, "Foreign Street Names Baffle Koreans," *The Chosunilbo*, Jan. 28, 2014, http://english.chosun.com/site/data/html_dir/2014/01/28/2014012801759.html.

8 이란: 혁명 후에 거리 이름이 바뀌는 이유는?

1   몰레미안에 대해 더 알고 싶다면 단식투쟁에 관한 에세이집에 실린 그의 글을 참고할 것. Pedram Moallemian, "The Night We Named Bobby Sands Street," in *Hunger Strike: Reflections on the 1981 Hunger Strike*, ed. Danny Morrison (Dingle, Ireland: Brandon, 2006), 131~34.

2   Laura Friel, "Kieran Nugent Dies: The First H Block Blanket Man," *An Phoblacht*, May 11, 2000, https://www.anphoblacht.com/contents/6211.

3   Bobby Sands, "Thursday 5th," in *The Diary of Bobby Sands* (Dublin, Ireland: Sinn Fein, 1981), https://www.bobbysandstrust.com/writings/prison-diary.

4   Conor Macauley, "Bobby Sands Anniversary Marked Politicisation of Republicans," *BBC News*, May 5, 2011, https://www.bbc.com/news/uk-northern-ireland-13287848.

5   Herve Armoric and Stefan Smith, "British Pressure on Tehran to Change Street Name Resented," *Business Recorder*, Jan. 26, 2004, https:// fp.brecorder.com/2004/01/20040126194760/.

6   David Greason, "Embracing Death: The Western Left and the Iranian Revolution, 1978–83," *Economy and Society* 34, no. 1 (Feb. 2005): 117.

7   Alyssa Goldstein Sepinwall, *The Abbé Grégoire and the French Revolution: The Making of Modern Universalism* (Berkeley: University of California Press, 2005), 130.

8   Ibid.

9   Ibid., 95.

10   Alexis de Tocqueville, *The Ancien Régime and the Revolution*, trans. Gerald Beran (New York: Penguin, 2008), 145.

11   Priscilla Parkhurst Ferguson, *Paris as Revolution: Writing the Nineteenth-Century City* (Berkeley: University of California Press, 1994), 12~13.

12   Roderick Munday, "The Girl They Named Manhattan: The Law of Forenames in France and England," *Legal Studies* 5, no. 3 (Nov. 1985): 332.

13   Ibid.

14   "The French Baby Names the Law Wouldn't Allow," *Local*, Nov. 18, 2016, https://www.thelocal.fr/20161118/french-baby-names-banned-nutella-renault.

15   Ferguson, *Paris as Revolution*, 23.

16   Ibid., 27.

17   Ibid., 32.

18   Ibid., 27~28.

19   Ibid., 23.

20   Victoria Thompson, "'Telling Spatial Stories': Urban Space and

Bourgeois Identity in Early Nineteenthcentury Paris," *Journal of Modern History* 75, no. 3 (Sept. 2003): 534.

21   Ferguson, *Paris as Revolution*, 23.

22   Ken Ellingwood, "Mexico City: A Sea of Juarez Streets," *Los Angeles Times*, March 17, 2008, https://www.latimes.com/travel/la-trw-streetnames17mar17-story.html.

23   Laura Šakaja and Jelena Stanić, "Other(ing), Self(portraying), Negotiating: The Spatial Codification of Values in Zagreb's City-Text," *Cultural Geographies* 18, no. 4 (Oct. 2011): 510

24   Gideon Lichfield, "Russia Has More than 5,000 Streets Named for Lenin, and One Named for Putin," Quartz, June 10, 2015, accessed June 24, 2019, https://qz.com/424638/russia-has-more-than-5000-streets-named-for-lenin-and-one-named-for-putin/.

25   Zeinab Mohammed Salih, "Sudanese Campaigners 'Rename' Streets After Protestors Killed in Uprising," *Guardian*, Sept. 2, 2019, https://www.theguardian.com/world/2019/sep/02/sudanese-campaigners-rename-streets-after-protesters-killed-in-uprising.

26   Jonathan Hassid, "Place Names, Symbolic Power and the Chinese State" (Paper, Iowa State University, Social Science Research Network, Aug. 1, 2013), 7, https://papers.ssrn.com/abstract=2308814.

27   Ibid., 7.

28   Ibid., 7~8.

29   Ibid., 8.

30   "What Is the District of Columbia? What Does D.C. Stand For?" *Ghosts of DC*, July 24, 2013, https://ghostsofdc.org/2013/07/24/washington-dc-district-of-columbia/.

31   Matt Johnson, "Here's Why DC's Streets Have the Names They Do," Greater Greater Washington, July 5, 2016, https://ggwash.org/

view/42103/heres-why-dcs-streets-have-the-names-they-do.

32   Benjamin Forgey, "L'Enfant's Plan Also Included a Peter Principle," *Washington Post*, Aug. 30, 2003, https://www.washingtonpost.com/archive/lifestyle/2003/08/30/lenfants-plan-also-included-a-peter-principle/e9ee260b-74bb-4ffe-96cd-7e2c22529458/?utm_term=.76f957fb28e6.

33   "Interview: Danny Morrison: There's an Inner Thing in Every Man," *An Phoblacht*, Dec. 14, 2006, https://www.anphoblacht.com/contents/16190.

34   Kevin Bean, *The New Politics of Sein Fein* (Liverpool University Press, 2007), 63.

35   Petition, "To His Excellency Hojjatoleslam Sayed Mohammad Khatami, President of Iran," https://www.bobbysandstrust.com/wp-content/uploads/2008/10/iranian-petition.pdf.

36   Ibid.

37   "Will NI's Peace Walls Come Down by 2023 to Meet a 10-Year Target?," BBC News, May 3, 2018, https://www.bbc.co.uk/news/uk-northern-ireland-43991851.

38   Brian Wawzenek, "U2 Gets Cinematic on 'Where the Streets Have No Name': The Story Behind Every 'Joshua Tree' Song," *Diffuser*, Feb. 28, 2017, https://diffuser.fm/u2-where-the-streets-have-no-name/.

39   Bobby Sands, "The Birth of a Republican," *Republican News*, Dec. 16, 1978.

40   Henry McDonald, "Republicans Feud over Hunger Striker's Legacy," *Observer*, March 18, 2001, https://www.theguardian.com/uk/2001/mar/18/northernireland.northernireland.

9 베를린: 나치 시대 거리 이름이 말해 주는 독일의 과거사 극복

1 Susan Hiller, *The J Street Project*, Contemporary Jewish Museum, YouTube, https://www.youtube.com/watch?v=594aCcLjHgs. 힐러의 프로젝트를 처음부터 자세히 알고 싶다면 다음을 참고할 것. Susan Hiller, *The J. Street Project, 2002-2005* (Warwickshire, UK: Compton Verney; Berlin Artists-in-Residence Programme/DAAD, 2005).

2 Susan Hiller, ed., *The Myth of Primitivism: Perspectives on Art* (1991; repr., Abingdon, UK: Routledge, 2006), 1~2.

3 Contemporary Jewish Museum, "Susan Hiller," YouTube video, https://www.youtube.com/watch?v=594aCcLjHgs. (게시일 2009년 9월 4일 9시)

4 Willy Brandt, *Links und Frei: Mein Weg 1930-1950* (Hamburg: Hofmann und Camp), 81. 다음에 인용됨. Maoz Azaryahu, "Renaming the Past in Post-Nazi Germany: Insights into the Politics of Street Naming in Mannheim and Potsdam," *Cultural Geographies* 19, no. 3 (July 2012): 385, DOI:10.1177/1474474011427267.

5 Saul Friedländer, *Nazi Germany and the Jews*, vol. 1, *The Years of Persecution, 1933-1939* (London: Weidenfeld and Nicolson, 1997), 229~30.

6 Associated Press, "Google Apologises over Reviving Adolf-Hitler-Platz in Berlin," *Guardian*, Jan. 10, 2014, https://www.theguardian.com/technology/2014/jan/10/google-apologises-hitler-platz-berlin.

7 "Reich Town Forbids Jews to Walk on Hitlerplatz," *Jewish Daily Bulletin*, Sept. 3, 1933, http://pdfs.jta.org/1933/1933-09-03_2638.pdf?_ga=2.169184673.1804865581.1566613708-866652241.1566613708, Jewish Telegraphic Agency Archive에서

열람 가능, https://www.jta.org/1933/09/03/archive/reich-town-forbids-jews-to-walk-on-hitlerplatz. (접속 날짜 2019년 6월 16일)

8   Ingeborg Grolle, "Renaming of Hamburg Streets under National Socialism: Haller-straße," trans. Insa Kummer, Key Documents of German-Jewish History, Sept. 22, 2016, https://jewish-history-online.net/article/grolle-renaming-streets.

9   Ibid.

10   Ibid.

11   Joseph Goebbels, *"Einsatz des Lebens," Der Angriff*, April 19, 1929, 다음에 영어로 인용됨. Jesús Casquete, "Martyr Construction and the Politics of Death in National Socialism," *Totalitarian Movements and Political Religions* 10, no. 3~4 (Sept. 2009): 274, https://www.academia.edu/918222/Martyr_Construction_and_the_Politics_of_Death_in_National_Socialism.

12   두 편지의 번역은 마르티나 플라슈카와 에릭 이즈부그가 도와주었다.

13   Goebbels, *"Einsatz des Lebens,"* 274.

14   Jesús Casquete, "Martyr Construction and the Politics of Death in National Socialism," *Totalitarian Movements and Political Religions* 10, no. 3~4 (Sept. 2009): 274, https://www.academia.edu/918222/Martyr_Construction_and_the_Politics_of_Death_in_National_Socialism.

15   Daniel Siemens, *The Making of a Nazi Hero: The Murder and Myth of Horst Wessel*, trans. David Burnett (London: I. B. Tauris, 2013), 24.

16   Tony Judt, *Postwar: A History of Europe Since 1945* (London: Vintage, 2010), 21.

17   Ibid., 19~26.

18   Ibid., 22.

19   Hsu-Ming Teo, "The Continuum of Sexual Violence in Occupied Germany, 1945-49," *Women's History Review* 5, no. 2 (1996): 191,

https://www.tandfonline.com/doi/pdf/10.1080/09612029600200111.

20 Lara Feigel, *The Bitter Taste of Victory: Life, Love, and Art in the Ruins of the Reich* (London: Bloomsbury, 2016), 105.

21 Maoz Azaryahu, "Street Names and Political Identity: The Case of East Berlin," *Journal of Contemporary History* 21, no. 4 (Oct. 1, 1986): 583~84, DOI:10.1177/002200948602100405.

22 Dirk Verheyen, "What's in a Name? Street Name Politics and Urban Identity in Berlin," *German Politics & Society* 15, no. 3 (Fall 1997): 49.

23 Azaryahu, "Street Names and Political Identity," 588~89.

24 Ibid., 594~597.

25 Ibid., 589.

26 Ibid., 588.

27 Ibid., 600.

28 베를린의 거리 이름에 대해 더 자세히 알고 싶다면 다음을 참고하라. Brian Ladd, *The Ghosts of Berlin: Confronting German History in the Urban Landscape* (Chicago, IL: University of Chicago Press, 2018).

29 Patricia Pollock Brodsky, "The Power of Naming in the Postunification Attack on the German Left," *Nature, Society, and Thought* 14, no. 4 (Oct. 2001): 425; Imre Karacs, "Berlin's Street signs take a right turn," *The Independent*, Dec. 18, 1995, https://www.independent.co.uk/news/world/berling-street-signs-take-a-right-turn-1526146.html.

30 Ladd, *The Ghosts of Berlin*, 209.

31 Brodsky, "The Power of Naming in the Postunification Attack on the German Left," 425.

32 George Katsiaficas, ed., *After the Fall: 1989 and the Future of Freedom* (New York: Routledge, 2013), 88.

33 Brodsky, "The Power of Naming in the Postunification Attack on

the German Left," 425.

34 John Borneman, *After the Wall: East Meets West in the New Berlin* (New York: Basic Books, 1991), vii

35 Christiane Wilke, "Making Sense of Place: Naming Streets and Stations in Berlin and Beyond," *Public Seminar* (blog), Jan. 22, 2014, http://www.deliberatelyconsidered.com/2012/03/making-sense-of-place-naming-streets-and-stations-in-berlin-and-beyond/.

36 Peter Steiner, "Making a Czech Hero: Julius Fučík Through His Writings," *Carl Beck Papers in Russian and East European Studies*, no. 1501 (Sept. 2000): 8, https://carlbeckpapers.pitt.edu/ojs/index.php/cbp/article/view/86/87.

37 Brodsky, "The Power of Naming in the Postunification Attack on the German Left," 431.

38 Ian Johnson, "'Jews Aren't Allowed to Use Phones': Berlin's Most Unsettling Memorial," *New York Review of Books*, June 15, 2017, https://www.nybooks.com/daily/2013/06/15/jews-arent-allowed-use-telephones-berlin-memorial/.

39 Ibid.

40 Ibid.

41 John Rosenthal, "Anti-Semitism and Ethnicity in Europe," *Policy Review*, Oct. 2003, 17~38.

42 Kate Kellaway, "Susan Hiller, 75: 'Self-Doubt Is Always Present for Artists,'" *Guardian*, Nov. 15, 2015, https://www.theguardian.com/artanddesign/2015/nov/15/susan-hiller-interview-self-doubt-is-always-present.

43 Hiller, *The J. Street Project*, 7.

44 Verheyen, "What's in a Name?" 45

45 Lagenscheidt on-line German-English dictionary, https://en.langenscheidt.com/german-english/vergangenheitsbewaeltigung.

10 플로리다주 할리우드: 거리 이름을 지키려는 자, 바꾸려는 자

1   Joan Mickelson, *Joseph W. Young, Jr., and the City Beautiful: A Biography of the Founder of Hollywood, Florida* (Jefferson, NC: McFarland, 2013), 7.

2   Ibid., 46.

3   Angela Fritz, "Boston Clinches Snowiest Season on Record amid Winter of Superlatives," *Washington Post*, March 15, 2015, https://www.washingtonpost.com/news/capital-weather-gang/wp/2015/03/15/boston-clinches-snowiest-season-on-record-amid-winter-of-superlatives/?utm_term=.f58dd7a4e36c.

4   Nixon Smiley, *Knights of the Fourth Estate: The Story of the Miami Herald* (Miami, FL: E. A. Seeman, 1974), 54.

5   Mehmet Odekon, *Boom and Busts: An Encyclopedia of Economic History from the First Stock Market Crash of 1792 to the Current Global Economic Crisis* (Abingdon, UK: Routledge, 2015), 283.

6   Mickelson, *Joseph W. Young, Jr., and the City Beautiful*, 108.

7   Michael Newton, *The Invisible Empire: The Ku Klux Klan in Florida* (Gainesville: University Press of Florida, 2001), 33.

8   Joan Mickelson, *A Guide to Historic Hollywood: A Tour Through Place and Time* (Charleston, SC: History Press Library Editions, 2005), 201.

9   Ibid.

10 Emily Yellin, "A Confederate General's Final Stand Divides Memphis," *New York Times*, July 19, 2015, https://www.nytimes.com/2015/07/20/us/a-confederate-generals-final-stand-divides-memphis.html.

11 Timothy S. Huebner, "Confronting the True History of Forrest the Slave Trader," *Commercial Appeal*, Dec. 8, 2017, https://

eu.commercialappeal.com/story/opinion/contributors/2017/12/08/confronting-true-history-forrest-slave-trader/926292001.

12 Mark Potok, "A Different Kind of Hero," *Intelligence Report*, Southern Poverty Law Center, Dec. 21, 2004, https://www.splcenter.org/fighting-hate/intelligence-report/2004/different-kind-hero.

13 Charles Royster, "Slave, General, Klansman," *Atlantic Monthly* 271 (May 1993): 126.

14 William J. Stier, "Nathan Bedford Forrest," *Civil War Times*, Dec. 1999.

15 Will Hickox, "Remember Fort Pillow!" *Opinator* (blog), *New York Times*, April 11, 2014, https://opinionator.blogs.nytimes.com/2014/04/11/remember-fort-pillow/.

16 Ibid.

17 Ibid.

18 Government Printing Office, Report of the Joint Select Committee to Inquire into the Condition of Affairs in the Late Insurrectionary States. 상·하원에 제출됨. Feb. 19, 1872 (Washington, DC: Government Printing Office, 1872).

19 Ibid.

20 Newton, *The Invisible Empire*, 8.

21 Ibid.

22 Megan Garber, "'Ashokan Farewell': The Story Behind the Tune Ken Burns Made Famous," *Atlantic*, Sept. 25, 2015, https://www.theatlantic.com/entertainment/archive/2015/09/ashokan-farewell-how-a-20th-century-melody-became-an-anthem-for-the-19th/407263/.

23 Dan Piepenbring, "Tools of the Trade," *Paris Review*, Nov. 17, 2014, https://www.theparisreview.org/blog/2014/11/17/tools-of-thetrade/.

24 Ta-Nehisi Coates, "The Convenient Suspension of Disbelief," *Atlantic*, June 13, 2011, https://www.theatlantic.com/national/archive/2011/06/the-convenient-suspension-of-disbelief/240318/.

25 Coates, "The Convenient Suspension of Disbelief."

26 Jamelle Bouie and Rebecca Onion, "Slavery Myths Debunked," *Slate*, Sept. 29, 2015, https://slate.com/news-and-politics/2015/09/slavery-myths-seven-lies-half-truths-and-irrelevancies-people-trot-out-about-slavery-debunked.html.

27 Southern Poverty Law Center, "Whose Heritage?: Public Symbols of the Confederacy," 2016, https://www.splcenter.org/sites/default/files/com_whose_heritage.pdf.

28 Lisa Demer, "In Western Alaska, a Push to Rename District That Honors Slave-Owning Confederate General," *Anchorage Daily News*, April 25, 2015, https://www.adn.com/rural-alaska/article/upset-growing-over-western-alaska-area-named-confederate-general-and-slave-owner/2015/04/26/.

29 David W. Blight, *Race and Reunion: The Civil War in American Memory* (Cambridge, MA: Belknap Press of Harvard University Press, 2001), 382~83.

30 David W. Blight, *Beyond the Battlefield: Race, Memory, and the American Civil War* (Amherst: University of Massachusetts Press, 2002), 140~42.

31 James P. Weeks, "A Different View of Gettysburg: Play, Memory, and Race at the Civil War's Greatest Shrine," *Civil War History* 50, no. 2 (June 2004): 175~91.

32 Nina Silber, *The Romance of Reunion: Northerners and the South, 1865-1900* (Chapel Hill: University of North Carolina Press, 1993),

124.

33 David W. Blight on the Civil War in American History, https://www.hup.harvard.edu/catalog.php?isbn=9780674008199. (9분짜리 영상)

34 Patricia Mazzei and Alexandria Bordas, "In South Florida, Black Residents Live on Confederate Streets. They're Sick of It," *Miami Herald*, June 29, 2017, https://www.miamiherald.com/news/local/community/broward/article158904359.html.

35 Maurice Halbwachs, *The Collective Memory* (New York: Harper & Row, 1980), 52.

36 Pierre Nora, "Between Memory and History: *Les Lieux de Mémoire*," *Representations* (Spring 1989), https://www.jstor.org/stable/2928520?seq=1#page_scan_tab_contents.

37 Nikosz Fokasz and Ákos Kopper, "The Media and Collective Memory Places and Milieus of Remembering," 2010년 Media, Communication and Cultural Studies 학회에서 발표됨. http://www.lse.ac.uk/media%40lse/events/MeCCSA/pdf/papers/FOKASZ%20and%20KOPPER%20-%20MEDIA%20AND%20COLLECTIVE%20MEMORY%20-%20MECCSA%202010%20-%20LSE.pdf.

38 Milan Kundera, "Part One: Lost Letters," in *The Book of Laughter and Forgetting* (New York: Alfred A. Knopf, 1979), 22.

39 Miles Parks, "Confederate Statues Were Built to Further a 'White Supremacist Future,'" NPR, Aug. 20, 2017, https://www.npr.org/2017/08/20/544266880/confederate-statues-were-built-to-further-a-white-supremacist-future.

40 Ibid.

41 Clyde N. Wilson, "John C. Calhoun and Slavery as a 'Positive Good': What He Said," Abbeville Institute, June 26, 2014, https://

www.abbevilleinstitute.org/clyde-wilson-library/john-c-calhoun-and-slavery-as-a-positive-good-what-he-said.

42 "Confederate Monuments Are Coming Down Across the United States. Here's a List," *New York Times*, Aug. 28, 2017, https://www.nytimes.com/interactive/2017/08/16/us/confederate-monuments-removed.html.

43 Patricia Mazzei, "Black Lawmaker: I Was Called 'Monkey' at Hollywood Protest to Change Confederate Street Signs," *Miami Herald*, June 21, 2017, https://miamiherald.typepad.com/nakedpolitics/2017/06/black-lawmaker-i-was-called-monkey-at-hollywood-protest-to-change-confederate-street-signs.html.

44 Jerry Iannelli and Isabella Vi Gomas, "White Supremacist Arrested for Charging Crowd at Hollywood Confederate Street Name Protest Updated," *Miami New Times*, Aug. 30, 2017, https://www.miaminewtimes.com/news/white-supremacist-arrested-at-hollywood-florida-confederate-street-sign-protest-9631690.

45 "In Depth with Shelby Foote," CSPAN, https://www.c-span.org/video/?c4500025/shelby-footes-accent. (사용자 제작 영상)

46 Paul Bois, "Florida City Votes to Remove Confederate Street Names," *Dailywire*, Sept. 1, 2017, https://www.dailywire.com/news/20536/florida-city-council-removes-confederate-street-paul-bois.

47 "Debate Continues over Controversial Instagram Photo," WRAL.com, May 9, 2015, https://www.wral.com/chapel-hill-parents-students-demand-action-over-controversial-instagram-photo/14631007/.

11 세인트루이스: 마틴 루서 킹 거리가 고발하는 미국의 인종 문제

1   Martin Luther King Jr., "A Realistic Look at the Question of Progress in the Area of Race Relations," 1957년 4월 10일 '세인트루이스 자유 집회' 연설. Martin Luther King Jr. Papers Project, https://swap.stanford.edu/20141218225503/http://mlk-kpp01.stanford.edu/primarydocuments/Vol4/10-Apr-1957_ARealisticLook.pdf.

2   Federal Writer's Project, *A WPA Guide to Missouri: The Show Me State* (San Antonio, TX: Trinity University Press, 2013).

3   Wendi C. Thomas, "Where the Streets Have MLK's Name," *National Geographic*, April 2018, https://www.nationalgeographic.com/magazine/2018/04/martin-luther-king-streets-worldwide/.

4   Derek H. Alderman, "Naming Streets for Martin Luther King Jr.: No Easy Road," in *Landscape and Race in the United States*, ed. Richard H. Schein (New York: Rutledge, 2006), 229.

5   Ibid., 227.

6   Matthew L. Mitchelson, Derek H. Alderman, and E. Jeffrey Popke, "Branded: The Economic Geographies of Streets Named in Honor of Reverend Dr. Martin Luther King, Jr.," *Social Science Quarterly* 88, no. 1 (March 2007): 121.

7   *New York Times* Obituaries, "Dr. J. J. Seabrook," *New York Times*, May 3, 1975, https://www.nytimes.com/1975/05/03/archives/dr-jj-seabrook.html.

8   Michael Barnes, "The Truly Remarkable life of Austin's Emma Lou Linn," *Austin American-Statesman*, Dec. 13, 2014, https://www.statesman.com/article/20141213/NEWS/312139699.

9   Richard H. Schein (ed.), *Landscape and Race in the United States* (London, UK: Routledge, 2006), 226.

10 Jonathan Tilove, *Along Martin Luther King: Travels on Black*

America's Main Street (New York, NY: Random House, 2003).

11 Demorris Lee, "MLK Streets Racially Divided: Some Roads Named after King Go Only through Black Areas," *News and Observer* (Raleigh, NC), Jan. 19, 2004.

12 Frank Kovarik, "Mapping the Divide," *St. Louis*, Nov. 24, 2018, https://www.stlmag.com/Mapping-the-Divide/.

13 Colin Gordon, *Mapping Decline: St. Louis and the Fate of the American City* (Philadelphia: University of Pennsylvania Press, 2008), 81.

14 Ibid., 83.

15 "Zip Code Tabulation Area in St. Louis city, MOIL Metro Area, Missouri, United States, 63113," Census Reporter, http://censusreporter.org/profiles/86000US63113-63113/. (접속 날짜 2019년 6월 22일)

16 Matthew L. Mitchelson, Derek H. Alderman, and E. Jeffrey Popke, "Branded: The Economic Geographies of Streets Named in Honor of Reverend Dr. Martin Luther King, Jr.," *Social Science Quarterly* 88, no.1 (March 2007): 140, DOI:10.1111/j.1540-6237.2007.00450.x.

12 남아프리카 공화국: 거리 이름의 주인은 누구인가?

1 Constitutional Court Oral History Project, Jan. 13, 2012 (Johannesburg, South Africa: Historical Papers Research Archive), http://www.historicalpapers.wits.ac.za/inventories/inv_pdfo/AG3368/AG3368-R74-001-jpeg.pdf.

2 Franny Rabkin, "Law Matters: Judges' Claws Come out in Pretoria Street Name Case," *Business Day*, Aug. 2, 2016, https://www.businesslive.co.za/bd/opinion/columnists/2016-08-02-lawmatters–judges–claws–come–out–in–pretoria–street–name–case/.

3 News24Wire, "Tshwane Can Replace Apartheid Era Street Names with Struggle Heroes," BusinessTech, July 22, 2016, https://businesstech.co.za/news/government/130982/tshwane–can–replace–apartheid–era–street–names–with–struggle–heroes/.

4 Ibid.

5 Constitutional Court Trust Oral History Project, Mogoeng Mogoeng, Feb. 2, 2012 (Johannesburg, South Africa: Historical Papers Research Archive, 2014), http://www.historicalpapers.wits.ac.za/inventories/inv_pdfo/AG3368/AG3368–M57–001–jpeg.pdf.

6 Mogoeng Mogoeng.

7 "Celebrating the South African Constitutional Court," Brand South Africa, Nov. 23, 2017, https://www.brandsouthafrica.com/people–culture/democracy/celebrating–the–constitutional–court.

8 *City of Tshwane Metropolitan Municipality v. AfriForum and Another* [2016] ZACC 19, http://www.saflii.org/za/cases/ZACC/2016/19.html.

9 Celia W. Dugger, "In South Africa, a Justice Delayed Is No Longer Denied," *New York Times*, Jan. 23, 2009, https://www.nytimes.com/2009/01/24/world/africa/24cameron.html.

10 *City of Tshwane Metropolitan Municipality v AfriForum and Another.*

11 *South African Human Rights Commission, Equality Report*, 2017/18, 20, https://www.sahrc.org.za/home/21/files/SAHRC%20Equality%20Report%202017_18.pdf.

12 Peter S. Goodman, "End of Apartheid in South Africa? Not in Economic Terms," *New York Times*, Oct. 24, 2017, https://www.nytimes.com/2017/10/24/business/south–africa–economy–apartheid.html.

13 Ferdinand Mount, "Too Obviously Cleverer," reviews of *Supermac:*

The Life of Harold Macmillan, by D. R. Thorpe, and *The Macmillan Diaries*, vol. 2, *Prime Minister and After 1957-66*, ed. Peter Catterall, *London Review of Books* 33, no. 17 (Sept. 8, 2011), https://www.lrb.co.uk/v33/n17/ferdinand-mount/too-obviously-cleverer.

14 Frank Myers, "Harold Macmillan's 'Winds of Change' Speech: A Case Study in the Rhetoric of Policy Change," *Rhetoric & Public Affairs* 3, no. 4 (Jan. 2000): 556.

15 Martha Evans, *Speeches That Shaped South Africa: From Malan to Malema* (Cape Town, South Africa: Penguin Random House South Africa, 2017), 32; Saul Dubow, "Macmillan, Verwoerd, and the 1960 'Wind of Change' Speech," *Historical Journal* 54, no. 4 (Dec. 2011): 1097.

16 Evans, *Speeches That Shaped South Africa*, 32.

17 Ibid.

18 Ibid., 32.

19 Mississippi Laws 1960, ch. 519, House Concurrent Resolution no. 67.

20 Dubow, Macmillan, Verwoerd, and the 1960 'Wind of Change' Speech," 1107.

21 Roberta Balstad Miller, "Science and Society in the Early Career of H. F. Verwoerd," *Journal of Southern African Studies* 19, no. 4 (Dec. 1993): 640.

22 Anthony Sampson, "The Verwoerd Assassination," *Life*, Sept. 16, 1966, 42.

23 Hermann Giliomee, "The Making of the Apartheid Plan, 1929–1948," *Journal of Southern African Studies* 29, no. 2 (June 2003): 378.

24 Ibid., 374.

25 Martin Meredith, *Diamonds, Gold, and War: The British, the Boers, and the Making of South Africa* (New York: Public Affairs, 2007),

6~8.

26 Ibid., 7.

27 Ibid., 8~10.

28 Jonas Kreienbaum, *A Sad Fiasco: Colonial Concentration Camps in Southern Africa, 1900-1908*, trans. Elizabeth Janik (New York: Berghahn Books, 2019), 39.

29 Francis Wilson, interview by Mary Marshall Clark, session 2, Aug. 3, 1999, http://www.columbia.edu/cu/lweb/digital/collections/oral_hist/carnegie/pdfs/francis-wilson.pdf.

30 "First Inquiry into Poverty," Special Feature: Carnegie in South Africa, Carnegie Corporation Oral History Project, Columbia University Libraries Oral History Research Office, http://www.columbia.edu/cu/lweb/digital/collections/oral_hist/carnegie/special-features/. (접속 날짜 2019년 6월 21일)

31 "Carnegie Corporation in South Africa: A Difficult Past Leads to a Commitment to Change," *Carnegie Results*, Winter 2004, https://www.carnegie.org/media/filer_public/f3/54/f354cbf9-f86c-4681-8573-c697418ee786/ccny_cresults_2004_southafrica.pdf; Jeremy Seekings, "The Carnegie Commission and the Backlash Against Welfare State-Building in South Africa, 1931-1937," Centre for Social Science Research, CSSR Working Paper 159, May 2006, http://www.uct.ac.za/sites/default/files/image_tool/images/256/files/pubs/wp159.pdf.

32 Giliomee, "The Making of the Apartheid Plan," 386.

33 Mike Wooldridge, "Mandela Death: How He Survived 27 Years in Prison," BBC News, Dec. 11, 2013, https://www.bbc.co.uk/news/world-africa-23618727.

34 Christo Brand with Barbara Jones, *Mandela: My Prisoner, My Friend* (London: John Blake, 2004), 42.

35 Kajsa Norman, *Bridge over Blood River: The Rise and Fall of the Afrikaners* (London: Hurst, 2016), 248~49.

36 Elwyn Jenkins, *Falling into Place: The Story of Modern South African Place Names* (Claremont, South Africa: David Philip Publishers, 2007), 127.

37 Ibid.

38 Mcebisi Ndletyana, "Changing Place Names in Post-Apartheid South Africa: Accounting for the Unevenness," *Social Dynamics* 38, no.1 (2012), DOI:10.1080/02533952.2012.698949.

39 "Durban's New Street Names Vandalised," *Sunday Tribune*, Aug. 24, 2008.

40 James Duminy, "Street Renaming, Symbolic Capital, and Resistance in Durban, South Africa," *Environment and Planning D: Society and Space* 32, no. 2 (Jan. 2014): 323.

41 "Johannes Maisha (Stanza) Bopape," South African History Online, Feb. 17, 2011, https://www.sahistory.org.za/people/johannes-maisha-stanza-bopape.

42 Gareth van Onselen, "AfriForum's Disgraceful and Immoral Documentary," BusinessLIVE, March 13, 2019, https://www.businesslive.co.za/bd/opinion/columnists/2019-03-13-gareth-van-onselen-afriforums-disgraceful-and-immoral-documentary/.

43 "'Apartheid Not a Crime against Humanity': Kallie Kriel AfriForum," *Eusebius McKaiser Show*, Omny.FM, 2018년 5월 14일 방송. https://omny.fm/shows/mid-morning-show-702/apartheid-was-not-a-crime-against-humanity-kallie.

44 Afriforum, "Farm murders: Feedback from Washington—setting the facts straight," 유튜브 영상(31분 10초). 2018년 5월 5일 게시. https://www.youtube.com/watch?v=ZIn7f8bg51.

45 Andre Goodrich, and Pia Bombardella, "Street Name-Changes,

Abjection and Private Toponymy in Potchefstroom, South Africa," *Anthropology Southern Africa* 35, no. 1~2 (Jan. 2012): 20~30.

46 Ibid., 26.

47 *Oxford English Dictionary*, s.v. "Lost," https://www.oed.com/view/Entry/110417. (접속 날짜 2019년 9월 4일)

48 Jason Burke, "South African Army Sent into Townships to Curb Gang Violence, *Guardian*, July 19, 2019, https://www.theguardian.com/world/2019/jul/19/south-african-army-townships-gang-violence.

49 Norimitsu Onishi, "White Farmers Are Jailed in South Africa for Killing Black Teenager," *New York Times*, March 6, 2019, https://www.nytimes.com/2019/03/06/world/africa/south-africa-white-farmers-black-teenager.html.

50 Kimon de Greef, "After Children Die in Pit Toilets, South Africa Vows to Fix School Sanitation," *New York Times*, Aug. 14, 2018, https://www.nytimes.com/2018/08/14/world/africa/south-africa-school-toilets.html.

51 Henri Lefebvre, *The Production of Space*, trans. Donald Nicholson-Smith (Oxford: Blackwell, 1991), 54.

52 Jacob Dlamini, *Native Nostalgia* (Sunnyside, South Africa: Jacana Media, 2009), 137.

53 Ibid.

54 Ibid., 144.

55 *AfriForum and Another v. University of the Free State* [2017] ZACC 48, http://www.saflii.org/za/cases/ZACC/2017/48.pdf.

56 *AfriForum and Another v. University of the Free State*.

13 뉴욕 맨해튼: 주소의 가치는 얼마나 될까?

1 Phoebe Hoban, "Trump Shows Of His Nest," *New York Times*, May 25, 1997, https://www.nytimes.com/1997/05/25/style/trump-shows-of-his-nest.html.

2 Herbert Muschamp, "Architecture View; Going for Gold on Columbus Circle," *New York Times*, Nov. 19, 1995, https://www.nytimes.com /1995/11/19/arts/architecture-view-going-for-the-gold-on-columbus-circle.html.

3 Herbert Muschamp, "Trump Tries to Convert 50's Style Into 90's Gold; Makeover Starts on Columbus Circle Hotel," *New York Times*, June 21, 1995, https://www.nytimes.com/1995/06/21/nyregion/trump-tries-convert-50-s-style-into-90-s-gold-makeover-starts-columbus-circle.html.

4 David W. Dunlap, "Former Gulf and Western Building to Be a Luxury Apartment Tower," *New York Times*, March 23, 1994, https://www.nytimes.com/1994/03/23/nyregion/former-gulf-and-western-building-to-be-a-luxury-apartment-tower.html.

5 Vivian Yee, "Donald Trump's Math Takes His Towers to Greater Heights," *New York Times*, Nov. 1, 2016, https://www.nytimes.com/2016/11/02/nyregion/donald-trump-tower-heights.html.

6 1989년 6월 7일에 맨해튼 구청장실에서 '콜럼버스 서클 15번지 조합'에 보낸 서신; 1995년 9월 7일에 맨해튼 구청장실에서 '원 센트럴 파크 웨스트 조합' 중개인 로버트 프로페타에게 보낸 서신. http://www.manhattantopographical.com/addresses/15%20Columbus%20Circle.pdf.

7 Ben McGrath, "Room Without a View," *New Yorker*, Nov. 24, 2003, https://www.newyorker.com/magazine/2003/11/24/room-without-a-view.

8 Ibid.

9 Donald Trump and Tony Schwartz, *Trump: The Art of the Deal* (New York: Random House, 1987), 54~55.

10 Reuben S. Rose-Redwood, "From Number to Name: Symbolic Capital, Places of Memory and the Politics of Street Renaming in New York City," *Social & Cultural Geography* 9, no 4 (June 2008): 438, https://www.tandfonline.com/doi/abs/10.1080/146493608020 32702?journalCode=rscg2.

11 Catherine McNeur, "The Shantytown: Nineteenth-Century Manhattan's 'Straggling Suburbs,'" *From the Stacks* (blog), New York Historical Society, June 5, 2013, http://blog.nyhistory.org/the-shantytown-nineteenth-century-manhattans-straggling-suburbs/.

12 Rose-Redwood, "From Number to Name," 438~42.

13 Ibid., 439~40.

14 Charles Dickens, *American Notes for General Circulation*, vol. 1 (London: Chapman & Hall, 1842), 205, 207.

15 Michael Gross, "Hotel Hermit Got $17M to Make Way for 15 Central Park West," *New York Post*, March 2, 2014, https://nypost.com/2014/03/02/hotel-hermit-got-17m-to-make-way-for-15-central-park-west/.

16 Paul Goldberger, "Past Perfect," *New Yorker*, Aug. 20, 2007, https://www.newyorker.com/magazine/2007/08/27/past-perfect-2.

17 Ibid.

18 Charles V. Bagli, "$40 Million in Air Rights Will Let East Side Tower Soar," *New York Times*, Feb. 25, 2013, https://www.nytimes.com/2013/02/26/nyregion/zeckendorfs-pay-40-million-for-park-avenue-churchs-air-rights.html.

19 Jessica Dailey, "Zeckendorfs Buy Air Rights, Address from Park Ave. Church," Curbed New York, March 3, 2014, https://ny.curbed.

com/2014/3/3/10137320/zeckendorfs-buy-air-rights-address-from -park-ave-church.

20 "Addresses and House Numbers," Office of the President of the Borough of Manhattan, http://www.manhattanbp.nyc.gov/downloads/pdf/address-assignments-v-web.pdf.

21 Clyde Haberman, "A Nice Address, but Where Is It Really?" *New York Times*, March 22, 2010, https://www.nytimes.com/2010/03/23/nyregion/23nyc.html.

22 Ibid.

23 Joanne Kaufman, "A Park Avenue Address, Not Exactly," *New York Times*, Feb. 13, 2015, https://www.nytimes.com/2015/02/15/realestate/a-park-avenue-address-not-exactly.html.

24 Reuben S. Rose-Redwood, "Governmentality, the Grid, and the Beginnings of a Critical Spatial History of the GeoCoded World" (PhD thesis, Pennsylvania State University, May 2006), https://etda.libraries.psu.edu/files/final_submissions/5324, 197~201.

25 Kaufman, "A Park Avenue Address, Not Exactly."

26 Ibid.

27 Ibid.

28 Andrew Alpern, *Luxury Apartment Houses of Manhattan: An Illustrated History* (New York: Dover, 1993), 3~5.

29 Joseph A. Kirby, "City Goes After Vanity Addresses," *Chicago Tribune*, April 13, 1995, https://www.chicagotribune.com/news/ct-xpm-1995-04-13-9504130068-story.html.

30 "Odd Jobs: Manhattan Map Keeper," Wall Street Journal video, Nov. 1, 2010, https://www.wsj.com/video/odd-jobs-manhattan-map-keeper/8A5E1921-3D07-4BE7-9900-5C3A5765749A.html.

31 Simon Leo Brown, "House Prices Lower on Streets with Silly

Names, High School Students Find," ABC News, Nov. 27, 2017, https://www.abc.net.au/news/2017-11-27/house-prices-lower-on-streets-with-silly-names/9197366.

32 Harry Wallop, "If It Had a Lovely, Posh Name, It Might Have Been Different': Do Street Names Matter?" *Guardian*, Oct. 22, 2016, https://www.theguardian.com/society/2016/oct/22/street-names-matter-property-values.

33 "What's in a Street Name? Over £600k If You Live on a 'Warren,'" Zoopla, accessed June 17, 2019, https://www.zoopla.co.uk/press/releases/whats-in-a-street-name-over-k-if-you-live-on-a-warren/.

34 Ibid.

35 Spencer Rascoff and Stan Humphries, "The Secrets of Street Names and Home Values," *New York Times*, Jan. 24, 2015, https://www.nytimes.com/2015/01/25/opinion/sunday/the-secrets-of-street-names-and-home-values.html?_r=0.

36 Ibid.

37 Ibid.

38 Tom Miller, "The Lost Ten Eyck House—Park Avenue and 34th Street," "Daytonian in Manhattan," *Daytonian* (blog), Feb. 13, 2017, http://daytoninmanhattan.blogspot.com/2017/02/the-lost-ten-eyck-house-park-avenue-and.html. 베이컨 부부 저택의 역사에 대해 자세히 알고 싶다면 밀러의 블로그를 참고할 것.

39 Ibid.

40 Michael T. Isenberg, *John L. Sullivan and His America* (1988; repr., Champaign: University of Illinois Press, 1994), 40.

41 Ibid.

42 Andrew Alpern and Seymour Durst, *Holdouts!: The Buildings That Got in the Way* (New York: Old York Foundation, 2011), 128;

Miller, "The Lost Ten Eyck House."

43 Francis Collins, *The Romance of Park Avenue: A History of the Growth of Park Avenue from a Railroad Right of Way to the Greatest Residential Thoroughfare in the World* (1930; repr., Ann Arbor: University Microfilms International, 1989), 102.

44 Ibid., 104.

45 Ibid., 102.

46 "Country Wedding for Martha Bacon; Daughter of ExAmbassador Marries George Whitney in Quaint Church at Westbury," *New York Times*, June 3, 1914, https://www.nytimes.com/1914/06/03/archives/country-wedding-for-martha-bacon-daughter-of-exambassador-marries.html.

47 Christopher Gray, "History Lessons by the Numbers," *New York Times*, Nov. 7, 2008, https://www.nytimes.com/2008/11/09/realestate/09scape.html.

48 Ibid.

49 Emily Badger, "How Donald Trump Abandoned His Father's MiddleClass Housing Empire for Luxury Building," *Washington Post*, Aug. 10, 2015, https://www.washingtonpost.com/news/wonk/wp/2015/08/10/the-middle-class-housing-empire-donald-trump-abandoned-for-luxury-building/.

50 Christopher Gray, "Streetscapes/Seventh Avenue Between 15th and 16th Streets; Four 30's Apartment Buildings on 4 Chelsea Corners," *New York Times*, May 23, 2004, https://www.nytimes.com/2004/05/23/realestate/streetscapes-seventh-avenue-between-15th-16th-streets-four-30-s-apartment.html.

51 Elizabeth C. Cromley, *Alone Together: A History of New York's Early Apartments* (Ithaca, NY: Cornell University Press, 1990), 62.

52 Tom Miller, "The 1931 London Terrace Apartments," *Daytonian*

in Manhattan (blog), June 30, 2010, http://daytoninmanhattan.
blogspot.com/2010/06/1931-london-terrace-apartments.html.

53   Ibid.

54   Gray, "Streetscapes/Seventh Avenue Between 15th and 16th
      Streets."

55   Andrew Alpern, *Historic Manhattan Apartment Houses* (New York:
      Dover, 1996), vi.

56   Cromley, *Alone Together*, 4.

57   Andrew S. Dolkart, "Abraham E. Lefcourt and the Development of
      New York's Garment District," in *Chosen Capital: Jewish Encounters
      with American Capitalism* (New Brunswick, NJ: Rutgers University
      Press, 2012), eds. Rebecca Kobrin et al.

58   "Number One Park Avenue," *New York Times*, Feb. 10, 1925,
      http://timesmachine.nytimes.com/timesmachine/1925/02/10
      /101984245.html.

59   "On the southeast corner of Thirty-fourth Street," "Siege," Talk of
      the Town, *New Yorker*, Oct. 17, 1925, https://www.newyorker.com/
      magazine/1925/10/17/siege.

60   Robin Pogrebin, "52-Story Comeback Is So Very Trump; Columbus
      Circle Tower Proclaims That Modesty Is an Overrated Virtue," *New
      York Times*, April 25, 1996, https://www.nytimes.com/1996/04/25/
      nyregion/52-story-comeback-so-very-trump-columbus-circle-
      tower-proclaims-that-modesty.html.

61   Natasha Salmon, "Frank Sinatra Told Donald Trump to 'go f***
      himself,' New Book Reveals," *Independent*, Oct. 8, 2017, https://
      www.independent.co.uk/news/world/americas/frank-sinatra-
      donald-trump-new-book-f-himself-revealed-casino-a7988666.
      html.

62   "Mrs. B. W. Mandel Sues; Accuses Realty Man's Present Wife

of Breaking Up Home," *New York Times*, May 23, 1933, https://timesmachine.nytimes.com/timesmachine/1933/05/23/99910229.html.

63 "Henry Mandel Freed; Alimony Slashed; Court Reduces Payments by Builder From $32,500 to About $3,000 a Year," *New York Times*, July 8, 1933, https://www.nytimes.com/1933/07/08/archives/henry-mandel-freed-alimony-slashed-court-reduces-payments-by.html.

64 Robert Frank, "These Hedge Fund Managers Made More than $3 Million a Day Last Year," CNBC, May 30, 2018, https://www.cnbc.com/2018/05/30/these-hedge-fund-managers-made-more-than-3-million-a-day-last-year.html.

65 Ralph Blumenthal, "Recalling New York at the Brink of Bankruptcy," *New York Times*, Dec. 5, 2002, https://www.nytimes.com/2002 /12/05/nyregion/recalling-new-york-at-the-brink-of-bankruptcy.html.

66 Arthur Lubow, "The Traditionalist," *New York Times*, Oct. 15, 2010, https://www.nytimes.com/2010/10/17/magazine/17KeyStern-t.html.

67 Kevin Baker, "The Death of a Once Great City," *Harper's*, July 2018, https:// harpers.org/archive/2018/07/the-death-of-new-york-city-gentrification/.

68 Warburg Realty, "Market Snapshot—Hell's Kitchen," May 15, 2019, warburgrealty.com/nabes/market.snapshot.hells.kitchen.

69 Edmund White, "Why Can't We Stop Talking About New York in the Late 1970s?" *New York Times*, Sept. 10, 2015, https://www.nytimes.com/2015/09/10/t-magazine/1970s-new-york-history.html.

70 Aaron Betsky, "Manhattan Is Theirs, We Just Get to Admire It,"

Dezeen, Nov. 15, 2015, https://www.dezeen.com/2015/11/15/opinion-aaron-betsky-manhattan-new-york-skyscrapers-iconic-skyline-capitalist-jerusalem/.

14 노숙자 문제: 주소 없이 살 수 있을까?

1 Michael J. Lewis, *City of Refuge: Separatists and Utopian Town Planning* (Princeton, NJ: Princeton University Press, 2016), 79~80.

2 Sarah Golabek-Goldman, "Ban the Address: Combating Employment Discrimination Against the Homeless," *Yale Law Journal* 1801, no. 6 (2017): 126, https://www.yalelawjournal.org/note/ban-the-address-combating-employment-discrimination-against-the-homeless.

3 Malcolm Gladwell, "Million-Dollar Murray," *New Yorker*, Feb. 5, 2006, http://archives.newyorker.com/?i=2006-02-13#folio=100.

4 US Interagency Council on "Homelessness in America: Focus on Families with Children," Sept. 2018, https://www.usich.gov/resources/uploads/asset_library/Homeslessness_in_America_Families_with_Children.pdf.

5 "How Much Do You Need to Afford a Modest Apartment in Your State," Out of Reach 2019, National Low Income Housing Coalition, https://reports.nlihc.org/oor. (접속 날짜 2019년 6월 18일)

6 David A. Snow and Leon Anderson, "Identity Work Among the Homeless: The Verbal Construction and Avowal of Personal Identities," *American Journal of Sociology* 92, no. 6 (May 1987): 1340.

7 Lasana T. Harris and Susan T. Fiske, "Dehumanizing the Lowest of the Low: Neuroimaging Responses to Extreme Out-Groups," *Psychological Science* 17, no. 10 (Oct. 2006): 847~53, DOI:10.1111/

j.1467-9280.2006.01793.x.

8   Snow and Anderson, "Identity Work Among the Homeless," 1355.

9   Ibid., 1362.

10   Ibid., 1360.

11   Anne R. Roschelle and Peter Kaufman, "Fitting In and Fighting Back: Stigma Management Strategies among Homeless Kids," *Symbolic Interaction* 27, no. 1 (Winter 2004): 34~35.

12   Golabek-Goldman, "Ban the Address."

13   Sean Alfano, "Home Is Where the Mailbox Is," *CBS Evening News with Norah O'Donnell*, March 24, 2006, https://www.cbsnews.com/news/home-is-where-the-mailbox-is/.

14   Beth Avery, "Ban the Box: U.S. Cities, Counties, and States Adopt Fair Hiring Policies," NELP, July 1, 2019, https://www.nelp.org/publication/ban-the-box-fair-chance-hiring-state-and-local-guide.

15   Prudence Ivey, "Top Borough: Hackney House Prices See Highest 20-Year Rise in UK, Boosted by Tech Sector and New Homes Building," *Evening Standard*, June 6, 2018, https://www.homesandproperty.co.uk/property-news/hackney-house-prices-see-highest-20year-rise-in-uk-boosted-by-tech-sector-and-new-homes-building-a121061.html.

16   Ministry of Housing, Communities & Local Government, "Rough Sleeping Statistics Autumn 2018, England (Revised)," Feb. 25, 2019, https://assets.publishing.service.gov.uk/government/uploads/system/uploads/attachment_data/file/781567/Rough_Sleeping_Statistics_2018_release.pdf.

17   Tom Wall and Hilary Osborne, "'Poor Doors' Are Still Creating Wealth Divide in New Housing," *Observer*, Nov. 25, 2018, https://www.theguardian.com/society/2018/nov/25/poor-doors-

488

developers-segregate-rich-from-poor-london-housing-blocks.

18   Patrick Butler, "Benefit Sanctions: The 10 Trivial Breaches and Administrative Errors," *Guardian*, March 24, 2015, https:// www. theguardian.com/society/2015/mar/24/benefit-sanctions-trivial-breaches -and-administrative-errors.

19   Julia Rampen, "A Kebab with Debbie Abrahams: 'My Constituent Was Sanctioned for Having a Heart Attack,'" *New Statesman*, Nov. 28, 2016, https://www.newstatesman.com/politics/staggers/2016/11/kebab-debbie-abrahams-my-constituent-was-sanctioned-having-heart-attack.

20   Rowland Manthorpe, "The Radical Plan to Give Every Homeless Person an Address," *Wired UK*, March 14, 2018, https://www.wired.co.uk/article/proxy-address-design-museum-homelessness.

21   Ibid.

22   Sophie Smith, "Number of Empty Homes in England Rises for the First Time in a Decade," *Telegraph*, May 10, 2018, https://www.telegraph.co.uk/property/uk/number-empty-homes-england-rises-first-time-decade/.

23   Peter Walker and David Pegg, "Huge Number of Empty Homes near Grenfell 'Simply Unacceptable,'" *Guardian*, Aug. 2, 2017, https://www.theguardian.com/uk-news/2017/aug/02/revelations-about-empty-homes-in-grenfell-area-simply-unacceptable.

24   David Batty, Niamh McIntyre, David Pegg, and Anushka Asthana, "Grenfell: Names of Wealthy Empty Home Owners in Borough Revealed," *Guardian*, Aug. 2, 2017, https://www.theguardian.com/society/2017/aug/01/names-of-wealthy-empty-home-owners-in-grenfell-borough-revealed.

25   자세한 사항은 다음을 참고할 것. Randall E. Osborne, "I May Be Homeless But I'm Not Helpless: The Costs and Benefits of

Identifying with Homelessness," *Self & Identity* 1, no. 1 (2002): 43~52.

26 Batty, McIntyre, Pegg, and Asthana, "Grenfell: Names of Wealthy Empty Home Owners in Borough Revealed."

27 John Arlidge, *Sunday Times*. 다음에 인용됨. Nicholas Shaxson, "A Tale of Two Londons," *Vanity Fair*, March 13, 2013, https://www.vanityfair.com/style/society/2013/04/mysterious-residents-one-hyde-park-london.

28 Nicholas Shaxson, "The Shadowy Residents of One Hyde Park—And How the Super-Wealthy Are Hiding Their Money," *Vanity Fair*, April 2013, https://www.vanityfair.com/style/society/2013/04/mysterious-residents-one-hyde-park-london.

나가며: 주소의 미래

1 Gary Kamiya, "SF's Lost Opportunity to be Reborn as 'Paris, with Hills,'" *San Francisco Chronicle*, Oct. 27, 2017, https://www.sfchronicle.com/bayarea/article/SF-s-lost-opportunity-to-be-reborn-as-Paris-12312727.php.

2 Denis McClendon, "The Plan of Chicago: A Regional Legacy," Burnham Plan Centennial, Chicago Community Trust, http://burnhamplan100.lib.uchicago.edu/files/content/documents/Plan_of_Chicago_booklet.pdf.

3 Carl Smith, *The Plan of Chicago: Daniel Burnham and the Remaking of the American City* (Chicago: University of Chicago Press, 2006), 68.

4 Ibid.

5 Dena Roché, "Paris of the Prairie: Exploring Chicago's Rich

Architectural Past and Present," *Iconic Life*, accessed Sept. 14, 2019, https://iconiclife.com/chicagos-architectural-past-and-present.

6   "How Chicago Lifted Itself Out of the Swamp and Became a Modern Metropolis," *Zócalo Public Square* (blog), Oct. 11, 2018, https://www.zocalopublicsquare.org/2018/10/11/chicago-lifted-swamp-became-modern-metropolis/ideas/essay/.

7   Union Stock Yard & Transit Co., Encyclopedia of Chicago, http://www.encyclopedia.chicagohistory.org/pages/2883.html. (접속 날짜 2019년 9월 4일)

8   Patrick T. Reardon, "Who Was Edward P. Brennan? Thank Heaven for Edward Brennan," *The Burnham Plan Centennial*, Nov. 23, 2009, http://burnhamplan100.lib.uchicago.edu/node/2561. (Also *Chicago Daily News*, Oct. 2, 1936.)

9   "Annexation," Encyclopedia of Chicago, http://www.encyclopedia.chicagohistory.org/pages/53.html. (접속 날짜 2019년 9월 4일)

10   Patrick T. Reardon, "Who Was Edward P. Brennan? Thank Heaven for Edward Brennan."

11   Chris Bentley and Jennifer Masengarb, "The Unsung Hero of Urban Planning Who Made It Easy to Get Around Chicago," WBEZ91.5Chicago, May 20, 2015, https://www.wbez.org/shows/wbez-news/the-unsung-hero-of-urban-planning-who-made-it-easy-to-get-around-chicago/43dcf0ab-6c2b-49c3-9ccf-08a52b5d325a.

12   Patrick T. Reardon, "A Form of MapQuest Back in the Day," *Chicago Tribune*, Aug. 25, 2015, https://www.chicagotribune.com/opinion/ct-xpm-2013-08-25-ct-perspec-0825-madison-20130825-story.html.

13   Bentley and Masengarb, "The Unsung Hero."

14   Karen Craven, "Agnes Brennan, 'Answer Lady,'" *Chicago Tribune*,

May 21, 1999, https://www.chicagotribune.com/news/ct-xpm-1999-05-21-9905210343-story.html.

15　"The Burnham Plan Centennial," http://burnhamplan100.lib.uchicago.edu/. (접속 날짜 2019년 9월 15일)

16　Bentley and Masengarb, "The Unsung Hero."

17　Ibid.

18　Thomas S. Hines, *Burnham of Chicago: Architect and Planner*, 2nd ed. (University of Chicago Press, 2009), 3.

19　Ibid.

20　Smith, *The Plan of Chicago*, 58.

21　Patrick T. Reardon, "Adelaide Brennan, 1914-2014," *Chicago Tribune*, April 1, 2014, https://www.chicagotribune.com/news/ct-xpm-2014-04-01-ct-adelaide-brennan-obituary-met-20140401-story.html

22　Reardon, "Adelaide Brennan, 1914-2014."

23　Chicago City Council, "The Proceedings of the Chicago City Council," April 21, 1937.

24　Tim Adams, "The GPS App That Can Find Anyone Anywhere," *Guardian*, June 23, 2018, https://www.theguardian.com/technology/2018/jun/23/the-gps-app-that-can-find-anyone-anywhere.

25　"Chris Sheldrick: A Precise, Three-Word Address for Every Place on Earth," TED Talk, https://ted2srt.org/talks/chris_sheldrick_a_precise_three_word_address_for_every_place_on_earth. (접속 날짜 2019년 9월 14일)

26　Tim Adams, "The GPS App That Can Find Anyone," *Guardian*, June 23, 2018, https://www.theguardian.com/technol-ogy/2018/jun/23/the-gps-app-that-can-find-anyone-anywhere.

27　"How what3words Is 'Addressing the World,'" MinuteHack, July

12, 2016, https://minutehack.com/interviews/how-what3words-is-addressing-the-world.

28 Lottie Gross, "Lost? Not Anymore," Adventure.com, Sept. 26, 2018, https://adventure.com/what3words-map-navigation-app/.

29 "Our Story," what3words, accessed Sept. 14, 2019, https://what3words.com/our-story.

30 "Improving Living Conditions in Rhino Refugee Camp, Uganda," what3words, https://what3words.com/news /humanitarian/how-what3words-is-being-used-to-address-refugee-settlements-in-uganda. (접속 날짜 2019년 9월 14일)

31 Jane Wakefield, "Three-Unique-Words 'Map' Used to Rescue Mother and Child," BBC News, March 26, 2019, https://www.bbc.co.uk/news/technology-47705912.

32 Ibid.

33 Jamie Brown, "What Is a Word?" Medium, Feb. 20, 2019, https://medium.com/@what3words/what-is-a-word-9b7532ed9369. what3words.

34 Victoria Turk, "What3words Changed How We Mapped the World. And It Didn't Stop There," *Wired*, Aug. 18, 2018, https://www.wired.co.uk/article/what3words-languages-translation-china-launch.

35 David Rocks and Nate Lanxon, "This Startup Slices the World Into 58 Trillion Squares," *Bloomberg Businessweek*, Aug. 28, 2018, https://www.bloomberg.com/news/features/2018-08-28/mapping-startup-aims-to-disrupt-addresses-using-three-word-system.

36 "Addresses for Everyone," Plus Codes, https://plus.codes/. (접속 날짜 2019년 9월 15일)

37 A. J. Dellinger, "Facebook and MIT Tap AI to Give Addresses to People Without Them," *Engadget*, Nov. 30, 2018, https://www.

engadget.com/2018/11/30/facebook-mit-assign-addresses-with-ai/.

38   Martin Joerss, Jürgen Schröder, Florian Neuhaus, Christoph Klink, and Florian Mann, *Parcel Delivery: The Future of the Last Mile* (New York: McKinsey, 2016), 6, https://www.mckinsey.com/~/media/mckinsey/industries/travel%20transport%20and%20logistics/our%20insights/how%20customer%20demands%20are%20reshaping%20last%20mile%20de-livery/parcel_delivery_the_future_of_last_mile.ashx.

39   Andrew Kent, "Where the Streets Have No Name: How Africa Could Leapfrog the Humble Address and Lead the World in GPS-Based Shipping," Afrikent, Oct. 26, 2015, https://afrikent.wordpress.com /2015/10/26/where-the-streets-have-no-name-how-africa-could-leapfrog-the-humble-address-and-lead-the-world-in-gps-based-shipping/.

40   Ibid.

41   UN High Commission for Refugees, "Zaatari Refugee Camp—Factsheet, February 2019," Reliefweb, March 25, 2019, https://reliefweb.int/report/jordan/zaatari-refugee-camp-factsheet-february-2019.

42   "Zaatari Street Names Give Syrian Refugees a Sense of Home," Reuters, March 21, 2016, https://www.orient-news.net/en/news_show/106715/0/Zaatari-street-names-give-Syrian-refugees-a-sense-of-home.

43   @edent, "Why Bother with What Three Words?" *Terence Eden's Blog*, March 28, 2019, https://shkspr.mobi/blog/2019/03/why-bother-with-what-three-words.

주소 이야기

1판 1쇄 펴냄 2021년 11월 26일
1판 3쇄 펴냄 2022년 8월 31일

지은이 디어드라 마스크
옮긴이 연아람
발행인 박근섭·박상준
펴낸곳 (주)민음사

출판등록 1966. 5. 19. 제16-490호
주소 서울시 강남구 도산대로 1길 62(신사동)
강남출판문화센터 5층(06027)
대표전화 02-515-2000 ㅣ 팩시밀리 02-515-2007
홈페이지 www.minumsa.com

한국어판 ⓒ (주)민음사, 2021. Printed in Seoul, Korea
ISBN 978-89-374-1391-9 (03900)